쉽게
이해하는 중국문화

최신
개정

최신 개정

쉽게 이해하는 중국문화

김태만 · 김창경 · 박노종 · 안승웅 공저

다락원

머리말

　　금세기에 들어 중국은 과거 그 어느 때보다 휘황찬란한 황금기를 맞이하고 있는 듯하다. 19세기 중엽만 하더라도 중국은 발달된 과학기술을 앞세운 서구의 '대포와 함대'에 무릎 꿇고 2,000년 봉건 왕조의 종말을 고하는 굴욕을 당해야 했다. 그러나 1980년대부터 시작된 개혁개방의 성과로 인해 오늘날에는 바야흐로 과거의 치욕을 깨끗이 씻어내고 중화민족의 자신감을 거의 완벽하게 회복하고 있는 듯하다. 특히 지난 2008년에는 인류 공동의 이벤트인 올림픽을 개최한 데 이어, 2010년에는 인류과학기술 발전의 최고 행사인 엑스포를 성공적으로 치러냈다. 또한, 2012년 성공적인 정권 교체로 시진핑을 위시한 제5세대 정치 리더들이 등장한 이래 2016년에는 항저우에서 G20 정상회의를 개최하고, 2017년에 제19차 중국공산당 전국대표대회를 개최하면서 이른바 100여 년 전 손가락질 당하던 '아시아의 병부病夫'에서 'G2의 반열'에 우뚝 올라섰음을 전 세계에 알렸다.

　　이제, 중국은 더 이상 부정할 수도 외면할 수도 없는 현실이 되었다. 그럼에도 중국에 대해 막연한 환상 아니면 근거 없는 백안시白眼視로 여전히 현실을 직시하지 못하는 듯하다. 그동안 우리는 대학 강단에서 학생들을 가르치면서 다음 세대들이 보다 중국을 잘 이해하고, 나아가 바람직한 한중 관계의 미래를 고민하고 해결해 나갈 수 있는 인재로 성장할 수 있도록 노력해 왔다. 그러다 보니 주관적 포폄褒貶에 치우치지 않고 보다 전면적이면서도 섬세하게 개괄할 수 있는 중국에 대한 전문 해설서의 필요성을 절감하게 되었다.

　　지금까지 중국 관련 서적의 경우 두 가지의 편향이 존재했다. 너무 전문적이라서 독자들이 이해하기에 어려움이 따르거나, 아니면 주마간산走馬看山 식 자기소감을 적어 한번 읽고 나면 기억되는 것이 없는 경우가 그렇다. 학문적 정체성만을 엄격히 강조하다 보면 중국에 대한 신비주의적 미화로 이어져 중국을 더욱 아득하고 모호한 나라로 느끼게 할 수도 있다. 대부분의 학술성 짙은 전문서적들이 많건 적건 이런 옥에 티를 지닌다. 다른 한편, 몇 번의 방문이나 단기간의 체류 동안 보고 듣고 느낀 바를 정리한 중국견문서들도 많이 출판되어 읽히고는 있지만, 전문가의 입장에서 볼 때 여전히 양말 바깥을 긁는 느낌을 떨쳐 버리지 못할 때가 많다. 그만큼 중국은 한두 가지의 시각이나 입장만으로 정리하기에는 너무나 크고 오래된 나라이기 때문일 것이다.

우리는 이 점을 통찰하면서 기존의 중국문화 관련 서적의 장점은 계승하고 한계는 지양하면서 새로운 내용과 범주를 보여주는 서적을 만들어, 보다 광범위한 독자들에게 중국의 참모습을 보여주고자 이 책을 집필하기에 이르렀다. 따라서, 이 책은 대학의 중국문화 수업에서 활용할 수 있는 교재이면서, 아울러 중국에 대해 막연한 관심을 가진 일반 독자들을 위한 교양서이기도 하다. 전체를 '중국을 이해하다', '찬란한 문명', '예술이 숨 쉬는 곳', '그들의 삶 속으로'라는 4개의 단원으로 나누어, 지리·인구·역사·유물·예술·생활 등 중국을 이해하는 데 알아두어야 할 모든 내용을 흥미롭게 담고자 하였다. 이 과정에서 사진 자료와 도표를 충분히 활용함으로써 눈이 즐겁고 이해가 명쾌해질 수 있도록 하는 데 중점을 두었다. 특히, 소홀하기 쉬운 동시대의 문화 현상에 대해 세심하게 다루었기 때문에 대체로 과거에 치중했던 기존 서적들에 비해 신선한 느낌을 받기에 충분할 것이다.

　　이 책이 출간되기까지 일반 서적의 준비 기간에 비해 대단히 오랜 세월이 걸렸음을 시인하지 않을 수 없다. 우선, 다른 서적과 차별되는 새로운 집필을 하자는 시도가 생각처럼 쉽지 않았다. 또한, 다양하고 풍부한 시각자료를 제공함으로써 현대 독자들의 구미에 딱 맞는 '눈이 즐거운' 교재를 구현하자는 시도도 자료 입수의 제한으로 난관을 겪어야 했다. 그중에서도 가장 큰 난제는 역시 필자들의 지식과 경험의 한계 및 필력의 빈곤으로 인한 집필의 고통이었음을 밝혀둔다. 이러한 다종다양한 문제와 한계에도 불구하고 오랜 기간을 인내해 준 다락원이 없었더라면 이 책은 세상에 나오지 못했을 것이다.

　　재미있고 쉽게 독자에게 다가갈 수 있는 중국문화 서적을 만들고자 오랜 시간을 들여 만든 책이지만, 제1판 이후 지금까지 7년의 세월이 흐르는 동안 중국의 사정도 급변하였다. 이에 저자들은 독자에게 좀 더 정확한 중국을 설명하고자 현재 중국 상황에 맞게 사건, 수치, 내용 등을 꼼꼼히 수정, 추가하였다. 이에 최신 개정판(제2판)을 출간하게 되었다.

2018년 2월, 저자 일동

일러두기

1 본문의 어휘 설명은 하단에 주석을 달았고, 본문과 관련된 보충설명은 본문 옆에 팁으로 구성하였다.

2 모든 한자는 번체자로 표기하고, 한자에 괄호는 치지 않았다. 단, 의미를 풀어서 쓴 경우에는 괄호를 쳐서 구분하였다.

   예 중화인민공화국中華人民共和國 / 『오래된 우물(老井)』

   주석, 팁, 사진설명에 들어가는 한자에는 일괄적으로 괄호를 쳤다.

3 중국 인명의 발음표기는 대체로 1911년 신해혁명을 기준으로 삼아 그 이전의 인명은 한자 발음으로 표기하고, 그 이후의 인명은 중국어 발음으로 표기하였다. 이때, 중국어 발음표기는 국립국어원의 중국어 표기법에 따랐다.

   예 孔子 → 공자 / 毛澤東 → 마오쩌둥

4 중국 지명의 발음표기는 현재에도 쓰이는 지명은 중국어 발음으로 표기하였고, 현재에는 쓰이지 않는 고대 지명은 한자 발음으로 표기하였다.

   예 長江 → 창장 / 汴京 → 변경

5 현재 우리가 익숙하게 사용하고 있는 일부 고유명사와 중국어 발음으로는 설명이 어려운 지명은 예외적으로 한자 발음으로 표기하였다.

   예 兵馬俑 → 병마용 / 避暑山莊 → 피서산장

6 왕조명과 지명은 기본적으로 붙여서 표기하였다.

   예 당나라, 광둥성, 창장

7 참고 문헌과 더 읽어야 할 자료를 각 장 마지막에 실었다.

차례

찬란한 문명

예술이 숨쉬는 곳

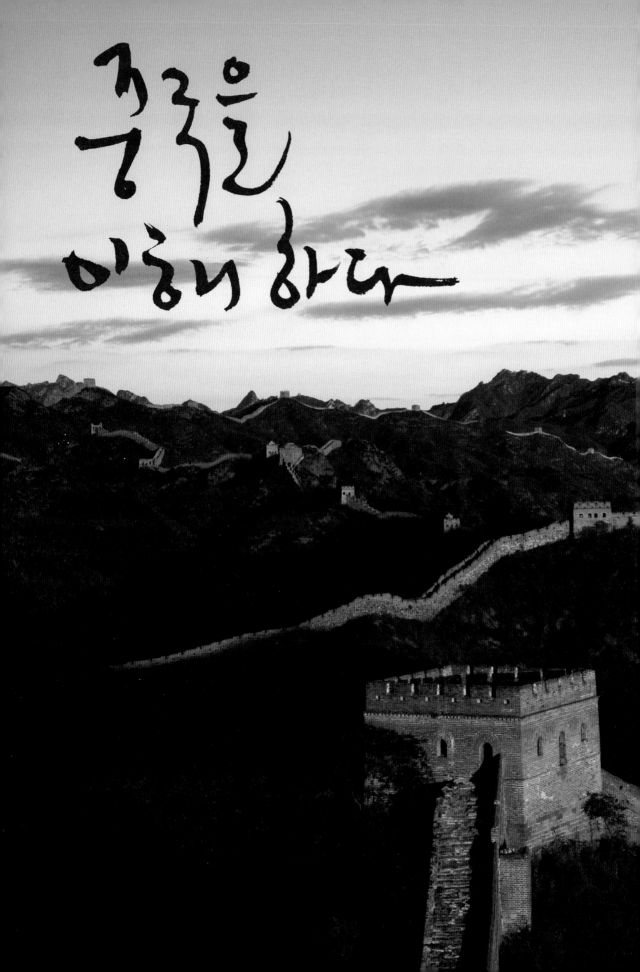

01 지리와 자연환경

아시아

유럽

중국

아프리카

오세아니아

국명 중화인민공화국 | **수도** 베이징 | **위치** 아시아 대륙 동쪽 | **육지 면적** 약 960만㎢ | **남북 간 거리** 약 5,500㎞

동서 간 거리 약 5,200㎞ | **육지 국경선** 약 2만 2,800㎞ | **해안선 길이** 약 1만 8,000㎞

인구 13억 8,271만 명(중국통계연감 2016) | **민족** 56개 | **국경일** 10월 1일 | **체제 및 의회 형태** 인민공화제, 일당제, 단원제

국가원수/정부수반 국가주석/총리 | **국기** 오성홍기 | **국가** 의용군행진곡 | **공식언어** 보통화(普通話)

화폐/단위 인민폐/위안(元) | **종교** 도교, 불교, 그리스도교, 이슬람교 | **우리나라와의 시차** 1시간

북아메리카

남아메리카

세계지도 속의 중국

1. 거대한 국토

중국은 아시아 대륙의 동쪽, 태평양의 서쪽에 위치하고 있다. 육지 면적은 약 960만㎢로 한반도의 약 44배에 달하며, 세계 육지 총면적의 6.5%를 차지한다. 러시아, 캐나다, 미국에 이어 세계에서 네 번째로 큰 나라이다.

중국의 국토는 북으로 헤이룽장성黑龍江省 모허漠河에서 시작해 남으로 난사南沙군도[1] 쩡무안사曾母暗沙까지 남북 간의 거리가 약 5,500km이다. 또한, 서쪽으로 신장위구르新疆維吾爾자치구 파미르帕米爾고원에서부터 동으로 헤이룽장과 우수리장烏蘇里江이 합류하는 지역까지 동서 간 거리가 약 5,200km이다.

중국 육지 국경선의 총 길이는 약 2만 2,800km이며, 14개 국가(북한, 러시아, 몽골, 카자흐스탄, 키르기스스탄, 타지키스탄, 아프가니스탄, 파키스탄, 인도, 네팔, 부탄, 미얀마, 라오스, 베트남)와 국경을 이루고 있다. 한편, 중국 해안선의 총 길이는 약 1만 8,000km로, 해역에는 타이완臺灣을 포함한 6,536개의 크고 작은 섬이 분포되어 있다. 그 중 사람이 거주하는 유인도는 450개이고, 가장 큰 섬은 타이완과 하이난다오海南島이다. 섬들의 총면적은 약 72,800㎢이며, 전 국토 면적의 0.8%를 차지한다.

중국은 이처럼 긴 국경선과 해안선 및 바다에 산재해 있는 섬들로 인해 자연히 주변 국가들과의 영토 분쟁이 끊이지 않았다. 육지 국경선을 따라서 북쪽으로는 러시아(옛 소련 시절), 서남쪽으로는 인도, 남쪽으로는 베트남과 이미 무력 충돌을 경험했으며, 일부 도서島嶼에서는 상대국들과의 분쟁이 현재까지 이어지고 있다. 동쪽으로는 일본이 실효적 지배를 하고 있는 댜오위다오釣魚島(일본명 센카쿠 열도)를 두고 일본과의 분쟁이 끊이지 않으며, 남쪽으로는 난사군도를 두고 도서의 영유권 차원을 넘어 해상권 확보 차원에서 미국까지 가세해 상대국들 간의 갈등이 갈수록 첨예화되고 있다.

중국 국토의 광활함은 전국을 일일생활권으로 하는 우리와는 근본적으로 다른 공간개념과 시간개념을 형성하였다. 과거 우리가 흔히 중국인들의 특징

---

1 중국 최남단의 남중국해에 분포되어 있는 섬과 암초, 해변을 아울러 남중국해 군도라고 하는데, 위치에 따라 둥사(東沙)군도·시사(西沙)군도·중사(中沙)군도·난사군도로 나뉜다. 그중 난사군도는 남중국해의 남단에 있는 73만㎢의 해역으로, 약 100여 개의 작은 섬과 모래섬, 산호, 암초 등으로 이루어져 있으며 현재 6개국 간의 영유권 분쟁이 진행 중이다.

을 규정지으면서 표현했던 '만만디慢慢地'는 서두른다고 해도 해결되지 않는 공간적 조건과 오래도록 유지되어 온 농업사회 속에서 자연스럽게 형성된 문화적 특징이라고 할 수 있다. 그러나 교통과 통신의 발달과 산업사회로의 전환을 시도하면서 효율을 중시하기 시작한 오늘날의 중국인을 이러한 전통적 특질로 규정지을 수는 없을 것이다. 세계시장에 뛰어든 중국은 이제 속도와

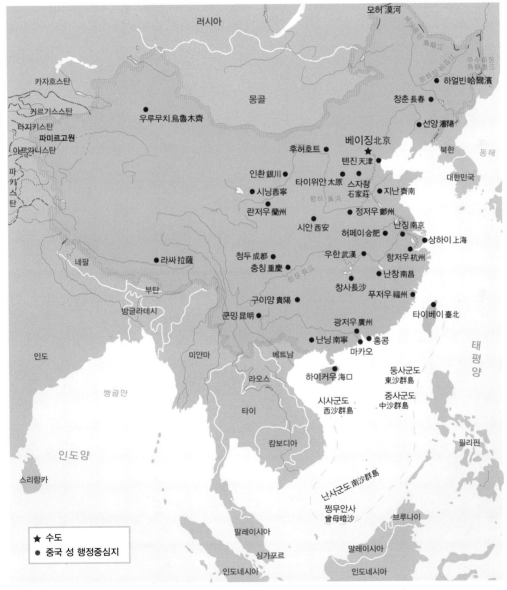

중국의 영토

파미르고원
해발고도 5,000m가 넘는 고원으로
중국의 가장 서쪽에 위치한다.

효율을 강조하고 있으며 그래야만 경쟁 속에서 발전을 보장받을 수 있다고 생각한다. 따라서 이제까지 '비효율적이고 비능률적'이라는 폄하의 의미로 사용해왔던 '만만디'보다는 서두르지 않고 원칙과 순서를 지키며, 자연의 법칙에 순응하는 여유 있는 삶의 태도로서의 '만만디'를 읽어내야 한다.

2. '서고동저'의 지형

중국 지형의 가장 큰 특징은 '서고동저西高東低'이다. 서쪽에서 동쪽으로 갈수록 점차 낮아지는 3단계의 계단 모양으로 분포하고 있어, 이를 '3대 계단'이라고 한다.

칭짱靑藏고원을 위주로 하는 가장 높은 제1계단은 대부분이 해발 4,000m 이상으로 중국에서 가장 높은 산과 고원으로 이루어져 '세계의 지붕'이라는 별칭을 가지고 있다. 북쪽의 쿤룬崑崙산맥과 치롄祁連산맥, 그리고 탕구라唐古拉산맥과 히말라야산맥의 험준한 산맥들이 연이어져 있으며, 고원의 산맥들 사이로 평원과 초원지대가 펼쳐진다. 남쪽의 히말라야산맥은 중국과 인도, 네팔의 국경을 가로지르며 고봉들이 우뚝 솟아 있고, 그중 에베레스트 산은 해발 8,848m로 세계에서 가장 높은 봉우리이다.

칭짱고원의 동쪽 네이멍구內蒙古고원, 황투黃土고원, 윈구이雲貴고원에 이르는 제2계단은 해발 1,000~2,000m로 주로 산지, 고원, 그리고 분지로 이루어져 있다. 톈산天山산맥과 친링秦岭산맥을 중심으로 이곳에는 세계에서 두 번째로 낮은 지역인 투루판 분지 및 준가얼准噶尔분지, 타리무塔里木분지, 쓰촨四川분지 등 중국의 주요 분지가 분포되어 있고, 명산인 황산黃山, 타이산泰山, 화산華山, 어메이산蛾眉山, 루산廬山, 우당산武當山 등이 자리하고 있다.

중국 동부는 둥베이東北평원, 화베이華北평원, 창장중하류평원의 광활한 평원과 구릉지대로 해발 500m 이하의 가장 낮은 제3계단을 형성하고 있다. 서쪽에서 발원한 중국의 강줄기들이 모두 이쪽으로 모여들어 동해로 흘러드는 까닭에 풍부한 수자

베이징 표준시

중국은 정상적으로 하면 동서로 5시간의 시차가 있다. 실제로 1912년부터 1949년까지 5개의 시간대를 사용했지만, 1949년부터 중국 정부는 통제의 효율성을 고려해 시차를 없애고 전 지역(단, 신장위구르자치구 제외)에 걸쳐 '베이징 표준시'를 통일하여 사용하고 있다.

● **칭짱고원**
세계에서 가장 크고 높은 고원으로 평균 해발고도가 4,500m이다. 북쪽으로는 쿤룬산맥, 남쪽으로는 히말라야산맥에 의해 구획된다.

●● **네이멍구고원**

다싱안링 大興安嶺
동베이평원 東北平原
준가얼분지 准噶爾盆地
파미르고원 帕米爾高原
타리무분지 塔里木盆地
네이멍구고원 内蒙古高原
★베이징北京
쿤룬산맥 昆侖山脈
지롄산맥 祁連山脈
타이항산맥 太行山脈
히말라야산맥
칭짱고원 青藏高原
황투고원 黃土高原
화베이평원 華北平原
▲에베레스트봉
헝돤산맥 橫斷山脈
쓰촨분지 四川盆地
우산 巫山
창장중하류평원 長江中下流平原
원구이고원 雲貴高原
난링산맥 南嶺山脈
둥난구릉 東南丘陵

제1계단
제2계단
제3계단

3대 계단 지형도

원을 자랑한다.

중국은 광활한 국토를 가지고 있지만 산악 지대가 많아서 활용할 수 있는 지역은 전체 국토 면적의 약 3분의 1뿐이다. 산지 및 고원, 구릉이 국토의 69%를 차지하며 전 국토의 56%가 해발 1,000m 이상에 자리 잡고 있다. 즉, 중국의 국토를 토지 이용이라는 측면에서 구분했을 때, 크게 과수 농업을 포함한 농지가 15%, 임지가 26%, 목초지가 23%를 차지하고 있는 반면 산업 활동에 활용할 수 없는 미이용 토지도 27%나 된다.

이러한 지형의 특성상 토지의 효율적 이용이 절대적으로 중요하지만, 건조 지대의 확산은 중국의 커다란 고민거리가 되고 있다. 여기에는 기후의 자연적 변화가 작용한 점 외에도 초원의 개간과 무분별한 산림 남벌이 이를 더욱 악화시킨 결과로 나타났다. 중국은 현재 세계에서 사막화 면적과 분포 지역이 가장 넓고, 그 피해와 위협이 가장 심각한 국가 중 하나이다. 중국의 사막화 토지 면직은 261만여㎢로 전체 중국 국토 면적의 27.2%이며, 우리나라 국토 면적의 약 26배에 해당한다. 이에 중국 정부는 사막화를 막기 위해 국가적 차원에서 녹화 사업을 장려하고 있지만 해가 갈수록 그 정도는 심해지고 있다.

3. 문명의 발원, 하천

중국의 지리적 특성 중 하나로 강과 하천을 중심으로 각 지역의 문화가 발전하였다는 점을 들 수 있다. 농경 문화가 시작된 시대부터 하천을 중심으로 삶을 일구어 왔고, 오늘날 공업화 시대에도 강은 여전히 중국인의 삶과 문화를 구성하고 구분하는 주요한 지표가 되고 있다. 역사적으로 물을 제어한다는 뜻의 '치수治水'가 곧 나라를 다스린다는 의미로 받아들여졌으며, 현재에도 강과 하천의 기능을 조절하고 개조하는 수리사업은 국가적으로 중요한 역점사업이 되고 있다.

중국의 하천은 크게 대륙의 심장부를 흐르는 황허黃河와 창장長江이 동서

황허
황허 중류는 황투고원에서 씻겨 내려온 진흙으로 누런 황토물을 이룬다.

를 가로질러 흐르고 있어 남부, 중부, 북부의 뚜렷한 지역적 특성을 가른다. 그리고 남단과 북단에 있는 주장珠江과 쑹화장松花江은 개혁개방 시대 이후 급속한 경제 발전과 지역 개발의 상징으로 주목받고 있다.

　중국의 고대 문명과 현대 문명을 이어주는 황허는 신화와 역사가 서린 중국의 얼굴이라고 할 수 있다. 길이 5,463㎞의 황허는 지역적으로 대륙의 북방 문화를 대변하고 있다. 칭하이성靑海省 쿤룬산맥에서 발원하여, 황투고원을 지나면서 황색의 진흙 강으로 변한 뒤 보하이渤海만으로 흘러들어 간다. 황허의 하류지역은 고대 황허문명의 발상지이자 중국문화의 중심 배경이 되는 곳이다. 황허 유역의 주요 도시로는 서북 지역의 란저우蘭州와 화중 지역의 정저우鄭州, 동부 지역 베이징北京, 연안 지역의 톈진天津을 꼽을 수 있다. 주변 도시들은 역사적으로 수많은 왕조의 수도가 들어서면서 정치와 행정의 중심지 역할을 하였다.

　중국의 중심부를 따라 흐르는 길이 6,397㎞의 창장은 아시아에서 첫 번째, 세계에서 세 번째로 긴 강에 속한다. 창장은 지형적으로 북방과 남방의 지역적 특색을 가르는 한편, 대대로 중국의 산업 대동맥으로서 그 역할을 다해 왔다. 칭하이성에서 발원하여 서해로 흘러드는 창장은 19개 성과 직할시, 자치구를 지난다. 창장 유역에 펼쳐진 평야는 중국 최대의 곡창지대로 일찍이 농업이 발달해 인구 대부분이 모여 있는 곳이기도 하다. 그 유역에서 강을 따라 생활을 영위하는 인구가 4억 5천만 명에 이른다. 일찍이 창장의 풍부한 물산은 항저우杭州에서 베이징까지 이어지는 대운하를 따라 이동하였다. 그리고 하류의 상하이上海를 중심으로 한 창장삼각주長江三角洲 지역은 현재 중국 경제성장의 최대 중심지로 세계로 향하는 출구 역할을 하고 있다. 근래에 상류 지역에 싼샤三峽댐[2]이 만들어지면서 환경 문제에 대한 논란과 함께 강의 역할이 새롭게 조명되고 있다.

이밖에 전통적으로 중국의 젖줄로 인식되어 왔던 황허와 창장 외에 변방에 위치한 강들도 새롭게 주목을 받고 있다. 중국 남단에 위치한 길이 2,400km의 주장은 개혁개방의 경제적 결실이 고스란히 녹아 있다는 점에서 남중국의 새로운 상업 문화를 상징한다고 할 수 있다. 광저우廣州와 개방특구의 대명사인 선전深圳, 그리고 홍콩Hong Kong을 중심으로 형성된 주장삼각주珠江三角洲는 과거 대외 무역이 활발했던 해상 실크로드의 복원을 기대하며 일약 무역의 중심지로 성장했다.

또한 북쪽에는 그동안 상대적으로 낙후되고 환경적으로 열악한 변방으로 치부되던 동북의 쑹화장이 있다. 최근 들어 동북진흥東北振興 정책의 전략적 개발론에 부응하여 점차 독자적인 지역적 특성을 형성하며 주목받고 있다. 길이 1,927km의 쑹화장은 동북 지역의 중심 도시를 연계하는 대동맥의 구실을 다하며 새로운 동북아시아의 경제중심지로 떠오르고 있다. 특히 이 지역은 우리와 인접한 민족의 역사와 민족 혼이 숨 쉬고 있는 역사적 현장이자 재중동포인 조선족이 여전히 역동적으로 삶을 영위해 가고 있는 지역으로 그 의의를 되새겨 봄 직하다.

4. 다양한 기후

중국은 전체적으로 사계절이 뚜렷한 계절풍 기후의 특징을 보이고 있다. 그러나 광대한 영토 탓에 지역별로 다양한 기후대가 분포한다. 먼저 북쪽에서 남쪽으로 내려갈수록 한온대, 온대, 아열대, 열대의 순으로 위도에 따라

---

2 창장 중·상류에 해당하는 후베이성(湖北省) 이창(宜昌)의 취탕샤(瞿塘峽), 우샤(巫峽), 시링샤(西陵峽)의 세 협곡을 잇는 높이 185m, 길이 2,309m, 최대 저수량 390억 톤의 세계 최대의 댐이다. 1992년 공사를 시작해 2009년 완공되었다. 비록 댐 공사는 마무리되었지만, 현재 댐 건설로 말미암은 환경 문제가 끊임없이 제기되고 있다.

창장

쑹화장

한온대

중온대

난온대

고온기후대

아열대

열대

한온대
중온대
난온대
고온기후대
아열대
열대

기후 유형 안내도

기후대가 다르게 나타나며, 남북의 기온 차가 큰 편이다.

중국의 최남단인 하이난다오는 1월의 평균 기온이 21도를 웃도는 대표적 열대지역에 속한다. 광둥廣東, 윈난雲南, 타이완 남부의 일부 지역도 하이난처럼 열대기후를 보이는데, 평균 강수량이 1,600mm를 웃돌아 일 년에 삼모작이 가능한 지역이다. 저장성浙江省, 푸젠성福建省, 광둥성, 광시좡족廣西壯族자치구를 아우르는 화남지역은 여름에는 열대기후처럼 덥고 습하며 겨울에도 온난한 기후를 보이는 아열대성 기후를 띠고 있다. 이들 지역에서는 따뜻한 기후의 특성에 따라 1년에 이모작 이상 할 수 있고, 겨울철에도 보리나 유채 등 채소를 재배할 수 있다. 창장을 중심으로 한 화중지역은 온난기후대에 속해 1년에 이모작이 가능한 지역도 있다. 허베이평야부터 동북 3성까지는 계절에 따라 기온 편차가 큰 냉온대 기후지역으로 분류된다. 이 지역은 밀과 보리 등 비교적 추운 날씨에도 잘 견디는 작물이 주로 재배된다.

한편 중국의 내륙은 습윤지대와 건조지대로 구분되는데, 동남부 지역에서부터 서북 내륙으로 이동할수록 강수량과 지형의 차이로 인해 삼림, 초원, 사막 지대가 차례로 나타난다. 친링산맥에서 화이허淮河를 경계로 그 아래 쪽은 강수량 800mm 이상의 습윤지대이며, 그 위쪽은 반습윤지대로 구분되는데, 삼림과 초원이 주를 이룬다. 반면 서부의 신장위구르자치구, 칭하이성, 윈난성, 시짱西藏(티베트)자치구는 바다로부터 멀리 떨어져 있는데다가 칭짱고원의 병풍 역할로 강수량이 적어 건조하고 메마른 기후가 일년 내내 지속된다.

중국 기후의 또 다른 특징은 곳에 따라 일교차와 연교차가 큰 대륙성 기후가 현저하다는 점이다. 예를 들어 전형적인 대륙성 기후를 보이는 베이징의 기온은 7월의 최고 기온이 45도를 넘는 반면, 1월의 최저 기온은 영하 22도가 넘어 여름과 겨울의 기온 차가 거의 70도에 육박한다. 이처럼 다양한 기후대가 분포하는 중국은 원래 계절풍 순환이 불안정하여 해마다 수해水害와 한해寒害가 빈발한 편이지만 근래에는 지구 온난화와 산업화의 여파로 연간 강수량이 200㎜ 이하인 건조지역이 전 국토의 3분의 1을 차지할 정도로 기후의 변화로 인한 생활의 조건이 위협받고 있다.

5. 풍부한 자원

중국은 광활한 토양과 풍부한 천연자원을 자랑하는 세계적인 자원대국에 속한다. "땅은 넓고 자원은 풍부하다(地大物博)."라는 말이 무색하지 않을 만큼 각종 희귀 자원과 잠재 매장 자원의 규모가 어마어마한 것으로 알려져 있다. 그리고 지역에 따라 분포되어 있는 자원을 중심으로 각종 산업이 특화되어 발전하는 양

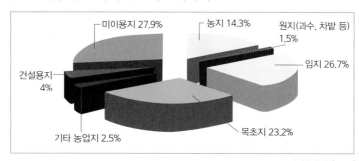

토지 이용 현황(2017)

상을 보이고 있다. 먼저 토지자원을 살펴보면, 지형적 특성과 기후대로 인해 농경지와 초지, 삼림 등 토지자원의 분포지역이 뚜렷하게 유형화되어 나타난다. 농작물을 재배하는 농경지는 주로 내륙의 평원지대와 분지에 넓게 분포되어 있는데, 주요 농작물은 벼, 밀, 옥수수, 콩 등이며 경제 작물로 면화, 땅콩, 유채, 사탕수수, 사탕무 등을 생산한다. 고온다습한 남쪽의 벼농사와 건조한 북쪽의 밀농사 지대로 크게 나뉜다. 초지는 내몽고와 서북부의 외곽 초원지대에, 삼림은 동북과 서남 변경에 밀집되어 있으며, 그 지역의 주요 산업 수단이 되고 있다.

토지자원을 놓고 볼 때, 중국은 전통적으로 농경사회를 기반으로 한 농경문화가 그 중심을 이루고 있어 경작지에 대한 애착이 무엇보다 강한 편이다. 오늘날에도 여전히 세계 최대 농업국의 하나이며, 전체 인구의 과반수를 넘는 7억 명이 농업에 종사하고 있다. 따라서 절대 농지의 확보는 생활을 유지하는 관건이 되었다. 그러나 지형의 특성상 산지가 많고 평원이 적으며, 반건조지대와 건조지대가 차지하는 면적이 전국 토지면적의 약 50% 이상 된다. 전 국토의 육지면적 960만㎢ 중 경작지는 단 134.9만㎢에 불과하다. 이는 세계 농지 면적의 7%에 해당하지만, 면적에 비해 인구당 경작지는 턱없이 부족한 편이다.

이에 중국 정부는 국토의 활용도를 극대화하기 위해 1957년부터 정책적

네이멍구자치구 사막 지대

으로 상산하향上山下鄉 운동을 지속적으로 펼쳐나갔고, 그 결과 이주정책의 효과와 함께 경작지를 개간하는 성과를 거두기도 했다. 그 대표적인 사례가 동북의 '베이다황北大荒³ 간척 사업'이다. 하지만 중화인민공화국中華人民共和國 건립 이후 정책적인 차원에서 시작된 무차별적인 개간과 공업화의 여파는 오히려 환경 문제를 심화시키는 결과를 낳았다. 따라서 오늘날 중국 정부는 토지의 사막화를 막기 위해 국가적 차원에서 다각적으로 사막화 방지사업을 펼치고 있지만 해가 갈수록 상황은 심각해지고 있다.

한편, 중국의 지하자원은 그 매장량에 있어 세계적인 규모를 자랑한다. 광물자원만 놓고 볼 때, 세상에 알려진 광산물은 거의 모두 매장되어 있다고 해도 과언이 아니다. 현재 매장량이 밝혀진 광물만 150여 종이며, 석탄, 철, 구리, 알루미늄 등 주요 광물의 매장량은 모두 세계에서 1, 2위를 다툰다.

---

3 헤이룽장성 북부의 싼장(三江)평원과 헤이룽장 및 넌장(嫩江) 유역의 광활한 황무지를 일컫는 말이다. 겨울이면 최저 영하 40도를 오르내리는 열악한 기후 환경의 이 지역은 1958년부터 '즈칭(知靑)'이라 불리는 청년 지식인과 군인들이 투입되어 대규모 개간 사업을 벌이면서 곡창지대로 변모하였다.

특히 최근 세계적인 이슈가 되고 있는 희토류稀土類 등의 희귀 광물은 각국의 경제 기반을 뒤흔들 정도로 자원의 독점과 예속화를 강화하고 있다. 중국은 현재 희토류 금속의 95%를 생산하고 있으며, 매장량도 세계의 60%를 차지한다. 그 밖에 네오듐의 93%, 텅스텐의 90%, 안티몬의 80%, 인듐의 55%, 망간의 95%가 중국에서 생산되고 있다. 이는 모두 첨단기술산업과 군수품에 절대적인 필수 자원으로서, 최근 들어 중국은 이들 자원을 무기로 내세워 세계 경제에 영향력을 행사하는 한편, 중국에 대한 견제와 무역 규제에 맞서고 있다.

네이멍구자치구 석유 채굴 지역

중국의 석유와 천연가스 매장량은 정확히 가늠하기 어렵다. 석유는 주로 서북 지역에 많이 매장되어 있고, 동북과 화북지역 그리고 동부 연해의 대륙붕에도 많이 매장되어 있는 것으로 확인되고 있다. 최근 신장위구르자치구에서 10억 톤 규모의 유전이 발견되는 등 전국적으로 유전 탐사 사업이 계속되고 있다. 중국은 2016년 원유 생산량이 2억 톤으로, 세계 6위를 차지하고 있다. 2016년 중국의 천연가스 생산량은 1,368억㎥를 기록했으나, 막대한 수요와 함께 앞으로 그 중요성이 높아지면서 현재 댜오위다오 부근의 개발을 두고 일본과 신경전을 벌이고 있다. 오늘날 중국은 자국의 자원 개발에 그치지 않고 전 세계의 석유와 천연가스 등 에너지 자원의 확보에 열을 올리고 있다.

참고 문헌
『중국 중국인 그리고 중국문화』, 공상철·권석환·이경원·이창호·정진강 저, 다락원, 2001
『새롭게 읽는 현대중국』, 김종현 외 저, 창경사, 2008
『중국의 자연환경』, 장삼환·김주환·최종섭·조국주 저, 한국학술정보, 2005

더 읽어야 할 자료
『지도로 읽는다! 중국 도감』, 모방푸 저, 전경아 역, 이다미디어, 2016
『슈퍼차이나』, KBS 슈퍼차이나 제작팀, 가나출판사, 2015

02 행정구획과 인구

    중국은 원元대 이래 지방의 행정구획에 사용되어 온 성省을 기본 단위로 직할시直轄市, 자치구自治區, 특별행정구特別行政區를 중심으로 행정지역이 분할되어 있다. 1988년 하이난성海南省이 행정구획상 성으로 편제됨으로써 현재 타이완臺灣[1]을 포함, 23개의 성이 있다. 그리고 성에 포진되어 있는 거대도시는 직할시로 분류하여 독자적 행정지위를 부여하고 있는데, 기존의 베이징北京, 상하이上海, 톈진天津에 이어 1997년 서부 내륙지역 개발을 위한 거점도시를 목표로 충칭重慶이 네 번째로 직할시로 승격되었다. 1997년 영국으로부터 반환된 홍콩Hong Kong과 1999년 포르투갈로부터 반환된 마카오Macau는 행정장관을 두어 기존의 체제를 유지하는 형태의 특별행정구로 분류하여 관리하는 한편, 대부분 소수민족이 거주하고 있는 광활한 변경지역은 5개의 소수민족 자치구로 지정하여 행정적 편의를 도모하고 있다. 자치구 외에도 각 소수민족이 집거하고 있는 취락 지역은 민족단위의 자치주自治州, 자치현自治縣으로 운영된다.

    인구 측면에서 살펴봤을 때, 민족문제는 중국이 당면한 가장 큰 고민거리 중 하나이다. 91%가 넘는 한족이 정치와 경제를 독점하는 가운데 정체성이 뚜렷한 티베트와 위구르족 지역에서는 대규모 소요사태가 발발하기도 한다. 이외에도 중국 전 지역에 뿌리를 내리고 있는 회교도와 한족 간에 심심찮게 벌어지는 과격한 국지적 충돌도 이러한 사정을 반영하고 있다.

---

1 타이완 정부는 비록 중국의 견제로 국제적으로는 주권국가로 행사하는 데 제약이 있지만 여전히 자주적인 군대와 외교권을 행사하고 있다. 그러나 중화인민공화국 정부는 행정구역상으로 타이완을 중국의 23번째 성으로 간주하고 하나의 중국을 표방하고 있다.

1. 행정구획

현재 중국의 행정구획은 크게 성급省級, 지급地級, 현급縣級으로 나눌 수 있다. 성급은 성, 자치구, 직할시, 특별행정구를 포괄한다. 지급은 지구地區, 자치주, 지급시地級市, 맹盟으로 구분되며, 현급은 현縣, 자치현, 직할시, 현급시縣級市, 기旗, 자치기自治旗, 특구特區, 임구林區를 포괄한다. 그리고 현과 자치현 아래에 지방 3급 행정단위인 향鄕과 진鎭을 두고 있다. 자치구를 비롯한 자치주, 자치현은 모두 소수민족의 자치 행정단위이며, 맹과 기는 네이멍구內蒙古자치구에만 있는 행정단위이다.

주요 행정단위

성급(34개)	성(23개), 자치구(5개), 직할시(4개), 특별행정구(2개)
지급(334개)	지구(8개), 자치주(30개), 지급시(293개), 맹(3개)
현급(2851개)	현(1377개), 자치현(117개), 직할시(940개), 현급시(363개), 기(49개), 자치기(3개), 특구(2개), 임구(1개)

「중국 행정구획 통계(2016)」

중국 행정구획 안내도
- 직할시
- 자치구

중국 행정구획표

행정단위		명칭	약칭	면적(만㎢)	인구(명)	행정 중심지
성	1	허베이河北	지冀	19	71,854,202	스자좡石莊家
	2	산시山西	진晋	15.6	35,712,111	타이위안太原
	3	랴오닝遼寧	랴오遼	14.57	43,746,323	선양瀋陽
	4	지린吉林	지吉	18.74	27,462,297	장춘長春
	5	헤이룽장黑龍江	헤이黑	45.4	38,312,224	하얼빈哈爾濱
	6	장쑤江蘇	쑤蘇	10.26	78,659,903	난징南京
	7	저장浙江	저浙	10.18	54,426,891	항저우杭州
	8	안후이安徽	완皖	13.96	59,500,510	허페이合肥
	9	푸젠福建	민閩	12.14	36,894,216	푸저우福州
	10	장시江西	간贛	16.69	44,567,475	난창南昌
	11	산둥山東	루魯	15.71	95,793,065	지난濟南
	12	허난河南	위豫	16.7	94,023,567	정저우鄭州
	13	후베이湖北	어鄂	18.59	57,237,740	우한武漢
	14	후난湖南	샹湘	21.19	65,683,722	창사長沙
	15	광둥廣東	웨粤	17.98	104,303,132	광저우廣州
	16	하이난海南	충瓊	3.5	8,671,518	하이커우海口
	17	쓰촨四川	촨川(수蜀)	48.5	80,418,200	청두成都
	18	구이저우	구이貴(쳰黔)	17.61	34,746,468	구이양貴陽
	19	윈난雲南	윈雲(뎬滇)	39.4	45,966,239	쿤밍昆明
	20	산시陝西	산陝(친秦)	20.56	37,327,378	시안西安
	21	간쑤甘肅	간甘(룽隴)	45.5	25,575,254	란저우蘭州
	22	칭하이青海	칭青	69.66	5,626,722	시닝西寧
자치구	1	네이멍구內蒙古	멍蒙	118.3	24,706,321	후허호트呼和浩特
	2	닝샤후이족寧夏回族	닝寧	6.64	6,301,350	인촨銀川
	3	광시좡족廣西壯族	구이桂	23.63	46,026,629	난닝南寧
	4	신장위구르新疆維吾爾	신新	166	21,813,334	우루무치烏魯木齊
	5	시짱西藏	짱藏	122,84	3,002,166	라싸拉薩
직할시	1	베이징北京	징京	1.68	19,612,368	베이징
	2	톈진天津	진津	1.13	12,938,224	톈진
	3	상하이上海	후滬(선申)	0.63	23,019,148	상하이
	4	충칭重慶	위渝	8.24	28,846,170	충칭
특별행정구	1	홍콩Hong Kong	강港	0.11	7,097,600	홍콩
	2	마카오Macau	아오澳	0.003	552,300	마카오

*타이완은 제외
「제6차 인구센서스(2010)」

각 지역의 약칭은 중국의 일상생활에서 아주 중요한 역할을 하고 있다. 우선 그 지역의 요리를 대표하는 명칭으로 사용된다. 예컨대, 베이징요리는 '징차이京菜', 후난요리는 '샹차이湘菜', 쓰촨요리는 '촨차이川菜', 광둥요리는 '웨차이粵菜'라고 간략하게 표기한다. 두 번째로 많이 사용하는 곳은 우리나라와 마찬가지로 철도노선이나 고속도로 노선을 표기할 때이다. 서울에서 부산까지의 철도노선을 '경부선'이라고 부르듯이 중국에서도 베이징에서 상하이까지의 철도노선을 '징후京滬선'이라고 표기한다. 또한, 차량번호판 맨 앞머리에 그 차량의 소속 지역명을 표기할 때도 역시 지역의 약칭을 사용한다.

2. 지역과 지역성

(1) 남방 문화와 북방 문화

중국은 전통적으로 남방과 북방의 뚜렷한 문화적 차이를 보이는데, 이러한 구분은 중국의 고유한 문화적 특색으로 인식되어 왔다. 외형적으로 작은 체형의 남방 사람과 큰 체형을 지닌 북방 사람은 용모와 기질에서도 차이를 보이고 있다. 이른바 '남권북퇴南拳北腿'라는 말처럼 남방 사람들은 작은 체형을 이용한 주먹을 쓰는 데 장기가 있고, 북방 사람들은 힘찬 발차기에 능하다는 속설도 이와 무관하지 않다. 얼굴 생김새에 있어서 북방 사람은 '나라 국國' 자 형의 네모진 얼굴이 많으며 윤곽이 뚜렷하고 두툼한 편이다. 아래턱이 비교적 넓고 양쪽 뺨은 각이 지고 풍만하다. 이마는 얼굴의 길이에 비해 돌출되지 않고 콧날이 비교적 높다. 그리고 피부는 옅은 황색이 주를 이룬다. 이에 비해 남방 사람은 피부가 짙고 이마가 약간 돌출되어 있으며 얼굴이 둥근 편이다. 눈이 비교적 크고 눈썹은 짙으며, 코는 넓적하고 턱은 비교적 짧다. 푸젠이나 광둥 쪽으로 내려가면서 이러한 얼굴 윤곽의 특징이 더욱 두드러져 동남아 인종에 가까워진다.

문화적 측면에서 볼 때, 남북의 지역적 차이는 전 범위에 걸쳐 대비되어 나타난다. 언어의 경우, 남방은 성조가 많고 복잡한 반면에 북방은 4개의 성조로 비교적 정제되어 있다. 그리고 문학에 있어서 남방 문학은 『초사楚辭』[2]의 화려하고 수사적인 전통을 따르는 반면, 북방은 『시경詩經』의 웅혼하고 사실

---

2 관련 내용 「08 문학」 편 참조

적인 전통을 계승하고 있다. 음악이 주가 되는 남방 희곡의 특징은 곤극崑劇[3]이나 월극粤劇처럼 부드럽고 우아하며, 북방 희곡인 경극京劇은 활기 넘치며 생동적이다. 음식에서도 남방 요리는 달고 다양한 향료를 사용하는 반면 북방 요리는 기후의 영향을 받아 짜고 재료의 맛을 살리는 데 뛰어나다.

이 밖에도 역사적으로 남과 북은 정치와 경제적 측면에서도 확연한 차이를 보여주고 있다. 북방은 이민족의 숱한 침범과 방어를 위한 무수한 전쟁을 치르면서 자연스럽게 정치의 중심지가 되었고, 이로써 역대 왕조의 수도는 대부분 북방에 위치하고 있다. 이에 비해 남방은 상대적으로 비옥한 토양과 온난한 기후를 바탕으로 경제가 발달하였다. 풍부한 물산과 유통의 활성화로 오래전부터 상인 기질이 몸에 배어 탁월한 장사수완을 발휘하고 특정한 상권을 형성하였다. 개혁개방 이후 남방이 경제발전의 중심이 된 것도 결코 우연이 아니다.

남방 문화와 북방 문화 비교

	남방	북방
학술	도가 학설의 발원지	유가 학설의 발원지
언어	번잡	정제
성씨	천陳, 자오趙, 황黃, 린林, 우吳	리李, 왕王, 장張, 리우劉
문학	『초사』의 전통 계승	『시경』의 전통 계승
희곡	부드럽고 우아한 창법	씩씩하고 웅장한 창법
음식	섬세하고 단 맛	조박하고 짠 맛
무술	남권 : 주먹을 이용한 권법	북퇴 : 다리 기술을 주로 사용

(2) 대륙 문화와 해양 문화

중국은 동쪽으로는 세계 최대의 대양인 태평양에 인접해 있고, 서쪽 끝은 신장위구르新疆維吾爾자치구 파미르고원 지대, 북쪽으로는 유라시아 대륙을 등지고 있다. 중국의 지형은 크게 세 단계로 구분되는 서고동저의 형태이다. 이 세 단계의 지형은 동부, 중부, 서부의 뚜렷한 지역적 특징을 드러내는데, 동쪽의 연안에 접해 있는 성들은 경제와 정치의 중심으로 자리 잡았고, 중원

---

3 관련 내용 「11 영화와 연극」 편 참조

지역 분류도

    지대인 내륙은 고유한 문화를 중심으로 상대적으로 보수적 문화를 유지하고 있으며, 서부지역은 산업과 경제적 환경으로 볼 때, 낙후된 지역으로 소수민족들이 대거 군집하고 있어 종종 민족적 배타성이 드러나는 것을 확인할 수 있다.

    특히 서부에 비해 낮고 평평한 구릉과 평원이 있는 동부는 예로부터 개발이 용이해 경작과 산업의 요지로 활용되어 왔고, 바다가 있어 해운에 유리한 해안지대는 개혁개방시기 경제특구로 지정되어 급속한 경제 성장을 가져왔다. 이러한 결과로 중국에서는 동서의 차이가 크게 부각되기 시작하였다. 동서 간의 상이한 지역적 특색과 차이점은 문화뿐 아니라 사회적인 구분의 원인을 제공하기도 한다. 동서 간 격차는 민족적 차별과 지역 불균형 문제까지 포함하고 있어 전통적인 남북 격차에 비해 훨씬 심각한 갈등 요인을 내포하고 있다.

    오늘날 지역 분류는 경제적 요인에 따라 남북보다는 동서로 구분하는 경우가 많다. 분류에 있어서도 상황에 따라 전통적인 6분법을 중심으로 다양한 방식의 분류법이 탄력적으로 적용된다.

지역		성, 직할시, 자치구
동부	화동華東	산둥성, 장쑤성, 안후이성, 저장성, 장시성, 푸젠성, 상하이, 타이완
	동북東北	헤이룽장성, 지린성, 랴오닝성
중부	화북華北	네이멍구자치구, 베이징, 텐진, 허베이성, 산시성
	중남中南	허난성, 후베이성, 후난성, 광시좡족자치구, 광둥성, 홍콩, 마카오, 하이난성
서부	서북西北	신장위구르자치구, 간쑤성, 칭하이성, 닝샤후이족자치구, 산시성
	서남西南	시짱자치구, 쓰촨성, 윈난성, 구이저우성, 충칭

3. 민족과 민족 정책

(1) 다민족 국가

중국은 총인구의 91.5%를 점하고 있는 한족漢族과 그 밖의 소수민족으로 이루어진 다민족 통일 국가이다. 절대다수인 한족 외에 55개의 소수민족이 고유한 자신들의 영역을 중심으로 군집하며 민족의 정체성을 이어가고 있다. 소수민족의 인구 증가율은 한족보다 빠른 편으로 전체 인구에서 차지하는 비율이 1953년 6.06%에서 1990년 8.04%, 2000년 8.41%, 2010년 8.49%로 점차 높아지고 있다.

각 소수민족은 거주지역의 규모와 인구수에서 커다란 차이를 보인다. 소수민족 인구 분포로 볼 때, 100만 명 이상 되는 대단위 민족은 18개이고, 10만에서 100만 명 정도 규모의 민족은 17개, 10만 이하의 소규모 민족은 20개이다. 이중 인구가 가장 적은 민족은 뤄바족珞巴族으로 파악되고 있다.

민족별 인구통계표

민족	인구(만 명)	민족	인구(만 명)
한족漢族	127,138.6	투족土族	28.9
좡족壯族	1,692.6	시보족錫伯族	19
만족滿族	1,038.7	무라오족仫佬族	21.6
후이족回族	1058.6	키르기즈족柯爾克孜族	18.6
먀오족苗族	942.6	다워얼족達斡爾族	13.1

위구르족維吾爾族	1006.9	징포족景頗族	14.7
이족彝族	871.4	싸라족撒拉族	13
투자족土家族	835.3	부랑족布朗族	11.9
몽골족蒙古族	598.1	마오난족毛南族	10.1
티베트족(쌍족藏族)	628.2	타지크족塔吉克族	5.1
부이족布依族	287	푸미족普米族	4.2
둥족侗族	287.9	아창족阿昌族	3.9
야오족瑤族	279.6	누족怒族	3.7
바이족白族	193.3	어원커족鄂溫克族	3
조선족朝鮮族	183	징족京族	2.8
하니족哈尼族	166	지눠족基諾族	2.3
리족黎族	146.3	더앙족德昂族	2
카자흐족哈薩克族	146.2	우즈베크족烏孜別克族	1
다이족傣族	126.1	러시아족俄羅斯族	1.5
서족畬族	70.8	위구족裕固族	1.4
리쑤족傈僳族	70.2	바오안족保安族	2
거라오족仡佬族	55	먼바족門巴族	1
라후족拉祜族	48.5	어룬춘족鄂倫春族	0.8
둥샹족東鄕族	62.1	두룽족獨龍族	0.6
와족佤族	42.9	타타르족塔塔爾族	0.3
수이족水族	41.1	허저족赫哲族	0.5
나시족納西族	32.6	가오산족高山族	0.4
창족羌族	30.9	뤄바족珞巴族	0.3

「중국통계연감(2016)」

중국은 1949년 건국과 함께 전국에 산재해 있는 각 민족을 중국에 편입하는 민족정책을 최우선 과제로 삼았다. 우선 1952년에는 「중화인민공화국민족구역자치실시강요」를 제정하여 민족을 행정구획화하는 민족자치제를 전면적으로 시행하였다. 이러한 신속한 조치의 이면에는 민족을 일정한 단위로 묶어 통제하고 자신들의 강역을 확고히 하려는 의도를 볼 수 있다. 1953년 중화인민공화국 수립 이후 실시된 첫 인구 조사에 따르면 전국에서 독자적인

민족으로 등록된 명칭이 400여 종이 넘었다. 그중에는 윈난성과 구이저우성에만 각각 260여 개와 80여 개의 민족이 있었다. 이처럼 복잡하게 분포되어 있던 소수민족을 이후 식별 작업과 각 지역 민족의 자존 의지를 반영하여 소수민족 숫자를 정립하였다. 최종적으로 1979년 지눠족基諾族을 단일민족으로 확정함으로써 현재와 같이 55개의 소수민족으로 분류하고 있다.

중국에는 행정상으로 5개의 자치구, 30개의 자치주, 120개 자치현 등 현재 총 159개의 민족 자치구역이 존재한다. 그러나 이러한 민족의 확정과 자치구역의 지정에는 불확실한 요소도 많다고 할 수 있다. 예를 들면, 티베트족의 경우 행정구역으로 확정된 시짱西藏(티베트)자치구보다 그들의 실제적인 생활반경과 활동권역은 훨씬 넓다. 또한, 아직 민족으로 인정받지 못한 미식별 민족의 인구수도 73만 명에 달한다고 한다.

역사적으로 중국의 역대 왕조는 이른바 '기미羈縻[4]'라 불리는 방식으로 변방지역을 정벌하며 인위적으로 타민족들을 통합하거나 지역을 분리하며 유화정책을 펼쳤다. 이러한 역사적 경험과 교훈은 오늘날 소수민족을 통제하는 방법으로 여전히 유효하게 활용되고 있다.

(2) 소수민족 정책

다양한 민족으로 구성되어 있는 중국은 '민족 대가정民族大家庭'이란 슬로건 아래 한족의 주도권을 강조하기보다는 각 민족의 화합과 단결에 기초한 중화민족론을 표방하고 있다. 중국의 헌법 역시 이런 취지에서 '대한족주의大漢族主義'와 '지역민족주의地方民族主義'를 엄중히 경계하며, 민족차별로 인한 갈등의 해소와 민족분리주의에 따른 소요를 불식하는 것이 민족 정책의 핵심임을 명시하고 있다.

중국 정부는 소수민족에게 자치권을 부여하고, 고유의 풍습을 존중하며 자신들의 언어와 문자 사용을 지지한다. 또한 종교의 자유를 보장하는 등의 우대정책을 시행하고 있다. 그러나 다른 한편으로는 국가의 정치적 통합 차원에서 연방제와 분리주의를 절대적으로 반대하며, 소수민족의 독립운동에

---

4 원래 『사기(史記)』에 나오는 용어로 말의 굴레를 뜻하는 '기(羈)'와 소의 고삐를 뜻하는 '미(縻)'에서 유래했는데, 주로 서남지역의 소수민족을 통제하는 역대 왕조의 정책을 의미하는 말로 사용되었다. '기'는 군사 수단과 정치적 압력을 행사하는 방식의 통제를 의미하고, '미'는 물질적 원조와 경제적 조치로 달래는 방식의 통제를 의미한다.

중국 소수민족 전통 복장
상단 왼쪽부터 시계 방향으로 이족, 먀오족, 몽골족, 창족, 둥족, 티베트족

대해서는 비타협적 태도를 견지하고 있다.

　현재 대부분의 소수민족 자치구는 중국의 변방에 위치하고 있어 경제 발전의 혜택에서 소외되었을 뿐만 아니라, 정치적 위상도 높지 않아 중국 정부에 대한 불신이 높은 편이다. 특히 종교적으로 응집력을 가진 티베트족, 차별정책에 강력한 의사 표시를 하는 위구르족, 유목생활을 하는 몽골족, 이슬람을 신봉하는 후이족 등은 소수민족에 대한 중국 정부의 규정정책에 강력하게 반발하며 민족의 정체성을 지키려 안간힘을 쓰고 있다.

신장위구르자치구

신장위구르자치구는 중국의 서북 변경에 위치하고 있으며, 몽골, 카자흐스탄, 아프가니스탄, 파키스탄, 인도 등과 접경을 이룬다. 1949년 중화인민공화국 수립 후 중국에 편입된 이래 위구르족은 끊임없이 독립을 요구하며 중앙아시아 지역의 민족구성원과 함께 '동투르키스탄공화국' 건립을 추진해 왔다. 과거 이 지역은 실크로드의 중간지로서 대상무역의 문물 집산지였으며, 이곳에서 위구르인들은 자족적인 생활을 영위하며 살아왔다. 그러나 중국 정부가 서북 변방 개발을 목적으로 한족 이주 정책을 대대적으로 실시하면서 생활 터전을 빼앗기게 되었고, 개혁개방 이후 정치·경제적인 측면에서 느낀 상대적인 박탈감으로 인해 독립에 대한 열망이 더욱 강화되었다. 1992년, 93년에 연이어 발생한 폭탄 테러 사건, 덩샤오핑鄧小平 사망 전후 위구르족 폭동과 2008년 베이징올림픽을 표적으로 한 폭탄 테러 사건, 그리고 2009년 우루무치에서 발생한 최대 규모의 소요 사태[5]는 뿌리 깊은 민족 감정과 한족에 대한 불신을 단적으로 보여주고 있다.

● 위구르족
●● 티베트 독립 시위

시짱(티베트)지치구

시짱자치구는 중국의 서남부 변경에 위치하고 있으며, 인도, 네팔, 부탄, 미얀마 등과 국경을 접하고 있다. 1950년에 중국에 편입된 이후 1965년에 정식으로 시짱자치구가 설치되었다.

티베트는 중국의 지배에 반대하는 민족 저항운동의 중심지라 할 수 있다. 50년대 중국이 티베트를 무력으로 점령한 이래 독립항쟁과 무력진압의 역사는 지금까지도 계속되고 있다. 중국의 입장에서 티베트의 분리 독립을 허용할 경우 다른 소수민족의 단결에도 영향을 끼쳐 중국 전체의 분열로 이어질수도 있다. 또한, 한반도 면적의 6배에 해당하는 티베트는 방대한 천연자원의 보고이자, 군사전략적으로도 요충지이다. 따라서 중국으로서는 절대 티베

---

5 2009년 7월 5일 우루무치에서 폭력 사태가 발생해 197명이 사망하고 1,700여 명이 부상당하는 사건이 발생했다. 이는 광저우 완구 공장에서 위구르족과 한족 근로자 간 충돌로 2명이 사망했는데, 당시 경찰의 처리 방식에 불만을 품은 위구르인들이 시위를 벌인 것에서 비롯되었다.

티베트족

현세의 삶보다 내세를 더욱 중요시하는 라마교가 삶의 중심인 티베트족에게는 중국 정부의 어떤 물질적 지원도 큰 영향을 끼치지 못한다.

트의 분리 독립을 허용할 수 없는 처지다.

티베트 독립운동 세력은 1959년 대규모 독립 시위를 일으킨 뒤 독립운동에 대한 중국 정부의 강압적인 진압을 피해서 인도의 다름살라Dharmsala에 달라이라마Dalai Lama[6]를 중심으로 망명정부를 수립했다. 격심해진 분리 독립운동을 진압하려는 조치로 중국 정부는 1989년 3월부터 1990년 5월까지 라싸拉薩에 계엄을 실시하기도 했다. 티베트 내부에서는 여전히 크고 작은 시위가 일어나고 있으며, 2008년 올림픽을 앞두고 발생한 대규모의 티베트 민족 저항운동과 그 이후 지금까지 150명에 이르는 승려들이 중심이 된 끊이지 않은 분신 투쟁은 중국의 갖은 유화 정책에도 불구하고 꺾이지 않는 티베트 민족의 독립 의지를 다시 한번 전 세계에 보여주었다.

4. 인구와 인구 문제

2016년 중국통계연감 결과를 보면 중국의 인구는 13억 8,271만 명으로 세계 인구의 5분의 1을 차지해 여전히 인구 대국이라는 이름에 손색이 없음을

---

6 티베트 종교·정치의 최고 지배자이다. '달라이'는 몽골어로 '큰 바다'라는 뜻이고, '라마'는 티베트어로 '스승'이라는 뜻이다. 티베트 망명 정부를 이끈 제14대 달라이라마 텐진 갸초(Tenzin Gyatso)는 비폭력 평화 투쟁을 전개하며 전 세계를 향해 티베트 독립의 메시지를 알림과 동시에 티베트 불교의 정신과 교리를 전파했다. 1989년 노벨평화상을 받았다.

알 수 있다. 1949년 중화인민공화국 건립 당시 중국의 인구는 약 5억 4천 명 정도였으나 정치적 안정과 출산장려 정책의 결과로 인구가 급격하게 불어났다. 이러한 사정은 1955년 「신인구론新人口論」을 통해 식량증산이 인구의 자연증가를 따르지 못할 것이라는 마인추馬寅初 교수의 예측이 착오가 아니었음을 드러내고 있었다. 그러나 마오쩌둥毛澤東을 비롯한 정책 결정자들은 이를 공개적으로 비판하며, 인력을 통한 생산력 증대를 강조하고 인구 대국이 세계 강국이 될 수 있다는 인식을 늦추지 않았다. 이는 결과적으로 인구의 폭발적 증가를 불러와 1969년 말에 중국 인구는 이미 8억을 돌파했다. 하지만 가파른 인구 증가는 곧 수요와 공급의 불균형을 가져왔고, 이를 타계하기 위한 무리한 정책으로 이어져 애초 공산당이 내세운 의식주 해결은 오히려 위기를 자초하게 되었다.

이에 중국은 70년대 들어서면서 인구 억제 정책을 내놓게 된다. 1971년에 이 문제가 공식화되면서 1973년에는 국무원에 산아제한 전담반을 설치했다. 그러나 본격적으로 산아제한 정책이 강력하게 시행된 것은 문화대혁명이 끝나고 개혁개방이 시작되면서부터이다. 1978년 제5기 전인대에서는 산아제한에 관한 내용을 담은 새로운 헌법이 통과되었고, 1980년대 접어들면서 1가구 1자녀의 산아제한에 대한 법적 구속력이 더욱 강화되었다.

이처럼 강제화된 산아제한 정책의 시행 결과로 인구의 자연증가율이 1978년 12%에서 2015년 4.96%로 크게 떨어지는 등 중국 인구의 유형이 고출산, 저사망, 높은 자연증가율에서 저출산, 저사망, 낮은 자연증가율의 현대적 모델로 변하였다.

그러나 한편으로 산아제한 정책으로 인한 각종 사회적 부작용도 적지 않았다. 낙태를 사회적으로 방조하는 분위기가 만연해 가톨릭 교회와 줄곧 갈등을 빚어 왔으며, 산아제한의 규제를 피하려고 출생 후 고의적으로 호적에 올리지 않은 아이를 뜻하는 '헤이하이즈黑孩子'는 공교육 및 사회적 혜택에서 벗어난 사각지대에 방치되어 있어 사회적 불안을 가중시키고 있다. 2010년 조사된 인구센서스에서는 무호적자가 1,370만 명으로 조사되었다. 이에 중국 정부는 2016년부터 적극적으로 무호적자를 호적에 등록하도록 정책을 펼쳤다. 그리고 호구등록과 거주지가 일치하지 않는 2억 6천만 명에 이르는 사회적 유동인구는 사회적 심각성을 더하고 있다. 또한 출생률 저하에 따른 고령화는 노동력을 약화시키고 사회적 활력을 떨어뜨려 심각한 사회적 문제로 대두하고 있다. 현재 중국의 60세 이상 노령인구는 2억 3천 86만 명으로 전체 인구의 16.7%를 차지해 노령화 인구 비율이 갈수록 늘고 있다.

반면에 도시의 가정에서 독자로 태어나 경제적 혜택을 누리며 자라는 아이들은 이른바 '샤오황디小皇帝(어린 황제)'라는 신조어까지 탄생시키며, 독선적인 생활태도와 사회적 도덕성 결핍을 지적받기도 한다. '바링허우八零後'는 1980년 1월 1일 생부터 1989년 12월 31일 생까지의 세대를 가리키는 신조어로, 이들은 경제성장의 수혜를 받아 자족적이며 자기중심적인 사고가 강한 편이다. 또한 중국의 고속성장을 보며 자라 민족적 자긍심이 높다. 또한 1990년 1월 1일 생부터 1999년 12월 31일 생까지의 세대인 '지우링허우九零後' 역시 중국의 고속성장을 경험하고 자라 적극적인 사고 방식을 갖고 있다. 이들은 첨단 IT 기기 사용에 능란하고, 합리적인 소비 패턴을 지향하며 창업에도 관심이 많아 현재는 중국 사회의 새로운 유행과 조류를 선도하고 있다.

사실 산아제한 정책은 그간 개혁개방의 경제 성장에 가려 사회적 문제점이 공개적으로 부각되는 것을 꺼려 왔지만, 최근에는 출생률 저하와 1인 가구가 늘어남에 따라 출생률이 사회적 문제가 되었다. 그래서 중국 정부는 2013년 말부터 부부 중 한쪽이 외동인 경우 자녀를 2명까지 낳을 수 있는 '단독이해 單獨二孩' 정책을 추진하였고, 2016년부터 도시, 농촌, 민족의 구분 없이 자녀를 2명까지 낳을 수 있는 '전면이해全面二孩' 정책으로 전환하였다.

참고 문헌
『**이중톈 중국인을 말하다**』, 이중톈 저, 박경숙 역, 은행나무, 2008
『**넓은 땅 중국인 성격 지도**』, 왕하이팅 저, 차혜정 역, 새빛에듀넷, 2010
『**중국국가행정지리**』, 이현국, 인포차이나, 2009

더 읽어야 할 자료
『**중국 소수민족 신화기행**』, 김선자 저, 안티쿠스 역, 2009
『**티베트의 별**』, 멜빈 골드스타인·다웨이 세랍·윌리엄 R. 지벤슈 저, 이광일 역, 실천문학사, 2009
『**티베트의 정신적 스승들**』, 카톡 시투 최키 갸초 저, 이봉수 역, 자연과인문, 2015

중국몽 中國夢

시진핑은 2013년 3월의 양회兩會 폐막 연설에서 '중국몽中國夢'이라는 단어를 아홉 차례나 반복했다. '중국몽'이란 '13억 4천만 인민의 개인적 꿈의 결집체'로서 '모든 개인에게 기회가 공평하게 주어져 있으니 개인이 노력하기만 하면 국가는 정책적 조건을 제공한다'는 의미이다. 여기에는 경제성장의 결과로 부산된 빈부격차, 도농격차, 의식주 불균형 문제 등 일그러진 개인의 다양한 욕망을 더 이상 방치할 수 없고, 모두의 꿈이 실현될 수 있도록 반부패 공정사회로 개혁하겠다는 의지가 담겨 있다.

중국몽에는 아편전쟁 이래 반제·반봉건 민족·민주 투쟁, 공산주의 혁명과 중국 특색의 사회주의 건설 과정을 거쳐 오늘날 G2에 이르기까지 170년 동안의 '중화민족 부흥'의 염망이 녹아 있다. 중국몽은 과거 국가주의 주도의 독립, 부강, 현대화를 향한 국가적 욕망이 아니라, 사람을 근본으로 하는以人爲本 유가적 개인주의를 철학적 기반으로 하고 있다. 시진핑은 "'중국몽'은 중국 역량의 결집으로 이루어진다. 중국 역량이란 중국인민의 역량, 즉 경제력, 정치력, 제도력, 문화력을 포함한다."라 했다. 이는 이제는 문화와 경제가 동반성장하지 않으면 안된다는 인식을 드러낸다.

지난 세월을 돌이켜 보면 '중화민족 부흥'이라는 꿈의 불씨는 한번도 꺼진 적이 없었다. 마오쩌둥 시대의 '일어서다站起來'로부터 개혁개방의 덩샤오핑 시대의 '부자가 되다富起來', 장쩌민의 '강성해지다强起來'에 이르기까지 매 과정마다 중국 인민들의 통일된 강대한 열망이 녹아 있었다. 지금까지 개인과 전체가 결집된 '중화민족 부흥'의 꿈은 지속되어 왔다. 이렇듯, '중국몽'은 개인과 집단의 통일을 강조한다. 극심한 사회전환기를 맞이한 오늘, 사회주의 관념이 흔들리고 이익이 다원화된 현실에서 하나의 공통적인 꿈으로 공감대를 형성할 필요가 있기 때문이다.

일대일로 一帶一路

2015년 3월 28일, 일대일로(一帶一路, One Belt, One Road)'가 공식적으로 선포되었다. '일대일로'는 '주변 국가 경제번영과 지역경제협력을 유리하게 하고, 서로 다른 문명 교류를 강화해 세계 평화를 이끌고 세계 각국 인민을 행복하게 하는 위대한 사업'으로, 현대판 신新 실크로드를 구축하여 중앙아시아와 유럽을 잇는 내륙 실크로드경제벨트, 동남아시아, 유럽, 아프리카를 잇는 해상 실크로드경제벨트를 말한다.

수천 년 동안 계승되어 온 실크로드 정신을 '평화협력和平合作, 개방포용開放包容, 상호학습互學互鑒, 상호이익互利共贏'으로 개괄하면서, 각국이 협력하여 평화로운 공동 번영을 추구함으로써 복잡한 국제적, 지역적 문제의 해결책을 제시한 것이다.

시진핑은 '일대일로' 정책을 발표하고 '친親, 성誠, 혜惠, 용容' 개념을 중국 주변 외교의 기본방침으로 삼았다. 즉, '주변국들과 혈연에 가까운 유대관계를 형성하여 공통성과 친근감을 실현하고(親), 신뢰를 지키고 속이지 않으며(誠), 중국의 발전이 주변국가에게 실질적인 혜택과 이익을 가져다 주도록 하며(惠), 대국으로서의 넓은 마음과 비범한 기운을 견지해야(容) 한다는 원칙'으로 중국과 주변국은 이익 공동체를 넘어선 '운명공동체'임을 천명했다.

'일대일로'는 다섯 가지 분야에 관한 행동계획을 제시한다. 첫째, 중국과 주변국간의 공동 경제발전 전략을 추진하고자 지역개발 전략을 수립할 경우 주변국과의 소통을 강화하는 '정책소통(政策溝通)', 둘째, 도로와 철도 등 교통인프라를 연결하거나 국가간 전력운송 체계를 구축하는 등의 인프라를 구축하는 '시설연통(設施聯通)', 셋째, 무역 및 투자장벽을 제거하거나 중국 기업의 주변국 인프라 투자를 확대하는 등 무역을 장려하는 '무역창통(貿易暢通)', 넷째, 아시아인프라투자은행(AIIB), 브릭스 개발은행 등을 창설하고 해외정부 및 기업의 중국 내 위안화 채권 발행을 장려하는 등 금융을 활성화하는 '자금융통(資金融通)', 다섯째, 매년 1만 명의 외국인에 대한 장학금 지급 및 비자발급 간소화를 통한 해외여행 확대 등의 '민심상통(民心相通)' 정책을 실현한다.

'일대일로'가 중국이 처한 내외적인 상황과 '중국몽'에 대한 실현 의지가 점철되어 그 핵심에는 '공공외교'와 '인문교류'가 있다. 이는 다양한 세계 문화를 융합하기 위해 중국이 적극적으로 공헌해야 할 영역이고, 본질적으로 공영공생共榮共生의 모토에 다원성을 추구하는 고대 실크로드 문화를 21세기적으로 현현시키고자 하는 중국의 과업이기도 하다. 이것이 제대로 실현될 수만 있다면, 인류가 함께 꾸는 '아름다운 꿈'이 될 수도 있을 것이다.

03 정치와 경제

1. 20세기 중국공산당과 정치 발전

중국공산당은 정치, 경제, 사회, 문화 등의 각 분야에서 중요한 정책을 결정하고, 이를 관리 감독한다. 중국 사회 변화의 핵심에는 중국공산당이 자리잡고 있는 것이다. 따라서 중국의 정치와 경제를 이해하기 위해서는 중국공산당에 대한 이해가 선행되어야 한다.

인민대회당(人民大會堂)
톈안먼 광장 서쪽에 위치한 인민대회당은 우리나라의 국회의사당에 해당하는 곳으로,
전국인민대표대회를 비롯한 당과 정부의 중요한 회의가 이곳에서 개최된다.

(1) 중국공산당 성립 배경

5·4 운동과 마르크스주의의 전파

1918년 제1차 세계대전이 종결되고, 1919년 1월 파리에서 승전국들 간의 강화 회의가 열렸다. 파리강화회의에서는 일본이 중국 정부를 압박하여 얻어낸 21개조 요구가 통과되었다. 이 21개조 요구에는 독일이 가지고 있던 산둥성山東省 이권을 일본에 이양한다는 내용이 포함되어 있었다. 이에 격분한 중국 민중에 의해 1919년 5월 4일 톈안먼天安門 광장에서 대규모 시위가 발생했는데, 이것이 바로 5·4운동의 시발점이다.

1919년 5월 4일 톈안먼 광장

5·4운동은 21개조 철폐, 군벌 타도 등을 외치는 대학생 중심의 정치 운동으로 시작하였고, 이후 참여 계층이 상인, 노동자로 확대되면서 운동의 성격 또한 신문화운동으로 확대되었다. 5·4운동으로 인해 굴욕적인 21개조 요구에 조인한 정치가들이 매국노로 지목되어 파면되었고, 1922년에는 21개조 조약의 파기를 이끌어 냈다. 5·4운동의 영향으로 중국 개혁의 주체는 소수 엘리트 정치가가 아니라 대다수 민중이며 개혁의 방향 또한 반제반봉건에 있음이 명확해졌다. 이처럼 '민중'이 주목받고 '반제반봉건'의 구호가 만연한 시대적 배경하에 지식인들을 중심으로 마르크스주의[1]가 급속도로 전파되었고, 전국 각지에서 '마르크스주의 연구회'와 같은 공산주의 그룹이 형성되었다.

중국공산당 창당

공산주의 인터내셔널Communist International이라고도 하는 코민테른Comintern은 1919년에 설립된 각국 공산당들의 연합이다. 코민테른의 공식 목적은 세계 혁명의 증진이었지만 주로 공산주의 운동에 대한 소련의 통제 기관으로 기능

---

1 마르크스와 엥겔스가 확립한 혁명적 사회주의 이론

중국공산당 제1차 대회 유적지(中共一大會址)
중국공산당 제1차 전국대표대회가 열렸던 곳이다.

했다. 코민테른은 중국공산당의 성립에 결정적 역할을 하였는데, 1920년 4월 보이틴스키G.Voitinsky를 중국에 파견하여 공산당의 창당을 돕게 했다. 이들의 활동을 통해 '중국 사회주의 청년단'과 같은 공산주의 그룹이 결성되고 서로 연합함으로써 공산당 창당의 기반을 다질 수 있었다.

1921년 7월 23일, 프랑스 조계지였던 상하이시上海市 루완구盧灣區 씽예로興業路 78번지에서 중국공산당 제1차 전국대표대회가 약 일주일 동안 열렸다. 57명의 당원을 대표한 13명이 모여 천두슈陳獨秀를 당 총서기로 선출하였다. 그러나 마지막 하루를 남겨두고 조계지를 관할하고 있던 프랑스군이 들이닥쳐서 모임을 저장성浙江省 지아싱嘉興으로 옮겨 거행해야 했다. 중국은 공식적으로 7월 1일을 중국공산당 창당기념일로 삼고 있다.

(2) 공산당의 정치 역정과 중화인민공화국의 탄생

제1차 국공합작

중국 혁명의 선도자이자 중국 국민당의 창시자인 쑨원孫文은 5·4운동을 통해 민중의 저력을 확인하고 있었다. 그는 또한 러시아 혁명의 성공에 우호적이었다. 소련은 중국에서 국민 혁명을 실현할 수 있는 유일한 정치 세력은 국민당[2]이라 보고 공산당과 국민당의 합작을 추진하였다. 이러한 배경하에 국민당과 공산당의 합작은 자연스럽게 이루어졌다. 이것이 1924년 1월 거행된 제1차 국공합작國共合作이다.

그러나 쑨원의 사망 후 당의 통지권이 점차 장제스蔣介石에게 넘어가면서 국공합작은 분열하기 시작하였다. 장제스는 북방의 군벌과 전쟁 중 1927년 3월 상하이에서 쿠데타를 일으켜 정권을 장악하고 노골적이며 무자비한 반공 정책을 시행하였다. 결국 1927년 7월, 중국공산당은 대시국 선언을 발표하며

---

2 국민당은 청(淸)을 무너뜨리기 위해 활동하던 혁명 세력의 연맹으로부터 출발하여 1912년에 창당되었다. 1949년 공산당에게 패하여 타이완(臺灣)에서 독재 정권을 수립할 때까지 정국의 주도권을 잡고 있었다. 초기 당 지도자는 삼민주의(三民主義)로 유명한 쑨원이다.

제1차 국공합작의 종료를 선언했다.

국공합작 결렬 후 심각한 타격을 받은 공산당은 1927년 8월 긴급회의를 열어 취추바이瞿秋白를 총서기에 임명하였다. 취추바이는 난창南昌, 광저우廣州와 같은 도시에서 노동자들을 규합하여 봉기를 일으켰으나 모두 실패했다. 이러한 노동자 중심의 도시 봉기를 통하여 사회주의 혁명을 실현하려 하였던 공산당의 노력은 대다수가 농민이었던 당시 중국적 현실과 유리되어 있었으며 이후 맹동주의盲動主義 노선이라 비판받게 된다.

마오쩌둥과 중화소비에트

제1차 국공합작의 실패와 국민당의 공산당 탄압 속에서 새로이 부각된 인물이 바로 마오쩌둥毛澤東이다. 마오쩌둥은 후난湖南 제1사범학교 출신으로 공산당 창립대회에 참여했던 열렬한 공산주의자였다. 도시에서 노동자 봉기를 주도하였던 당시 대다수 공산주의자와 달리, 마오쩌둥은 농민들 속에 혁명적 열기가 잠재되어 있음을 간파하고 일찍이 농민운동에 뛰어들었다.

1927년 후난성에서 농민봉기를 이끌다 실패한 마오쩌둥은 장시성江西省 징강산井岡山으로 근거지를 옮기고 군중노선을 선택한다. 군중노선이란 원래 당의 모든 정책과 실천은 군중을 위한 것이어야 하고 동시에 군중을 통해 이루어져야 한다는 정치, 조직상의 기본노선이었다. 마오쩌둥은 노동자보다 농민의 수가 압도적으로 많았던 당시 중국적 상황을 고려하여 노동자 중심의 도시혁명을 우선시한 당의 노선과 반대로 농민 중심의 농촌혁명 노선을 선택

중국 근현대 혁명을 이끈 정치가
쑨원(1866~1925), 장제스(1887~1975), 마오쩌둥(1893~1976), 덩샤오핑(1904~1997)

중화소비에트공화국 임시중앙정부 유적지
1931년 11월 7일, 장시(江西) 루이진(瑞金)에서 중화소비에트
공화국 임시중앙정부 성립이 선포되었다.

영화 『끝까지 혁명하다(革命到底)』 중 대장정을 묘사한 장면

하였던 것이다. 이후 농촌혁명을 우선시한 마오쩌둥의 노선을 군중노선이라 부르게 되었다. 1928년 마오쩌둥은 지주로부터 토지를 몰수하여 가족 수에 따라 농민들에게 토지를 분배한 징강산 토지법을 시행하였다. 장시 지역 농민들은 열렬히 환영하였고 수많은 농민들이 혁명에 투신하였다. 1931년부터 장시 지역에는 소비에트가 설치되었다. 소비에트란 '회의', '평의회'를 뜻하는 러시아어로, 노동자·농민이 지역 대표가 되어 참여하는 정치체제 혹은 그 지역을 가리킨다. 소비에트는 중국 농민들에게 해방구라 불리며 국민당의 공산당 소탕작전이 본격화되는 1934년 전까지 장시 지역을 중심으로 급속도로 확대되었다.

대장정

쿠데타로 정권을 잡은 뒤 북벌을 성공적으로 마무리한 장제스는 곧이어 경제 봉쇄와 군사 작전을 통해 공산당 소탕작전을 펼쳤다. 국민당의 소탕작전에 견디지 못한 공산당 세력, 즉 홍군紅軍은 결국 1934년 대장정大長征(또는 옌안장정延安長征)이라 불리는 피난길에 오르게 된다. 홍군은 추격해오는 국민당 군과 싸우면서 18개의 산맥을 넘고 24개의 강을 건너 9,700km에 달하는 거리를 도보로 이동하였다. 약 1년 뒤 서북지방의 산시성陝西省 옌안에 도달했을 때는 10만 명에 달하였던 홍군이 1만 명도 채 남지 않았다. 국민당의 공격 및 추위와 굶주림 등으로 대다수가 희생되었던 것이다.

군사적 패퇴였음에도 대장정이라 이름 붙이는 것은 홍군이 정치적으로 거둔 승리 때문이었다. 홍군은 북상항일北上抗日의 명분을 내세웠고, 여기에 혁명군의 엄격한 규율, 초기간부들의 도덕성, 혁명에 대한 대중 교육, 청년들의 희생정신 등이 보태져 대다수 사람이 홍군과 공산당을 지지하게 된 것이다. 실제로 대장정이라는 영웅적인 투쟁에 자극을 받아 1930년대 말과 40년대 초에 걸쳐 중국의 많은 청년들이 공산당에 가담했다.

홍군이 최종적으로 정착한 옌안은 국민당의 군사력이 미치지 않는 서북지역에 있는 중소 도시였다. 옌안을 근거지로 한 공산당은 토지혁명을 통해 광대한 농민세력을 흡수하였고, 이후 국민당과 정면으로 대적할 수 있는 세력으로 성장하게 된다.

홍군의 대장정과 옌안 정착을 주도한 인물은 군중노선으로 중화소비에트를 이끌었던 마오쩌둥이었다. 마오쩌둥은 1942년 옌안에서 당내 쇄신을 촉구하는 '정풍운동整風運動'을 일으켰고 이를 통해 지지자를 규합하고 분열주의자나 반대세력을 제거하였다. 이로부터 공산당 내 마오쩌둥의 지도적 위치는 확고해졌다.

제2차 국공합작

1936년 12월, 공산군 토벌작전을 독려하기 위해 시안西安을 찾은 장제스가 그의 부하 장군 장쉐량張學良에게 납치된 시안 사변이 발생했다. 당시 장제스는 '우선 내정을 안정시키고, 후에 외적을 물리친다.'라는 방침을 세우고 군벌을 이용해 오로지 국내통일을 추진하였다. 그러나 '내전정지內戰停止, 일치항일一致抗日'을 외치는 여론이 높아진 가운데 장쉐량은 장제스의 선 국내안정, 후 항일정책을 철회하고 내전중지, 일치항일, 국민당 정부 개조 등을 요구했다. 이때 공산당은 장제스의 신병처리에 유리한 상황에 있었으나 국민의 지지를 잃거나 국민당 군대에 의해 섬멸될지도 모른다는 자체 진단을 했기 때문에 항일 후 주도권을 장제스에게 줄 것을 약속한 뒤, 제2차 국공합작을 이끌어 냈다.

1937년 7월 루거우차오盧溝橋[3] 사건 이후 일본은 중국에 대한 총공격을 개시하여 톈진, 베이징을 점령하고 12월 난징대학살을 자행하였다. 그러나 국민당은 중일전쟁이 본격화되었음에도 항일전쟁에 소극적인 자세를 보인다. 방대한 국토와 인구를 기반으로 장기전을 펼칠 경우 일본에 승리할 것이라는 확신이 있었고, 종전 후 공산당 섬멸을 위해 국민당군의 전력 보전에 신경을 쓰고 있었기 때문이었다. 결국 1941년 환난皖南 사변을 계기로 국공합작은 사실상 결렬되었고, 일본이 패망한 다음 해인 1946년 전면적인 국공내전이 발발하였다.

1945년 충칭(重慶), 장제스와 마오쩌둥
1945년 일본이 패망한 후, 국민당의 장제스는 한편으로는 공산당을 토벌할 준비를 하면서 또 한편으로 평화통일의 일환으로 공산당과의 담판을 요구하였다. 당시 공산당의 최고 지도자였던 마오쩌둥은 장제스의 요구에 따라 충칭에서 열린 회의에 직접 참가했다.

국공내전과 중화인민공화국의 성립

국공내전 초기 공산당 군에는 91만의 정규군과 200만의 민

---

3 1937년 7월 7일 밤 중국 베이징 남서부 교외의 루거우차오 부근에서 일어난 중국군과 일본군의 충돌사건으로, 중일전쟁의 발단이 되었다.

중화인민공화국 성립
1949년 10월 1일 마오쩌둥이 톈안먼에서 중화
인민공화국의 성립을 선포하였다.

병이 있었으나 최신 무기로 무장한 430만의 국민당 군에게 대적하기에 절대적 열세였고, 1947년 3월에는 옌안마저 함락당하는 위기에 빠지기도 했다. 그러나 공산당은 토지 균등 분배를 핵심 내용으로 하는 「중국토지법대강中國土地法大綱」을 발표하여 국민의 대다수를 차지하고 있던 농민들을 규합함으로써 점차 전세를 역전시키기 시작했다. 1948년 '3대 전투'라 불리는 랴오선遼沈, 핑진平津, 화이하이淮海 전투는 공산군의 승리를 결정짓는 계기가 되었다. 1949년 1월 장제스는 총통에서 사임하고 평화 교섭을 시도하나 공산당은 무조건 항복을 요구하고 10월 1일 중화인민공화국中華人民共和國 성립을 선포한다. 국민당은 1949년 12월 타이완臺灣으로 철수하게 된다.

(3) 중화인민공화국 사회주의 정책

건국 초기 중국의 상황

중화인민공화국 건국 초기, 농촌의 경우 토지개혁의 추진으로 어느 정도 평준화가 진행되었다. 그러나 도시의 경우 오랜 전쟁 때문에 생산설비는 황폐해졌고, 국민당 시기 악성 인플레와 높은 실업률까지 떠안았기 때문에 경제 상황이 좋지 못했다.

이런 상황에서 1950년에 발발한 한국전쟁은 경제 부흥을 준비하던 중국에 일대 전기를 마련해주었다. 중국은 연합군이 북상하자 '항미원조抗美援朝(미국에 대항하기 위해 북한을 돕는다)'라는 명분으로 한반도에 중국군을 투입했는데 여기에는 몇 가지 이유가 있었다. 우선 당시 중국사회에는 미국이 한국전쟁을 계기로 중국을 침략할 것이라는 두려움이 퍼져 있었고, 중국을 위해서라도 북한을 도와야 한다는 공감대가 형성되어 있었다. 그리고 무엇보다 중국의 신정부는 전쟁을 통해 정치적 통일과 민족적 단결을 이끌어내어 농업과 공업 분야의 생산성을 회복하고자 하였다. 실제로 전쟁 기간 중 중국정부는 토지개혁운동·증산절약운동·삼반오반운동三反五反運動[4] 등의 대중운동을 전개하여 큰 성과를 올렸다.

---

4 정치개혁 운동으로서 '삼반'은 부패, 낭비, 관료주의를 반대하고, '오반'은 뇌물, 탈세, 국영재산 강탈, 정부계약 사기, 국가경제 정보 누설을 반대하는 것을 의미한다.

1차 5개년 계획

1953년부터 중국공산당 정부는 '자립적 민족 경제의 수립', '국가 안전 보장 장치로서 중공업 기반 확립', '국민 경제의 사회주의적 개조 완수' 등을 목표로 본격적인 계획경제 정책(1차 5개년 계획, 1953~1957)을 시행하였다.

상공업 방면에서는 공사합영公私合營의 형태로 집단화하거나 국영화로 전환하는 방식으로 진행되었다. 농업 방면에서는 호조합작화互助合作化[5] 발전 계획에 따라 농업 집단화가 시행되었다. 자신의 토지를 보유한 중농들이 불리하게 되자 반발했으나 합작화는 크게 진전되어 1956년에는 소련의 집단화 수준에까지 이르렀다. 그러나 1차 5개년 계획은 중공업 위주로 치우쳐 도시 노동자들의 식량 및 소비재 부족을 가져왔고 관리들의 봉건적 관료주의와 농민들의 봉건적 사고방식 등으로 기대했던 만큼의 성공을 거두지 못하였다.

대약진 운동

1958년부터 2차 5개년 계획이 시작되었는데, 전 산업 분야의 획기적 발전을 도모한다는 의미에서 대약진大躍進 운동이라 불렸다. 대약진 운동은 당시 중국 인구 약 6억 6천만 명이 모두 동원된 초유의 정치·경제 운동이었다.

대약진 운동 포스터

대약진 운동은 기존의 합작사 몇 개를 하나로 합쳐 대형화한 인민공사를 만드는 것에서부터 출발하였다. 1958년 8월 중앙정치국 확대회의에서 인민공사 운동이 정식으로 채택되었다. 인민공사는 행정 권력과 농업합작사가 결합한 조직으로 공산주의로 이행하기 위한 기초 조직 역할을 했다. 대규모 집단 농장인 인민공사는 수천 호의 농가가 공동생산하고 공동분배하는 것을 원칙으로 하였고, 여성의 노동력을 사회적으로 활용하기 위해 공공식당 및 탁아소가 설치되었다.

그러나 인민공사를 기반으로 한 대약진 운동은 현실을 무시한 공산당의 정책과 관리자들의 부패와 무능으로 인해 실패로 돌아갔다. 그 대표적인 것이 농업 생산 외에 중공업 방면의 철강 생산 독려이다. 농촌에서의 재래식 소

---

5 '합작화(合作化)'란 사회주의 공유제를 실현하기 위해 농촌의 사유제 중심의 소농경제를 사회주의 집단 경제로 바꾸는 것을 의미한다. 합작사는 공동생산과 공동분배를 원칙으로 하는 농촌의 경제, 지역 단위이다. '서로 이롭게 한다'라는 뜻의 호조를 넣어 '서로 이로운 합작사'라는 의미로 사용했다. 합작사가 확대 개편된 것이 인민공사이다.

규모 용광로에 의지한 철강 생산은 효율성이 떨어졌을 뿐 아니라 광대한 삼림을 훼손하고 농사철을 놓치게 하여 농업 생산에 심각한 영향을 주었다. 여기에 1960년, 61년에 자연재해까지 발생하여 농업생산에 치명적 타격을 주었다. 결국 식량이 절대적으로 부족하게 되어 아사자餓死者가 2,000만 명에 이르는 국가적 대재난이 발생했다. 이에 대약진 운동의 전면적 재조정이 불가피하게 되었다.

문화대혁명

대약진 운동 실패 후 1962년 중국공산당 제8기 10중 전회에서 농업을 기초로 공업을 조정해 나간다는 정책이 수립되었다. 이는 결국 마오쩌둥 노선을 정면으로 비판한 것이었다. 이후 마오쩌둥은 경제적 안정을 중시한 실용주의 노선을 지닌 류사오치劉少奇, 덩샤오핑鄧小平 등에게 실권을 넘겨주고 2선으로 물러난다. 그러나 마오쩌둥은 자신의 사상에 좀 더 충실한 후계자를 세우고, 중국공산당을 개혁하려 했다. 그리고 혁명 이후의 세대들을 혁명 사상으로 무장시키고 교육·보건·문화에서 엘리트주의를 청산할 의도도 가지고 있었다. 베이징을 벗어나 상하이로 간 마오쩌둥은 결국 대약진 이후 혼란한 사회 분위기를 틈타 장칭江靑, 장춘차오張春橋, 야오원위안姚文元, 왕홍원王洪文 등 이른바 사인방[6] 세력을 통해서 권력 탈취를 시도한다.

1965년 11월 야오원위안이 역시극『해서파관海瑞罷官』을 비판하는 글을 발표하면서 문화대혁명의 막이 올랐다. 『해서파관』은 원래 전통 경극京劇의 한 레퍼토리로, 청렴한 관리인 해서海瑞가 관직을 그만두게 된 사연을 다루고 있다. 베이징시 부시장이자 저명한 역사학자인 우한吳晗이 1959년에 개작한 것을 마오쩌둥이 지지한 바 있었다. 그러나 사인방 세력이 우한의『해서파관』이 마오쩌둥의 대약진 운동을 비판하다 실각한 국방부장 펑더화이彭德懷를 옹호하는 글이라고 주장하면서부터 입장을 바꾸게 된다. 그리고 마오쩌둥이 야오원위안의 글을 지지하면서, 문화계를 주도해온 인사들에 대한 숙청작

---

6 장칭, 장춘차오, 야오원위안, 왕홍원 등 네 명의 공산당 지도자를 일컫는다. 문화대혁명을 주도하면서 무소불위의 권력을 휘둘렀으나, 1976년 문화대혁명이 종결되면서 모두 체포되어 사형, 종신형과 같은 중형을 선고받았다. 그러나 사형은 집행되지 않았고 1991년 자살한 장칭 외에 나머지 세 명은 모두 병사하였다.

업이 진행되었다. 문화대혁명이라 불리게 된 연유가 바로 이러한 문화계에 대한 대대적인 숙청 작업 때문이었다.

마오쩌둥은 도시 청년들을 홍위병紅衛兵으로 조직하는 대중 동원의 방식을 취함으로써 문화대혁명의 폭발을 촉진했다. 1966년 5월, '5·16 통지'가 발표된 후 당 위원에 대한 홍위병의 공격이 시작되었다. 홍위병은 당정기관과 공장을 습격하고 열차에서 무기를 약탈하여 무장 충돌을 일으켰다. 이는 민간에 뿌리박힌 마오쩌둥 개인숭배 사상과 사인방 세력과 결탁한 군부 린뱌오林彪의 암묵적 지지가 없었더라면 불가능한 것이었다. 결국 톈안먼 광장에 몰려든 수많은 홍위병의 연호 속에서 마오쩌둥은 다시 베이징에 입성할 수 있었다.

린뱌오가 비행기 사고로 사망한 후 사인방 세력이 정권을 장악하려 하자 저우언라이周恩來는 이전의 실무자 덩샤오핑을 국무원 부총리로 불러들여 이들을 견제하려 하였다. 덩샤오핑은 실무 경험이 풍부했고 또 군부와의 관계가 좋아 당내 원로들의 신임을 받았다. 반면 사인방은 원래 군부와 관계가 적었던 데다가, 린뱌오와의 결탁으로 군부와의 관계가 더욱 악화되었다. 이러한 상황 속에서 1976년 1월 저우언라이가 사망하였고, 그를 추모하고 사인방을 비판하는 톈안먼 사건이 발생하였다. 마오쩌둥은 사인방을 견제하기 위해 후난성 당서기였던 화궈펑華國鋒을 총리 대리로 임명하였으나 화궈펑은 오히려 사인방과 결탁하여 덩샤오핑을 실각시켜 버렸다. 이후 1976년 9월에 마오쩌둥이 사망하자 화궈펑은 군부

1970년대 문화대혁명 포스터

와 결탁하여 사인방을 제거해버리고 자신이 실권을 장악하였다. 이로써 문화대혁명이라는 이름을 빙자해 10년 동안 지속된 공산당의 극좌 노선은 종결을 고하게 된다.

10년에 걸쳐 진행되었던 문화대혁명은 정치, 경제, 교육, 문화 등 각 방면에서 돌이킬 수 없는 막대한 손실을 가져다주었다. 우선 10년간 정부의 기능은 마비되었고 국가의 생산력이 저하되었다. 교육이 제대로 이루어지지 않아 학술 문화적 공백이 생겨나고 세대 간 격차가 심화되었다. 그리고 무엇보다 당 지도부에 대한 불신, 정치에 대한 무관심과 패배주의는 문화대혁명이 중국사회에 남겨 놓은 심각한 후유증이라 할 수 있다.

개혁개방 정책

문화대혁명 종결 이후 화궈펑은 마오쩌둥 노선의 답습으로 경제 위기를 맞게 되고 군부의 지지를 받고 있었던 덩샤오핑에게 실권을 넘겨주게 된다. 1980년 전국인민대표대회와 1981년 6월 중국공산당 제11기 6중 전회에서 당 주석직과 총리직을 덩샤오핑의 심복인 후야오방胡耀邦과 자오쯔양趙紫陽이 물려받았다. 공산당은 1978년 이래 덩샤오핑의 제안에 따라 4개 현대화 건설의 기본 방침을 분명히 하고 여러 가지 개혁 정책을 발표했다. 농촌에서는 농업생산책임제를 도입하고 인민공사를 해체해 갔다. 도시에서는 시장 조절의 보조적 기능을 인정하고 기업의 자주권을 확대했다. 대외개방정책을 시행하여 경제특구를 설치하고 14개 연해도시의 개방을 결정했다. 경제정책의 시행과 더불어, 1982년의 당 대회와 헌법 개정, 그리고 1982년 말부터 3년간에 걸쳐 시행된 정당整黨 작업을 거쳐 덩샤오핑 체제가 확고히 자리 잡게 되었다.

덩샤오핑은 중국 사회주의가 당면하고 있는 각종 문제를 해결하기 위해서는 사회주의 현대화와 경제 건설을 계속 추진하는 것이 무엇보다 중요하다고 보았다. 이에 두 개의 기본점을 제시하였는데 그 첫째는 개혁개방의 견지이며, 둘째는 4항 기본원칙의 고수이다. 4항 기본원칙은 '사회주의 노선의 고수, 인민 민주독재의 고수, 공산당 영도의 고수, 마르크스 레닌주의와 마오쩌둥주의의 고수'를 일컫는 것이다.

1989년 6월 4일 톈안먼 광장

톈안먼 사건과 남순강화

톈안먼 사건은 1989년 6월 4일 톈안먼 광장에서 발생한 학생과 시민의 민주화 시위를 중국 정부가 무력으로 진압한 사건이다. 덩샤오핑은 중국공산당 내 개혁파인 후야오방과 자오쯔양을 자신의 후계자로 정하고 그들을 정치적으로 후원하였다. 그런데 1982년 공산당 총서기에 취임한 후야오방은 사상 해방, 언론 자유, 개인 자유의 신장, 법치주의, 당내 민주화 등과 관련된 과감한 정치 개혁을 추진하였다. 이러한 정치 개혁은 당내 보수파들의 반발을 불러일으켰고, 결국 후야오방은 공산당 총서기직에서 물러나야 했다. 1989년 4월 15일, 후야오방은 오랜 침묵 끝에 사망했다.

후야오방 사망 후 베이징대학北京大學에는 그를 찬양하고 보수파를 비난하는 대자보가 붙기 시작했다. 4월 22일 후야오방의 장례식에 수십만 명의 학생과 시민이 참석했고, 여기서 후야오방이 추구하려다 실패했던 정치개혁과 민주화에 대한 요구가 봇물처럼 터져 나왔다. 5월 13일부터 2,000여 명의 학생이 톈안먼 광장에서 단식농성에 들어갔고, 100만 명이 넘는 시민과 학생들이 단식농성을 지지하는 시위를 벌였다.

이에 중국정부는 5월 19일 베이징에 군을 투입하였고, 5월 20일 베이징 일대에 계엄령을 선포했다. 계엄령이 선포되자 베이징에서 촉발되었던 민주화 시위는 오히려 상하이·선양瀋陽·창춘長春·창사長沙 등 대도시를 중심으로 중국 전역으로 번져나갔다. 시위가 전국적으로 확대되자 공산당 내 강경파는 마침내 무력으로 시위를 진압하기로 결정하였고, 이 결정은 결국 6월 4

일 '피의 일요일'로 불리는 군의 대학살로 이어졌다. 그리고 6월 9일 덩샤오핑은 베이징 일대에 출동한 군 지휘관들을 접견한 뒤 '반反혁명 폭동'이 진압되었다고 선언하는데, 이로써 톈안먼 사건은 당내 강경보수파의 승리로 끝나게 되었다.

톈안먼 사건이 후야오방의 사망을 계기로 시작되었다고는 하지만, 더 근본적인 이유는 덩샤오핑을 중심으로 한 실용파가 집권하면서 추진해 온 개혁개방 정책이 초래한 부작용에서 찾아볼 수 있다. 즉, 개혁개방이 중국인의 생활 수준을 향상시켰지만, 정치·경제적 부작용도 양산함에 따라 정부에 대한 불만 또한 심화되었던 것이다. 특히 경제 과열로 인한 인플레와 소득격차에서 오는 불만감 등이 상승효과를 내어 급기야는 정치개혁을 요구하는 민주화 시위로 발전했던 것이다.

톈안먼 사건으로 중국은 국제 사회에서 고립되었고, 설상가상으로 1991년에 소비에트연방이 붕괴하였다. 이 두 가지 사건은 덩샤오핑이 제창한 개혁개방 정책을 좌절의 위기에 빠져들게 하였다. 이에 덩샤오핑은 1992년 1월 18일부터 2월 22일까지 우한武漢, 선전深圳, 주하이珠海, 상하이 등을 시찰하면서 중요한 담화를 발표하였다. 이를 '남순강화南巡講話'라 하는데, 주요 논점으로는 개혁개방 노선의 강화, 생산력 표준화, 계획경제와 시장경제의 결합 등이 있다. 남순강화 이후 투자 열기가 높아져 중국 정부는 개혁개방 정책을 지속적으로 견지할 수 있었고, 이것이 이후 고도 경제 성장의 초석이 되었다.

2. 정치체제와 국가기구

중국의 정치체제는 크게 중국공산당, 국가기관, 인민정치협상회의라는 세 방면에서 살펴볼 수 있다.

(1) 중국공산당

중국공산당은 1921년 상하이의 한 교외에서 창당되었다. 창당 시기 당원은 57명에 불과했지만, 몇 년 안 되는 짧은 시기에 국민당과 맞서는 세력으로 급성장하였고, 1949년 중국에 사회주의 정권을 수립하고 일당독재의 집권당이 되었다. 1977년 약 3,500만 명이었던 중국공산당 당원은 1997년에는 약 6,900만 명으로 증가했는데, 개혁개방 이래 두 배로 증가했음을 알 수 있다. 2016년 중국공산당 당원은 8,944만 명을 넘어선 것으로 집계됐다.

중국공산당 기구표

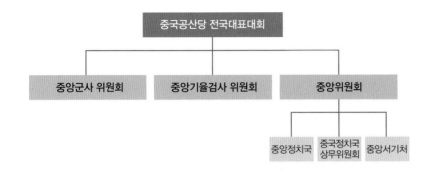

중국공산당 직위
국가주석 : 중국의 주권을 대표하는 최고 지도자이다.
공산당 총서기 : 중국공산당 중앙위원회를 대표하며, 중앙정치국과 중앙정치국 상무위원회를 소집하여 중앙서기처의 활동을 주재한다. 중국공산당의 최고 지도자라 할 수 있다.
국무원 총리 : 중화인민공화국의 행정부 수반이다. 국가주석의 지명과 전국인민대표대회의 동의로 선출된다.

중국공산당 전국대표대회	중국공산당의 최고 권력기관이다. 전국대표대회는 5년에 1회 개최되며 중앙위원회가 소집한다. 전국대표대회의 정책 결정은 5년간 중국을 지도하는 주요 지침이 된다. 현재 2,000여 명의 전국대표가 있으며, 2002년에 제16차, 2007년에 제17차, 2012년에 제18차 전국대표대회가 열렸고, 2017년 제19차 전국대표대회에서 시진핑 習近平 집권 2기 체제로 접어들었다.
중앙위원회	중앙위원회는 전국대표대회 폐회 기간 전국대표대회의 결의를 집행하고 전체적인 당의 업무를 견인하며 대외적으로 중국공산당을 대표한다. 중국의 개혁개방을 결정한 회의로 잘 알려진 제11기 '3중전회三中全會'는 바로 '제3차 중국공산당 중앙위원회 전체회의'의 약칭이다. 당 중앙위원회의 장이 총서기이며, 총서기는 중앙정치국 회의와 상무위원회 회의를 소집하고 중앙서기처의 업무를 주재한다.
중앙정치국	중앙정치국은 중앙위원회 폐회 기간 중앙위원회의 직권을 행사하며 전국의 모든 정치 업무를 지도한다.
중앙정치국 상무위원회	중국공산당의 핵심으로 중앙조직기구와 최고 지도 기구의 중심이다. 중앙위원회 전체 회의가 열리지 않는 기간 동안 정치국과 더불어 중앙위원회의 직권을 행사한다.
중앙서기처	중국공산당의 일상 업무를 책임지나 정책 결정 기구는 아니며 사무기구이다.
중앙기율검사위원회	당 중앙위원회의 지도 하에 당헌과 당내 법규를 수호하고 당풍확립, 당 노선, 방침, 정책 및 결의의 집행 상황을 검사 처리하며 당원의 해당, 반당행위 및 당기 위반 등을 조사한다.
중앙군사위원회	당이 군을 지배한다는 원칙 하에 중국 인민해방군의 통수권을 가지고 있다. 당 중앙군사위원회 위원은 당 중앙위원회에서 결정한다.

(2) 국가기관

중국의 국가기관은 입법부에 해당하는 전국인민대표대회와 행정부에 해당하는 국무원, 사법부에 해당하는 최고인민법원과 최고인민검찰원 그리고 중앙군사위원회로 구성되어 있다.

국가 기구표

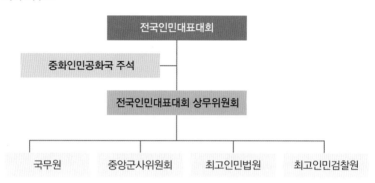

전국인민대표대회 (전인대)	전국 각 성, 시, 자치구 인민대표대회와 인민해방군이 선출한 대표로 구성된다. 헌법 및 형사, 민사, 국가기관과 각종 기본법을 제정 또는 개정하는 최고 입법권을 가지고 있다. 또한 국가주석, 부주석, 국무원 총리와 부총리, 국무위원, 최고인민법원장, 최고인민 검찰원장을 선출 또는 파면할 수 있는 직권을 가지고 있다. 5년에 1회 개최되며 1년에 한 번씩 연례회의가 열린다.
전국인민대표대회 상무위원회	전인대 폐회 기간 동안 전인대를 대표하여 직권을 행사하며 헌법 법률의 해석 및 시행 감독과 법률 개정 등이 주된 업무이다. 위원장은 전인대 회의를 주재하고 상무위 회의를 소집한다.
국무원	중국의 최고 행정 기관인 중앙 인민정부이다. 국무원은 전국인민대표대회 및 상무위원회가 제정한 헌법, 법률 결의를 집행할 의무가 있다. 총리를 징짐으로 하여 부총리와 고무위원, 각 부 부장 등으로 구성되어 있다.
최고인민법원	중국의 최고 사법(재판)기관으로 각 지역의 인민법원이 재판하고 판결하는 것을 관리 감독한다. 국무원과 대등한 관계에 있으며 전인대 직속 기관이다.
최고인민검찰원	중국의 최고 사법(검찰)기관으로 각 지역의 인민검찰원이 체포의 승인, 공소제기와 유지 등의 업무를 진행하는 것을 관리 감독한다. 최고인민법원과 마찬가지로 국무원과 대등한 관계에 있으며 전인대 직속 기관이다.

(3) 인민정치협상회의

인민정치협상회의(정협)는 중화인민공화국 성립 이전, 1949년 9월 중국 사회주의 혁명 세력들의 통일전선 조직으로 설립되었다. 초기 임시 헌법에 해당하는 「정협공동강령政協共同綱領」을 제정하는 등 의회 역할을 대행하였다. 제1차 전인대 개최 이전까지 중국 사회주의 운동의 합법성을 상징하는 최고 권력기구였으나 전인대 출범 이후 중국공산당과 정부의 정책 및 법령을 선전하거나 대외 업무를 협의하는 외곽 조직으로 바뀌었다. 최근 중국의 대외교류가 확대됨에 따라 정협의 대외 활동도 강화되고 있다.

(4) 중국의 국기, 국장, 국가

국기

중화인민공화국의 국기는 '오성홍기五星紅旗'이다. 홍색은 공산군의 피와 혁명을 상징한다. 큰 별은 중국공산당을, 네 개의 작은 별은 노동자, 농민, 도시 소자산가, 민족자산가 등 네 계급을 의미한다. 별이 황금색인 것은 '추수' 혹은 '광명'을 나타낸다.

국장

국가 휘장은 전체적으로 원형이고, 톈안먼과 다섯 개의 별이 도안의 중심이다. 주위는 곡식 이삭과 톱니바퀴로 되어 있다. 톈안먼은 중국 인민의 혁명 전통을, 다섯 개의 별은 공산당 지도 하에 중국 인민의 대단결을 의미한다. 톱니와 곡식 이삭은 노동자, 농민 계급을 상징한다.

국가

중국의 국가國歌는 원래 항일 영화 『풍운여아風雲女兒』의 주제가였다. 니에얼聶耳이 1935년 곡을 짓고 톈한田漢이 가사를 만들었다. 1978년 개사를 했으나 1982년 원래의 가사로 복원되었다 .

일어나라! 起來！
노예 되기 원치 않는 사람들이여! 不願做奴隸的人們！
우리의 피와 살로 새로운 장성을 쌓자! 把我們的血肉, 筑成我們新的長城！

오성홍기

국장

민주당파(民主黨派)
집권당인 공산당을 제외한 8개의 정당을 지칭하는 말이다. 중국국민당혁명위원회(中國國民黨革命委員會), 중국민주동맹(中國民主同盟), 중국민주건국회(中國民主建國會), 중국민주촉진회(中國民主促進會), 중국농공민주당(中國農工民主黨), 중국치공당(中國致公黨), 구삼학사(九三學社), 대만민주자치동맹(臺灣民主自治同盟) 등이 있다. 공산당 지도 아래 이들 민주당파들이 합작한 통일전선 조직이 정협이다.

중화민족은 가장 위험한 시기에 이르러, 中華民族到了最危險的時候,

사람마다 외치는 최후의 울부짖는 소리 每個人被迫着發出最後的吼聲。

일어나라! 일어나라! 일어나라! 起來！起來！起來！

우리 모두 한마음 되어, 我們萬衆一心,

적의 포화를 뚫고 전진! 冒着敵人的炮火，前進!

적의 포화를 뚫고 전진! 冒着敵人的炮火，前進!

전진! 전진! 전진! 前進！前進！進!

중국 국가
〈의용군행진곡(義勇軍行進曲)〉 악보

3. 경제체제의 특징과 발전 방향

1949년 사회주의 정권의 수립으로 중국은 공산주의 경제 이론에 기반을 둔 계획경제를 실시하였다. 그러나 정치적 이데올로기에 치우쳤던 계획경제는 대약진 운동, 문화대혁명을 거치면서 실패로 돌아가고 만다. 계획경제의 실패와 이에 대한 경제정책 수정의 결과로 1979년 이후 개혁개방 정책이 등장하였다. 개혁개방 이후 30여 년 동안 중국은 유례없는 고도의 경제성장을 이루었고, 2010년 국민총생산에서 일본을 제치고 세계 2위 경제대국으로 부상했다.

(1) 개혁개방 이전의 경제

1949년 중화인민공화국 성립에서 1979년 개혁개방 정책의 시행까지 중국의 경제정책은 아래의 몇 단계로 나눌 수 있다.

경제 회복기(1949~1952)

농촌에서는 반半봉건적 경제구조를 변혁하고 도시에서의 반半식민지적 경제구조를 변혁하는 것이 이 시기 경제정책의 주요 목표였다. 농촌에서는 소작제를 폐지하고 지주의 농토를 몰수하여 농민에게 균등 분배하는 등 대대적인 토지개혁이 이루어졌다. 도시에서는 주요 산업 시설을 국유화하는 방향으로 진행되었다.

과도기 총 노선(1953~1957)

공업화와 사회주의적 소유의 확대가 이 시기 경제정책의 주요 목표였다. 공업과 농업에서 소유제에 커다란 변화가 시작되었다. 공업에서는 국가 소유의 사회주의적 국영기업의 비중이 70% 가까이 높아졌고 농업에서는 합작사의 이름으로 농업 집단화가 진행되었다. 소련을 모방하여 중공업에 우선 투자하였기 때문에 스탈린 모델의 불균형 발전 시기라 불린다.

대약진 시기(1958~1960)

소련 모델을 폐기하고 중국의 특수성을 살핀 새로운 경제발전 정책이다. '일대이공一大二公(공유제가 순수할수록, 공유제의 범위가 클수록 좋다)'과 '이강위강以鋼爲綱(철강 생산을 강령으로 삼는다)'은 이 시기 경제정책을 대변하고 있다. 과도한 대규모화와 공산화로 인한 생산성 하락, 관료들의 무능과 부패, 3년간의 자연재해로 인해 2,000만 명이 넘는 아사자가 발생하는 경제적 파국에 이르게 된다.

조정 시기(1961~1965)

대약진 운동의 실패로 마오쩌둥의 좌경모험주의 노선은 비판받고 류사오치, 덩샤오핑의 실용주의 노선의 경제정책이 시행된다. 노동의 질이나 양을 고려하지 않은 인민공사의 평균주의를 극복하려 했으며, 농업을 중시하고 국민 생활을 안정시킬 수 있는 정책이 시행되었다. 그러나 문화대혁명의 발발로 중단되고 말았다.

문화대혁명 시기(1966~1976)

대약진의 실패로 제2선으로 물러나 있던 마오쩌둥은 류사오치와 덩샤오핑을 '주자파走資派(자본주의를 추종하는 세력)'로 몰아붙이고 마침내 정권을 다시 잡는다. 그리고 사인방으로 대표되는 그의 추종 세력과 함께 이미 실패한 대약진 시기의 경제정책을 다시 추진하였다. 그 결과 중국의 국민 경제는 더욱 커다란 피해를 보게 되었다.

양약진 시기(1977~1978)

1976년 9월 마오쩌둥 사망 후 화궈펑이 권력을 계승하게 된다. 화궈펑은 사회주의 정권에서도 계속적인 혁명이 필요하다는 마오쩌둥의 '계속혁명론(不斷革命論)'에 경제주의 실용 노선을 결합하는 경제정책을 입안하였다. 정치적 개혁 없이 서양의 자금과 기술을 받아들여 생산성을 크게 도약시키려 했기 때문에 '양약진洋躍進'이라고 한다. 그러나 권력 기반이 취약한 상태에서 급진적 정책을 시행하였기 때문에 양약진 시기의 경제정책은 실패로 돌아가고 말았다.

(2) 개혁개방 이후의 경제

개혁개방은 1979년부터 현재까지 지속되고 있는데, 이 시기 경제개혁 정책은 방법 및 추진과정상 크게 4시기로 분류할 수 있다.

농업 개혁 시기(1979~1983)

1979년 1월 중국 정부는 농민들의 생산 욕구를 증대시킬 방안의 하나로 농가생산책임제를 골자로 하는 개혁 정책을 반포하였다. 이로써 농업 생산이 증가하였고, 자급자족 형식의 생산 구조를 전문화되고 상품화된 생산 구조로 변화시켰다. 농가생산책임제로 발생한 잉여노동은 농촌의 소규모 기업인 향진기업鄕鎭企業이 흡수함으로써 실업 문제를 해결하고 농촌공업화의 길을 열었다.

도시 상공업 개혁 시기(1984~1988)

1984년 10월 제12기 3중 전회는 「경제체제 개혁에 관한 중공중앙의 결정」을 통과시켜 도시 상공업 중심의 경제체제 개혁을 전면적으로 단행하였

베이징상업중심구 전경
베이징의 차오양(朝陽)구에 위치하며 줄여서 베이징CBD(Beijing Central Business District)라고 부른다. 금융, 보험, 정보, 통신, 컨설팅 관련 기업들이 모여 산업단지를 형성하고 있다.

다. 개혁의 주요 내용으로는 기업의 소유권과 경영권 분리, 가격체제 조정, 꺼티후個體戶(자영업)의 허가 등이 있다.

치리정돈 시기(1989~1991)

경제개혁으로 국민소득의 증가, 농촌 경제의 번영 및 대외무역의 확대 등 긍정적인 성과를 거두었으나 다른 한편으로 인플레이션, 소득분배의 불균형 및 각종 권력형 부조리 등과 같은 부작용도 나타났다. 여기에 6·4 톈안먼 사건이 발생하자 이를 계기로 주도권을 장악한 보수파는 경제개혁에 제동을 거는 '치리정돈治理整頓' 정책을 시행하게 된다.

개혁 심화, 개방 확대 시기(1992~현재)

1992년 1월 덩샤오핑은 남부지역을 시찰하면서 개혁개방의 심화와 확대를 독려하는 '남순강화'를 발표한다. 이 담화는 거의 모든 내용이 공산당 14차 대표대회의 보고서에 그대로 삽입되었으며, 이에 따라 오늘날 중국식 사회주의 건설이 더욱 가시화되었다. 또한 중국은 2001년 세계무역기구(WTO)에 가입하여 세계경제의 흐름에 적극적으로 편입할 수 있었다. 지금까지 중국이 고도의 경제성장을 구가할 수 있었던 것은 중국정부가 개혁개방 정책을 지속적으로 실시한 결과라 할 수 있다.

샤강(下崗), 샤하이(下海)
'下'는 아래로 내려온다는 뜻이며 '崗'은 언덕, 초소를 뜻한다. 즉 샤강의 원래 뜻은 군인이 초소에서 내려오는 것을 뜻했으나 이것이 '직장에서 퇴근하다', '퇴직하다'의 뜻으로 의미가 확대되었다. 개혁개방 정책 이후 국유기업은 달라진 환경과 경쟁에서 살아남기 위해 노동생산성을 향상해야 했으며, 이에 대한 조치로 수많은 노동자에 대해 정리해고를 단행했다. '샤강'은 이러한 정리해고를 은유적으로 표현한 것이다. 개혁개방 이후 샤강과 함께 유행하는 말이 '샤하이'이다. 직역하면 '바다에 뛰어들다'인데 여기서 바다는 경제적으로 무한한 가능성이 있는 공간이자 알 수 없는 위험이 도사리고 있는 공간이기도 하다. 90년대 안정적인 국영기업 직장을 그만두고 사업에 뛰어든 사람들을 일컫는 말이다.

(3) WTO 가입 이후의 경제

2001년 12월 중국은 세계무역기구(WTO)에 가입했다. 이로써 80년대 이래 지속하였던 개혁개방 정책은 더욱 가속화되었고 중국 경제는 명실상부하게 세계 경제의 흐름에 편입하게 되었다. WTO 가입 후 중국은 수많은 관련 법규를 개정하거나 신설하면서 WTO 협정상의 의무를 이행하기 위해 노력하고 있다. 수입, 내수, 서비스라는 세 가지 측면에서 시장 개방이 진행되었고 이에 따라 중국 시장 환경에는 많은 변화가 일어났다.

통계를 보면 WTO 가입 이후 5년간 중국의 수출입 총액은 2조 4천억 달러, 재중 외자기업의 이윤은 579억 달러에 달했으며, 중국의 외화보유액은 2006년 말 1조 달러 대를 넘었다.

11차 5개년 계획(2006~2010)

2002년에 개최된 중국공산당 제16차 전국대표대회는 21세기 들어 처음 열리는 것이었고 WTO 가입 1년 만에 열린 대회여서 각별한 의미가 있었다. 대회에서는 WTO 시대라는 새로운 대내외 환경 속에서 중국이 어떤 전략을 가지고 어떠한 방향으로 나아갈 것인가를 전망해 볼 수 있는 보고와 토론이 진행되었다. 당시 경제정책의 기본 방향은 '첫째, 2020년까지 GDP를 현재의 4배 수준으로 성장시킨다. 둘째, 이를 위해 향후 20년간 7%대의 성장을 지속한다. 셋째 이를 통해 국민경제의 진면직인 샤오킹小康[7] 수준을 달성한다.' 등으로 요약할 수 있다. 구체적 실천방안으로 '정보화와 공업화가 결합한 신형 공업화의 추진, 농촌 경제의 발전과 도시화를 통한 농촌 문제의 점진적 해결, 서부 지역의 자원 개발을 통한 장기적 성장 동력 확보' 등이 거론되었다.

12차 5개년 계획(2011~2015)

중국은 자본주의 시장경제 시스템을 받아들였지만, 1953년부터 실시해왔던 계획경제 정책을 한 번도 멈춘 적 없이 지속적으로 실시해 왔다. 2011년 3월, 중국공산당은 제17차 중앙위원회 전체회의를 통해 12차 5개년 계획의 기본 틀을 확정하였다. 그 주된 내용은 '내수확대 전략의 지속, 소비요구에 부

---

7 원래 유가(儒家)에서 말하는 대동사회(大同社會)보다 한 단계 아래인 이상사회를 지칭하는 말이었으나 여기서는 경제적으로 모든 국민이 중산층 수준을 유지하는 것을 의미한다.

응하는 장기적인 효력을 가진 제도의 확립, 더 많은 소비의 형성, 투자와 수출 전략의 조정을 통한 경제성장 견인'으로 요약할 수 있다. 그리고 구체적 목표로는 1) 내수 확대, 2) 농업 현대화의 추진, 3) 산업구조의 경쟁력 강화, 4) 지역 간 협조, 발전의 촉진, 5) 자원 절약형, 환경 보호형 사회로의 전환 가속화, 6) 과학 부국 및 인재강국 전략, 7) 사회사업, 기본적인 공공 서비스 시스템의 강화, 8) 문화 대발전 추진, 9) 사회주의 시장경제시스템 확립 등이 있다.

12차 5개년 경제개발 계획의 핵심은 구체적 목표에서 드러나듯 '내수 확대'에 있음을 알 수 있다. 주지하고 있듯이 지난 이십여 년간 중국의 쾌속 경제성장을 이끌어 오는 데 중요한 역할을 했던 것은 투자와 수출이었다. 그런데 투자, 수출과 함께 일국 경제 성장의 3대 요소인 소비는 GDP의 성장과는 어울리지 않게 답보상태에 있었다. 따라서 중국경제의 지속적인 발전을 위해서는 내수의 확대가 무엇보다 필요한 것으로 인식한 것이다. 특히 2008년 발생한 국제 금융위기는 일정 규모의 내수 시장 없이는 안정적이고 지속적인 경제 발전을 이룰 수 없음을 체득하게 하였다.

13차 5개년 계획(2016~2020)

2016년 3월, 전국인민대표대회 제4차 회의에서 제13차 5개년 계획에 관한 요강이 심의 통과되었다. 기본 방향은 11차 5개년 계획에서 언급되었던 국민경제의 샤오캉小康 수준을 사회 전반에 확고하게 실현하는 것이다. 구체적인 달성 방안으로 산업을 고도화하여 연 6.5% 이상의 중고속 성장을 지속시키고 정부기능을 조정하고 국유기업을 개혁한다는 목표를 세웠다. 그리고 5개 정책 분야로 세분하여 구체적 실천방안으로 첫째, 경제혁신 분야로, 인터넷과 같은 새로운 수요와 공급원을 발굴하고 벤처사업을 육성하여 경제발전의 새로운 공간과 동력을 창출한다. 둘째, 균형성장으로 지역 간, 도농 간의 협조와 일체화를 추진하고 신형도시화를 통해 지역발전을 이룩한다. 셋째, 생태발전 분야로 녹색 저탄소 순환발전 시스템을 구축하고, 에너지 절감과 자원을 효율적으로 이용할 수 있는 관련 산업을 육성한다. 넷째, 대외경제 분야로 무역, 투자 분야의 개방을 확대하고, '일대일로' 정책에 입각한 국내외 연계개발을 추진하고, FTA를 확대한다. 다섯째, 동반경제 분야로 빈곤을 구제하고 소득격차를 감소시키며, 취업과 창업을 지원하고 사회보장을 확대하여 동반성장을 이룩하는 것을 제시하였다.

제12기 전국인민대표대회 제4차 회의
2016년 3월 5일~16일까지 진행된 이 회의를 통해 13차 5개년 계획의 기본 틀이 확정되었다.

한중 경제교류

중국에서 볼 때, 우리나라는 지리적 인접성의 장점이 있으며 중국에 필요한 산업기술과 시장을 가지고 있는 나라이다. 우리나라에서 볼 때, 중국은 지리적 인접성과 저렴한 인건비 및 광대한 시장을 가진 나라이다. 따라서 1992년 한중 수교 이래 가장 활발한 성과를 이룩한 분야가 바로 경제 통상 분야였다는 것은 당연한 결과라 할 수 있다.

우리나라의 대중국 수출액은 1992년 27억 달러에서 2017년 1,421억 달러로 약 52배나 증가하였다. 대중국 수입액은 1992년 37억 달러에서 2017년에는 978억 달러로 약 26배 증가하였다. 1992년에서 2005년에 이르기까지 대중 무역수지 흑자는 927억 달러에 이르렀고, 2017년에는 한 해의 대중 무역수지 흑자만 440억을 초과하였다. 이처럼 우리나라 무역에서 중국이 차지하는 위상은 날로 높아졌고 2009년에 이르러 중국은 한국이 수출과 수입을 가장 많이 하는 명실상부한 제1위 교역국이 되었다.

상하이 푸둥(浦東) 루자쭈이(陸家嘴) 금융무역구 전경
상하이 중심을 흐르는 황푸(黃浦) 강변에 위치하며, 1990년 중국 국무원이 국가급 금융중심지역으로 개발하기로 결정한 이래 눈부신 발전을 거듭했다. 전체 면적이 28㎢에 달하며, 이중 중심 개발지역 6.8㎢ 이내에 100여 개가 넘는 초대형 빌딩이 운집해 있다.

대중 무역 수출입 동향

연도	수출액(백만 달러)	증가율(%)	수입액(백만 달러)	증가율(%)
2005	61,914	24.4	38,648	30.6
2006	69,459	12.2	48,556	25.6
2007	81,985	18.0	63,027	29.8
2008	91,388	11.5	76,930	22.1
2009	86,703	− 5.1	54,246	− 29.5
2010	116,837	34.8	71,573	31.9
2011	134,185	14.8	86,432	20.8
2012	134,322	0.1	80,784	−6.5
2013	145,869	8.6	83,052	2.8
2014	145,287	−0.4	90,082	8.5
2015	137,123	−5.6	90,250	0.2
2016	124,432	−9.3	86,980	−3.6
2017	142,115	14.2	97,856	12.5

「한국무역협회 자료(2018)」

우리나라는 주로 화학공업제품, 섬유, 전자 및 기기, 철강, 금속 제품 등 공업용 부자재 중심으로 수출하고, 철강, 금속, 섬유, 전자기기 및 농수산물 등을 중심으로 수입하고 있다. 수교 첫해인 1992년을 제외하고 대 중국 교역에서 계속 흑자를 기록하고 있어서, 중국 측과의 무역 불균형 해소 문제가 양국 간 통상현안으로 대두하고 통상 마찰이 증가하고 있다.

참고 문헌
『한권으로 이해하는 중국』, 강준영·전병곤·지세화 저, 지영사, 1999
『동아시아의 경제 20세기에서 21세기로』, 경제교육연구회 저, 시그마프레스, 2009
『중국이 미국된다』, 니콜라스 크리스토프·세릴 우던 저, 신무영·신경아 역, 따뜻한 손, 2005
『이슈로 풀어본 중국의 어제와 오늘』, 공봉진, 이담, 2009

더 읽어야 할 자료
『중국의 붉은 별』, 에드가 스노우 저, 홍수원·안양노·신홍범 역, 두레, 2013
『새로운 황제들』, 헤리슨 E. 솔즈베리 저, 박월라·박병덕 역, 다섯수레, 2013

건국 60년 이래 주요 사건

1949

1949년 10월 1일, 마오쩌둥 주석이 톈안먼 성루에서 중화인민공화국의 탄생을 선포하였다.

중화인민공화국 성립

1966

1966년, 잇단 정책의 실패로 정치 일선에서 물러나 있었던 마오쩌둥이 정치권력을 다시 장악하려는 과정에서 문화대혁명이 발발하였다.

문화대혁명

제11기 3중전회

1950

1950년 9월 17일, 중국은 '미국에 대항에 조선(북한)을 돕는다'라는 '항미원조抗美援朝'의 이름으로 인민군을 한국전쟁에 투입하였다.

1976

1976년 1월 8일, 저우언라이의 사망, 그리고 9월 9일 마오쩌둥의 사망과 함께 10년간 중국을 혼란에 빠트렸던 문화대혁명도 종결되었다.

1978

1978년 12월 18일부터 22일까지 개최되었던 중국공산당 제11기 3중전회第十一届三中全會에서 덩샤오핑이 주창하였던 개혁개방 정책이 당의 총 노선으로 확정되었다.

1992

1992년 1월 18일부터 2월 22일까지 덩샤오핑은 우한, 선전, 주하이, 상하이 등을 시찰하고 남순강화를 발표했다. 이로써 중국에는 다시 개혁개방의 바람이 일어났다. 같은 해 8월 24일, 베이징에서 한중수교 공동성명에 서명함으로써 한중 양국은 관계의 새로운 장을 열었다.

2001

2001년 12월, 중국은 세계무역기구(WTO)에 공식적으로 가입하였다. 이는 개혁개방 정책이 전면적 시장개방으로 나아가는 것을 의미한다.

중국의 WTO 가입

2008

2008년 8월 8일, 중국은 제29회 베이징올림픽을 성공적으로 개최하며 달라진 위상을 전 세계에 알렸다.

2008 베이징올림픽 주경기장

1989

1989년, 개혁개방 정책 이래 쌓여왔던 중국 정부에 대한 중국 인민들의 불만은 민주화를 요구하는 시위로 발전하였고, 6월 4일 중국공산당이 이를 무력으로 진압한 톈안먼 사태가 발생하였다.

남순강화 덩샤오핑 동상

2015

2015년 3월, 중국의 국가전략으로서 일대일로一帶一路정책이 공식적으로 선포되었다. 일대一帶는 중국-중앙아시아-유럽을 잇는 실크로드 경제벨트를 뜻하며, 일로一路는 동남아시아-서남아시아-유럽-아프리카로 이어지는 21세기 해양 실크로드를 뜻한다.

04 중화민족의 기원과 신화

중화인민공화국中華人民共和國이라는 중국의 국호가 우리나라의 역사에 등장한 것은 1992년 8월 24일, 한중韓中 간에 정식 국교가 맺어지고 난 이후부터이다. 이 국호는 1949년 10월 1일 중국공산당이 국민당과의 내전에서 승리한 후, 정식으로 신중국 성립을 선언하면서부터 사용하기 시작했다. 그리하여 세계사에는 두 개의 중국이 탄생하게 되었다. 중국 본토에 남은 공산당의 중국은 '중화인민공화국中華人民共和國'으로, 그리고 타이완臺灣으로 퇴각한 국민당의 중국은 '중화민국中華民國'으로 불리게 되었다. 한중 수교가 이루어지기 전까지 우리나라에서는 '중화인민공화국'을 줄여 '중공中共'으로, 우리나라와 같은 반공 국가로서 외교관계를 유지하고 있던 '중화민국'을 줄여 '중국中國'이라 부르고 있었다. 그러나, 한중 간 수교 직후부터 다시 중화인민공화국을 '중국'으로 중화민국은 '타이완臺灣'으로 부르게 되기까지 그리 오랜 시간이 걸리지는 않았다. 이렇듯, 국호가 영원한 명칭일 것 같지만 이 역시 시대와 상황에 따라 끊임없이 변화할 수밖에 없는 하나의 '이름'일 뿐임을 실감케 한다. 그렇다면 국가를 의미하는 '중국'과 민족을 뜻하는 '중화민족中華民族'이란 개념이 어떻게 출현했는지 살펴보자.

1. '중화', '중국', '중국인'

(1) '중화'와 '중국'

1911년, 쑨원孫文(1866~1925)이 주도한 신해혁명辛亥革命으로 인해 청清왕조가 무너지고 '중화민국'이라는 새로운 국가가 탄생했다. '중화민국'이 탄생하기 전까지 중국은 하夏, 상商(또는 은殷), 주周, 진秦, 한漢, 수隋, 당唐, 송宋, 원元, 명明, 청에 이르는 독자적인 '왕조王朝' 명칭을 가지고 있었다.

이처럼 왕조 명칭으로 국호 또는 민족의 명칭을 대신해 사용하면서도, 중국인들은 의식적으로 이와 아울러 '세계의 중심'이란 의미의 '중국中國', '중화中華', '화하華夏' 등의 명칭도 함께 사용해 왔다.

우선 역사서에서 '중국'이란 개념이 어떻게 사용되었는지 살펴보자. 문자학적 의미로 '중中'은 씨족사회에서 사용된 '깃발'을 상징하며, 큰일이 있을 때 사방의 군중을 불러 모으는 중심이라는 의미로 사용되었다. '국國'은 창戈으로 성읍域의 땅을 지킨다는 뜻이 담겨 있다. 이러한 의미를 지닌 두 글자가 합쳐져, '가운데 있는 땅'이란 의미로 사용되었다.

갑골문에서의 '중(中)'과 '국(國)'의 글자 형태

점차 시간이 지나면서 '중국'의 의미는 왕이 거처하는 왕성王城 또는 수도라는 '경사京師'의 의미로, 나아가 '천자가 거주하는 중앙'이란 지리적·방위적 개념으로 확대되었다. 여기서 더 나아가 주대周代 왕실에서 시작된 분봉分封한 제후국이라는 의미인 제하諸夏로까지 그 범위가 넓어졌고, 이어 통치권 내에 있는 지역 전체의 공간을 아우르는 의미로 확대되었다. 게다가 '중국'은 이러한 공간적 개념에서 점차 문화적 개념으로 확장된다. 그래서 '중국'은 야만野蠻이나 오랑캐의 반대 개념으로 자리 잡아 마침내 중화와 오랑캐를 구분하는 화이지분華夷之分이나 화이지변華夷之辨, 또는 '중화의 사상으로 이민족을 한족화漢族化한다'라는 용하변이用夏變夷 등의 화이론華夷論으로 구체화되었다.

이처럼 '중국'이란 개념은 주변 지역에 대한 지리적, 문화적, 정치적 측면에서 '중심'이란 의미로 사용되다가, 근대에 들어서 국호의 필요성에 따라 기존 왕조 명을 대신할 호칭으로 새롭게 등장한 것이다. 청말 민국초의 학자이자 혁명가인 장타이옌章太炎(1868~1936)은 화이사상에 입각한 종족혁명주의種族革命主義 입장에서 정식 국명을 '중화민국'으로, 민족 명을 '중화민족'으로 하자고 주장하였다. 신해혁명 이후 이를 수용한 쑨원에 의해 '중화민국'이 정식 국명으로 사용되어 왔다. 그러나, 공산당과 국민당의 내전 종결 이후인 1949년 마오쩌둥毛澤東이 새로운 국가의 탄생을 선포하면서 '중화인민공화국'이라는 국호를 처음으로 사용했고, 이때부터 이를 줄여 '중국'이라는 국호로 칭해오고 있다.

중국인

(2) '중국인'

역사적으로 '중국인'을 지칭하는 용어는 대단히 많았다. 다민족 국가인 중국에서 최대 다수를 점하고 있는 한족漢族의 입장에 근거하여 진인秦人, 한인漢人, 당인唐人 등의 명칭이 사용되었고, 문화적인 측면에서는 '염황炎黃의 자손', '용의 후손' 등으로도 불렸다. 이와 동시에 강렬한 문화적 우월의식을 표출하고 있는 '화하華夏'라는 표현을 사용하기도 했다. '화華'는 '꽃이 핀다'라는 의미에서 발전하여 '아름다움'을 뜻하게 되었고, '하夏'는 동이東夷, 서융西戎, 남만南蠻, 북적北狄과 구별되는 문명적 존재임을 강조하는 동시에 '크다'라는 의미로도 파생되었다. 즉, '화하족'이란 야만과는 달리 우월한 문화를 지닌 민족을 의미했다. 이후 한대에 이르러 '한족'과 동일한 단어로 사용된 이래로 오늘에 이르고 있다.

이처럼 중국 내에 거주하는 중국인을 지칭하는 단어 외에도 전 세계 각국에 흩어져 거주하는 화하족의 후예를 화교華僑 또는 화인華人이나 화예華裔 등으로 부르기도 한다.

(3) '중화민족中華民族'

'화하'와 동의어로 사용되는 '중화' 역시 주변의 이민족과는 달리 고도의 문명을 지닌 민족이라는 의미를 담고 있다. 명나라 때 주원장朱元璋(1328~1398)은 원나라를 몰아내는 과정에서 "오랑캐를 멸하고 화하를 회복하자."라는 구호를 사용하였고, 이후 신해혁명을 이끈 쑨원 역시 "오랑캐를 몰아내고 중화를 회복하자."라는 강령을 바탕으로 투쟁을 전개하였다.

이러한 배타적 의미의 '중화'가 '민족'과 결합하여 '중화민족'이라는 개념을 탄생시켰다. 근대에 이르러 민족집합체로서 하나의 통일국가를 구성할 필요성이 요구되었고, 그리하여 중국에 거주하는 56개 민족을 다 아우르기 위한 현실적 대안으로 '중화민족'이라는 개념을 창안하게 된 것이다. 이는 타민족을 배제하는 배타적 의미의 '중화'와 이민족 영역을 오랑캐의 땅으로 구분하는 지리적 경계를 뛰어넘어, 중국의 모든 지역과 민족을 하나로 연결하는 데 유효한 원리로 작용했다.

2. 용龍과 중국인

(1) 중국의 상징 : 용

중국을 상징하는 동물이자, 중국에서 가장 흔히 만날 수 있는 동물은 용이다. 역사 유적지는 물론 어느 관광지를 가더라도 용의 부조浮彫 내지는 용의 형상을 한 기념물을 만날 수 있다.

중화민족의 사상 전통 속에서 용은 역사 이래로 끊임없이 형상과 의미를 달리하며 계승되어 왔다. 원시시대 용의 모습은 기관이나 무늬가 뱀의 형태와 다를 바 없이 매우 단순한 모습에 지나지 않았다. 그 후, 하나라와 상나라를 거치며 무늬와 기관이 구체화되고 화려해지면서 점차 오늘날 용의 모습으로 진화해 왔다.

현대의 용 형상

용의 형상이 탄생한 이래 현재에 이르기까지 끊임없이 진화해 온 것은 용이 현실에 실재하는 동물이 아니라 전설 속 상상의 동물이기에 가능했을 것이다. 비교적 초기 형태의 용에 대한 기록은 『서書·고명顧命』의 "복희伏羲가 천하를 다스리자 황허黃河에 용마龍馬가 출현했다."라는 구절에서 볼 수 있는데, 이를 통해 당시 사람들이 상상하던 용의 형상은 '용의 머리에 말의 몸체'를 한 용마의 형태였음을 알 수 있다.

시대 흐름에 따라 용은 좀 더 복잡하고 완전한 형태로 변화했다. 아울러 민간은 물론 왕실에서도 중요한 상징적 존재로 부각되기에 이르렀다. 춘추전국시대에 이르러, 용은 '군주' 또는 '군자'나 '대인', '현자' 등을 상징하는 것으로 사용되었다. 이는 용이 '만물을 통치하는 옥황상제의 사자使者이며 신통력이 뛰어나 구름을 일으켜 비를 내릴 수 있는 존재'라고 믿었기 때문이다. 이후, 한나라 때 이르자 용은 황제를 비유하는 개념으로 본격적으로 차용되기 시작했고, 그 형상에도 큰 변화가 나타났다.

특히, 묘실 벽화墓室壁畵, 화상석畵像石, 와당瓦當, 동기銅器, 칠기漆器, 옥기玉器, 직물織物과 인장印章 등 다양한 예술품에 사용되기 시작하면서 기관, 장식, 무늬 등이 더욱 구체화되고 다양한 모습의 용이 탄생하였다. 오늘날 볼 수 있는 용의 모습으로 정착된 것은 대체로 이 시기부터이다.

현재 가장 보편적인 용의 형태는 아홉 가지 동물의 각 기관을 부분부분 합성하여 창조한 형상이다. 즉, 낙타의 얼굴, 사슴의 뿔, 귀신의 눈, 뱀의 몸통, 사자의 머리털, 물고기의 비늘, 매의 발, 소의 귀 등의 합체인 셈이다. 또한, 입가에는 긴 수염이 나 있고 동판을 두들기는 듯한 울음소리를 내며, 머리 한가운데에는 척수脊髓라고 불리는 살의 융기가 있는데 이것을 가진 용은 하늘을 자유롭게 날 수 있다고 여겨져 왔다.

이처럼 기이한 형상만큼 그 의미에 있어서도 신성한 존재로 받아들여짐에 따라 중국의 역대 왕들은 하나같이 스스로 용의 적자임을 내세우며 용의 위엄과 능력을 이어받았다는 것을 증명하려고 애썼다. 왕 또는 황제와 관련된 단어에 유독 '용' 자를 사용하는 경우가 많은 것도 이와 무관하지 않다. 황제를 용에 비유하여 황제의 얼굴을 '용안龍顔,' 황제의 옷을 '용포龍袍', 황제의 보좌를 '용좌龍座,' 황제의 눈물을 '용루龍淚,' 황제의 덕을 '용덕龍德,' 황제가 타는 수레를 '용거龍車'라고 하는 것은 그런 까닭에서이다.

용은 불교와도 밀접한 관계를 맺고 있다. 불교에서 용은 팔부신八部神 중 하나인 '나가那伽'라는 신이 되어 불법을 수호하는 존재로 받들어지고 있다. 나가신은 뱀과 같은 형상을 하고 있으나, '물 한 방울을 가지고도 큰 강물을 만들 수 있는' 신통력을 가지고 있다 하여 사람들은 오래전부터 이를 용이라 여겨 왔다. 위진남북조 시대 유협劉勰은 자신이 쓴 문예이론서의 제목을 『문심조룡文心雕龍』이라 했는데, 이는 즉 "글을 짓는 마음이 곧 용을 조각하는 듯한 마음과도 같아야 한다."라는 뜻이다. 용을 빚어내는 것이 예술의 최고 경지임을 반영한 의미일 것이다. 뿐만 아니라, 중국 예술사에서도 용은 줄곧 예술창작의 주요한 대상으로 여겨져 왔다. 즉, 신석기시대 홍산紅山문화에서 발굴된 장식품인 옥저룡옥玉猪龍玉이나 벽옥룡碧玉龍으로부터 시작해 청동거울이나 도자기 등에 새겨진 용 형상 등 용이 주제가 된 예술 작품은 그 수를 헤아리기 어려울 정도이다.

이상에서 보듯, 중국인들의 마음과 중국의 문화 속에 '상징'적 존재로 자리를 굳히고 있는 용은 위로 황제의 신분을 상징할 뿐만 아니라, 종교·문학·예술 등에 이르기까지 등장하지 않는 곳이 없었다. 또한, 그 존재의 의미나 위상 또한 평범한 미물이 아니라 최고의 경지나 지위를 체현해 왔다. 그리하여 인간세계 최고의 인물인 황제, 종교 최고의 존재인 신, 문학과 예술의 정수精髓 등을 상징하는 초월적 존재로 인식되어 왔음을 알 수 있다.

황제의 용포

옥저룡옥
형상이 지나치게 단순하여 발굴 초기에는 돼지의 형상으로 인식되었으나 현재는 전문가들의 고증에 의해 용의 초기 형상으로 추정하는 데 의견이 일치하고 있다.

벽옥룡
높이 26cm로, 신석기 시대 유물 가운데 최초이면서 가장 큰 형태의 옥용이다. 이는 5,000년 전에 이미 요하(遼河) 상류 지역에 용을 토템으로 하는 부족이 존재했음을 알려주는 중요한 지표이다.

(2) 용의 후손 : 생활 속의 용

중국인은 스스로를 '용의 후손'이라 여기며, 용에 대한 친근감을 넘어서 경배에 가까운 태도를 보인다. 용의 형상과 정신은 그대로 중국인의 상징이 되어 전해 내려와 오늘날에도 일상생활의 기본이 되는 의식주는 물론 관혼상제나 명절의 세시풍속 등에서도 떼어놓고 생각할 수 없을 정도이다.

음식명에도 '용' 자를 많이 사용하는데, 예를 들면 '용봉탕龍鳳湯'이라는 보양식과 용의 수염처럼 가늘게 뽑아내는 '용수면龍鬚麵' 등이 있으며, 건축에서도 지붕 양쪽 끝에 새기는 용머리 조각이 중국의 전통 건축 양식을 대표하며 오늘날까지 이어져 오고 있다. 누구나 한 번쯤 들어봤을 '등용문登龍門'이라는 표현은 '잉어가 황허에 있는 험준한 용문龍門을 뛰어넘으면 용이 될 수 있다'는 전설에서 기원한 것으로, 평범한 사람이 위대한 인물로 도약하는 것을 비유한다.

명절의 세시풍속에서도 용과 관련된 행사를 찾아볼 수 있다. 중국의 명절을 소개하는 각종 매스컴에서 귀를 찢는 듯한 폭죽 소리와 함께 춤을 추며 광장을 휘몰아 등장하는 거대한 용을 본 적 있을 것이다. 이름 하여 '용춤'이다. 용춤의 유래에 관해서는 한나라 때 동중서董仲舒가 지은 『춘추번로春秋繁露』에 상세한 기록이 있지만, 그 형태와 내용은 수없이 다양하다. 현재 저장성浙江省, 장시성江西省, 후난성湖南省을 비롯한 중국 전역에 수백 종이 넘는 용춤

지붕의 용머리 장식

용춤

베이하이(北海) 공원 구룡벽

이 전해 내려오고 있다. 용춤이야말로 중국인들의 살아 숨 쉬는 전통문화요, 중국인들을 하나로 묶는 문화 아이콘인 셈이다.

용과 관련된 풍속을 이야기하는 데 있어 돤우제端午節의 용선龍船경기를 빼놓을 수 없는데, 그에 관해서는 「12 민속과 일상생활」편에서 좀 더 자세히 다루어 보기로 하자.

이렇듯 용이 중국인들과 강력한 친화력을 갖는 데에는 이유가 있다. 전문가들의 학술적 성과에 따르면, 용은 선사시대 화하華夏 씨족의 토템이었다고 한다. 원시사회 사람들은 사람과 동물 사이의 경계를 나누지 않았기 때문에 동물이나 심지어 식물까지도 씨족의 조상으로 여겼다. 즉, 그 동물이나 식물이 자신의 종족과 혈연관계가 있어서 종족을 보호할 수 있다고 여겼기 때문에 그것들을 숭배하면서 자기 종족의 안전을 기대했던 것이다. 각 씨족은 서로 다른 토템, 이를테면 호랑이와 말, 심지어 나무와 돌에 이르기까지 다양한 토템을 갖고 있었고, 이러한 토템은 씨족을 구별하는 중요한 징표가 되었다.

용의 원형 형상이 무엇이었는가를 두고 많은 전문가들이 연구 분석한 결과 일반적으로 뱀이 용의 원형일 것이라는 주장이 다수이다. 중국 현대 시인이자 고전문학 연구가인 원이둬聞一多(1899~1946) 역시 "용의 원형은 큰 뱀일 수 있다."라고 고증한 바 있다. 그 외에도 악어 혹은 물소라고 주장하는 사람들도 있으며 일종의 야생마라는 설도 있다. 이러한 주장들 모두 나름의 근거가 전혀 없는 것은 아니다. 그런 측면에서 용은 원래 뱀이건 애벌레이건 어떤 특정한 하나의 동물에 불과했을 것이다. 오늘에 이르러 많은 전문가들이 내린 대체적인 결론은 다음과 같다. 즉, 강대한 화하 씨족이 다른 씨족을 겸병할 때마다 그 씨족의 토템과 융합하면서 실제로는 존재하지 않는 오늘날과 같은 환상적인 합체의 형상으로 발전했다는 것이다. 중국이 다민족으로 구성된 국가인 이상 조상숭배의 형상인 용 역시 '다원일체'일 수밖에 없기 때문이다.

3. 중국인의 시조

황허 유역은 인류 문명의 중요 발원지 중 하나로 알려져 있다. 그도 그럴 것이 중국은 세계에서 구석기 시대의 인류 화석과 문화 유적이 가장 많은 국가이다. 그중에서도 원모인元謨人, 베이징원인北京猿人, 산정동인山頂洞人 등의 원시인류에 대한 자료는 대단히 중요한 학술적 의의를 지닌다.

원모인

1965년 윈난성雲南省 원모현元謨縣에서 고고학자들이 원시인류의 화석과 유물을 발굴했다. 대략 170만 년 전에 살았던 것으로 추정되는 원모인은 베이징 저우커우뎬周口店에서 출토된 베이징원인보다 시기적으로 앞서 아시아 최초의 인류로 평가받는다.

베이징원인

1929년 베이징 서남쪽 저우커우뎬 룽구산龍骨山의 한 동굴 속에서 원시인류의 두개골이 발견되어 세계 고고학계를 놀라게 한 사실이 있었다. 그 후, 계속된 발굴작업의 결과 이 유적지에서 대량의 인류화석과 동물화석 및 완전한 상태의 원시인류 두개골이 추가로 발굴되었다. 지금으로부터 약 50~70만 년 전에 살았던 것으로 추정되는 이 베이징원인의 형상은 유인원에서 인류로 진화하는 과도기

베이징원인

적 특성을 지니고 있어, 인류의 특성을 다분히 보이면서도 동시에 유인원의 특징도 지닌 상태였다. 직립보행을 하던 그들은 자신들이 생활하던 동굴 속에서 불을 사용하고, 돌조각으로 된 간단한 도구를 만들어 사용한 흔적을 남겼다.

산정동인

베이징원인이 발굴되어 세상을 놀라게 한 지 4년 만인 1933년, 저우커우뎬 룽구산 정상 부근의 산정동山頂洞이라는 동굴에서 지금으로부터 18,000년 전 후기 구석기시대에 살았을 것으로 추정되는 원시 인류의 유골이 발견되었다. 산정동인은 원시 몽골인의 특징을 가지고 있으며 외양적으로 베이징원인보다 진보되어 현 인류와 거의 비슷한 모습이다. 뼈바늘(骨針)을 사용하여 짐승 가죽으로 의복을 만들어 입었으며, 구멍을 뚫은 짐승 뼈, 짐승의 이빨, 돌구슬, 조개껍데기 등을 이용해 상당히 발전된 수준의 장식품을 만들어 사용했다. 그들은 또한 마찰을 이용해 불을 얻을 줄 알았으며 식물을 채집하고 사냥을 하고 생선을 잡아 먹을거리로 삼았다. 완전한 형태의 성인남녀 두개골 3개가 각종 장식품과 함께 출토된 것으로 보아 이미 당시에 원시적인 종교의식과 죽은 사람과 함께 땅에 묻는 순장의 풍습이 형성되어 있었음을 알 수 있다.

산정동인

이후 중국의 원시인류는 구석기 시대에서 신석기 시대를 거치며 발전해 갔다. 약 6~7,000년 전에 황허 중류와 창장長江 유역을 중심으로 모계 씨족사회인 양사오仰韶문화가 출현했고, 약 5,000년 전에 황허 중하류 유역에서 부계 씨족사회인 룽산龍山문화가 출현했다. 약 4,000년 전인 원시사회 후기에는 황하 유역 일대에 많은 부락들이 존재했었다고 한다. 이 시기의 대표적 유적지로 시안西安 반포半坡유적지를 들 수 있다. 촌락 형태를 이루고 정착 농경 생활을 하면서 석기뿐만 아니라 도기, 활, 화살 등도 사용했었다. 수렵과 채집생활 위주인 구석기 시대를 지나 신석기 시대에 이르러서는 농경과 목축으로 인구가 증가함에 따라 생산도 증가해 씨족부락 형태의 사회가 형성되었다. 씨족부락 사회의 형성은 이전의 구석기 모계사회가 신석기 부계사회로 전환해 가고 있음을 의미하는 것으로, 최초의 원시공동체 사회가 등장했음을 알 수 있다.

이 시기에는 중국인의 시조와 관련한 중요한 신화가 전해지기도 한다. 중국의 고대 신화에 따르면, 바로 이 시기에 중국인의 공동 조상인 황제皇帝와

염제
전설 속의 제왕으로 성은 강(姜)이고 열산씨(烈山氏) 또는 신농씨(神農氏)라고도 한다. 신화에 따르면 농기구를 만들고 사람들에게 농업생산을 하도록 가르쳐 주었으며, 또한 직접 온갖 풀을 맛보아 병을 치료하는 데 쓰이는 약초를 발견했다고 한다.

염제炎帝를 수령으로 하는 두 부락이 출현했다. 한편, 동쪽에서도 치우蚩尤를 수장으로 하는 동이東夷, 구려九黎 부락 등이 점차 세력을 확장해 오고 있었다. 치우 세력의 확장을 두려워한 황제와 염제가 연합해 치우의 부락을 멸망시켰다. 그 후 황제와 염제의 부락 역시 서로 반목하게 되면서 두 부락 사이에 전쟁이 벌어졌고, 이 전쟁에서 패한 염제의 부락은 황제의 부락에 합병 융화되었다. 마침내 그 밖의 일부 다른 부락들도 동화되어 황제를 시조로 하는 다민족의 화하족華夏族이 형성되었다. 이때부터 이들은 본래 서로 다른 부락의 백성이었지만 모두 자신들이 황제와 염제의 후예라 여기며 스스로를 '염황의 자손(炎黃之孫)'이라 일컫게 되었다. 오늘날 세계 각지에 살고 있는 중국인들이 '염황자손, 불망시조炎黃子孫, 不忘始祖'라는 하나의 기치 아래 스스로 자부심을 느끼며 살고 있는 이유도 여기에 있다.

황제와 치우의 전쟁 벽화

4. 신화로 읽는 중국의 시원始原

(1) 신화와 역사, 그 영원한 경계

　오랜 역사를 지닌 세계 각국의 다른 민족과 마찬가지로 중화민족 역시 아름답고 감동적인 신화를 창조해 냈다. 일반적으로 신화의 발생과 유행 지역의 차이에 따라 중국 고대 신화를 크게 '서부의 곤륜崑崙신화 계통', '동부의 봉래蓬萊신화 계통', '남부의 초초楚신화 계통', '중원지역의 중원中原신화 계통' 등으로 나누기도 한다. 그러나 그 계통의 다양함에도 불구하고 중국의 신화가 유럽의 신화에 비해 결코 풍부하다고는 말하기 어렵다. 중국의 신화가 대부분 고대인들의 구전 창작에 의

황제와 치우의 전쟁
중국 최고의 신화서 『산해경』 「대황북경(大荒北經)」에 따르면 황제와 치우의 전쟁 내용은 다음과 같다. 천지 사방의 신들 중 황제에 따르지 않는 무리들이 치우(蚩尤)를 따라 반란을 꾀했다. 치우는 눈이 네 개, 팔이 여섯 개였으며, 짐승의 몸을 하고 머리는 구리, 이마는 쇠로 되어 있었다. 또한 쇠와 돌을 즐겨 먹으며 전투에 매우 능한 것으로 알려져 있었다. 치우는 부하인 풍백(風伯), 우사(雨師)와 72명의 형제를 모아 싸웠으나 판천(阪泉) 탁록(涿鹿) 전투에서 결국 황제의 군대에 패했다. 이 밖에도 치우에 관한 기록은 매우 다양한데, 사마천(司馬遷)이 기술한 『사기(史記)』 「오제본기(五帝本紀)」에서는 치우를 여덟 개의 다리와 여섯 개의 팔, 세 개의 머리를 가진 형상으로 묘사하고 있다.

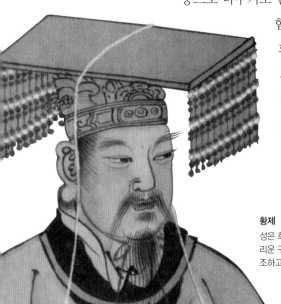

황제
성은 희(姬)이고 유웅씨(有熊氏) 또는 헌원씨(軒轅氏)라고도 한다. 그는 수레와 면류관 앞뒤에 드리운 구슬, 밥 짓는 가마와 시루, 짐승을 잡는 함정, 집 짓는 법, 공놀이, 배, 악기, 문자 등을 창조하고 발명했다고 전해진다.

「여왜가 하늘을 보수하다」
현대화가 판시에쯔(潘絜滋) 작품

존할 수밖에 없었고, 그나마 현재까지 전해지는 것도 극소수에 불과하기 때문이다. 하지만, 다행스럽게도 『산해경山海經』, 『장자莊子』, 『회남자淮南子』 등과 같은 고대 문헌 속에서 중국 신화의 맛과 정수를 알 수 있는 훌륭한 자료들을 발견할 수 있다.

신화는 원시인류의 사회 상황을 대단히 풍부하게 반영하고 있다. 중국 신화 중 비교적 널리 알려져 있는 「반고가 천지를 열다(盤古開闢天地)」나 「여왜가 하늘을 보수하다(女媧補天)」, 「상아가 달나라로 도망치다(嫦娥奔月)」 등은 우주의 기원과 자연 만물에 대한 고대인들의 뛰어난 예술적 해석을 보여준다. 그리고 「여왜가 흙으로 사람을 빚어내다(女媧捏土造人)」는 인류와 자연의 기원에 관한 고대인들의 기발한 사고를 반영한다. 또한 「과보가 태양을 쫓다(夸父追日)」, 「후예가 태양을 쏘다(后羿射日)」, 「곤과 우가 홍수를 다스리다(鯀禹治水)」와 같은 신화에는 인간의 능력을 극대화해 대자연을 극복하고자 하는 고대인들의 아름다운 희망이 생동감 있게 표현되어 있다.

고대 신화에서 그리고 있는 것이 비록 환상에 의해 가공된 허구의 세계이긴 하지만, 이러한 '황당무계한 이야기' 속에도 종종 원시사회의 어떤 진실한 내용이 굴절되어 녹아 있다. 모계사회에서, 여자란 군집생활을 하는 부족의 핵심적 존재였으므로 신화에서의 '여왜', '희화羲和', '서왕모西王母' 등과 같은 여성 인물은 인류와 만물의 창조주로 그려지고 있다. 이러한 점은 바로 모계혈통에 의해 유지되던 당시 사회의 구조적 특징을 반영한 것으로 볼 수 있다. 반면에 곤鯀과 우禹의 2대에 걸친 치수治水에 얽힌 이야기는 이미

'어미만 알 뿐 아비가 누군지 모르는' 모계사회의 발전단계가 종료되고, 부계혈통이 확립되었다는 것을 나타내고 있다.

이렇듯, 신화와 전설이 태초 인류의 원시적 상상력의 부산물일 뿐 아니라 동시에 고대 중국인들의 실제 생활과 사회현상을 반영한다는 점을 결코 간과해서는 안 된다. 어떤 의미에서 신화는 고대 인류가 영위했던 현실 삶의 반영이므로 신화를 통해 역으로 당시 삶의 모습을 추정할 수 있는 중요한 근거가 되기 때문이다.

「후예가 태양을 쏘다」
아주 먼 옛날, 하늘에 열 개의 태양이 나타나 대지를 뜨겁게 불태우고 바닷물은 말라버렸다. 이때, 후예가 신궁(神弓)으로 아홉 개의 태양을 쏘아 떨어뜨렸고, 다시 하늘에 한 개의 태양만 남게 되어 백성들은 평온을 되찾게 되었다고 한다. 현대화가 스다웨이(施大畏) 작품

(2) 중국인의 시원

중국인의 탄생과 관련해서는 삼황오제三皇五帝의 신화와 전설에서 그 시원을 찾을 수 있다. 신화전설이 고대 씨족부락 시기의 역사적 사실에 대한 투영으로 본다면 이를 통해 고대 중국인의 탄생을 확인할 수도 있을 것이기 때문이다.

기록에 따라 조금씩 차이는 있지만 일반적으로 '삼황'이란 불을 발명한 복희伏羲, 인간을 창조한 여왜女媧(일설에는 축융祝融 또는 수인燧人이라고도 함), 태양의 신이자 농업을 발명한 신농神農, 즉 염제를 의미한다. 아울러 '오제'란 황제黃帝, 전욱顓頊, 제곡帝嚳, 요堯, 순舜을 일컫는다.

삼황 중에서도 특히 '복희'와 '여왜'는 중국인의 조상으로 섬겨지고 있다. 복희伏羲는 화서씨華胥氏가 뇌택雷澤이라는 곳에서 번개신의 발자국을 밟은 후 임신하여 낳은 아이로, 이후 동방의 천신天神이 되었다. 그는 팔괘八卦와 물고기를 잡을 수 있는 그물을 발명했다고 전해진다. 이와 더불어 여왜는 천지를 창조한 여신이다. 『회남자』「남명훈覽冥訓」의 기록을 참고하면 다음과 같다. 아주 오랜 옛날, 우주가 크게 파괴되어 하늘의 네 모퉁이가 무너져 내리고 땅도 갈라졌다. 하늘에서는 천화天火가 흘러내려 활활 타올랐고, 땅에서는 물이 솟아올라 거대한 물길이 용솟음쳤다. 이때, 여왜는 오색 돌을 다듬어 뚫어진 하늘을 막고, 자라의 다리를 잘라 네 귀퉁이에 세웠으며, 흑룡黑龍을 죽여 기주冀州 지역을 구제했고, 갈대를 태운 재로 홍수를 막음으로써 천지를 다시 창

廣寒宮頹舊遊塼鷺
鶴天秀摠繡橋自是
歸歟憂孑子桂玄折
興爲高枝唐寅

「복희여왜도」
사람 머리에 뱀 몸을 한 복희와 여왜의 교미 장면

「상아집계도(嫦娥執桂圖)」
상아(嫦娥, 또는 항아姮娥)는 후예의 아내라고 전해진다. 후예가 서
왕모(西王母)에게서 불사약을 구해왔는데, 항아가 남편 몰래 불사
약을 먹어 버렸다. 그러자 자기도 모르게 몸이 가벼워지더니 하늘
로 떠올라 달나라로 날아가 두꺼비가 되었다고 한다. 명나라 당인
(唐寅) 작품

조했다. 나중에 복희와 여왜가 결혼해 수많은 한족을 낳아 번성시킴으로써 한족의 조상이 되었다고 한다.

재미있는 점은 중국의 고대 신화가 다분히 역사화 경향을 보여주고 있다는 점이다. 중국의 신화와 전설은 중국의 고대 인류가 일구어 온 역사적 과정에 존재했을 법한 '인간의 이야기'를 깊게 투영하고 있다. 예컨대 천지를 재창조한 여왜, 오곡을 파종한 신농, 활쏘기의 명수 후예, 스스로 자라나는 땅(息壤)을 훔친 곤鯀, 산을 파 물길을 만든 우, 그리고 황제, 염제 등과 같은 유명한 영웅신들은 모두 역사 속에서 활동한 영웅 인물로 그려지고 있다. 이로써 알 수 있듯이 사실 중국 고대 신화 속의 신들은 씨족 사회에서 중요한 역할을 했던 걸출한 우두머리였을 것이며, 그들이 보여준 업적은 장기간 구전되는 과정에서 '신격화'되었을 뿐만 아니라 점차 정형화해 신화로 굳어졌을 것이다. 이러한 경향은 역으로 중국인들 스스로 자신들이 존경해 마지않는 삼황오제의 후손이 되기 위한 필연적 노력의 산물이었을지도 모른다.

참고 문헌

『話說中國：創世在東方』, 楊善群, 鄭嘉融, 上海文藝出版社, 2003

『中華文明傳眞 1. 原始社會』, 劉煒, 上海辭書出版社, 2001

『중국미술사』, 마이클 설리번 저, 한정희·최성은 역, 예경, 2007

『중국문명대시야 1』, 베이징대학교 중국전통문화연구센터, 장연·김호림 역, 김영사, 2007

더 읽어야 할 자료

『이야기 동양신화』, 정재서, 김영사, 2010

『중국상식 : 역사』, 중국국무원교무판공실·중국해외교류협회 저/김민호 역, 다락원, 2003

『중화문명사(전8권)』, 위안싱페이·옌윈밍·장찬시·러우위리에 저, 구자원·문승용·서성 역, 동국대학교출판부, 2017

『중국의 문화지리를 읽는다』, 후자오량 저, 김태성 역, 휴머니스트, 2005

찬란한 문명

05 역사와 유물

1. 중국 고대 역사

중국의 역사는 단일민족, 단일 지역에서 독자적으로 이룩된 것이 아니라, 주변국과의 끊임없는 접촉과 상호왕래 속에서 이루어졌다. 중국에서 통용되는 역사 시기 구분은 마르크스 유물주의 사관에 근거하여 크게 고대, 근대, 현대, 당대當代로 나누고 있으나, 최근 중국 국무원 자료에서는 중국 역사를 고대, 근대, 현대 시기로 구분하고 있다. 고대는 하-상(은)-주-진-한-위진남북조-수-당-송-원-명-청 아편전쟁(1840) 이전까지이다. 근대는 아편전쟁부터 5·4 운동(1919) 이전까지의 구민주주의 혁명시기와 5·4운동 이후부터 중화인민공화국 수립(1949) 이전까지의 신민주주의 혁명시기로 나눌 수 있다. 현대는 중화인민공화국 수립 이후부터 현재까지를 말한다. 이러한 구분 가운데 본 장에서는 하나라부터 근대 신해혁명(1911)까지의 역사를 중심으로 살펴본다.

(1) 하夏나라

신석기 말기에는 황허黃河 유역을 중심으로 많은 부락이 분포했고, 그 중 황제黃帝의 후예인 하후씨夏後氏를 창시자로 보는 하夏 부족은 황허 중류에 위치하였다. 이후 하 부족은 주위에 있는 여러 부족을 융합해 부락(씨족)연맹체가 됨으로써 중국 역사상 최초의 왕조로 발전할 수 있었다. 이 연맹체는 민주적 방법으로 군주를 추천하고 선발하는 선양제禪讓制를 시행하여, 요堯 임금, 순舜 임금, 우禹 임금이라는 걸출한 부락연맹의 수령이 차례로 등장했다. 당시 황허의 잦은 범람으로 사람들이 큰 재난을 겪고 있었기 때문에, 요 임금은 곤鯀에게 홍수를 다스리도록 명했으나 그 뜻을 이루지 못했다. 이후 부락연맹의 수령 자리를 이어받은 순 임금은 곤의 아들 우에게 홍수를 다스리게 했다. 그는 곤이 했던 둑을 쌓아 물을 막는 방법과는 달리, 작은 물줄기는 큰 물줄기로 흐르게 하고 큰 물줄기는 바다로 향하게 하는 방법을 취하여 홍수로 인한 재난을 해결할 수 있었다. 이러한 치수治水 사업의 공으로 우는 순 임금의 후계자가 되어 부락연맹의 수령으로 즉위하게 되었다. 치수를 기반으로 한 농업생산 발전과 부족 간의 전쟁을 통해 하 부족은 중원 지역의 지위를 더욱 공고히 하였다. 이에 기원전 2070년경에 중국 최초의 왕조인 하나라가 출현하게 된다.

우 임금은 선양제를 통한 왕위 계승의 전통을 계승하여 동이東夷 부락의 수령인 익益을 후계자로 세웠으나, 우 임금의 아들인 계啓가 익을 살해하고 왕위를 찬탈함으로써 원래 있던 '선양제'가 폐지되고 왕위세습제가 확립되었다. 이는 씨족공유제의 원시사회가 붕괴하고 사유제의 계급사회로 전환됨을 의미한다. 그리하여 천하를 만인의 것으로 여기는 '대동大同시대'에서 천하를 특정 집안의 것으로 여기는 '소강小康시대'로 진입하게 된다.

사회 경제적인 측면에서 토지국유제를 실행한 하나라는 농업에 필요한 역법을 만들어 사용했고, 아울러 청동주조기술을 발명하여 수공업의 발전을 가져와 사회생산력을 더욱 촉진시켰다. 이러한 청동기의 출현은 바로 원시 시기인 석기시대가 끝나고 문명 시기인 청동기시대로 진입했음을 의미한다.

이후 하나라는 계 임금의 아들인 태강太康이 즉위하였

우 임금

으나 수렵만 일삼고 정사를 게을리하여 동이 부락의 수령인 예羿에게 왕위를 빼앗기게 되는데, 역사서에서는 이를 '태강이 나라를 잃어버림(太康失國)'으로 기록했다. 이후 태강의 동생인 중강中康의 아들 소강이 다시 회복시켰는데, 이를 '소강이 중흥시킴(小康中興)'이라 하였다.

하나라는 걸桀왕의 폭정으로 멸망했다. 폭군이었던 그는 무력으로 백성을 괴롭히고 사치를 일삼아 백성들의 분노를 자아냈다. 이때 상商 부락이 강대해지기 시작했고, 그 수령인 탕湯이 군사를 일으켜 하를 공격하여 걸왕을 무너뜨리고 상나라를 세웠다.

(2) 상商(은殷)나라

동이의 한 갈래인 상 부족은 황허 하류 지역에 거주했다. 같은 시기에 등장한 상나라와 하나라는 모두 황제를 뿌리로 했던 두 집단이었지만, 상나라는 줄곧 하나라의 신하로 있었다. 이는 상 부족의 시조인 설契이 우 임금을 따라 치수에 종사했고, 우 임금은 그를 사도司徒로 임명하여 상 지역에 봉했다는 기록에서 알 수 있다. 그래서 설왕에서 탕왕까지는 하나라 시대에 해당한다.

탕은 걸왕이 민심을 잃은 것을 틈타 하의 속국들을 일소하고 세력을 확대하여 상나라를 세웠다. 상나라 초기에는 왕실 내부의 왕위쟁탈이 끊임없이

은허(殷墟) 유적지
허난성 안양(安陽)의 은허 유적지에서 상나라의 왕릉과 궁전의 터 및 갑골문·청동기·토기 등의 많은 유물이 발굴되면서 『서경(書經)』이나 『사기(史記)』에만 전해지던 상나라의 존재가 실증되었다.

일어나 통치가 매우 불안정하였다. 이에 도읍을 여러 차례 옮기다가, 19대 왕인 반경盤庚이 국면을 전환하기 위해 도읍을 은(지금의 허난성河南省 샤오둔小屯)으로 천도하였는데, 도읍이 된 은은 번화한 대도시로 발전하였고 상나라도 전례 없는 부강을 이루게 되었다. 이러한 까닭에 상을 은이라고도 한다. 특히 무정武丁이 통치했던 50여 년은 상나라가 가장 강성했던 시기였다.

상나라는 기본적으로 대가족 제도와 종법宗法 관념을 갖추고 있었고, 제사나 정벌 등 국가대사에 있어서는 반드시 갑골 복사甲骨卜辭[1]로 점을 쳐 결정했다. 매번 점을 칠 때마다 점복占卜 날짜와 길흉吉凶의 결과 등을 거북이 등껍질이나 동물의 뼈에 새겨두었는데, 이러한 갑골 복사는 중국 문자의 출발점이자 원시 형태의 문헌자료이기도 하다.

국가조직에 있어서도 많은 발전이 있었다. 임금은 절대적 권력을 지녔으며, 아래로 임금을 도와 나라를 통치했던 상相(몽재冢宰라고도 함)과 농업 생산이나 수공업 생산 그리고 점복이나 기사記事를 관장했던 관리가 있었다. 또한 상나라 때는 청동 제조기술이 더욱 비약적으로 발달하여 정교한 무기와 용기를 만들었다. 따라서 통치자들은 강력한 군대를 가지고 있었고 형법에 따라 백성을 통치했다.

상나라 후기에 이르러 귀족들의 생활은 부패와 사치에 물들었고, 제도적 악습의 폐해도 심각하게 드러났다. 당시 왕이 신령에게 제사를 올릴 때 사람을 죽여 제물로 바쳤는데, 그 수가 적게는 수십 명에서 많게는 수백 명에 이르렀다고 한다. 아울러 무관촌武官村의 큰 무덤에서는 왕족의 죽음과 함께 산 채로 순장된 많은 유골이 나왔다. 이러한 상황은 결국 상나라의 멸망을 부추기는 원인이 되었음을 짐작할 수 있다.

상나라의 마지막 왕인 주紂는 성품이 포악한 인물로 호화롭고 사치스러운 생활에 빠져 있었다. 이에 발發(이후 주나라 무왕武王이 됨)이 제후국들과 연합하여 목야牧野에서 주왕과 결전을 치렀다. 주의 폭정을 원망하던 상나라 군대는 연합 제후국들과 싸우는 대신 오히려 상의 수도를 공격하는데 동참하였고, 이로써 상나라가 막을 내리고 주나라가 시작되었다.

---

1 관련 내용 「09 한자와 서법」 편 참조

(3) 주周나라

주나라의 시조인 기棄는 하나라 때 농업을 관장하는 관리를 지냈다고 전해지는데, 이후 그는 농업에 뛰어난 능력이 있어서 농업의 신인 후직后稷으로 추존되었다. 그의 4대손인 공류公劉 때 빈豳으로 도읍을 옮겨 사회경제적으로 많은 발전을 이루었다. 하지만 유목부락인 융戎과 적狄의 침입을 누차 받았고, 이를 피하기 위해 그의 9대손인 고공단보古公亶父는 부락민을 이끌고 기산岐山의 남쪽 주원周原(지금의 산시성陝西省 치산岐山)으로 이주하였다. 주원 일대는 토지가 비옥하여 농경에 적합한 곳이었기에 고공단보는 이곳에 초기 국가조직인 도성을 쌓아 도읍을 정하고 관직을 설치하였다. 그래서 그를 '태왕太王'이라 칭하며 주나라의 건국자로 여겼다.

이 시기만 하더라도 주 민족은 여전히 상의 속국이었지만, 고공단보의 아들인 계력季歷과 손자인 창昌(이후 주나라 문왕文王이 됨)에 이르러 국력이 더욱 강성해졌다. 특히 문왕인 창은 내적으로는 국가조직을 정비하고 외적으로는 주변의 이민족들을 복속시켜 위수渭水 중류 지역의 통치를 공고히 하였다. 아울러 그는 상나라와 밀접한 관계가 있는 숭崇 부족을 멸망시키고 도읍을 숭 부족의 옛 땅인 풍읍豐邑(지금의 산시성 시안西安의 서쪽)으로 옮겼고, 그 후부터 주 민족은 상나라를 위협할 만큼 강성해졌다. 문왕의 뒤를 이은 무왕은 다시 도읍을 호경鎬京(지금의 시안)으로 옮겼다. 이 시기 상나라는 동이와의 전쟁으로 국력이 크게 쇠퇴하였고 내부적으로도 세급투쟁이 첨예화되었다. 이러한 상황 아래 무왕은 주위 여러 부족과 연합하여 목야에서 대승을 거두게 되었고, 이로부터 서주 시기가 시작되었다.

주나라는 우선적으로 왕조의 정당성을 '천명天命'이론으로 확보하려 했다. 귀신을 신봉했던 상나라는 천명을 인간의 힘으로 어쩔 수 없는 것으로 여겼지만, 주나라는 천명이란 최고의 도덕적 역량을 갖춘 집안에만 수여될 수 있다고 강조했다. 다시 말해 이는 상나라 왕이 이미 하늘로부터 그 덕을 잃었기에, 상나라 사람들이 숭상했던 상제上帝가 주나라에게 천명을 수여하여 통치를 인가한 것이라 여긴 것이다.

주나라 무왕은 상나라를 멸망시킨 후, 몰락한 상나라 귀족과 주위 연맹국들에 대해 기미羈縻 정책을 실시하였다. 이 정책으로 걸왕의 아들인 무경武庚을 은殷의 제후로 봉하여 상나라의 유민들을 통치하게 한 것이다. 아울러 무왕은 상나라의 왕기王畿 지역을 세 부분으로 나누어 무왕의 동생인 삼숙三叔(관숙선管叔鮮, 채숙도蔡叔度, 곽숙처霍叔處)으로 하여금 지키게 하였고, 이들 삼숙의 임무는 바로 무경과 상나라 유민들을 감독하는 것이었다. 무경은 표면적으로 주나라에 복종하였으나 속으로는 영토를 회복하고자 하였다. 무왕이 죽은 후 어린 성왕成王이 왕위를 계승하였고 무왕의 동생인 주공周公 단旦이 그를 보좌하여 국정을 돌보았다. 이에 불만을 품은 삼숙과 무경이 연합하여 대규모 반란을 일으키자, 주공이 군사를 이끌고 동쪽을 정벌하여 이들의 반란을 평정하였다. 이후 주공은 무경 등이 일으킨 반란을 거울삼아 동쪽에 낙읍洛邑(지금의 뤄양洛陽)을 세워 상나라 유민들을 이주시켰다. 이로써 주나라는 서쪽의 호경과 동쪽의 낙읍이라는 두 개의 도성을 가지게 되었다.

주공의 치적 가운데 가장 중요한 것은 의례를 제정한 것과 음악을 만든 것이다. 공자孔子[2]가 추종했던 주나라의 예禮는 등급사회의 인간관계를 규정하는 하나의 새로운 윤리규범 체계로, 귀천貴賤, 존비尊卑, 장유長幼, 친소親疏 등의 차별을 통해 사회등급의 집단적인 행위규범을 정한 것이다. 이러한 의례와 서로 보완적인 관계를 이루는 것이 음악이다. 차별을 중시하는 의례와는 달리 조화를 중시하는 음악은 사람들의 희로애락을 자극하여 동질감을 형성함으로써 사회의 단합을 유지하게 하는 것을 주목적으로 하였다.

주나라 정치제도의 기본형식은 바로 분봉제의 시행이었다. 정복 지역에 대한 안정을 위해 시행한 이 제도는 적자 계승을 기본으로 하는 권력분배제도인 종법宗法제도에 기초하여 만들어졌다. 무왕 때부터 시작된 이 분봉제는 주공에 의해 확대되어 당시 71국을 분봉하였다. 그 중 다수는 희姬씨 성의 주왕실 지배계급 자손들이었고, 소수만이 이성異姓 제후였다. 주나라 왕이 제후에게 이러한 분봉제를 시행하면서 성대한 책명策命 의례를 베푼 것은 계약 성격을 지닌 권위의 위탁이었다. 이는 바로 왕과 제후 사이의 권리와 의무를 규정한 제도였다. 그래서 주나라 왕은 왕기王畿 이내 땅인 호경과 군사적 거점 지역인 낙읍의 일부 지역을 직접 다스리고, 그 외 지역은 제후국으로 봉하여 땅과 토지를 부여했다. 주요 봉후국으로 위衛, 노魯, 제齊, 송宋, 진晉, 연燕나

---

2 관련 내용 「07 사상과 교육」 편 참조

라가 있었다.

주나라는 토지의 국유제를 실시하여 통치권 내에 있는 토지와 백성은 모두 주왕에 귀속되었다. 주나라 왕은 토지와 농노農奴를 제후들에게 분봉하였고, 제후들은 이를 다시 경대부卿大夫 등에게 분배하였다. 이러한 토지 소유제가 바로 '정전井田제도'이다.

주나라는 성왕에서 공왕共王까지 태평성대를 구가하다가 이후 점차 쇠락하였다. 이후 평민들의 폭동으로 여왕厲王이 물러나고 제후들이 공동으로 정치한 것을 '공화행정共和行政'이라 한다. 선왕宣王 때 잠시 중흥을 이루었지만, 제12대 유왕幽王에 이르자 주나라는 급속하게 쇠퇴하였다. 뒤를 이은 평왕平王은 호경에서 동쪽의 낙읍으로 천도하였지만(기원전 770), 제후들을 통솔하는 왕으로서의 지위를 더 이상 유지할 수 없었다. 이로부터 동주東周 시기로 접어든다.

춘추시대

동주 시기에 이르러 주 천자는 천하 공주共主로서의 지위를 상실하고 과거 봉건 종속관계로 형성된 제후국과의 통일 유대는 더 이상 지속할 수 없었다. 다만, 당시 140여 개나 되는 제후국들은 주 왕실을 상징적 종주로만 인정하면서 예禮적 질서를 지킬 뿐이었다. 이 시기를 춘추春秋시대라 한다. 제후국들이 강성해지고 북쪽의 융적戎狄 세력과 남방의 초楚 세력이 확대됨에 따라, 주 천자를 보위한다는 명목으로 천하 일을 간섭하고 처리했던 세력 강한 제후국들이 있었으니, 바로 춘추오패春秋五霸[3]이다.

---

3 제(齊)의 환공(桓公), 송(宋)의 양공(襄公), 진(晉)의 문공(文公), 진(秦)의 목공(穆公), 초(楚)의 장왕(莊王)을 일컫는 말이다. 다른 학설에 따르면 제의 환공, 진의 문공, 초의 장왕, 오(吳)의 합려(闔閭), 월(越)의 구천(句踐)을 춘추오패라 부르기도 한다.

4 춘추전국시대 정치가 상앙의 변법은 두 차례에 걸쳐 시행되었는데, 봉건적인 기본 질서를 무너뜨리고 군주권을 강화하는 것이 그 목적이었다. 그는 분가 정책을 시행하여 대가족 사회를 해체하였고, 연좌제를 시행해 서로 감시하게 하였다. 군공제(軍功制), 중농억상(重農抑商)정책을 시행하여 농사와 전쟁 수행에 힘을 쏟게 하고, 천도 후 행정구역을 현 단위로 개편했으며, 중앙에서 관리를 파견하는 군현제(郡縣制)를 시행했다.

전국시대

'전국戰國'이라는 명칭은 한漢나라 유향劉向이 편찬한 『전국책戰國策』에서 유래했다. 이 시기에 각 제후국 간의 전쟁과 겸병으로 혼란이 그치지 않았으므로 '전국시대'라 부르게 되었다. 장기간의 전쟁을 통해 일곱 제후국만 남게 되었고, 이들 전국칠웅戰國七雄이 바로 위魏, 한韓, 조趙, 진秦, 초楚, 연燕, 제齊나라이다.

전국 초기에는 한, 조, 위 세 나라가 동맹을 맺어 다른 제후국보다 강했으나, 이후 동맹이 깨지면서 제나라와 진나라가 강성해졌다. 이에 소진蘇秦은 6국이 종적으로 연합하여 진의 강성에 대항할 것(합종合縱)을 주장했고, 장의張儀는 진과 6국이 개별적으로 횡적 동맹을 맺을 것(연횡連橫)을 주장했다. 이러한 합종연횡의 결과로 말미암아 전국 후기에는 진나라의 세력이 더욱 강했다. 특히 상앙商鞅의 변법[4]은 진나라를 부강케 하는 계기가 되었고, 이후 전국을 통일할 수 있는 기초를 다졌다. 진나라의 강성은 나머지 6국의 소멸과 동시에 최초의 통일 국가를 건립하게 하였다.

(4) 진秦나라

전국칠웅 가운데 진나라는 6국을 차례로 정복하여 기원전 221년 중국 최초의 중앙집권적 봉건국가를 건립하였다. 진시황秦始皇은 당시 군주의 지위인 왕의 명칭을 전설상의 삼황오제三皇五帝에서 '황'과 '제'를 차용해 '황제皇帝'라 정하였고, 이로부터 이 명칭은 청대까지 이어지게 되었다.

진시황은 중국을 통일한 후 자신의 통치를 공고히 하기 위해 중앙집권적 관리체계인 군현제郡縣制를 시행하여, 전국을 36군郡으로 나누고 지방관을 파견했다. 또 각 군은 몇 개의 현縣을 관할하게 했고, 이들의 수장인 군수郡守나 현령縣令 등은 모두 황제가 임명하였다. 아울러 이들의 부임지를 수시로 옮겨 한 곳에 정착하여 세력을 키우는 것을 미연에 방지하고자 하였다.

진나라는 황제를 정점으로 한 중앙통치기구로 삼공구경제三公九卿制를 실시하였다. '삼공'에는 황제를 보위하여 국정을 처리하는 '승상丞相', 군정을 담당하는 '태위太尉', 승상을 보좌하며 관리 감찰을 주관하는 '어사대부御史大夫'가 있다. '구경'에는 종묘

진시황(기원전 259~기원전 210)
기원전 247년 즉위하여, 기원전 221년 39세의 나이에 천하를 최초로 통일하였다.

제사와 의례를 담당하는 '봉상奉常', 황제의 시종인 '낭중령郎中令', 궁중경비 담당의 '위위衛尉', 형법 담당의 '정위廷尉', 궁중의 거마車馬 담당의 '태복太僕', 외교와 민간사무 담당의 '전객典客', 재무 담당의 '치속내사治粟內史', 황실 사무 담당의 '종정宗正', 황실재정과 관영수공업 담당의 '소부少府'가 있다. 이처럼 삼공구경이 맡은 일은 최종적으로 황제의 재가를 받아야 했다.

이러한 황제제, 군현제, 삼공구경제는 거의 완전한 정치제도로 중국 고대 정치제도의 새로운 발전을 가져다주었을 뿐만 아니라, 통일왕조를 탄탄하게 하는데 중요한 작용을 하였다. 그리하여 이후 2,000여 년의 봉건왕조 역시 기본적으로 이 제도를 답습하였다.

진시황은 이사李斯에게 명하여 문자를 소전小篆으로 통일시켰고, 화폐와 도량형을 통일하여 통일 국가의 발전을 촉진했다. 그는 또 이사의 건의로 법가法家를 추존하여, 새로운 법령과 제도에 반대하고 자신의 의견을 내는 460여 명을 함양성咸陽省 밖의 구덩이에 파묻어버리고 유가 경전인 시詩, 서書 등을 소각시킨 '분서갱유焚書坑儒'를 단행하였다. 그러나 진시황이 채택한 이러한 법가의 법치주의는 진나라의 통치기반을 오히려 악화시키는 결과를 가져와 진나라를 멸망의 길로 접어들게 하였다. 아울러 대규모의 토목사업과 정벌 등으로 농민들은 가혹한 부역과 무거운 세금을 지출해야만 했다. 이러한 모순 속에서 진승陳勝과 오광吳廣이 주동한 농민 봉기가 발생하였고, 이것을 계기로 진나라에게 정복당한 6국의 구 귀족들이 전국적으로 반진反秦 운동을 전개함으로써, 진나라는 14년 만에 막을 내렸다.

(5) 한漢나라

진승과 오광의 봉기에 이어 나타난 반진反秦 운동에 중심 역할을 한 인물이 마로 유방劉邦(기원전 256~기원전 195)과 항우項羽(기원전 232~기원전 202)였다. 유방와 항우는 먼저 홍구鴻溝를 경계로 하여 서쪽은 한漢이 동쪽은 초楚가 차지하기로 약속하였다. 이후 유방은 항우와의 싸움에서 승리하여 중국을 재통일하고 장안長安(지금의 시안)을 수도로 삼은 한 제국을 건설했다. 한나라는 고조高祖 유방에서 14대 왕망王莽(기원전 45~서기 23)이 정권을 찬탈하기까지를 전한前漢(또는 서한西漢)이라 하고, 왕망이 효수梟首된 후 유수劉秀(광무제光武帝, 기원전 6~서기 57)가 뤄양洛陽에 도읍을 정한 이후를 후한後漢(또는 동한東漢)이라 한다.

한 고조인 유방은 진나라의 삼공구경제와 중앙집권체제를 그대로 유지하였다. 다만 진나라의 군현제에 있어서는 군현제와 분봉제를 절충한 군국제를 시행하였는데, 이는 이후 '오초칠국吳楚七國'의 난을 불러일으키는 원인이 된다.

한 고조를 이은 문제文帝(기원전 202~기원전 157)와 경제景帝(기원전 188~기원전 141)는 피폐한 사회경제의 회복과 발전에 주력하였기에, 이것을 역사적으로 '문경지치文景之治'라 일컫는다. 이들은 진나라가 형법만을 사용하여 그토록 빨리 멸망했다는 역사적 교훈에 따라 무위無爲의 정치사상인 황로사상을 받아들여, 정치적으로 법망을 느슨하게 하고 형벌을 줄이고자 하였다. 아울러 이들은 부역을 가볍게 하고 농업을 장려하는 조치를 취하였다. 이렇듯 한나라 초기에는 백성의 부담을 줄이고 생활을 안정시킴으로써 국력을 키워나갈 수 있었다.

한나라의 통합과 팽창에 중요한 사안은 바로 지방할거세력의 제거에 있었다. 중앙과 지방할거세력과의 모순은 주로 제후들이 소유하고 있는 영지에 대한 삭감정책에 기인하였다. 경제 시기에는 제후들이 분봉 받았던 토지가 너무 많아 중앙 직속의 지역보다 훨씬 넓었고, 소금·전매, 부세 징수, 관리 임면 등을 독자적으로 자행하여 그 세력이 급속히 팽창하는 추세였다. 이에 조조晁錯는 경제에게 영지 삭감 정책인 '삭번책削藩策'을 주장하였는데, 이를 빌미로 제후들이 '오초칠국'의 반란을 일으키게 된다. 이를 평정한 경제는 행정권과 관리임명권 등을 중앙에 귀속시켰고, 제후들의 봉토 또한 중앙이 직접 관할하기 시작했다. 이후 한 무제武帝는 경제의 삭번책을 더욱 강화시켜, 제후들은 조세만 거둘 뿐 정치에 관여할 수 없게 하는 '추은령推恩令'을 반포하였다. 이로써 한나라 초기에 실시했던 군국제의 폐해는 사라지게 되었고, 중앙집권화가 확립되었다.

한 무제는 추은령 외에도 지방에 대한 통제를 강화하기 위해 '자사刺史' 제도를 두었다. 이는 중앙에서 자사를 파견하여 지방관을 감시하고 황제권을 관철하고자 한 것이었다. 또한 황제의 권위를 강화시키기 위해 승상의 직권을 축소하고 태위의 직권을 강화시킴과 동시에 태위를 대사마대장군으로 칭하면서 승상의 군사권을 분담시켰다. 그리고 소금과 철의 전매를 중앙이 독점함으로써 중앙집권체제를 더욱 강화하였다.

아울러 한 무제는 한 초기의 '황노무위黃老無爲' 사상에서 벗어나 동중서董仲舒의 의견을 받아들여 유교를 국교로 삼았다. 그러나 황제지배체제를 뒷받

● 유방
●● 항우

사면초가(四面楚歌)
누구의 도움도 받을 수 없는 고립 상태에 빠짐을 이르는 사자성어로, 『사기(史記)』 「항우본기(項羽本紀)」 편에서 그 유래를 찾을 수 있다. 진나라가 무너진 이후 초나라 항우와 한나라 유방은 천하를 양분하여 패권을 다투었다. 항우가 한나라 군대에 패해 해하(垓下)에서 포위되었을 때, 사방을 에워싼 한나라 군대 속에서 초나라의 노랫소리가 들려오자 한나라가 이미 초나라를 점령했다 여기고 슬퍼하며 탄식했다고 한다. 이는 항복한 초나라 군사들에게 고향 노래를 부르게 한 한나라 장수 장량(張良)의 교묘한 심리 작전이었다. 이로 인해 항우는 오강(烏江)에서 자결한다.

침하는 이념이 비록 유교이긴 하지만, 현실적으로는 여기에 법가 사상을 가미한 '내법외유內法外儒' 방식을 표방하게 된다. 한 무제는 또한 승상을 중심으로 한 '외조外朝'는 단순히 일반 정무만을 담당하게 하는 한편, 정책을 입안하고 결정하는 기구인 '내조內朝'를 구축했다. 그러나 이러한 내조의 우위는 외척의 세력을 키우게 한 계기가 되었을 뿐만 아니라 왕망이 정권을 찬탈하는 빌미를 제공하는 결과를 낳았다.

한 애제哀帝가 붕어하자 황제의 옥새를 맡고 있던 대사마 동현董賢으로부터 옥새를 강탈한 왕망은 중산왕 간衎을 평제平帝로 옹립하고 대사마가 되었다. 대사마가 된 그는 나라를 찬탈하여 국호를 '신新'이라 했다. 현실과 동떨어진 왕망의 개혁정책은 지방 토착세력인 호족豪族과 농민의 반란으로 이어졌고, 이에 광무제가 이를 평정하고 나서 한 제국을 재건하게 된다. 광무제는 왕망이 시행했던 정책을 간소화하였고 행정기구와 관리를 축소하였을 뿐만 아니라 인재선발 제도를 건전하게 하여 통치에 힘썼다. 아울러 그는 한 무제가 시행했던 중앙집권체제 정책을 더욱 계승 발전시켜 나아갔다. 하지만 이런 노력에도 불구하고 중앙권력이 약화하는 결과를 낳았는데, 이는 외척의 전횡, 환관의 권력 찬탈, 수많은 당파 싸움 등에 기인하였다. 이에 통치자 집단은 갈수록 부패해졌고 농민에 대한 착취가 더욱 심해져 '황건黃巾의 난'이 발발하게 된다. 이후 후한은 위魏, 촉蜀, 오吳 삼국으로 분열되었다.

(6) 위진남북조魏晉南北朝시대

농민반란인 '황건의 난'으로 무너지기 시작한 후한제국은 화북 지역을 점거했던 위魏나라 조조曹操(155~220)에 의해 장악되었다. 아울러 쓰촨四川 지역에서는 유비劉備(161~223)가 촉蜀나라를 세웠고, 강남 지역에서는 손권孫權(182~252)이 오吳나라를 세웠는데, 이것이 이른바 삼국시대이다. 삼국 가운데 위나라는 토지, 인구, 경제력에 있어 당시 중국 땅의 절반에 이르렀다. 이것은 삼국 중에서 위나라가 후한을 계승하여 뤄양에 도읍을 세웠기 때문이다.

화북 지역을 차지했던 조조는 후한의 마지막 왕인 헌제獻帝를 앞세워 정통성을 주장하며 천하를 호령하였다. 그 후 그는 천하통일의 대업을 이루고자 손권과 유비의 연합군과 적벽赤壁에서 결전을 벌였는데, 이것이 바로 '적벽대전赤壁大戰'[5]이다. 이 대전에서 패한 조조는 더 이상 강남 지역에 대한 병합을 단념하게 되었고, 이로부터 천하는 삼분으로 정립되었다.

이후 위나라에서는 지방 토착세력을 유지하던 호족豪族세력이 귀족으로 발전하고, 정치를 그들의 전유물로 만드는데 결정적인 계기가 된 구품관인법 九品官人法[6]을 실시하였다. 이러한 상황에서 호족세력을 기반으로 권력을 장악한 사마의司馬懿는 유비와 제갈량諸葛亮(181~234)이 죽고 난 후 왕실이 약화된 촉나라를 병합하였고, 아울러 오나라도 병합하였다. 나아가 요동지방의 공손씨公孫氏를 정벌하였다. 사마의의 손자인 사마염司馬炎에 의해 삼국시대는 60여 년 만에 끝이 나고, 진晉나라에 의해 재차 통일되었다. 호족의 지지를 기반으로 세워진 진나라는 황실강화를 목적으로 왕자들을 지방의 요지에 분봉하는 봉건제도를 실시하여 군사력을 키워나갔지만, 이것이 오히려 왕자들의 세력싸움인 '팔왕자八王子의 난亂(291~312)'을 초래하였다. 이어서 남흉노南匈奴의 유연劉淵이 한漢왕을 자칭하면서 '영가永嘉의 난'을 일으킴에 따라 진나라는 남흉노에 의해 멸망하게 되었다.

이후 화북 지역에는 오호십육국五胡十六國이 세워진 이래 북위北魏, 북제北齊, 북주北周로 이어지는데, 이를 북조北朝라 한다. 한족漢族은 강남지방의 건강建康(지금의 난징南京)에 동진東晉을 세웠다. 동진이 건국되자 본토의 남방 토착 호족보다는 북방에서 내려온 피난귀족이 비수淝水 대전에서 큰 공을 세웠다는 이유로 더 우대를 받았다. 유유劉裕가 실권을 잡고 제위에 올라 송宋을 세웠지만 이후 송나라는 북위의 침범으로 제齊, 양梁, 진陳으로 이어지는데, 이를 남조南朝라 한다.

이처럼 북방의 호족胡族과 남방의 한족으로 세력이 양분되었으니, 이 시기를 남북조南北朝시대라고 한다. 이로써 북방민족과 한족간의 융합을 의미하는 '호한胡漢체제'라는 중국사의 새로운 역사가 열렸다.

---

5 208년 손권의 군대가 동남풍을 이용한 화공(火攻)으로 조조의 80만 수군을 대파하고, 유비의 군대와 수륙 양면으로 공격하여 조조의 군대를 북방으로 철수하도록 한 전쟁이다.
6 중앙정부가 어질고 능력 있는 자를 선별할 줄 아는 관리를 지방에 파견하여 지방관리후보자를 1품에서 9품으로 나누어 그에 따라 관직을 수여하는 것이다.

(7) 수隋나라

　남북조를 통일한 수나라의 양견楊堅 문제文帝(541~604)는 황제권 강화, 남북융합의 민심안정과 부국을 위하여 '3성 6부三省六部' 제도를 채택하고, 중앙집권적 체제를 정비하였다. 그는 호족의 관직독점 제도였던 구품관인법을 폐지하고 과거제도를 실시하여 문벌귀족제의 모순을 극복하고자 하였다. 그리하여 이를 기반으로 2대 황제인 양제煬帝(569~618) 시기에는 운하 사업과 대외원정을 추진할 수 있었다. 양제는 먼저 뤄양 천도를 결정했는데, 이는 뤄양을 중심으로 전국을 통제하기가 매우 편리했기 때문이었다. 아울러 뤄양은 수륙 운수의 중심지이자 물자 저장이나 중계 운송의 요충지이기도 했다. 그래서 그는 기존 수로와 하천을 연결하여 뤄양을 중심으로 전국을 관통하는 네 갈래의 대운하를 건설하였고, 수로와 육로를 이용하여 뤄양과 장안長安(지금의 시안)의 교통로를 정비하였다. 한편, 양제는 북방 변경을 위협하는 돌궐突厥과 큰 세력을 구축한 고구려 세력을 제압하기 위해 세 차례나 정벌에 나섰지만 실패했다.

　수나라와 고구려의 전쟁 기록을 살펴보면 598년 문제가 30만 대군을 몰아 고구려를 침략했으나 패했고, 양제는 612년(을지문덕 장군의 살수대첩), 613년, 614년에 걸쳐 세 차례나 고구려를 침략했으나 역시 모두 패했다. 이로 인해 막대한 재력과 인력소모로 경제적 파탄을 초래했을 뿐만 아니라, 민심이 동요되어 각지에서 반란이 일어났다. 이로써 양제는 신하에 의해 살해되고, 통일된 수나라는 불과 38년 만에 멸망하였다.

(8) 당唐나라

　당나라를 건국한 이연李淵은 원래 수나라 양제의 신임을 얻어 617년에 태원太原 유수留守로 임명된 후, 돌궐을 물리치고 농민반란을 막아낸 인물이었다. 하지만 이연은 수隋나라의 몰락을 예견하고 그의 아들 세민世民(이후 당 태종太宗이 됨)과 함께 거병하여 수나라의 수도 장안으로 진격하였다. 장안을 장악한 후 당 태종은 오긍吳兢으로 하여금 국

태종(599~649)
태종은 북방민족을 정복해 영토를 두 배 이상 확장하고 조세·토지·군사 제도를 정비해 이후 중국 왕조 통치체계의 기틀을 닦았다. 그의 치세를 일컬어 '정관의 치(貞觀之治)'라고 한다.

정운영을 토대로 한 『정관정요貞觀政要』를 편찬하게 하였는데, 이것은 태종과 간신諫臣(임금에게 옳은 말로 간하는 신하)과의 치국治國방법에 대한 문답을 기록한 것으로 이후 황제들의 지침서가 되었다.

태종과 그의 아들 고종高宗 시기에 율령국가체제를 확립하고 대외영토를 확대하여 '대당大唐제국'을 이룩함으로써, 오호십육국과 북조시대의 호한체제였던 것이 중화체제로의 대전환을 이루게 되었다. 당은 수나라의 3성 6부 제도와 지방관地方官 제도를 그대로 계승하여 정치적 효능을 제고하였다. 당나라 초기 60년간 동쪽으로는 한반도 북부, 서쪽으로는 중앙아시아, 북쪽으로는 시베리아 남부 등 광대한 변방을 지배 통치하였다. 이러한 대당 제국의 발전은 동아시아 문화권의 형성에 중요한 토대를 구축했다.

고종의 황후로 알려진 무측천武則天은 본디 고종의 황후가 아니라 태종의 후궁이었다. 무후武后의 자리에서 중국을 실제적으로 통치했던 그녀는 690년 65세의 나이에 스스로 황제의 자리에 올라 중국 역사상 유일한 여제女帝가 되었다. 황제가 된 후 중국 고대 주周나라의 국호를 가져옴으로써, 당 제국을 '무주武周 시대'로 거슬러 올라가게 했다. 무측천은 정치를 전횡하는 귀족 문벌관료들을 타파하는 한편, 신진과거관료를 등용함으로써 귀족들이 다시는 발호하지 못하도록 했다. 그녀가 무후과 황제의 자리에서 통치한 45년간 농민반란이 거의 일어나지 않았던 것도 바로 이러한 혁신적인 사회개혁을 바탕으로 당 왕조의 안정을 공고히 했기 때문이다.

현종玄宗이 재위한 개원開元 시기 초기에는 문벌귀족세력을 억제하는 반면 인재를 등용함으로써, 경제적인 발전과 변방의 군사적 안정을 이룩할 수 있었다. 그러나 개원 24년부터 천보天寶 연간에 걸쳐 폭발적인 인구증가로 인해 농민에게 실시해오던 균전제도가 붕괴되며 국가의 재정이 위협받게 되었고, 군사체제의 토대가 되었던 부병제府兵制도 무너져 군의 사기와 군사력이 현저히 약화되었다. 게다가 현종이 후궁 양귀비楊貴妃를 총애하여 점차 사치와 향락에 빠지면서 국정을 멀리하고 있었고, 여기에 사회 전반에 누적된 모순이 폭발되면서 안녹산安祿山과 사사명史思明이 주도한 '안사安史의 난'이 일어났다. 안녹산은 756년에 뤄양을 함락하고 스스로 대연大燕황제라 칭하며 9년 동안 황제 노릇을 했다. 이 시기 동안 탐관오리가 횡행하였고, 전란으로 죽은 사람 수만 3,600만 명에 이를 정도로 국가 전체가 최대의 위기를 맞았다. 안사의 난을 평정한 것은 변방에 설치된 절도사節度使인 변진藩鎭 세력이

무측천(624~705)
잔혹한 살상과 천륜을 위배하는 만행을 저질렀다는 이유로 비난을 받기도 하지만, 한편으로 강력한 중앙 집권 체제를 확립하여 사회 안정과 경제 발전을 이룩했다는 정치적 공헌을 인정받고 있다. 죽기 전 자신의 묘비에 아무것도 새기지 말라는 유언을 남겼다. 무측천의 뒤를 이은 중종(中宗)은 '당'이라는 국호를 복원하여 이때부터 다시 당 왕조가 이어지게 되었다.

양귀비 조각상
현종과 양귀비가 머물던 곳으로 유명한 시안 화청궁(華淸宮) 유적지의 목욕하는 양귀비 조각상. 양귀비는 서시(西施), 왕소군(王昭君), 초선(貂蟬)과 더불어 중국의 4대 미인으로 꼽힌다.

었다. 안사의 난 이후에도 140년간 당나라가 유지될 수 있었던 것은, 전란戰亂의 피해가 화북 지역에 집중된 반면 강남 지역의 피해는 약했기 때문이었다. 그러나 절도사 휘하의 사병私兵화된 군인집단의 횡포는 갈수록 심해져 이를 막기 위해 당제국은 막대한 군사비를 지출하게 되었고, 이로인해 국가재정이 파탄에 이르게 되었다.

절도사의 횡포와 더불어 조정에서는 환관의 전횡이 날로 극심하였다. 환관이 추밀사樞密使에 임명되면서 국가기밀에 접근할 수 있었으며, 지방군을 감시하는 감군도 맡게 되었다. 그들은 안사의 난 이후 금병 통수권도 장악하여 그 세력이 더욱 막강해졌다. 마침내 더 이상 환관의 전횡을 참지 못한 조정에서는 환관세력을 제거하기 위해 또 다시 절도사의 도움을 얻어야 했다.

당 말기에 시행했던 소금 전매는 농민의 난을 자초하여 '황소黃巢의 난'을 야기시켰다. 그 이후 환관과 관료의 대립이 더욱 극심해지자 재상 최윤崔胤은 절도사 주전충朱全忠으로 하여금 환관세력을 제압하게 하였으나, 907년 주전충은 당의 마지막 황제인 애제哀帝로부터 왕위를 찬탈하여 후량後梁을 세웠다. 그리하여 290년에 걸쳐 번성했던 당나라가 멸망하고 오대십국五代十國의 시대가 열렸다.

(9) 송宋나라

후주後周의 절도사 출신인 조광윤趙匡胤(927~976)이 진교역陳橋驛에서 왕위를 찬탈한 후, 960년에 황제로 등극했다. 송 태조太祖 조광윤은 안사의 난 이후 절도사 세력을 제압하고 안정된 통일국가 건설과 강력한 중앙집권체제 구축을 위해 문신文臣 관료체제를 확립함으로써 문치주의文治主義 시대를 열었다.

중국 사회는 이 시기를 기점으로 정치·사회·경제분야에서 혁명적인 변화를 가져왔다. 즉, 군벌사회였던 당말唐末과 오대五代에 걸쳐 황제권을 견제하였던 귀족계층이 사라지고, 사대부士大夫와 서민사회가 대두한 것이다. 군사

조직도 부병제에서 직업군인 제도인 모병제募兵制로 바뀌고, 황제직속인 금군禁軍 체제로 전환함에 따라 황제권이 강화되었다. 태조는 문치주의 중앙집권체제로 화북의 안정을 도모한 후 963년부터 976년까지 강남의 10국을 점령하였고, 이후 동생 태종이 통일 대업을 이루었다. 강남 지역의 개발로 농업생산의 발전과 함께 차, 소금, 술 등의 전매제도를 시행하여 왕실의 재정 수입을 확보하였다.

태종은 오대五代 시기에 거란(요遼)에게 뺏긴 연운燕雲 16주州를 되찾기 위해 요를 공격하였고, 이로써 송나라와 요나라 사이에 긴장이 고조되었다. 송나라는 요에게 계속 패하자 방어태세로 전환할 수밖에 없었고, 이로 인해 양국은 '전연澶淵의 맹약'(1004)을 맺어 평화적인 관계를 유지했다. 하지만 태종 시기 화북출신과 강남출신 관료의 대립으로 인한 붕당이 형성됨에 따라 정권싸움이 일어났다. 당쟁의 주된 원인은 과거제도와 관련이 있었다. 과거에 합격한 문신관료 사이에 인맥관계가 형성되어 파당이 만들어졌고, 이러한 사회적 폐단에 대해 왕안석王安石은 개혁을 단행하고자 하였으나 조정과 사대부들은 신구新舊파로 분열되어 통일된 정책 시행이 불가능했다. 신종神宗이 죽은 후, 10세의 철종哲宗이 즉위하자 북송의 당쟁은 격화되었으며 정치사회는 더욱 부패하였다. 게다가 요나라와 금나라에 대한 북방정책에 균열이 발생하면서 급기야 금의 침입을 받아 휘종徽宗, 흠종欽宗 두 황제와 3,000여 명의 황족, 고관이 잡혀가는 대사건이 발생하기도 했다. 1127년 북송이 멸망하자, 강남으로 피신한 고종이 임안臨安(지금의 항저우杭州)으로 수도를 옮겨 남송南宋 정권으로 이어갔다.

남송은 북송 때보다 영토 면적이 4분의 3 정도로 축소되었으나 강남 지역의 개발로 경제력을 가지고 있었기에, 금과 몽고[7]에 계속 항쟁하면서 중국문화의 틀을 지켜나갔다. 금나라는 화북진출을 바탕으로 남송 정벌을 시도하였다. 이에 결사항전을 하자는 '주전파主戰派'의 한세충韓世忠과 악비岳飛 등이 금의 침입을 물리쳤다. 그러나 금나라와의 전쟁을 두려워한 고종은 항복하고 화친을 맺자는 '주화파主和派' 진회秦檜의 화의론을 받아들이면서 화의론에 반대한 악비를 반역자로 몰아 처형하였다. 이후 금나라와 남송은 군신관계

---

7 원래 명칭은 '몽골'이지만, 수 천년 동안 북방민족의 침략에 시달려온 중국인들이 낮춰 부르는 의미로 '몽고(蒙古)'라 칭하였다.

악비와 진회 부부 상
항저우 충렬사(忠烈祠) 대전 안에 자리잡은 악비의 좌상. 외세의 침략에 대항하여 투쟁한 악비는 후세에 의해 구국(救國)의 영웅으로 칭송받고 있다. 충렬사 서편에 위치한 악비 묘 앞에는 악비를 모함에 빠뜨려 죽음에 이르게 한 진회 부부와 다른 간신 2명의 철상이 무릎 꿇은 채 포승줄로 묶인 모습을 하고 있다.

가 되어 자손대대로 신하의 예를 지켜야 하는 소흥화의紹興和議를 맺게 된다. 1206년 몽골족이 일어나 서하西夏를 멸하고 남송과 동맹하여 금을 정벌하고자 제의했고, 이에 남송은 몽골족과 연합하여 1234년 금을 멸하였다. 그러나 남송은 몽골 정예부대에 대한 인식이 부족하여 몽골군에 대한 수비를 하지 못하고 오히려 정복당하고 말았다.

(10) 원元나라

9세기 중반 위구르 제국이 붕괴되면서 몽골고원의 민족이동이 시작되었고, 이에 몽골족도 동북방면으로부터 초원으로 이동해왔다. 그 와중에 몽골 부족은 부족 간 항쟁을 거듭하면서 전투력을 증강시켰다.

원 태조 칭기즈칸

칭기즈칸成吉思汗(1162~1227)으로 잘 알려진 테무친鐵木眞은 케레이트 부족과 동맹을 맺고 몽골 부족의 지도권을 장악한 후 여러 부족을 차례로 병합하였다. 마지막으로 나이만족을 제압하여 몽골고원을 통일한 후 1206년 간汗으로 즉위하니 이로써 내몽골세국이 성립되었다. 이후 칭기즈칸은 천호千戶, 백호百戶, 십호十戶의 십진제 군사조직으로 군사력을 키워나갔다. 이를 기초로 하여 천호장, 백호장, 십호장의 자제子弟들로 구성된 친위대를 조직하여 마침내 세계정복도 가능한 막강한 군사력으로 성장할 수 있었다.

원 세조 쿠빌라이

칭기즈칸의 대외원정은 대를 이어 계속되었고, 그 목표는 남송을 멸하고 서역을 원정하는 것이었다. 이처럼 몽골제국이 지속적으로 정복전쟁을 이어나갈 수 있었던 배경은 바로 정복지의 분봉分封이었다. 하지만 이러한 지배체제는 1260년 쿠빌라이忽必烈가 즉위하면서 변화하기 시작했다. 수도를 대도大都(지금의 베이징北京)로 옮겼고, 국명을 원으로 바꾸었으며 중국 관료제를 차용하여 중국적 황제지배체제로 변화시켰던 것이다. 원의 세조 쿠빌라이는 남송을 멸하고 중국 역사상 북방민족이 최초로 중국 전체를 지배하는 정복왕조를 세웠다. 원은 과거제도를 폐지하고, 고급관료는 은음제恩蔭制, 세습제, 추천제를 통해 문벌 중심의 인물선발을 하였다. 또한 중앙집권적 황제지배체제를 기본으로 한 행정기구인 중서성中書省, 최고 군사기구인 추밀원樞密院, 감찰기구로는 어사대御使臺를 설치하였다.

　아울러 정복민을 통치하기 위해 철저한 민족차별정책을 시행했다. 제1계층은 몽골인, 2계층은 서역인(색목인色目人), 3계층은 화북민인 한인漢人으로 약간 우대하였고, 4계층은 끝까지 저항한 남송의 강남인으로 남인南人이라 칭하며 천대하였다. 이러한 분위기의 토대 위에 서역문화의 전파와 색목인의 활약에 힘입어 불교가 새로이 변모하기 시작했다. 티베트불교인 라마교가 크게 발전해 원나라의 지배 종교가 되었다. 하지만 라마승의 지나친 횡포는 몽골사회의 혼란을 가져다주었다. 아울러 원말에 이르자 민족차별을 심하게 받은 강남지방을 중심으로 농민반란이 일어났다. 이러한 농민반란의 정신적 지주는 백련교白蓮敎였는데, 이들은 홍건紅巾을 머리에 둘렀다고 해서 홍건군이라 이름 붙여졌다. 반원反元, 반反지주를 목표로 한 이 반란에서 곽자흥郭子興 군단에 가담한 주원장이 여러 세력을 규합하여 원의 세력을 물리치게 된다. 이로써 원나라는 중국을 정복한 후 불과 90년 만에 멸망하게 되었다.

(11) 명明나라

　명 태조 주원장朱元璋(1328~1398)은 이민족인 원나라를 물리치고, 한족 왕조인 명나라를 세워 원과 명의 교체를 이룩하였다. 하지만 원나라가 남긴 유목민족의 문화를 한족문화로 부흥시키는 과제가 남겨졌다. 이를 추진하기 위해 태조는 황허와 창장長江의 대규모 치수사업과 황무지 개간에 힘썼다. 또한 새로운 세제인 이갑제里甲制를 실시하고, 몽고의 풍속 습관과 언어를 금지시킴으로써 한족문화로의 전환에 힘을 기울였다. 이와 아울러 태조는 6부를 황제에 직속시켜 황제 독재권을 강화하고자 하였지만, 실제로는 내각대신과 환관세력이 더 강했다.

　3대 황제인 영락제는 난징에서 베이징으로 수도를 옮겼고, 이후 강남의 물자수송을 위해 조운체계를 완성하였다. 또한 남쪽으로 안남安南(지금의 베트남)을 복속시켰고, 환관 정화鄭和를 파견하여 남해원정을 단행하였다. 이것은 대외무역을 강화하고 화교의 동남아시아 진출의 기반이 되었다. 또한 영락제가 특무기관인 동창東廠을 환관에게 관리하도록 함에 따라 환관세력이 더욱 강화되었다. 이 때문에 명대의 환관은 전국각지에서 군사적 감독활동도 겸하게 되었다.

명 중기에는 몽고지방의 새로운 세력인 북로北虜가 북방을 위협하였으며, 동남해안에서는 왜倭에 의한 노략질과 왜구와 조공사신 간의 대립으로 약탈무역이 자행되었다. 이러한 상황에서 장거정張居正은 위기극복을 위해 몽고와 화의를 맺고 호시互市를 여는 등 혁신을 추진했다. 그러나 장거정이 죽고 난 후 이갑제가 붕괴되면서 향촌사회의 질서를 신사층紳士層[8]이 장악하기 시작하는 등 큰 변화가 일어났다. 중앙정계도 파당과 당쟁이 만연했고, 관료들도 내각파와 반내각파(동림파東林派)로 나뉘어 당쟁이 격화되었다. 이후 동림파는 명말의 정치적 혼란과 사회적 불안을 제거하고자 개혁운동을 추진하였지만, 환관파와의 정치투쟁에 휘말리면서 당쟁을 부추기는 결과를 초래하였고, 결국 명나라를 멸망의 길로 접어들게 하였다.

만력萬曆 시기(1573~1619)부터 과중한 노역에 시달리던 농민들은 1627년 산시陝西 지역에 극심한 재해가 닥치자 산시 북부를 중심으로 반란을 일으키기 시작했다. 1644년 농민반란군의 수령이었던 이자성李自成이 시안을 점거하고 국호를 대순大順으로 바꾸었다. 마침내 베이징으로 진격하여 자금성紫禁城(지금의 고궁박물원)을 함락했다. 이에 명의 숭정崇禎황제가 자금성 경산景山에서 자살하니 명나라는 276년 만에 멸망하였다.

(12) 청淸나라

만주족인 누르하치努爾哈赤는 1616년 만주를 통일하고 예전에 만주족의 다른 이름인 여진족이 세웠던 금나라를 잇는다는 뜻에서 후금後金을 세웠다. 1626년 누르하치가 사망하자, 그의 아들 홍타이지皇太極(이후 청 태종淸太宗이 됨)는 만주와 요동지배에 그치지 않고 후금에서 만주족, 한족, 몽골족을 지배하는 대제국으로 발전시키고자 1636년 국호를 대청大淸으로 바꾸었다. 다음에 즉위한 순치제順治帝 때 이르러 청의 팔기군八旗軍이 1644년 산해관을 넘어 이자성을 격파한 뒤 명나라의 수도였던 베이징을 점령함으로써 이민족인 만주족이 중국을 지배하게 되었다.

청나라의 제4대 황제인 강희제康熙帝(1654~1722)는 순치제가 사망하자 8세의 나이로 즉위하여 15세 때부터 친정을 시작하였다. 그는 오삼계吳三桂·

---

8 명청 시기에 사회의 지배층을 담당했던 사회 계층

상가희尚可喜·경계무耿繼茂의 세 번왕藩王이 일으
킨 반란인 삼번三藩의 난과 반청복명反淸復明을 도
모했던 정성공鄭成功 세력을 진압함으로써 진정
한 중국 통일을 이룩하였다. 강희제는 러시아 세
력을 헤이룽장黑龍江에서 몰아내고 최초의 국제조
약인 네르친스크 조약을 체결했다. 옹정제雍正帝
(1678~1735)는 '황태자밀건법皇太子密建法'이라는
청 왕조 특유의 왕위계승제를 제정했다. 또한 러시
아와 캬흐타 조약을 체결함으로써 그들의 남진을
저지시켰다. 건륭제乾隆帝(1711~1799)는 청의 영
토를 파미르고원까지 확대했고, 동남아시아 버마
와 베트남을 복속시켰다. 이처럼 청나라는 강희·
옹정·건륭 3대에 걸쳐 130년간 정치, 경제, 사회,
문화 면에서 눈부신 발전을 이룩하였다.

청의 전성기를 이룩한 강희황제

청의 국가권력은 만주팔기군滿洲八旗軍이 중심
에 있으나, 한인팔기군漢人八旗軍과 몽고팔기군蒙
古八旗軍의 군사력을 전국각지에 배치하여 해당 지
역 총독이 지휘하였다. 현縣 아래에는 향촌 자치조
직으로 보갑제保甲制를 실시하여 치안을 유지하였다. 또한 지정은제地丁銀制
를 실시하여 조세의 개혁도 단행하였다.

청은 통치정책으로 만주족의 풍습인 변발辮髮과 호복胡服을 강압적으로
시행하는 동시에 한인에 대한 회유책도 병행하였다. 그것은 바로 중국의 전
통문화를 담은 『사고전서四庫全書』를 편찬한 것이다. 또한 중앙의 요직에도
만주인과 한인을 같은 수로 임용하는 '만한병용滿漢倂用' 정책으로 지배체제
를 구축했다.

건륭제 중기에 이르자, 토지를 잃은 농민들이 유민流民으로 변하여 민간
비밀결사조직에 들어가 불법집단이 형성되었는데, 그 대표적인 것이 천지
회天地會이다. 한편 원말 이후 오랫동안 이어온 백련교의 결사도 확대되었
다. 이들은 관리의 탄압, 지방의 신사층, 지주계층에 저항하는 반관反官적
인 성격이 강했다. 청은 이 반란을 진압하는 데 국가 예산과 막대한 군사비
를 지출하였고, 이로 인해 만성적인 재정난에 빠지고 쇠퇴기를 맞이하게 되

아편전쟁(1840~1842) 재현도

영국은 대청 무역의 불균형을 타개하기 위해 아편 무역을 실시하여 대청제국 재정에 막대한 피해를 주었다. 이를 타개하기 위해 중앙정부에서 임칙서(林則徐)를 광동으로 파견하여 아편을 금지하도록 조치하였지만, 결국 영국의 무력 도발로 대청제국은 이에 굴복하여 난징조약을 체결하게 된다.

었다. 이러한 상황에서 수출국이었던 대청제국은 아편 밀무역의 증가에 따라 수입국으로 지위가 변화하게 되자 아편의 수입, 판매, 흡연을 금지하였다. 그러자 아편 무역으로 경제적 이익을 보고 있던 영국은 1840년 아편전쟁鴉片戰爭을 일으켰다. 1841년 영국군의 광저우廣州 점령으로 광저우 조약을 체결하였고, 1844년에는 미국과 프랑스의 조약체결로 인하여 대청제국은 주권의 일부를 상실하였을 뿐만 아니라 제국주의 열강의 침략에도 속수무책일 수밖에 없었다. 또한 청 정부가 아편전쟁 패배에 따른 거액의 배상금을 지불하기 위해 국민들을 착취하자, 마침내 억압과 착취에 반항한 농민운동인 '태평천국운동太平天國運動(1851~1864)'이 폭발하였다. 한편 영국은 아편전쟁 후 개방된 청과의 무역이 여의치 않자, 1856년 다시 애로호 사건을 빌미로 청에 전쟁을 선포하고 프랑스와 연합하여 광저우를 점령하였으며, 다음 해 톈진天津 조약을 체결하였다.

1894년 청일전쟁淸日戰爭을 치르고 나자, 부청멸양扶淸滅洋을 내세우며 반제국주의反帝國主義와 배외排外 운동을 주창한 의화단義和團 세력이 형성되었다. 이 애국민족운동인 의화단운동은 이후 대청제국의 통치에 타격을 입히고 마침내 혁명운동의 입지를 강화시켰다는 데에 역사적인 의미가 있다. 아울러 이러한 의식이 중국의 지식층에게 고조되면서 신해혁명辛亥革命의 기반을 다졌다고 볼 수 있다. 1911년 10월 10일, 쑨원孫文의 동맹회同盟

우창에서 봉기한 후베이(湖北) 군정부와 현재의 신해혁명 박물관

曾가 중심이 된 우창武昌 봉기가 성공을 거두었는데, 이것이 바로 신해혁명이다. 쑨원이 중화민국中華民國을 건립함으로써 수천 년간 이어져 온 군주 전제주의가 종말을 고하고 공화정치 시대가 막을 올리게 되었다.

중국 역사연대표

왕조			시기
하夏			기원전 2070~기원전 1600
상商			기원전 1600~기원전 1046
주周	서주西周		기원전 1046~기원전771
	동주東周	춘추전국시대 春秋戰國時代	기원전 770~기원전 221
진秦			기원전 221~기원전 206
한漢	전한前漢		기원전 206~서기 8
	후한後漢		25~220
삼국三國	위魏		220~265
	촉蜀		221~263
	오吳		222~280
위진남북조魏晉南北朝			265~589
수隋			581~618
당唐			618~907
오대십국五代十國			907~960
송宋	북송北宋		960~1127
	남송南宋		1127~1279
원元			1271~1368
명明			1368~1644
청淸			1644~1911
중화민국中華民國			1912~1949
중화인민공화국中華人民共和國			1949. 10. 1.~현재

2. 유물

중국은 세계 4대 문명 발상지[9] 가운데 하나로 손꼽히는 나라이다. 그것은 황허와 창장을 중심으로 하는 중화문화권을 형성하며 수천 년을 지속해왔다. 중국은 유구한 역사의 흐름 속에서 찬란한 중화문명을 꽃피웠는데, 이러한 중화문명의 우수성을 드러내는 것 가운데 가장 두드러진 것이 바로 인류의 물질문명을 대표하는 다양한 유물이다.

유물은 역사적이고 문화적인 가치를 지닌 것으로, 당시 인류의 사회 활동과 이데올로기를 반영하고 있다. 여기에는 옛 유적지, 묘지, 고대 건축뿐만 아니라 기물, 도기, 생활용품 등의 예술품이나 공예품이 포함된다. 중국의 대표적 유물로는 선사시대 도기의 발전 단계를 보여주는 채도彩陶, 상나라의 정鼎, 진나라의 병마용兵馬俑과 만리장성(長城), 위진시대의 석굴 등을 꼽을 수 있다.

(1) 채도

인류가 탄생한 이래 일상생활에서 가장 손쉽게 접촉할 수 있었던 것이 흙이었고, 이 흙을 이용해 창조해낸 유물이 바로 토기이다. 선사시대 사람들은 토기의 실용적인 요소에서 출발해 점차 신을 기쁘게 하기 위해 미학적인 요소를 가미하였다. 이로 인해 채도가 출현하게 되었다.

채도의 기원은 지금으로부터 만 년 전인 신석기 시대로 거슬러 올라간다. 본격적인 채도는 신석기 시대 중후반기인 양사오仰韶 문화 유적지에서 가장 풍부하게 나타났고, 이어 마자야오馬家窯, 다원커우大汶口, 취자링屈家嶺, 다시大溪, 홍산紅山 문화에서도 나타났다.

양사오 문화에서 출토된 토기는 곱고 가는 진흙의 붉은 토기와 모래가 섞인 붉은 토기 위주였다. 문양은 흑채黑彩를 주로 사용했고, 문양의 내용은 주로 당시 사람들이 접촉했던 물고기, 새, 개구리, 돼지 등을 주제로 삼았다. 양사오 문화는 시간적 차이와 지역 분포의 차이로 반포半坡 유형과 먀오디거우廟底溝 유형으로 나뉜다. 반포 유형은 물고기 문양을 주요 제재로 삼아 이를 기하학적으로 변형시킴으로써 단순한 직선 형태를 이루는 반면, 먀오디거우

---

9 메소포타미아 문명, 인더스 문명, 이집트 문명, 황허 문명을 일컫는다. 하지만 현재는 고고학적 연구 성과로 중국 각지에서 고대 문명이 발굴되었기 때문에 단지 황허 문명만 지칭하는 것이 아니라 황허와 창장 문명을 아우르는 의미로 사용한다.

유형은 새 문양을 주요 제재로 하여 이를 변형시킴으로써 기복이 있는 곡선 형태를 특징으로 하고 있다.

(2) 정

청동靑銅은 구리와 주석 및 납을 혼합한 합금으로, 색깔이 청회색이기 때문에 청동이라 불렀다. 청동은 예기禮器, 병기兵器, 악기, 생활용구, 장식예술품 등의 제작에 다양하게 활용되는데, 그 중 주조기술과 예술성이 뛰어난 것은 예기이다. 예기 중에서도 가장 중요한 것이 바로 '정鼎'이라는 솥이다. 정은 원래 음식을 찌거나 삶는 용도의 취사도구였다. 처음에는 토기로 구웠다가 청동기 시대로 접어들면서 천자나 제후가 제사와 연회 때의 예기로 사용했고, 이후에는 정치권력의 상징이 되었다.

양사오 문화 반포 유형 채도와 마오디거우 유형 채도

전설 속의 '구정九鼎'은 하나라의 시조인 우왕이 구주九州의 청동을 모아 만든 것으로 천자는 9개의 정, 즉 구정을 보유해야 천하를 장악할 수 있었다고 전해진다. 또한 어진 군주가 나타나면 정이 출현했고, 사직이 황폐해지면 정이 땅속으로 묻혀버렸다고 한다. 성 내에 비치된 '정'을 빼앗긴다는 것은 바로 나라를 빼앗긴다는 의미로 받아들여졌다. 이는 상나라가 하나라 우왕이 만든 구정을 자신의 도읍으로 옮김으로써, 상나라가 하나라를 멸하고 구주를 정복했음을 상징하기도 한다.

대우정(大盂鼎)
대우정은 높이 102.1cm, 너비 78.4cm, 무게 153.3kg의 귀가 달린 세발솥으로, 현재 중국역사박물관에 소장 되어 있다.

(3) 진시황과 병마용

중국을 최초로 통일한 진나라 시황제는 자신의 능묘인 지하 궁전을 건설했다고 전해지지만, 지금은 산처럼 생긴 묘총墓塚만 남아 있다. 1974년, 이 묘총으로부터 얼마 떨어지지 않은 곳에서 한 농부가 7,000여 개의 사람 토용과 1,000여 필의 말 토용이 지하에 묻혀 있는 부장 갱을 발견했다. 이후 대대적인 발굴로 지금까지 총 4곳의 인조 갱이 발견되었고, 지금도 계속하여 발굴 작업을 벌이고 있다. 사람과 말을 형상한 진용秦俑은 동일한 모양이 하나도 없을 뿐만 아니라 실물과 매우 흡사하게 제작되었다. 사람 토용의 얼굴은 북방 민족의 특징을 많이 띠고 있으며, 말 토용 역시 실제 말의 형태를 그대로 본떠서 제작하였다. 이러한 토용의 모습은 생동감과 역동성을 지니고 있

병마용 내부 전경

어 진나라의 뛰어난 조소 예술을 그대로 반영하고 있다.

1호 갱에서 보이는 진용의 배열[10]은 당시 군대 규율의 대형이다. 2호 갱에는 89대의 전차와 이를 끄는 말, 그리고 기마용 말 등이 있다. 이를 통해 당시 여섯 국가를 평정했던 진나라 군대의 정신과 기백을 엿볼 수 있지만, 한편으로 이를 제작하기 위해 동원된 수많은 노동력과 물자 등은 곧바로 진나라의 가혹했던 정치를 역설한다고 하겠다.

(4) 삼대 석굴

중국 불교는 한나라 때 유입되어 위진남북조 시기에 크게 융성했다. 불교의 흥성은 승려들의 수행지이자 불교 도량인 석굴의 건축에 큰 영향을 끼쳤다. 중국의 석굴은 불교의 전파와 성행으로 먼저 신장新疆의 키질천불동 벽화에서 발전하기 시작해 이후 실크로드의 중심지인 둔황敦煌 막고굴에서 극치를 이루었다. 이러한 석굴은 이후 산시山西의 윈강雲岡석굴과 허난河南의

---

10 선두에는 3열 횡대로 210명의 궁노(弓弩)가 배진해 있고 뒤쪽으로 보병과 전차병이 38열 종대로 서 있다. 이 부대를 호위하는 무사들이 뒤쪽과 양 옆으로 포진해 있다.

룽먼龍門석굴로 발전하게 된다.

　산시성 다퉁시大同市에 있는 윈강석굴은 북위 화평和平 원년(460)에 축조되기 시작하여 태화太和 18년(494) 뤄양으로 수도를 옮기기 전까지 이루어졌다. 윈강석굴의 대표적 조각상인 '담요오굴曇曜五窟'은 바로 북위 시기 불법을 크게 융성케 한 문성제文成帝와 직접 관련이 있다. 불상은 높이가 13m에서 16.7m까지 다양하며, 보존 상태가 온전할 뿐만 아니라 조각된 형상도 매우 정교하고 아름다워 윈강석굴의 대표작으로 꼽힌다.

　허난성 뤄양에 있는 룽먼석굴은 북위 효문제孝文帝가 낙양으로 천도한 후 축조된 석굴이다. 대표적인 동굴로는 북위의 구양동古陽洞과 빈양동賓陽洞,

● **윈강석굴**
북위의 석각 석굴을 완벽하게 갖추고 있는 윈강석굴은 53개의 주요 동굴과 51,000여 점의 조각상을 보존하고 있다.

●● **룽먼석굴**
룽먼석굴에는 21,000여 개의 크고 작은 굴, 10만 여 점의 조각상, 3,600여 점의 제기와 비석 등이 있다.

●●● **막고굴**
막고굴은 벽화와 조각상 동굴이 492개, 채색 조각상이 2,415개, 45,000㎡의 벽화, 당송 시대 목조건물 5개, 수천 개의 연꽃 기둥과 돌기를 보존하고 있는 중국 최대 규모의 석굴 예술 보고이다.

만리장성

당나라의 잠계사潛溪寺, 만불동萬佛洞 등이 있다. 그 중 석가모니와 두 제자 그리고 보살을 모셔두고 있는 빈양동 중앙 석굴은 북위 시기 조각상의 예술적 특징을 알 수 있게 한다.

(5) 만리장성

만리장성은 중국 역대 왕조들이 북방 유목민들의 침입을 막기 위해 세운 군사방어용 성벽으로, 동서의 길이가 만여 리가 넘어 '만리장성'이라고 한다. 원래 만리장성의 연원은 북방에 있는 진秦, 초楚, 연燕 등의 제후국들이 북방의 흉노匈奴나 동북부 유목민족인 동호東胡의 남침을 막기 위해 국경선에 성벽을 쌓은 것에서 기원한다. 이후 진시황이 천하를 통일하면서 전 중국을 방위하기 위해 이전에 쌓았던 성벽을 보수하고 연결하여 만든 것으로, 당시의 만리장성은 지금보다 훨씬 북쪽에 있었다. 현재 산하이관山海關에서 자위관嘉浴關까지 동서로 길게 뻗어 있는 6,700㎞의 만리장성은 명나라 때 증축한 것으로, 이는 북방에 위치한 몽고의 침입에 대비하기 위해서였다.

참고 문헌

『신중국사』, 존 킹 페어뱅크·멀 골드만 저, 김형종·신성곤 역, 까치, 2005

『100가지 주제로 본 중국의 역사』, 판수즈 저, 김지환 외 역, 고려대학교출판부, 2008

『박물관』(중국문화시리즈2), 리샨야오·뤄저원 저, 김지연 역, 대가, 2008

『문물』(중국문화시리즈8), 리리 저, 김창우 역, 대가, 2008

더 읽어야 할 자료

『고대문명교류사』, 정수일 저, 사계절, 2001

『한국인을 위한 중국사』, 신성곤·윤혜영 공저, 서해문집, 2004

『중국문명대시야』(1-4), 베이징대학교 중국전통문화연구센터 저, 장연 외 역, 김영사, 2007

박물관

중국 박물관은 중국의 문물과 표본을 수장한 곳으로 대부분 '국가 중점 문물 보호 단위'로 지정되어 있다. 현존하는 중국의 박물관은 종합박물관, 전문박물관, 기념박물관으로 나뉘며, 2015년 보고에 따르면 모두 4,692개의 박물관이 있다고 한다. 여기에는 문물행정부서 소속의 국유박물관이 2,837개, 문물행정부서 소속이 아닌 상업성 국유박물관이 745개, 개인 박물관이 1,110개 있다. 그 중 가장 대표적인 박물관으로 고대 역사유물이나 진귀한 보물을 수장하고 있는 고궁박물원故宮博物院, 상하이박물관上海博物館, 산시역사박물관陝西歷史博物館이 있고, 역사적 발자취를 다룬 중국국가박물관中國國家博物館, 싸싱두이박물과三星堆博物館, 후난성박물관湖南省博物館 등을 들 수 있다.

고궁박물원

1925년 10월 10일에 건립된 고궁박물원은 명나라와 청나라의 궁중 유물을 보관하고 있는 종합박물관으로, 과거 명·청의 24대 황제가 직무를 보았던 궁궐이다. 남북으로 961m, 동서로는 753m인 이 궁궐의 총면적은 723,600㎡로, 70여 개의 전각과 9천여 개의 방으로 이루어져 있다. 3,400m에 이르는 성 주위는 12m 높이의 성벽으로 둘러싸여 있고, 4곳의 성문이 있다. 구궁의 건축 배치와 기능은 건청문乾淸門을 경계로 하여 황제가 조회를 거행하거나 의전을 행하던 장소인 '외조外朝'와 황제와 후비들이 거처하던 장소인 '내정內廷' 두 부분으로 나뉜다. 아울러 이러한 전각들은 일직선으로 남북의 중심축을 따라 배치되어 있어 중국 고대 건축 예술의 전통과 특징을 잘 드러내고 있다. 건축 예술 이외에도 90만 점에 달하는 유물이 소장되어 있다.

고궁박물원 전경

상하이박물관

상하이박물관은 외부가 고대 청동기인 정鼎의 모양에다 지붕은 '둥근 하늘과 네모난 땅(天圓地方)'을 상징하는 구조로 만들어진 고대 예술 박물관이다. 이곳은 고대 청동기관, 조소관, 도자기관, 서예관, 인장관, 회화관, 화폐관, 명·청대 가구관, 중국 소수민족 공예관 등 11개의 전시실로 구성되어 있다. 수장된 문물은 12만여 점에 이르고, 이 가운데 청동기, 도자기, 서예, 회화 등이 가장 돋보인다. 고대 청동기관에는 고대 청동기 예술의 발전 역사를 여실히 반영하고 있는 400여 점의 정교한 청동기 유물이 진열되어 있다.

상하이박물관 전경

산시역사박물관

고도 시안西安에 위치하고 있는 산시역사박물관은 산시성의 유구한 역사문화와 고대문명을 전시하고 있는 종합적인 역사박물관이다. 박물관의 건축 외관은 축을 중심으로 질서정연한 대칭구조를 이루어, 중앙에는 전당殿堂이 있고 네 모퉁이에는 높은 누각이 배치되어 성당盛唐 풍의 건축양식을 계승하였다. 박물관에 소장된 문물 가운데 상나라와 주나라의 청동기, 각 왕조의 토용土俑, 한나라와 당나라의 금기金器와 은기銀器, 당나라 고분벽화 등이 돋보인다.

산시역사박물관 전경

중국국가박물관

베이징 톈안먼 광장 동쪽에 위치하여 인민대회당과 마주하고 있는 중국국가박물관은 2003년 2월에 중국역사박물관과 중국혁명박물관을 합병하여 건립된 종합박물관이다. 이후 2007년부터 2010년 말까지 4년간의 대규모 내부 수리를 거쳐 2011년 3월에 19.19만㎢의 규모로 확장하여 재개관했다. 극장과 영화관, 관람객 체험구역까지 갖추고 있어, 설비나 기능 면에서 세계 최대 규모에 속한다. 이 박물관은 기본적으로 고대사와 근대사를 아우르는 중국 통사 위주의 문물을 진열하고 있다. 특히 고대사 부분의 원시사회 전시실에는 170만 년 전 윈난성雲南省 원모인元謀人, 이보다 시대가 조금 뒤진 란톈인藍田人, 베이징원인 등을 전시하고 있고, 근대사 부분은 1840년 아편전쟁에서 1949년 중화인민공화국 수립까지 100년의 역사 유물을 전시하고 있다.

중국국가박물관 전경

싼싱두이박물관

싼싱두이박물관은 상나라에서 주나라 초까지의 고촉국古蜀國과 그 문화적 특징을 잘 드러내는 유물을 전시하고 있다. 싼싱두이 유적지 내 상나라 제사갱祭祀坑에서 출토된 청동기, 옥석기玉石器, 금기, 도기陶器, 골기骨器 등 수천 점의 진귀한 문물을 보유하고 있다. 이러한 유물의 발견은 고촉국의 수도가 싼싱두이였음을 알려줄 뿐만 아니라, 파촉巴蜀 문화를 재인식하는 계기가 되었다. 즉 기존의 역사학계에서는 쓰촨四川 지역의 파촉 문화를 중원 문화와 달리 폐쇄적이고 독립적인 문화로 파악하였다가, 싼싱두이 유적의 발견으로 중원 문화와 일정한 연관이 있음을 인식하게 된 것이다. 싼싱두이 제사갱에서 출토된 대표적 유물로는 대형 청동입인상靑銅立人像, 청동동물가면獸面具 등이 있다.

싼싱두이박물관 전경

청동입인상과 청동동물가면

후난성박물관

후난성 창사長沙에 위치한 후난성박물관에는 '마왕두이馬王堆 한묘漢墓 유물 전시관'이 있다. 세계적인 고고 유물인 마왕두이는 발굴이 있기 전까지 오대십국 시기 초楚왕 마은馬殷의 묘로 잘못 알려졌었다. 이후 출토 유물을 조사한 결과 전한 초기 장사국의 승상 이창利蒼과 그의 부인 신추辛追 그리고 아들의 가족무덤으로 판명되었다. 여기서 출토된 유물 중 가장 특징적인 것은 중국 방직사 연구에 중요한 가치를 지니는 '소사선의素紗禪衣'이다.

소사선의

06 과학과 기술

중국의 과학기술은 춘추전국春秋戰國시대의 철학적 사고와 탐구 정신을 바탕으로 실용적인 기술 혁신을 시작한 이래 한漢대와 당송唐宋시대를 거쳐 지속적인 발전을 거듭하였다. 고대부터 실제적 응용과 농본 위주의 생산에 치중하였기 때문에, 이와 관련된 자연과학 및 토목건축 등의 분야가 크게 발전하였다. 그 중 중국의 4대 발명인 종이, 화약, 나침반, 인쇄술은 유럽 자본주의의 발전을 촉진한 원동력이 되었다.

그러나 고대 찬란한 과학기술을 자랑하던 중국은 원元·명明·청淸에서 근대를 기치는 동안 자국 문화에 대한 우월감과 폐쇄적인 문화정책으로 인해 오히려 과학기술 후진국으로 전락하고 말았다. 실용적인 기술 분야에만 치중하여 구체적인 과학에 대한 관심이 부족했고, 아울러 봉건제도와 통상수교를 거부한 정책도 과학기술 발전을 저해하는 결정적인 요인으로 작용했다. 그러던 중국이 1949년 이후부터 국가 주도하에 적극적인 과학기술 발전을 도모하면서 다시금 이 분야에서 빠르게 성장 발전하고 있다. 특히 우주항공 산업이나 군수산업 분야에서는 선진국 기술을 능가하는 뛰어난 성과를 거두며 세계의 이목을 집중시키고 있다.

1. 4대 발명

지식의 기록을 가능하게 한 종이, 이러한 기록을 전파할 수 있게 한 인쇄술, 불로장생의 단약을 발명하는 데서 파생한 화약, 항해술로 동서문명의 교류를 가능하게 한 나침반은 고대 중국의 4대 발명이자 과학기술의 성과이다. 4대 발명은 세계문명의 일대 변혁을 가져올 정도로 그 영향력이 컸다.

(1) 종이

종이는 기록이나 사상을 전달하는 이상적인 재료이다. 종이를 발명하기 전, 중국의 문자 기록 역사를 살펴보면 약 3,500년 전 상商(은殷)나라 때에 거북이의 등껍질과 짐승의 뼈에 글자를 새긴 갑골문甲骨文과 청동기에 글자를 새긴 종정문鐘鼎文이 있었다. 춘추시대에는 죽간竹簡이나 목판에다 글자를 기록하였고, 전한前漢 시기 궁정 귀족들은 비단이나 부드럽고 얇은 천에 글을 적었다. 죽간이나 비단 위에 문자를 기록하는 것은 갑골에 비해서는 쉬웠지만, 죽간은 무거워 운반하기 불편했고 비단은 값이 비싸서 일반인들이 사용하기 어려웠다. 이에 가볍고 편리한 필기 재료의 필요성이 절실히 요구되었다.

이리하여 초보적인 형태의 종이가 등장했는데, 전한 시대에 대마大麻와 모시로 만든 파교지灞橋紙와 한대 유적지에서 발굴된 종이 지도가 그것이다. 하지만 이것들은 조잡하고 재질이 매끄럽지 못해 필사에 부적합하였다. 이에 궁정 기물을 제조 관리하는 상방령尙方令이란 직책을 맡고 있던 채륜蔡倫이 이전 제지술의 제조 경험을 바탕으로 종이의 질을 획기적으로 개선함과 동시에 필사에 적합한 식물섬유의 종이를 제조해 냈다. 그의 제지술은 기본적으로 원료를 분리하고 세척하여 펄프 형태로 빻아 편편한 판에다 고르게 펴서 건조시키는 과정을 거치는데, 현재 종이 제조법의 원시형태라 할 수 있다. 이후 제지술은 끊임없이 개선되어 대나무 발을 이용해 펄프를 채취하는 방법으로 발전하여, 종이의 질이 더욱 좋아지게 되었을 뿐만 아니라 그 효율도 크게 증가하게 되었다. 중국의 제지술은 대략 수당隋唐 시기에 우리나라를 거쳐 일본에 전해졌고, 8세기 중엽에 아랍을 거쳐 12세기에는 유럽으로 전파되었다.

죽간
종이를 발명하기 전까지 문자를 기록하는 데 사용하였다.

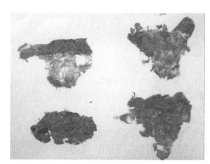

파교지

종이를 발명한 채륜

진천뢰

돌화창

(2) 화약

고대 화약의 발명은 도가道家의 연단술煉丹術과 깊은 관계가 있다. 초석硝石(질산칼륨), 유황, 숯 세 가지 물질을 혼합하여 불로장생의 단약丹藥을 만들고자 했던 위진魏晉시대의 연단술사들은 그 과정에서 폭발현상이 일어난다는 사실을 발견했다. 그래서 그들은 이 세 가지 물질을 병을 치료하는 약물로 여겨 '불이 붙는 약'이라는 의미로 '화약火藥'이라 불렀다. 당나라 초기 의술가인 손사막孫思邈은 『단경내복유황법丹經內伏硫黃法』이라는 책에서 초석과 유황 그리고 숯을 적당히 혼합하여 점화하면 강력한 화학반응이 일어난다는 사실을 기록하고 있다. 하지만 그는 단약을 제조하고자 했을 뿐, 이것이 화약 제조의 배합 방법이라는 사실을 알지 못했다.

당과 송의 교체기에 이르러서야 이러한 화약 제조의 배합 방법이 병기를 제조하는 장인의 손으로 넘어가 군사적으로 응용되기 시작하였고, 북송北宋 때에는 군사장비를 만드는 국영 수공업장에 화약을 제조하는 작업실이 생겼다. 화약이 무기로 처음 응용된 형식은 주로 화약의 연소 기능이었다. 1044년에 편찬된 증공량曾公亮의 군사병법서인 『무경총요武經總要』에서는 화약 무기의 제조 및 배합 방법을 자세하게 기술하고 있다. 북송 시기 화약은 초석의 함량이 아주 낮아 주로 적진을 연소시키거나 연막을 치는데 사용한 것에서 볼 때, 당시에는 전통 화공전술 가운데 방화 병기 범주에 머물고 있음을 알 수 있다.

이러한 화약 병기의 출현은 군사적으로 커다란 변혁을 가져다주었는데, 그것은 바로 화약의 연소 기능에서 폭발 기능으로 넘어갔음을 의미한다. 화약의 성능이 날로 높아지면서 이를 이용한 무기들이 대량으로 사용되었다. 대표적인 병기로는 강력한 폭발성 화기인 벽력포霹靂炮, 무쇠로 덮개를 만든 진천뢰震天雷 등이 있다. 아울러 손에 지니고 사용할 수 있는 화통火筒으로는 대나무 통에 화약을 장전해서 발사할 수 있었던 돌화창突火槍이 있다. 화약과 화포는 13세기 때 원나라의 서아시아 정벌을 통해 그 기술이 아랍의 여러 나라로 전해졌고 그들에 의해 유럽으로 건너가게 된다. 14세기 중엽에 이르러 유럽 국가 간의 전쟁에서 화약과 화기를 사용하기 시작했던 것도 이로 말미암은 것이었다.

(3) 나침반

중국 4대 발명 가운데 하나인 지남침指南針(나침반)이 언제 만들어졌는지는 잘 알려지지 않았다. 다만 전설 시기 황제黃帝가 치우蚩尤와 탁록涿鹿의 벌판에서 전쟁을 벌일 때, 당시 안갯속에서도 사방을 분별할 수 있는 지남차指南車를 만들어 치우를 무찔렀다는 고사가 전해진다. 실제로는 후한後漢의 장형張衡, 조위曹魏의 마균馬鈞, 남제南齊의 조충지祖衝之 등이 지남차를 제작했다는 설이 있으나, 그 제작방법은 전해지지 않는다. 이후 북송 때 연숙燕肅이 지남차의 형태를 상세히 기록함으로써 그 대략의 면모가 지금까지 전해져 오고 있을 뿐이다. 기록에 따르면 지남차는 복잡한 톱니바퀴 장치를 이용하여 수레의 목상이 항상 남쪽을 가리키게 만들었는데, 이는 자석이 일정한 방향성을 지니고 있음에 착안하여 제작한 지남침과 그 원리에서 다르지 않다.

지남차
목상의 손이 가리키는 곳이 남쪽이다.

전국 말기 서적인 『한비자韓非子』에서는 '사남司南'이라는 지남 기구를 언급하고 있다. 천연 자석을 갈아 국자 모양으로 만든 사남은 남북을 가리키는 자침의 성질을 이용하여 점을 치거나 풍수지형을 살필 때 사용하였으므로 최초의 지남침이라 할 수 있다. 하지만 사남은 수평을 이루는 지반地盤에서만 사용되었고, 또 쉽게 자성을 잃어버렸기 때문에 항해에는 사용될 수 없었다.

사남
국자 모양의 자침을 판의 가운데에 놓고 돌렸을 때 국자의 자루가 향하는 곳이 남쪽이다.

북송 시기 『무경총요』에서는 지남침의 제작과 사용방법을 소개하고 있고, 심괄沈括은 자신의 과학서인 『몽계필담夢溪筆談』에서 지남침의 유형과 원리를 자세히 소개하고 있다. 그는 지남침이 전적으로 남쪽을 가리키는 것이 아니라 약간 동쪽으로 기울어 있음도 밝혀냈다. 이것이 바로 자편각磁偏角인데, 이로 인해 지남침의 방향을 더욱 정확하게 하였다. 지남침의 발명은 군사, 일상생활, 지형 측량뿐만 아니라 항해에도 응용되었다. 주욱朱彧의 『평주가담萍州可談』에서는 "야간에는 별을 보고 낮에는 해를 보면서 항해했고, 흐린 날에는 지남침으로 항해하였다."라고 기록하고 있다. 이것이 지남침을 사용한 세계 최초의 기록이다.

아울러 북송 선화宣和 5년(1123)에 송나라 사신으로 고려를 다녀간 서긍徐兢은 자신이 편찬한 『고려도경高麗圖經』에 당시 사신들이 탄 배가 고려를 향하고 있을 때 나침반을 사용했다고 기록하고 있다. 원나라 때에 이르러 나침반은 항해 활동에서 가장 중요한 도구가 되었으며, 이러한 항해 기술의 발전은 명나라 정화鄭和의 원양항해 개척에 큰 디딤돌이 되었다.

정화의 원양항해
정화는 1492년 콜럼버스(Columbus)의 아메리카 대륙 발견이나 1497년 바스쿠 다 가마(Vasco da Gama)가 인도의 서해안에 도착한 것보다 반세기 앞서 서양으로 항해하였다. 그의 원양항해는 7차례나 되었는데, 그 조직과 인원이 28,000여 명에 달했고 선박의 건조와 항해 기술은 매우 선진적이었다고 한다.

(4) 인쇄술

중국이 세계에 공헌한 또 다른 발명으로 종이와 묵의 발명에 기초하여 발전한 인쇄술을 들 수 있다. 고대 인쇄술은 크게 조판인쇄술과 활자인쇄술로 나누어 발전을 거듭하였다. 수당 시기에 발명되었다고 전해지는 조판인쇄술은 고대 돌이나 도장에 글을 새기는 석각石刻 방식에 기원을 둔다. 이것은 목판에 좌우가 뒤바뀐 문자를 양각陽刻하여 그 위에 먹을 바르고 종이를 덮어 탁본하는 방법이다. 중국에 현존하는 가장 오래된 조판인쇄물은 당나라 함통咸通 9년(868)에 인쇄된 『금강반야바라밀경金剛般若波羅蜜經』으로, 글자의 조각기술이나 인쇄수준이 상당히 높은 것으로 보아 당나라 때 이러한 조판인쇄가 이미 널리 보급되었음을 알 수 있다. 하지만 조판인쇄는 너무 번잡하고 또 많은 시간과 노력을 기울여야 했기에 활자인쇄로 점차 대치되었다. 중국에서는 이러한 조판인쇄술이 한국과 일본으로 전파되었다고 하지만, 실제로 현존하는 세계 최초의 목판인쇄본인 우리나라의 『무구정광대다라니경』(706~751경)은 이보다 100여 년이나 앞서 있다.

송나라 인종仁宗 경력慶曆 연간(1041~1048)에 평민 출신인 필승畢昇이 조판인쇄술의 불편함을 개선하고 보완하는 과정을 거쳐 경제적이고 실용적인 활자인쇄를 발명했다. 그가 발명한 활자인쇄 원리는 먼저 점토 위에 활자를 반대로 새긴 후 불에 구워 단단하게 한 다음 활자판을 만들어 ㅗ 위에 배열하고, 활자판 위로 접착 성분의 밀랍을 발라 고정해 인쇄하는 것이다. 다른 내용을 인쇄할 때는 기존 활자판의 활자를 떼어내어 재배치하여 활용할 수 있어 그 속도가 이전보다 훨씬 빨라졌다. 이후 활자인쇄술은 끊임없이 발전하여 목판활자가 발명되었다. 원나라 때 왕정王禎은 운韻에 따라 목판활자를 체계적으로 배열해 필요한 활자를 아주 편리하게 찾아낼 수 있게 한 '회전자판법'을 발명함으로써 인쇄 속도를 더욱 배가시켰다. 건륭乾隆 38년에 가장 큰 규모의 목판활자 인쇄물인 2,300여 권의 『무영전취진판총서武英殿聚珍版叢書』를 인쇄한 것에서 목판활자 인쇄술이 대청 왕조에 이르러 더욱 성행했음을 알 수 있다. 활자인쇄술은 한국과 일본 그리고 동남아시아에 전파되었고, 또 실크로드를 거쳐 이란과 이집트를 비롯한 유럽에 전파되었다.

필승 동상과 활자판
필승이 점토 위에다 글자를 새겨 만든 것이 최초의 인쇄용 활자이다.

목판활자 이후에 주석, 구리, 납을 이용한 금속활자가 발명되었다. 세계 최초의 금속활자본은 우리나라의 『직지』(1377)이며, 그로부터 약 78년이나 뒤인 1456년에 이르러서야 독일의 구텐베르크가 유럽 최초의 금속활자본(납활자)으로 『성경』을 인쇄하였다.

2. 고대 자연과학

중국의 고대 과학기술을 말할 때면 주로 4대 발명에 중점을 두고 있지만, 이는 전적으로 서구의 관점에서 서구 자본주의 발전에 영향을 미친 것에 중점을 두어 기술한 것이다. 이처럼 서구인들은 중국의 고대 과학기술을 4대 발명에 국한해 바라보고 있지만, 사실 이것 외에도 다양한 분야에 걸쳐 뛰어난 성과를 거두었다. 특히 고대 자연과학 분야인 수학, 천문학, 농학, 지리학 등은 4대 발명에 뒤지지 않을 정도로 주목할만한 성과를 이루었다.

(1) 수학

중국의 전통 수학은 실용에 중점을 두어 발전하였기에, 추상적인 이론 체계를 구축하는 것에 있어서는 많이 부족하였다. 다시 말해 천문학적 예측이나 상업 등의 실제 적용에 힘쓴 것이다.

서주西周 시기 수학은 귀족 자제들이 반드시 배워야 할 중요한 학문 중 하나였고, 또 당송 시대에는 국자감에 산학算學 기관을 두어 인재를 양성하고 산경算經 서적을 인쇄하여 널리 보급했다는 점에서 고대 중국인이 수를 매우 중시했음을 알 수 있다.

한나라로 접어들면서 중요한 산학 문헌들이 출현하기 시작했는데, 이로부터 중국 수학이 정식으로 형성된다. 이중 가장 대표적인 저작으로는 『주비산경周髀算經』과 『구장산술九章算術』을 들 수 있다. 먼저 『주비산경』은 현존하는 가장 오래된 천문학 관련 수학서이다. 이 책이 만들어진 연대에 대해서는 여러 의견이 있지만, 중국 수학사의 대가인 이엄李儼은 기원전 4세기까지 거슬러 올라간다고 보고 있다. 여기에는 직각삼각형에 대한 피타고라스의 정리와 공통분모를 곱하거나 나누는 분수와 제곱근을 언급하고 있을 뿐만 아니라 당시 사람들이 토지를 측량하는 데 있어 이러한 방법을 사용했다고 기록하고 있다.

『주비산경』의 직각삼각형의 증명

『구장산술』

동양 산학 가운데 최고의 고전으로 평가받는 『구장산술』은 중국 선진先秦 시대부터 전해오던 것을 한나라 초기 장창張蒼이 모아서 엮은 것으로, 오늘날 전해지는 것은 위魏나라의 유휘劉徽가 주석을 붙여 펴낸 것이다. 이 책은 총 9장에 걸쳐 264개의 문제를 담은 문제집 형식으로 구성되어 있으며, 각 문제의 유형별 해법을 서술하고 있다. 또한 책의 내용은 실제 생활인 농업생산과 밀접하게 관련되어 있다. 이후 여러 언어로 번역되었고, 한국과 일본에서도 산학 교과서로 사용하였다.

이 외에도 방진方陣과 주판에 대해 다룬 『수술기유數術記遺』, 원의 둘레와 지름 사이의 비례인 원주율과 부피 산출 분야에 많은 성과를 이룬 조충지祖衝之의 『철술綴術』, 대수학과 기하학적 기록을 담고 있는 심괄의 『몽계필담』 등의 수학서가 있다.

(2) 천문학

천명天命사상을 받드는 천자天子로서의 황제는 항상 하늘의 뜻을 살펴 천상을 관찰하였다. 고대 중국에서 천문지식이 기록된 최초의 문헌은 신령에게 충고를 얻기 위해 점을 친 복사卜辭, 즉 갑골문이다. 갑골문에는 상商(또는 은殷)나라의 천문과 역법에 관한 기록이 보이는데, 여기에서 당시에 일식과 월식을 예측하고 별을 주기적으로 관찰하였음을 알 수 있다. 1년을 12개월로 히여 큰달은 30일, 작은달은 29일 그리고 윤년에는 1개월을 더하였다. 무정武丁시대의 복사 중에 13월이라는 기록으로 보아 윤달이 있었음을 알 수 있다. 또한 날짜의 기록도 동양의 역법에 커다란 영향을 주었던 간지干支로서 60일을 일주一週로 하는 60진법을 사용하였다.

춘추전국시대에는 동지를 포함하여 11월을 정월로 하는 주정周正, 1월을 정월로 하는 은정殷正, 2월을 정월로 하는 하정夏正의 세 가지 역법이 있었다. 이 중에서 사계절의 기후변화를 잘 반영한 하정이 농업생산에 적합하여 전국시대에 두루 이용되었다. 아울러 이러한 천문학의 발달로 유명한 점성가가 출현했다. 제齊나라 감덕甘德은 『천문성점天文星占』 8권을, 위魏나라 석신石申은 『천문天文』 8권을 저술하였다. 이들은 120개의 항성의 위치와 북극의 각도 등을 자세히 기록하였고, 목성·화성·금성·토성·수성 등 5개 행성의 운행 규칙을 관찰했다. 두 사람이 이룬 성과는 이후 역대 천문학자들에게 많은 영향을 끼쳤다.

중국 고대의 천문과 역법은 태사太史 또는 천관天官이라는 관리가 담당하였다. 바로『사기史記』의「천관서天官書」는 고대로부터 내려오는 천문학적 지식을 체계적으로 정리한 것이다. 진秦나라 때에는 전욱력顓頊曆이 공식 역법으로 사용되었다. 전욱력은 1년의 첫 달을 10월로 정했기 때문에 달력이 정확하지 못했으나, 한나라 무제武帝 때 중국 역법의 모범이 된 태초력太初曆이 제정될 때까지 사용되었다. 이렇듯 역법의 발전으로 인해 천체를 관찰하는 천문학도 함께 발달하였다.

후한 때의 천문학자인 태사령太史令 장형은『영헌靈憲』,『산망론算罔論』등의 저술에서 혼천설渾天說을 더욱 발전시켜, 태양·달·지구의 위치에 따라 일식과 월식이 발생한다는 것을 최초로 과학적으로 증명하였다. 그는 전한 시기 천문학자

혼천의

인 경수창耿壽昌의 혼천의渾天儀(천체의 운행과 좌표를 측량하는 기구)를 더욱 발전시켜 새로운 혼천의를 제작하였고, 지동의地動儀를 발명하여 지진의 근원지와 진도를 측정하였다.

지동의

위진남북조 동진東晉 때 우희虞喜는 춘분과 추분이 50년마다 황도黃道상에서 서쪽으로 1도씩 이동하여 세차歲差가 되는 것을 밝혔고, 이후 조충지는 이러한 세차를 역법에 적용하여 대명력大明曆을 만들어 정확한 일수日數를 정했다. 수隋나라 때 경순耿詢은 수력으로 움직이는 혼천의를 발명하여 천문을 더욱 정확하게 측정하였다. 당나라 남궁설南宮說은 자오선 1도의 길이를 351리 80보로 관측하였는데, 이것은 세계적으로도 정확한 실측 수치였다.

(3) 농학

상나라 후기에 이르러 농업이 고대 중국의 주요 생산으로 발전하였다. 당시에는 씨족공동체 사회에서 씨족이 함께 경작하는 집단 농경 형태였고, 석기와 목기를 주로 사용하였기 때문에 농업생산성은 그다지 높지 않았다. 그러나 전국 초기에 씨족공동체가 붕괴되고 개별 소농계층이 형성되는 커다란 변화가 나타났다. 이 시기에는 농업 생산기술도 상당히 발전하여 농경지에 관개시설 및 배수시설을 조성하였으며 토양을 북돋운 뒤 파종하는 퇴비 사

전국시대 철제 농기구

후한 시기 「우경도」

용법이 나왔다. 농작물로는 기장, 밀, 조, 쌀을 재배하였고 양잠기술도 발달하였다. 전국 후기에는 쟁기의 앞부분인 보습에 철기를 부착하면서 농업생산에 혁명적 변화를 가져왔다. 생산도구로써 철기는 농업혁명을 가져다주었고, 5~6명의 가족으로 구성된 자작 소농민의 수효가 크게 증가하였다. 한나라 때에는 개간사업으로 농경지가 확대되고 수리사업을 시행하여 농업생산력의 향상을 가져왔다. 철제 농기구가 전국적으로 보급되었으며 쟁기 제작기술이 발달함에 따라 소가 쟁기를 끄는 우경牛耕이 널리 보급되었다. 당시에는 땅을 갈아엎은 후에 파종하는 것이 일반적이었으나, 한무제 때 조과趙過는 농경지에 일정한 간격을 두고 일정한 폭의 이랑과 골을 만들어 매년 이것을 교체하여 경작하도록 고안한 '대전법代田法'을 실시하며 농업생산력을 획기적으로 향상시켰다.

위진남북조 시기에는 남북 간의 대이동으로 황폐해진 농경지 개간이 시행됨으로써 농업기술의 향상을 가져왔다. 특히 북위 말 가사협賈思勰의 『제민요술齊民要術』은 한나라 때 범승지氾勝之가 편찬한 『범승지서氾勝之書』이래 현존하는 유일한 농서로써 학문적인 가치가 높은 농학서이다. 당나라 때는 한악韓鄂이 지은 『사시찬요四時纂要』라는 농업기술서의 영향으로 농업생산은 물론이고, 농업 부산물의 가공과 농가의 일상생활에 활용할 수 있는 농업기술까지 나오게 되었다. 이러한 농업기술서는 당시 사회와 경제사를 알 수 있는 중요한 자료이다.

북송 초기에는 당나라 말 이래 침체하였던 농촌을 부흥하기 위해 농지개간 및 농업기술 향상을 추진하여 농업생산이 크게 증가하였다. 즉, 지주地主·전호佃戶제 확립으로 잉여 농산물이 자기소유가 되도록 함으로써 생산의욕을 부추겨 생산증대를 가져오게 되었다.

(4) 지리학

지리학은 중국의 전통과학 분야 중 하나로, 고대 중국인들은 항상 위로는 천문天文에 통하고 아래로는 지리地理에 통한다고 여겨왔다. 가장 이른 지리학 관련 기록은 『상서尚書』「우공禹貢」편에서 찾아볼 수 있는데, 여기에서는 중국 산천의 지형분포에 따라 기冀·연兗·청靑·서徐·양揚·형荊·예豫·량梁·옹주雍州로 나누어 '구주九州'라 칭하고 이에 대해 기술하고 있다.

서진西晉 때 배수裵秀는 문자로 기록된 최초의 역사 지도집인 「우공지역도

禹貢地域圖」를 과학적으로 제작하였다. 그는 지도를 제작할 때 측량, 방위, 거리, 지세의 기복, 경사 각도, 하류와 도로의 곡직曲直 등의 여섯 가지 원칙을 고수하면서, 이 중에서도 측량법을 가장 중시했다. 중국 고대 지도제작의 이론을 처음으로 명확히 했다는 점에서 공헌을 인정받고 있다. 북위北魏의 저명한 지리학자인 역도원酈道元은 하천지河川誌인『수경水經』에 주석을 달아『수경주水經注』를 저술하였다. 이 책에는 중국 각지를 두루 살핀 저자의 지리적 체험과 문헌에서 얻은 화북華北의 지리를 서술하고 있으며, 중국 각지의 수로水路를 중심으로 그 유역流域의 도읍·고적古蹟·산수 등을 세부적으로 기술하고 있다.

그 외에도 동진東晉 때 법현法顯이 저술한『불국기佛國記』[1]와 현장玄奘이 당나라를 다녀온 후 그의 제자가 저술한『대당서역기大唐西域記』역시 지리학에 공헌한 바가 컸다. 특히 이들 서적에서 보이는 지리학은 종교와도 밀접한 관계를 가진다.

명나라 때 만들어진 지도로는「대명혼일도大明混一圖」,「대명국지도大明國地圖」,「대명국도大明國圖」등이 있다. 1328년 주사본朱思本은 장형과 배수의 지도제작 전통과 당송 때에 발전한 지도제작 기술에 기초하여 새로운 중국지도인 여지도輿地圖를 제작하였다. 이후 이택민李澤民과 승려인 청준淸濬은 각기「성교광피도聖敎廣被圖」와「혼일강리도混一疆理圖」를 제작하였는데, 조선 태조 5년(1396)에 사신으로 중국에 갔던 김사형金士衡이 복사본을 우리나라로 가져왔다. 이후 김사형, 이

「대명혼일도」

홍무(洪武) 22년(1389)에 완성된 채색 세계지도로, 주요 행정구역과 사람들의 집단 거주지 등을 표시하고 있으며 산과 하천의 위치를 기록하고 있다. 중국을 중심에 두고 한국, 일본, 유럽, 아프리카를 망라하고 있다. 456 x 386㎝

「혼일강리역대국도지도」

우리나라 최초의 세계지도로, 가운데 부분이 중국이고, 그 왼쪽에 아라비아반도, 아프리카 대륙, 유럽 대륙이 표현되어 있다. 한반도는 실제 크기보다 크게 그려져 있고, 그 밑에 일본이 조그맣게 그려져 있다. 이 지도는 임진왜란 혹은 일제 강점기 전후에 일본으로 건너가 현재 일본의 류코쿠(龍谷) 대학에 보관되어 있다. 류코쿠 대학은 2000년부터 약 10여 년간 첨단 디지털 기술을 동원하여 지도를 복원하였다. 158.5 x 168㎝

1 관련 내용「13 여행」편 참조

무李茂, 이회李薈가 이 지도에 한국과 일본을 추가하여 1402년에 새롭게 제작한 것이 바로 「혼일강리역대국도지도混一疆理歷代國都地圖」이다. 이 지도는 우리나라 최초의 세계지도이자 조선시대 학자들에 의해 제작된 유일한 세계지도라 할 수 있다.

3. 고대 토목건축

중국의 고대 건축은 기본적으로 나무를 재료로 하여 축조한 토목건축이 주를 이루었다. 토목건축은 실용성을 갖추어 인간 삶을 편리하게 함과 동시에 예술성을 가미하여 자연과의 조화를 강조하면서 발전해 왔다. 이처럼 실용성과 예술성을 겸비한 고대 건축물로는 교량, 도성都城, 제방, 원림 등이 있다.

(1) 교량

가장 간단한 교량은 물 위에 나무를 놓아 건너다닐 수 있도록 만든 것이다. 중국 고대의 교량은 단지 건너다닐 수 있도록 하는 기본적인 기능에 그치지 않고, 그 속에 장인들의 인문 정신이 응집되고 자연과의 조화를 이루어 중요한 예술적 특징을 지닌다.

고대 교량은 주나라와 진나라 때에 이미 부교浮橋, 양교梁橋, 삭교索橋로 불리는 세 종류의 교량이 건축되었고, 한나라 때 이르러서는 아치교를 건설하였다. 부교는 큰 강이나 강 폭이 넓은 수면에 목선木船이나 물 위에 뜨면서 연결 가능한 물체를 교각으로 하여 양쪽 기슭을 잇게 하는 교량이다. 해체와 결합이 쉽고 많은 노동력이 필요하지 않아 군사용으로 많이 사용되었다. 대표적인 것으로 저장성浙江省 마공탄馬公灘의 부교와 장시성江西省 동진東津의 부교를 들 수 있다.

양교는 들보를 다리 기둥에 걸쳐놓은 교량을 말하며, 외형이 곧기에 가설이 쉽다. 가설 재료에 따라 죽량교竹梁橋, 목량교木梁橋, 석량교石梁橋로 나뉘는데, 대나무나 나무로 가설한 교량은 쉽게 만들 수 있는 반면에 그 생명이 짧다는 단점이 있다. 시안西安의 패교灞橋, 저장성 석량비폭石梁飛瀑, 푸젠성福建省 낙양교洛陽橋는 대표적인 석량교이다.

삭교는 대나무 줄기, 등나무 줄기, 쇠줄 등으로 이어 만든 다리로, 유속이 빨라 교각을 만들기 어려운 험준한 계곡이나 절벽 등에 많이 건설된다. 대표

부교

푸젠성 낙양교

적인 삭교로는 윈난雲南의 제홍교霽虹橋, 구이저우의 반강교盤江橋, 쓰촨四川의 노정교瀘定橋 등이 있다.

아치교는 다리 기둥 사이가 무지개 모양의 아치형 구조로 지어진 교량으로, 구조가 양교나 삭교보다 복잡하다. 대표적인 아치교로는 수나라 대업大業 연간(605~618)에 이춘李春이 설계하고 가설한 허베이성 샤오허洨河의 조주교趙州橋가 있다. 총 길이 50m, 아치 길이 37m, 폭 9m인 조주교는 기존의 아치교와는 달리 특이한 구조를 지니고 있다. 일반적으로 아치형 돌다리가 돌기둥을 반원형으로 세우는 데 반해, 조주교는 돌기둥은 물론 중간에 설치해야 할 교각도 없이 아치형만으로 강을 가로지르고 있다는 점이다. 조주교는 현존하는 세계에서 가장 오래된 아치교이기도 하다. 그 외에 난징南京의 칠옹교七甕橋, 쑤저우苏州의 풍교楓橋와 베이징의 십칠공교十七孔橋 등이 있다.

쓰촨 노정교   샤오허 조주교

(2) 도성

도성은 각 왕조의 정치적 기반인 만큼, 새로운 왕조가 건설될 때마다 통치자들은 도성의 건설을 가장 중요한 임무로 여겼다. 도성의 건설은 왕조의 정치·경제·문화 등 각 방면에 중요한 영향을 끼쳤으며, 아울러 사회경제의 발전과 정치제도의 변화 그리고 군사적 필요에 따라 부단히 변화 발전하였다.

도성은 기본적으로 국가가 형성된 후 나타난 것이지만, 이 또한 갑자기 나타난 것이 아니라 점진적인 형성과정이 있었다. 국가가 생겨나기 이전의 씨족촌락 형태의 사회에서도 마을 주위로 안전을 담보하는 해자垓子를 파고 담을 두르는 조치를 취했는데, 이것이 바로 도성의 기원이다. 이러한 형태는 상나라 때 조금 진보된 형태로 나타났다. 주나라 때에는 천자의 왕기王畿와 제후의 봉국封國을 기반으로 하여 통치와 방어를 위한 대규모의 성곽 도시를 축조하였다. 이러한 성곽 도시의 건설은 영토의 확대와 보호 및 농상업의 보호를 위한 목적으로 활용되어 국가의 안전과 이익을 도모하는 중요한 사업으로 여겨졌다. 이후 진나라를 거쳐 한나라에 오면서 도성의 규모가 방대해지고 체계적으로 정비되기 시작했다.

도성은 통치자의 안전을 보장하기 위한 성城과 백성을 보호하기 위한 곽郭으로 이루어졌다. 일반적으로 바둑판 모양으로 궁성宮城, 내성內城(황성皇城), 외성外城이라는 3개의 성벽 구조로 지어졌는데, 이것이 이후 성곽 건축의 표준이 되었다. 도성은 기본적으로 한 방향을 바라보고 있으며 사방은 각각 세 개의 문으로 구성되어 있다. 도성의 배치는 시기에 따라 조금씩 변화 발전을 거듭하였다. 먼저 서주부터 춘추전국 시기의 도성은 하나의 '성'에서 '성'과

'곽'의 연결구조로 발전하게 되었고, 한나라 때는 서쪽에 자리 잡고 동쪽을 향하는 배치구조에서 북쪽에 자리 잡고 남쪽을 향하는 배치구조로 바뀌었다. 이후 수당 시기에 이르러 남북을 중축선으로 한 완벽한 좌우 대칭의 배치로 발전하게 된다. 주요 도성으로는 진나라의 함양성咸陽城, 위나라의 낙양성洛陽城, 당나라의 장안성長安城 등이 있다.

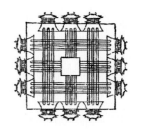

상나라의 도읍 설계예상도
중앙에 궁성이 있고 사방으로 세 개의 문을 두었다고 전해진다.

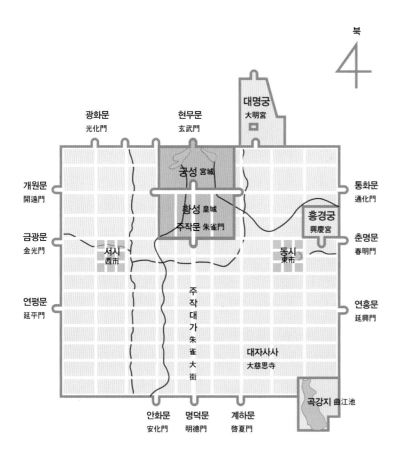

당나라 장안성 평면도
당나라 장안성은 수나라 문제 양견(楊堅) 때 축조한 대흥성(大興城)의 구조를 기본적으로 유지하면서, 규모 면에서 더욱 엄격하게 조정하였다. 장안성의 내성은 도성의 북쪽 정중앙에 위치하여 궁성과 황성을 두었고, 궁성과 황성을 잇는 주작대가(朱雀大街)를 도시의 중심축으로 삼았다. 이 중심축을 중심으로 양쪽의 도로와 동서(東西)의 시(市) 등을 엄격한 대칭구조로 건설하였다.

(3) 제방

중국은 역대로 많은 홍수 재해를 입어왔기 때문에 이를 방지하기 위한 치수 사업을 국가 정사의 가장 중요한 일로 삼았다. 그중 황허黃河와 화이허淮河는 역사적으로 홍수 재해가 가장 큰 지역이었으며, 특히 황허는 고대로부터 지금까지 1,600여 차례나 제방이 터져 농업 생산에 막대한 지장을 초래하였다. 고대 치수 사업에 대한 기원은 우禹임금의 고사에서 찾아볼 수 있다. 상나라 때 농토에 물을 대었다는 기록이 있고, 주나라 때에는 수로 작업이 상당히 진척되었다. 춘추시대를 전후하여 황허 하류에서 제방 건설이 대규모로 이루어졌는데, 이는 국가나 호족들이 전답에 물을 공급하기 위해 둑을 쌓기 시작한 것에서 비롯된다. 제방은 이후 국가나 제후국 간에 매우 중요한 사업으로 다루어졌고, 심한 경우 제후국 간의 전쟁을 초래하기도 하였다. 이후 중국을 통일한 진나라는 수리사업을 적극적으로 행하여 농업을 발전시키고자 하였고, 한나라 때에는 이러한 수리를 중심으로 경제를 발전시켰다. 대표적인 제방으로는 청두成都의 두장옌都江堰, 산시陝西의 정궈취鄭國渠, 구이린桂林의 링취靈渠가 있다.

두장옌은 진나라 때 축조된 대형 수리사업의 대표작이자 현존하는 가장 오래된 제방시설이다. 진나라 사람으로 촉蜀 지역의 군수를 지낸 이빙李冰은 해빙기에 물이 범람하는 것을 막는 방법으로 단순히 둑 건설이 아닌 하나의 수로를 개처하는 방식을 취하여 물길을 조절하였다. 2000년도에 세계문화유산으로 지정된 두장옌은 고도의 축조 기술과 과학적 지식이 결합되어 오늘날까지 사용되고 있다.

정궈취는 한나라의 토목기술자인 정국이 진나라의 국력을 소모하게 할 목적으로 진행한 관계용수 사업이었다. 진나라가 막대한 토목공사로 인하여 전쟁을 생각하지 않거나 재정적 파탄이 올 것이라 예상했지만, 그 비밀 계획이 발각되어 실패했을 뿐만 아니라 오히려 진나라의 전국 통일을 촉진시키는 결과를 낳았다.

링취는 진시황이 월越나라를 정복하기 위해 만든 제방으로, 창장長江의 상장湘江과 광저우의 시장西江을 연결하는 지역의 산허리에 축조되어 있다. 32 km에 달하는 링취 제방은 중원과 남부를 오갈 수 있는 수로 역할을 할 뿐만 아니라 경제와 문화 교류의 촉진제 역할을 하였다.

● 두장옌
●● 링취

(4) 원림

원림은 인위적인 조경 작업을 통하여 만든 정원과는 달리 자연을 거스르지 않고 적절하게 배치해 건축이 대자연과 하나가 되는 공간을 만드는 것을 말한다. 중국 고전 원림은 함축과 변화, 그리고 굴곡을 강조하여 원림 내부의 건축이 자연경관과 융합하여 조화를 이룬다. 이처럼 중국의 전통적인 원림은 비록 사람이 만들었으나 마치 하늘이 만든 것처럼 느끼게 하는 '천인합일天人合一'의 특징을 드러내고 있다. 중국의 원림은 진한 시기에 지어지기 시작해 당나라의 발전기와 송나라의 성숙기를 거쳐 명청 시기에 최고조에 이르렀다.

중국 고대 원림은 북방의 황실 원림과 남방의 개인 원림으로 나뉜다. 북방의 황실 원림은 황제의 거주나 연회, 그리고 사냥 등의 목적으로 사용되어 주로 산이나 호수에 지어졌기 때문에 그 규모가 큰 편이다. 역사적으로 가장 오래된 황실 원림은 주나라 문왕이 만든 영대靈臺와 영소靈沼, 그리고 한나라 때의 상림원上林苑 등을 들 수 있다. 지금 현존하는 황실 원림은 청나라 때 만

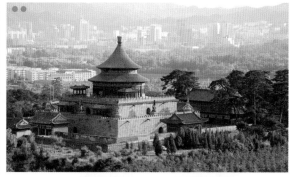

● 이허위안 ●● 피서산장 ●●● 쥐정위안 ●●●● 류위안

들어졌거나 개조된 것으로 베이징의 이허위안頤和園과 청더承德의 피서산장避暑山莊이 유명하다.

이허위안은 청나라 황실 원림의 대표작이다. 이것은 원래 있었던 청의원淸漪園에 남방 항저우杭州의 시후西湖를 판본으로 삼아 개조한 것이다. 당시 실권자였던 서태후西太后가 군비를 전용하여 수리한 후 이허위안으로 이름을 바꾸었고, 이후 이곳에서 장기간 머물며 정사를 돌보았던 것으로 유명하다. 피서산장은 청나라 강희康熙황제의 여름 별궁으로 여름이 되면 이곳에서 집무를 보는 한편, 변방 지역의 소수민족과 작은 만남을 가지며 우호 관계를 강화하여 대청 왕조의 지배를 공고히 하는 정치적인 목적으로도 이용되었다. 피서산장은 남방의 원림을 그대로 모방하는 데 그치지 않고 북방의 특징을 잘 결합해 재창조함으로써 남북 지역의 아름다운 풍광을 한 곳에 집중시켜 놓은 명품으로 꼽힌다.

남방의 개인 원림은 위진남북조시대에서부터 성행하였다. 당시 문인과 선비들이 전쟁을 피해 세상을 등지고 산수와 더불어 지내기를 바란 것에서 출발하여 자신만의 고유한 정취를 드러낼 수 있는 원림을 만들기 시작하였다. 그들은 중국 원림이 추구하는 이상인 시詩적인 정취와 그림 같은 경치를 드러낼 수 있는 원림을 실현하고자 했다. 현존하는 개인 원림으로는 쑤저우蘇州의 줘정위안拙政園과 류위안留園을 꼽을 수 있다. 줘정위안은 강남 지역 개인 원림의 대표작이나. 처음에는 낭나라 시인인 육구냥陸龜蒙의 저택이었는데, 명나라 가정 연간에 어사御史 왕헌신王獻臣이 벼슬길에 뜻을 이루지 못하자 쑤저우로 은거하면서 이 원림을 개조했다. 류위안은 정원 내의 건축물 배치가 정교하고 기이한 돌들이 많은 것으로 이름이 나있다. 유한한 공간에서 무한한 변화를 창조하여 걸음걸이를 옮길 때마다 원림 경치의 변화를 충분히 제공하고 있어, 류위안의 독특한 공간 구조를 충분히 짐작할 수 있다.

4. 현대 과학기술

중국의 현대 과학기술은 신중국 성립 이후 공산당이 과학기술 발전을 도모하면서 빠르게 성장하고 있다. 이는 덩샤오핑鄧小平이 과학기술 현대화를 주창하면서 새로운 단계로 접어들게 되었고, 이후 장쩌민江澤民은 더 나아가 "과학과 교육으로 나라를 부흥시킨다(科敎興國)."라는 모토를 내걸어 중국의 과학기술 발전에 더욱 힘을 실었다. 이 가운데 특히 우주항공 산업이나 군수산업 방면에 있어서는 국가 주도의 산업으로 그 영역이 급속히 확대되고 있다.

(1) 우주 탐사

신중국 성립 직후 중국의 우주 탐사 능력은 러시아 미사일을 발사체로 이용해야 하는 극히 초보적인 수준에 머물고 있었다. 1970년에서야 자체 기술로 우주선 발사 로켓인 창정長征 1호를 개발하여 첫 무인우주선 둥팡훙東方紅 1호 발사에 성공하였다. 이러한 기술에 기초하여 2003년에 최초의 유인 우주선인 '선저우神舟 5호'를 쏘아 올렸고, 이후 중국 최초의 달 탐사 위성인 '창어嫦娥 1호'와 세 번째 유인 우주선인 '선저우 7호' 등을 통해 우주공간의 탐사를 지속함으로써 우주과학 대국으로 성장하고 있다.

2003년 중국 최초의 유인 우주선 '선저우 5호'

대우주 탐사는 우주비행을 향한 중국 과학기술 발전의 기본 방향으로 자리 잡았다. 2016년 '선저우 11호'가 실험용 우주정거장 '톈궁天宮 2호'와 도킹에 성공함으로써 명실상부한 우주강국으로 성장하였다. 이에 중국은 2022년을 목표로 우주정거장 건설을 추진하고 있다. 2013년 '창어嫦娥 3호' 발사로 세계에서 세 번째로 달 착륙에 성공하였고, 계속해서 달의 뒷면을 탐사할 '창어 4호'와 달의 토양을 채취할 '창어 5호'를 발사할 계획이다. 또한 중국은 2021년에 화성에 탐사선을 착륙시키는 프로젝트를 추진하고 있다. 이처럼 중국은 국가 차원의 발전 전략과 계획에 따라 우주 굴기를 진행하고 있다.

(2) 원자력

아주 적은 원료로 많은 에너지를 양산할 수 있는 원자력은 환경오염에 직면한 중국으로서는 아주 중요한 에너지원이 된다. 현재 중국의 원자력 산업은 원자력 발전소뿐만 아니라 핵 기술 응용산업에까지 그 영역을 넓히고 있다.

중국은 지속적인 경제성장의 수요에 따라 정부 차원에서 적극적인 원자력 발전을 추진하고 있는데, 이는 중국 환경보호 목표와 더불어 에너지 공급과 안전을 보장하여 전력 공업화의 최적화를 실현한다는 계획이다. 2016년을 기준으로 중국은 전체 전력생산에서 석탄 발전비중이 74%나 되지만 원자력 비중은 3.5%에 불과하여 전체 발전량에서 원자력이 차지하는 비중이 매우 낮음을 알 수 있다. 이에 중국 정부는 현재 급속한 경제성장에 따른 전력난 해결을 위해 2007년도에 원자력 중장기발전계획과 12차 5개년 계획의 '신에너지산업 발전계획'을 통해 2020년까지 원자력 설비용량을 9천만 kW 수준까지 확장하고 원자력 설비용량 비중을 5%로 확대할 것이라고 밝혔다. 현재 가동 중인 37기의 원전에다 추가로 20기의 원자로를 건설하고 있는 중국은 우선 기업 주도하에 외국기술을 동원하여 이를 소화한 후 장차 최종적으로는 기술 이전을 통해 자체적으로 설계·제조, 운영해 나가겠다는 정책 목표를 세우고 있다.

(3) 군사력

중국 정부는 중국의 부상을 가능하게 하는 주요 요인으로 중국의 군사력을 들고 있다. 한국 전쟁(1950), 중소 국경 무장충돌 사건(1969), 베트남 전쟁(1979), 미국의 걸프전과 유고 공습(1990) 등의 일련의 분쟁은 중국군의 현대화 사업에 박차를 가하는 계기가 되었고, 그 중 걸프전은 중국이 가장 적극적으로 군비증강을 꾀하도록 한 중요한 배경으로 작용하였다. 이로부터 중국 지도자들은 국방 현대화를 중국군의 당면 과제로 삼아, 첨단 무기의 연구개발과 도입을 통해 무기체계를 개선하는 데 역점을 두었다.

중국의 군사 전략은 크게 3단계로 나눌 수 있다. 제1단계(1980~1999)는 전략 핵무기 체계를 완성시키고 현대화된 군대를 양성히여, 세계 3대 강국으

2009년 건국 60주년 기념 군사 퍼레이드

로 자리매김하여 아시아 지역문제에서 결정적인 발언권을 확보하는 것이었다. 제2단계(2000~2029)는 핵무기와 항공기술을 지속적으로 발전시키고 재래식 무기체계를 개선하는 데 중점을 두고 있다. 제3단계(2030~2049)에서는 핵 관련 기술과 군사과학기술을 선진국 수준까지 끌어올림으로써, 강대국들과 상호보완 관계 속에서 전쟁을 억제할 수 있는 강국으로 성장하여 세계 평화에 공헌하는 것을 목표로 하고 있다.

중국의 군사력 증강과 현대화의 핵심은 '힘의 투사력'을 향상시키는 데 있다. 힘의 투사력이란 한 국가가 정치, 경제, 군사 및 정보력 등을 이용하여 자국 이외의 광범위한 지역에 군대를 파견, 주둔시킴으로써 위기에 대처하여 지역 안정성에 이바지할 수 있는 능력을 말한다. 중국은 미국, 러시아, 영국, 프랑스와 함께 NPT 핵확산금지조약에서 인정한 핵보유국으로 약 2,000기에 달하는 전략 핵무기를 보유하고 있으며, 이 핵탄두를 탑재할 수 있는 전략 미사일에 대해 지속적인 연구를 하고 있다. 아울러 2017년 중국의 군비는 전년 대비 7% 상승한 10,211억 위안에 이르러, 아시아 최고의 군비 지출 국가로 자리매김하고 있다.

이처럼 중국은 칼날의 빛을 칼집에 감추고 은밀히 힘을 기르는 '도광양회韜光養晦'와 해야 할 일은 적극적으로 행하는 '유소작위有所作爲'를 결합한 군사외교정책을 전개해 오다가, 최근에는 형세를 신속히 발전시켜 다른 사람에게 압박을 가한다는 '돌돌핍인咄咄逼人' 정책으로 중국의 힘을 과시하면서 군사력을 키워나가고 있다.

참고 문헌
『중국의 과학과 문명 1, 2, 3』, 조셉 니담 저, 이석호 외 역, 을유문화사, 1998
『중국의 과학과 문명』, 조셉 니담 저, 이면우 역, 까치, 2000
『고대발명』, 덩인커 저, 조일신 역, 대가, 2008

더 읽어야 할 자료
『중국의 대전략』, Michael D. Swaine · Ashley J. Tellis 저, 리오사오 역, 한국해양전략연구소, 2007
『중국의 과학문명』, 야부우치 기요시 저, 전상운 역, 사이언스북스, 2014
『중국의 국방』, 펑광첸 · 짜오쯔인 · 뤄용 저, 이창형 역, 교우사, 2013

07 사상과 교육

1. 중국 사상의 특징과 흐름

기원전 11세기 중엽 위하渭河(지금의 산시성陝西省 시안西安 부근) 지역에서 주周 민족이 은殷나라를 멸망시키고 주나라를 세웠다. 주나라가 일어난 위하는 농경지로 적합한 비옥한 땅이었기에, 사람들은 농사에 절대적인 영향을 미치는 하늘을 숭배하고 그 뜻을 살피는 데 많은 노력을 기울였다. 이것이 바로 주나라의 천명사상天命思想이 형성된 중요한 요인이었다. 즉, 천명사상은 '인간의 모든 것은 하늘이 부여한 것으로, 하늘에 대해서 인간은 무력하여 어찌할 도리가 없다.'라는 것이었다. 그러나 춘추시대에 이르러 공자孔子는 이러한 천명사상을 타파하고 새로운 천명사상을 주장했다. 예컨대『논어論語』「안연顏淵」편에서 "죽고 사는 것은 운명에 달려있고, 부富와 귀貴는 하늘에 달려 있다."라고 하여, 천명사상에 대해 모두 부정하지는 않았다. 그러나 공자는 인간의 정신까지 하늘이 결정할 수 없고, 도덕적인 생활 속에서 배움과 수양으로서 경지에 오를 수 있다고 주장하였다. 이리하여 공자에 의해 천명사상은 하늘 중심에서 인간 중심 사상으로 거듭나게 되었다.

(1) 제자백가

춘추시대 초기 140여 개에 달하던 제후국들이 서로 다투면서 말기에는 5개 강국인 '춘추오패春秋五覇'가 생겨났고, 전국시대에 이르면 '전국칠웅戰國七雄'이라는 7개의 제후국이 세력 다툼을 하는 형국이 되었다. 제후諸侯나 그 가신家臣들은 이 과정에서 부국강병을 도모하기 위한 다양한 정책이 필요하

공묘(孔廟)
산동성(山東省) 취푸(曲阜) 중심부에 위치한 공묘는 공자에게 제사를 지내는 사당이다.

게 되었다. 이리하여 제후에게 정책을 제안하는 유세가遊說家가 등장하였다. 제후 중에 제齊나라 위왕威王은 각지의 인재를 초빙해 오늘날의 대학과 같이 학문을 강론하고 논의하는 학문의 장소(직하학궁稷下學宮)를 제공하기도 하였다.

당시 혼란한 사회 속에서 세습적 계급제도마저 흔들리게 되자, 어지러운 세태를 바로잡고자 여러 학파의 주장이 대두하였는데, 이것이 곧 중국의 사상적 황금시대를 이루었던 제자백가諸子百家의 사상이었다. '제자諸子'는 공자孔子, 노자老子, 장자莊子, 묵자墨子, 맹자孟子, 순자荀子 등의 사상가를 가리키고, '백가百家'는 유가儒家, 도가道家, 묵가墨家, 법가法家 등의 학파를 말한다. 제자백가는 이렇듯 정치적 필요성에 바탕을 두고 출현하였으나, 이후 사회적 경제적 발전에 따른 지역적 차이와 특색을 지니고 계승 발전해 나갔다.

유가는 서주西周문화의 전통이 강한 노魯나라에서 시작하여 진晉·위衛·제齊나라로 발전해갔고, 묵가는 유가와 같은 서주문화의 전통권역이었지만 서주문화와 거리가 먼 변방의 초楚와 진秦나라로 발전되었다. 도가는 본래 남방의 초와 진陳·송宋에서 기원하였다. 또 초나라에는 무속신앙이 강했는데 이 무속신앙이 제나라로 유입되자, 제나라에서 방사方士(길흉을 점치거나 불로장생을 추구하는 사람)가 유행하면서 음양가陰陽家가 출현하게 되었다.

「직하학궁도」
'직하학궁'은 전국시대 최고의 인문학 연구소로서 중국 최초의 공립대학이라 할 수 있다. 제나라가 진나라에 의해 멸망한 기원전 221년까지 약 150년간 존속하며, 전국의 사상가들이 모여 말 그대로 제자백가들이 쟁명하는 사상과 문화, 정치와 토론의 중심지로 자리 잡았다.

● 묵자(墨子)

유가의 계급주의를 비판하며 평등주의를 주창한 묵가(墨家)의 창시자이다. 하지만 그의 사상은 하층 계급의 이익을 대변하고 지배 계급의 특권을 부인하였기 때문에, 당시 제후들의 지지를 얻기 어려웠다.

●● 법가 이론을 집대성한 한비자
(韓非子)

법가는 제후들의 세력 다툼 속에서 생겨난 권력보호형 정치이론으로, 법(法), 술(術, 술수), 세(勢, 세력)의 3요소를 통치이념의 핵심 요소로 하고 있다. 한비자는 3요소 가운데 '법'의 중요성을 강조했다.

이렇듯 춘추시대 문화의 중심이 노나라와 제나라였다면, 전국시대는 그 중심이 초나라와 진나라였다고 볼 수 있다.

춘추전국시대에 백가의 사상은 서로 각기 다른 주장을 내세웠으나, 실질적으로는 이상적인 정치를 실현하여 새로운 인간 질서를 구축하는 데 그 목표를 두고 있었다. 따라서 춘추시대에서 전국시대로 바뀌는 사이에 지역 간의 사상적 차이는 조금씩 해소되면서 백가의 사상이 각국에 깊은 영향을 주게 되었던 것이다. 그 중에 '법가사상'은 한韓·위衛·조趙에서 발전되었으나, 나중에는 법가사상을 채택한 진秦나라의 통치에 오히려 큰 영향을 끼쳤고 마침내 중국통일을 실현할 수 있었던 기반이 되었다. '도가사상'은 전한 초기에는 황로사상으로 불리며 성행하다가, 위진남북조魏晉南北朝시대에는 '노장사상'이 하나의 사상 풍조를 이루었다. 제자백가 중에 특히 '유가사상'은 한漢나라 때 국교가 되어 사상의 주류를 차지하면서 송宋대 이후 성리학과 명明대의 양명학, 청대의 고증학에 이르기까지 그 학문적 뿌리가 되었고, 청淸나라 말기까지 중국뿐만 아니라 동아시아 각국 문화에도 지대한 영향을 미쳤다. 즉, 한대 이후 중국의 사상은 당唐대에 불교사상이 성행한 것을 제외하면, 청대까지 유가사상의 재해석이라는 사상의 흐름으로 일관되었다고 볼 수 있다.

(2) 유가사상과 인본주의

유가사상은 공자孔子(기원전 551~기원전 479)에서 시작하여, 이후 맹자와 순자에 의해 계승 발전하였다. 공자 사상의 핵심은 '인仁'으로 집약할 수 있다. 공자는 '인'을 '사람을 사랑하는 것(愛人)'이고, '자기를 이기고 예禮로 돌아가는 것(克己復禮)'이라고 정의하였다. 그는 '인'과 더불어 '효제孝悌'의 도덕을 중시하였다. 공자의 제자인 유약有若은 "효제야말로 인의 근본이다."라고 하였다. 이 시기는 부계중심의 가족형태였으므로, 아버지의 지위와 지배권을 보장하는 것은 당시에 인을 통해 효제의 관계로서 도덕의 중요성을 강조한 데에 있었다. 이것은 주대의 씨족사회가 붕괴한 후 춘추전국시대에 이르자, 가부장권을 기반으로 한 가족 질서로서의 소가족제도가 중요하게 여겨졌기 때문이었다. 즉, 효를 바탕으로 한 '수신제가치국평천하修身齊家治國平天下(자신의 몸과 마음을 닦고 가정을 다스린 다음, 나라를 다스리며 천하를 평화롭게 한다)'가 곧 군자의 덕목과 도리가 되었던 것이다.

공자상
공자의 이름은 구(丘)이고 자(字)는 중니(仲尼)이다. 그를 일컬어 '만세사표(萬世師表)'라 칭송하는데, 이는 청나라 강희(康熙)황제가 '만대(萬代) 스승의 본보기'란 의미로 공묘에 직접 친필 현판을 하사한 것에서 유래한다.

공자 사후 그의 학설을 크게 계승 발전시킨 사람은 바로 맹자孟子(기원전 372~기원전 289)와 순자荀子(기원전 325~기원전 238)이다. 먼저 맹자는 인성론의 측면에서 선과 악에 대한 이해에 따라 인간의 본성은 선하다고 하는 '성선설性善說'을 주장하였다. 이러한 선한 본성을 더욱 확충시키고 발양시키면 완전한 인간, 즉 성인聖人이 될 수 있다고 여겼다. 또한 맹자는 공자의 '인' 사상을 정치에 적용해 '인정仁政' 이론을 제시하였다. 그는 통치자란 민심을 얻어야만 한다는 점을 강조하면서, 모든 정치제도가 백성을 위해 만들어져야 한다는 민본 위주의 정치철학을 강조하였다. 반면 순자는 맹자의 성선설에 반대하여 인간의 본성이 악한 증거로서 사람은 태어나면서부터 욕망을 지니

공자 설법

고 있고, 이러한 욕망 때문에 사회혼란이 끊이지 않는다는 '성악설性惡說'을 주장하였다. 인간의 본성을 하늘(天)의 일부로 여긴 맹자와는 달리 순자는 하늘을 '자연적인 하늘'로 파악하여 그것에는 아무런 도덕적 원리가 존재하지 않는다고 보았던 것이다. 그래서 그는 성인의 예로써 인간의 악한 본성을 바로 잡고 사회기강을 바로 세워야 한다고 주장했다. 이것은 유가사상의 큰 변화를 보여주었고, 이러한 사상은 법가사상에도 이론적 근거를 제공하는 계기가 되었다.

공자의 핵심사상인 인과 효제를 바탕으로 한 유가사상은 한대에 이르러 동중서董仲舒(기원전 179~기원전 104)의 건의에 의해 마침내 국교로 채택되었고, 이와 관련된 '효렴孝廉제도(향리에서 효가 지극하고 청렴한 자를 관리로 추천하는 것)'는 유가사상의 행동 원리가 되었다. 이러한 인간의 내적인 '인'과 외적인 '효제'를 균형 있게 갖추는 중도中道정신과 인본주의는 이후 중국문화의 사상적 근간이 되었다.

(3) 노장사상과 청담

전한前漢 초기에 황로黃老사상으로 불렸던 노장老莊사상은 노자老子(기원전 571?~기원전 471)와 장자莊子(기원전 369~기원전 286)의 사상이 결합된 것으로, 전국시대에 형성되었던 도가사상에 뿌리를 두고 있다.

도가사상은 바로 '무위자연無爲自然의 도道'를 말한다. 천지만물은 반드시 그 생성 원리가 있어, 생성·변화·발전·소멸의 과정을 거치는데, 이러한 과정은 특정한 힘이나 작용이 있어서가 아니라 '저절로 그렇게 되는 것'이다. 이처럼 저절로 그렇게 되고 또 그렇게 존재하는 것이 바로 '자연自然'이며, 이렇게 존재하도록 하는 것은 바로 '도'의 작용이다. 이러한 '자연'의 원칙에 따라 만물을 대하는 것이 바로 '무위無爲'이고, 이는 인위적인 행위를 가하는 것이 아니라 자연의 질서에 따르는 것이다. 그래서 노자는 인간의 생활 방식도 인위적인 욕망과 지식 등을 떨치고 '무위'에 이르도록 한다면 이상적인 사회가 수립될 수 있을 것이라 하였다. 장자의 사상은 노자의 사상과 조금의 차이는 있지만, 기본적으로 맥을 같이하고 있다. 이들의 사

장로(張路) 「노자기우도(老子騎牛圖)」
종이, 채색, 101.5 x 55.3㎝, 고궁박물원 소장

상은 결국 자연에 순응하고 현실을 벗어나 아무런 인위적 행위를 하지 않는 처세 철학이라 할 수 있다. 위진남북조 시기에 이르면 호족豪族이라는 새로운 지배세력이 출현하게 되는데, 호족의 등장으로 황제지배체제가 약화되고 사회질서가 혼란해짐에 따라 생사의 초월적 세계나 사후세계의 대안을 제시하지 못했던 유가사상은 쇠퇴하고, 인간의 고뇌와 갈등을 해소해 준 노장사상과 불교가 발전하게 되었다.

장자의 '나비의 꿈(莊周夢蝶)'
장자가 꿈에서 나비가 되어 자유롭게 날아다니다 깨어난 후 현실 세계와 꿈의 세계를 구분하지 못했다는 고사에서 유래한 것으로, 이는 차별과 대립의 관계를 부정하면서 만물이 나와 더불어 하나임을 깨닫는 '좌망(坐忘)'의 경지를 표현하고 있다.

한편, 후한 시기에 향리에서 인물품평으로 관리를 선발하던 청의淸議사상이 위진남북조시대에 이르면 현실을 비판하는 정치평론의 성격을 띠게 된다. 청담淸談사상가의 대표적 인물로 남조南朝 송나라의 유의경劉義慶(403~444)을 들 수 있다. 그는 『세설신어世說新語』에서 후한 말에서 동진 때까지의 명사들의 일화를 품평하고 있는데, 여기에 그의 청담사상이 잘 드러난다. 이를 통해 당시 정권 다툼으로 피해를 입은 사대부들이 현실을 초월한 우아하고 고상한 담론을 즐겼음을 알 수 있다.

위진남북조 시기 사상계의 변화를 대표하는 사상가들이 출현하면서 개인주의와 은둔주의가 발달하였다. 그러나 귀족사회가 발전함에 따라 은둔주의보다는 장자의 무정부주의적 사상이 더욱 발전하였는데, 이러한 무정부주의적 사상의 대표적인 인물로 죽림칠현竹林七賢(완적阮籍, 혜강嵇康, 산도山濤, 상수向秀, 유령劉伶, 완함阮咸, 왕융王戎)을 들 수 있다. 이들은 유가사상의 예교적 형식주의에 반박하면서 노장사상에 참신한 해석을 더하여 사상적인 발전을 이루었다. 또한 귀무론貴無論을 주장한 하안何晏과 왕필王弼을 비롯한 청담사상가들은 모두 현실 정치를 벗어나 현실적인 유가사상보다는 노장사상의 무위자연 사상을 꽃피웠다. 그러나 청담의 주체는 본래 노장사상이었지만, 당대에 이르러 불교가 성행하면서 청담도 불교사상화 되어 갔다. 따라서 청담은 현실 도피라는 비판을 받기도 했지만, 한편으로는 자유와 개성을 강조한 심미적 안목에서 중국인들의 자아의식을 고취하는 결과를 낳았다고 할 수 있다. 나아가 위진남북조 시기의 노장사상과 청담은 춘추시대에 버금가는 철학사상을 꽃피웠기에, 당시 사상을 대표하는 역사적 의미도 크다 하겠다.

주희   왕양명

(4) 이학과 심학사상

송대에 이르러 유가사상은 불교와 노장사상을 혼합한 상태에서 이른바 '신新유학'으로 거듭나면서 새롭게 흥성하였다. 당시의 신유학은 '도학道學', '이학理學', '송학宋學'이라고도 하였다. 이학의 창시자는 주돈이周敦頤 (1017~1073년)이다. 대표적인 유파로는 정호程顥·정이程頤(이정二程) 형제의 '낙학洛學'과 더불어 남송 시기에는 주희朱熹(1130~1200)의 '민학閩學', 육구연陸九淵의 '강서지학江西之學'이 있으며, 명 중기에는 왕양명王陽明 (1472~1529)의 '양명학陽明學' 등이 있다. 이들 유파는 각기 다른 이론체계와 특징을 지니고 있었지만, 기본적인 관점과 영향은 크게 두 가지로 나뉘었다. 그것은 이정과 주희를 대표로 하는 '정주이학程朱理學'(주자학 또는 성리학이라고도 함)과 육구연과 왕수인王守仁을 대표로 하는 '육왕심학陸王心學'(양명학이라고도 함)이었다.

정주이학으로 불리는 송대 주자학은 불교와 도교에 대한 비판에서 비롯되어 유교의 인성론을 근간으로 한 유가사상의 우위성을 제기하면서 시작되었다. 이리하여 유가경전을 연구하면서 우주의 원리와 인간의 본성을 파악하여 인간정신을 함양하는 실천적인 학풍이 퍼져 나갔던 것이다. 여기에 새로운 연구를 시도한 주돈이는 『태극도설太極圖說』을 저술하여 도가사상과 한대 유학자의 음양오행설[1]을 조화시켜 송대 주자학의 창시자가 되었다. 『태극도설』의 이론적 기초는 노장사상에서 비롯되었지만, 그 근거를 무無에서 구하지 않고 인간이 탐구하면 깨달을 수 있다는 '리理(본체)'에 두고 있다. 즉, 무극無極이 바로 태극太極이라는 우주의 절대적 경지를 '리'라는 진리로 해석한 것이다. 이러한 논리를 바탕으로 남송 시기 주희는 도교의 종교적 사상과 노장사상의 신비주의를 비판하면서 '이기이원론理氣二元論'으로 주자학을 완성하였다. 그러므로 주자학에는 개인의 도덕과 사회질서를 지향하는 실천성이 있었다. 나아가 도덕적 실천주의파는 주자학에서 도덕적 실천 방법으로 먼저 '리理'를 인식하고 그 후에 실천을 강조한 궁리窮理, 즉 오랜 기간 수양에 의해 깨달음을 얻는 '격물치지格物致知'에 의해 올바른 인식에 이르고, 거경居敬에 의해 덕성을 지닐 것을 강조하였다. 이리하여 주자학은 사대부층에서 학문의 주류를 차지하였고, 명대에 이르면 관학官學으로 채택되면서 중국 정치와 교육의 기본이념이 되었다.

그러나 육왕심학으로 불리는 양명학은 주자학의 이기이원론에 일격을 가하면서 이기일원론理氣一元論으로서 '심즉리心卽理'를 주장하였다. 이것은 바로 '심(마음)'이 인간의 주체이며, 인간이 사회와 우주의 주인이 된다는 사상이었다. 양명학을 창시한 왕수인은 청년 시절에는 주자학의 신봉자였다. 그러나 주자학의 격물치지설에 의문을 품기 시작하면서 육구연의 심학에 관심을 가지고 이를 토대로 한 심즉리설을 제창하게 되었다. 이렇듯 주자학과 양명학은 모두 진리를 추구하지만 그 방법론에서 차이가 있다. 주자학은 오랜 기간의 수양을 통해 깨달음에 이른다고 보는 반면, 양명학은 정신을 집중하여 한순간에 깨달음을 얻는다고 보는 것이다. 다시 말해, 태극과 무극의 이론을 근본에 두고 독서를 통해 성인의 도를 깨우쳐야 한다는 주자학과 달리, 양명학은 인간의 마음은 본래 절대적으로 선하여 본래의 모습으로 되돌리도록 노력해야 한다는 것이다. 그래서 양명학에서는 이를 실행하기 위해 마음의 작용으로서 중요한 양지良知를 충분히 활동시켜야 한다고 하였다. 또한 지식도 단순히 안다는 것에 그칠 것이 아니라 반드시 행동하는 지식이어야 한다는 '지행합일知行合一'을 주장하였다. 이학인 주자학과 심학인 양명학은 실천 방법에 차이가 있을 뿐, 윤리 도덕을 유지한다는 기본 관념은 일치한다고 볼 수 있다. 이러한 주희의 사상은 한국으로, 왕양명의 사상은 일본으로 전파되었다.

---

1 음양설은 인간 사회의 모든 복잡다단한 현상을 '음'과 '양'의 두 '효(爻)'로 개괄하고, 이를 통해 천지 만물의 변화를 예측하고 설명하고 있다. 오행설은 『서경(書經)』에서 비롯한 것으로, 목(木), 화(火), 토(土), 금(金), 수(水)의 다섯 가지가 음양의 원리에 따라 운행됨으로써 우주의 만물이 생성하고 소멸하게 된다는 것을 설명하고 있다.

황종희

(5) 실학사상과 고증학

명 말의 급변하던 시대를 사상적으로 정리해보면 이것은 '세상을 다스림에 있어서 학문은 실익을 증진하는 것이어야 한다.'라는 '실학實學사상(경세실학經世實學)'이라 할 수 있다. 즉, 당시 학자들의 주된 관심은 바로 농업과 상업을 중시하고 백성을 부강하게 하는 것이었다. 대표적인 학자로는 서광계徐光啓, 고염무顧炎武, 황종희黃宗羲, 청대의 왕부지王夫之 등이 있다. 이들은 교육 및 과거제도와 토지제도의 개혁을 주장하였고, 학문적으로도 주자학과 양명학과는 그유파를 달리하고 있었다. 다시 말해 청대 고증학考證學[2]의 시초가 된고염무도 주자학 계통이었고 황종희도 양명학 계통이었지만, 오히려 이들은 당시에 성행하고 있었던 양명심학에 대항하였고, 주자학에 대해서도 경서經書를 고증학적인 역사연구방법론으로 연구해야 한다는 새로운 학풍을 주도하였던 것이다. 사실 명말 청초의 이러한 사상적 변화는 청대의 문화 통제정책과 관련이 있었다. 즉, 청대의 '문자의 옥獄(출판의 검열)'이나 강압적 사상통제 정책으로 인해 학자들이 주관적으로 화이사상華夷思想을 연구할 수 없게 되자, 문헌에 입각한 고증주의를 취할 수 밖에 없었던 것이다. 이리하여 지식인으로서 책임의식을 지닌 황종희, 고염무, 왕부지 등은 경세사상을 추구하였고, 이와 더불어 유가사상의 근본정신을 경세치용經世致用에 두었다. 이러한 실학사상은 '실사구시實事求是'의 기초 위에 명확한 근거를 바탕으로 사실을 파악한 실증주의 연구방법인 고증학으로 발전하게 되었다. 대표적인 업적으로 황종희의『명이대방록明夷待訪錄』과 고염무의『일지록日識錄』등을 들 수 있다.

이러한 실용주의 학문은 농학과 자연과학 부문에서도 많은 성과를 남겼다. 약학과 식물학의 백과사전인 이시진李時珍의『본초강목本草綱目』, 서광계의『농정전서農政全書』, 농공업의 이론과 실제를 그림으로 서술한 송응성宋應星의『천공개물天工開物』등의 실용주의 서적이 출현하였지만, 실제 생활에 적용될 만큼 널리 보급되지는 못하였다. 하지만 고증학은 청 중기에 이르러

---

2 명 말기에 일어나 청나라 때에 발전한 학문으로, 옛 문헌에서 확실한 증거를 찾아 경서를 설명하려고 하였다.
3 유교 경전의 내용을 연구하는 학문

전성시대를 맞이하였고, 후기로 접어들면서 경학經學[3]연구에 새로운 학풍을 불러일으켰다. 고증학이 발달함에 따라서 전한시대의『춘추공양전春秋公羊傳』(공자의『춘추』를 해설한 주석서)을 중심으로 한 경학이 경세치용적인 성격을 나타냈는데, 태평성대라는 역사철학을 세우는 데 공양전의 이론을 이용할 필요가 있었던 것이다. 이리하여 공양학을 중심으로 한 학문운동이 생겨났다. 그것은 바로 아편전쟁 전후 캉여우웨이康有爲(1858~1927)와 량치차오梁啓超(1873~1929) 등이 펼쳤던 변법운동이었다. 그런가 하면 고증학은 고증의 필요성 때문에, 한대 이후 무시되었던 유가 이외의 제자백가 사상도 연구대상으로 삼았다. 이러한 제자의 학문적 사상 연구는 유럽 학술에 대항하기 위해 가속화되었으며, 신해혁명辛亥革命 직전까지만 해도 공자 역시 제자諸子의 한 사람으로서만 인식되었던 것이다. 이 때문에 유가의 권위가 실추되었을 뿐만 아니라, 국가통치의 이데올로기로 여겼던 중화제국의 질서마저 무너지는 사상적 변화를 초래하였다. 따라서 고증학은 고증을 위한 방법론에 치중하면서 학문의 추구만 강조한 나머지 사상의 꽃을 피우지 못했다고 할 수 있다.

고염무

현대 중국 사상

1980년대 이후 신유학의 3세대인 두웨이밍杜維明을 중심으로 청중잉成中英, 류수셴劉述先 등은 내성외왕內聖外王(학식과 덕을 겸비함)의 신유학적 관점을 국내외로 확대하였다. 이는 서구의 문명을 수용하고 여기에 중국의 유가 전통을 결합해 중국의 '현대화'를 실현하고자 하는 것이었다. 두웨이밍은 기존의 서구 중심적 사고에서 벗어나 유학 속의 인문정신과 서구문명을 융합하여 중국의 새로운 미래상을 제시하고자 하였다. 이처럼 현대 신유학자들은 중국 사회가 현대화의 길로 나아가는 것이 반드시 서구화가 되어야 함을 의미하지는 않는다는 점을 강조하였다.

21세기에 이르러 중국은 정치적 군사적 이미지가 아닌 문화를 통해 세계와 소통하려는 의지를 보여주고 있다. 중국 전통문화의 자원을 세계로 수출하여 중국의 정신과 소프트파워 역량을 세계에 널리 알리겠다는 '문화대국 전략'이 그것이다. 중국이 추진하는 전통문화 재창조의 바탕에는 중국적 사유의 근간이 되는 '중국 사상'이 자리하고 있으며, 이 사상은 특히 '유가사상의 부활'을 꼽을 수 있을 것이다.

2. 중국의 교육

교육은 인류의 사상과 문화를 전파하는 주요한 수단이다. 중국 교육의 출발은 새로운 지식의 전수에 중점을 둔 것이 아니라 중국 전통 사상의 올바른 이해와 실천에서 시작되었다. 중국 전통 사상의 전수는 일찍이 은殷·주周 시기부터 시작되었다. 당시 학문 영역은 관부官府에서 주관하였고, 그 대상 또한 일부 귀족계층에 국한되어 이루어졌다. 씨족사회의 지배계층을 위한 교육이었던 '육예六藝'는 예禮(예법), 악樂(예술), 사射(무예), 어御(말과 수레타기), 서書(문학), 수數(수학)로, 이는 당시의 필수 과목이었다. 은·주 시기의 귀족교육은 춘추시대로 접어들면서 해체되었고, 새로운 지식을 교육받기 위해 훌륭한 스승을 찾는 경향이 나타났다. 즉, 개인적으로 교육받는 학문적 집단이 구성되었던 것이다. 제자백가의 사상과 학문은 학문적 집단으로 이루어졌다는 특징이 있었다. 앞서 언급하였듯이 제나라에 '직하학궁'이 세워진 것을 비롯하여 공자가 3,000명의 제자를 교육하였고 맹자도 1,000여 명의 제자가 있었다는 데서 사학私學적 성격의 학문집단이 있었음을 알 수 있었다.

유가가 다른 학파보다 우위에서 중국 사상계와 교육계의 주류를 이룬 데에는 몇 가지 요인이 있다. 먼저 유가는 다양한 사상을 포용하고 있는 '경전經典'을 지니고 있다는 점을 들 수 있다. 유가경전은 고대로부터 내려오는 중국인의 사상이 내포되어 있고, 인간이 갖추어야 할 윤리를 강조한 장점도 있었다. 공자로부터 직접 교육을 받은 제자들뿐만 아니라 경전교육을 통해 유가사상을 지닌 수많은 유학자가 배출되었다. 『논어』「학이學而」편의 첫 구절인 "배우고 때때로 익히면 또한 기쁘지 아니한가(學而時習之 不亦說乎)."라는 내용은 바로 자신의 수양은 물론 세상을 향한 유가교육의 본질이 무엇인가를 분명히 밝히고 있다. 이처럼 공자는 교육을 통해 보다 나은 인간으로 발전할 수 있다고 믿은 최초의 교사였던 것이다. 둘째, 공자는 제자들이 당시에 사회를 향해 자신의 지혜와 능력을 공헌할 수 있도록 교육하였다. 예컨대 염유冉柔는 재정관리, 자로子路는 국방안보, 자하子夏는 문서관리, 자장子張은 제후를 보필하는 역할, 안회顔回는 안빈낙도安貧樂道하며 학문에 정진하였고, 자공子貢은 외교에 유능함을 보였다.

중국 고대문헌 중에서 교육에 대한 최초의 기록인 『맹자孟子』「진심盡心」편에 보면, "군자에게는 세 가지 즐거움이 있는데, 천하의 뛰어난 인재를 얻어 교육하는 것이 세 번째 즐거움이다."라고 하였다. 맹자는 여기에서 고대의 뛰어난 인재교육 양성에 대한 교육의 가치를 분명히 말하고 있다.

(1) 고대 관학교육

제자백가 사상 이외에 고대의 학문으로 문학, 사학, 예술이 있었다. 군자의 교육으로 예禮와 악樂을 중시했던 공자의 유가사상은 한나라 때 국교가 되면서 의식과 예법이 더욱 강조되었다. 이때(기원전 136) 고대 관학官學교육의 최고 학부學府의 하나인 태학太學이 수도 장안長安(지금의 시안)에 처음 설치되었고, 오경五經(역경易經, 서경書經, 시경詩經, 예기禮記, 춘추春秋) 박사를 두어 오경을 전문적으로 교육하였다. 오경을 교육받은 학생 가운데 우수한 자는 낭중郎中(관리후보)으로 선발하였고, 지방에서도 효렴을 선발해 중앙관리로 등용시켰다. 한대에는 학자가 곧 관리가 되었고, 관리가 관직에서 물러나면 고향에서 다시 학자로서 학문을 하는 것이 이상적인 것으로 인식되었다. 그래서 중국인의 의식 속에는 '교육의 목적'이 관리가 되는 것이기도 하였다. 즉, 유교 이념에 따른 교육은, 소인을 군자로 교육하는 것이고 군자가 되면 관료로서 입신양명하는 것을 의미했다. 따라서 과거제도와 밀접한 관계가 있는 당시 관학교육은 관료가 되는 과거 시험의 교육이 되었기에, 순수학문이나 진리탐구의 교육은 아니었던 것이다.

중국 고대의 대학인 태학

당唐대에 이르면 중앙의 관학은 국자학國子學, 태학, 사문학四門學, 율학律學, 서학書學, 산학算學의 6학과 홍문관弘文館과 숭문관崇文館의 2관이 있었다. 관학에 입학할 수 있는 자격은 신분제도에 따랐다. 예컨대, 국자학 정원이 300명이면, 3품 관료 이상 귀족자손을 선발했다. 특히 숭문관은 당 고종高宗 때부터 학사와 생도를 두어 황족과 재상의 자녀들만 입학시켰다. 교육과정을 보면 수업연한이 6년인 율학을 제외하고는 대부분 9년이었고, 졸업 후 관리가 되려면 국자감國子監에서 시행하는 책시策試에 합격해야 했고, 책시 후

중국 고대 과거시험

에도 예부禮部 시험에 합격해야만 했다. 당대의 관학은 태종 때에 가장 발전하여 고구려, 신라, 백제, 일본, 서역 등 외국에서도 유학생이 밀려들 정도였고, 6학 2관의 수강생이 8,000여 명에 이를 때도 있었다.

송대의 학교 교육 역시 문신관료제의 발달로 인해 과거 시험의 합격에 중점을 두었기에, 일반교육이나 학문연구로서의 진리탐구는 어려웠다. 송대의 관학은 국자감 아래 경학을 가르쳤던 국자학, 태학, 사문학四門學과 각종 전문지식을 가르쳤던 기술학교(율학, 산학, 서학, 화학畫學, 의학醫學, 무학武學)가 있었다. 당대와 달리 송대에는 국자학 이외에는 일반 평민도 입학할 수 있었다. 인종仁宗 때는 범중엄范仲淹의 학교진흥정책으로 새로 태학을 설립하면서 학생 수도 늘어났고, 이로 인해 관학이 더욱 발전하였다. 신종神宗 때는 왕안석王安石도 태학진흥책을 실시하며, 300여 명에 불과했던 태학생이 적게는 2,400명에서 많게는 3,800명으로 늘어났다. 다시 말해 이 시기가 송대 태학의 전성기였던 셈이다.

명대의 학교 교육은 송대의 제도를 계승하면서 강화시켜 나갔다. 특히 명대의 학교 교육은 과거 시험과 더욱 밀접한 관계를 지녔다. 당시 과거 시험은 팔고문八股文 형식으로 작성해야 했기 때문에, 복고주의 유가경전에서 팔고문과 관련된 부분만 암기하는 결과를 가져왔다. 이로 말미암아 사상과 학문이 제대로 발전하지 못했다.

이처럼 고대 관학교육은 조정에서 직접 관할하여 '사서四書'와 '오경'을 위주로 한 유가경전을 가르쳤고, 이를 통해 통치에 적합한 인재를 배양하는 데 중점을 두었다. 이것은 다름 아닌 유가사상을 기반으로한 통치를 더욱 강화하기 위한 발판이었음을 알 수 있다.

(2) 고대 사학교육

관학에 상대하여 존재했던 사학私學 또한 고대 중국의 교육에서 중요한 위치를 차지하고 있다. 공맹孔孟의 사상뿐만 아니라 제자백가 사상이 만연했던 춘추전국시대에 사학이 가장 발달했었고, 그 가운데 공자의 사학이 규모나 영향 면에서 가장 컸다고 할 수 있다. 이러한 제자백가 사상과 학문이 사학적 교육의 성격을 지니게 된 것은 당시 학문의 전달방법 문제이기도 했다. 즉, 춘추전국시대가 학문연구를 할 만한 여건이 보편화하지 못한 이유로는, 종이가 발명되기 전이었으므로 책의 보급이 어려웠고, 또한 문자가 통일되지 않

남호서원(南湖書院)

안후이성(安徽省) 황산시(黃山市) 이현(黟縣)에 위치한 남호서원(南湖書院)은 청대 가경(嘉慶) 19년(1814)에 지어졌다. 지도당(志道堂), 문창각(文昌閣), 회문각(會文閣), 계몽각(啓蒙閣), 망호루(望湖樓), 지원(祇院) 등 6개의 건축물로 이루어져 있으며, 그 중 사진의 지도당은 당시 수업을 하던 장소였다.

아 지역마다 차이가 있어서 지식 획득이 쉽지 않았다는 데 있었다. 따라서 사학교육의 방법은 스승이 말하면 제자는 질문하는 형식이었는데, 바로 『논어』가 그 대표적인 강의 내용이다. 이와 관련하여 사학에서는 스승과 제자의 관계에서도 스승의 절대적 권위가 확립될 수밖에 없었고, 스승의 학설을 무조건 순종하는 학풍이 지배했다. 이러한 사학의 영향은 중국에서 객관적인 학풍의 발전을 더디게 하는 결과를 가져왔다.

한대에는 유가사상을 국교로 하여 '금문경학今文經學'을 관학으로 삼으면서도 사학을 금지하지 않았다. 그래서 '고문경학古文經學'은 개인이 전수하는 사학이 되었고, 후한 말기에 이르러서는 사학이 관학을 압도하게 되었다. 위진남북조시대에는 관학이 쇠퇴하고 사학이 번영하였다. 이 시기 사학은 전통적 유학에서 벗어나 현학, 불학, 도교, 과학기술 등을 모두 다루었다.

당대에 이르러 서원書院은 장서藏書 기능의 관립도서관 형태를 취하였고, 오대십국五代十國 시기에 학교식 서원이 설립되었다. 송대가 되어서야 관립서원과 사립서원의 서원제도가 생겨났다. 서원을 설립한 자들은 거의 유생들이었고, 이들의 명칭도 동주洞主, 당장堂長, 산주山主 등 다양했다. 이리하여 서원은 지방교육에서 중요한 위치를 가지게 되었다. 서원은 학교와 비슷하지

악록서원

백록동 서원

만, 교과목과 학규는 관학과 달리 그다지 엄격하지 않았다. 교육 취지 또한 과거 시험에 치중하지 않고, 인격수양을 더 중요히 여겼던 것으로 볼 수 있다.

대표적인 서원으로는 창사시長沙市의 악록서원岳麓書院, 지우장시九江市의 백록동서원白鹿洞書院, 상치우현商丘縣의 응천서원應天書院 그리고 헝양시衡陽市의 석고서원石鼓書院 등이 있다. 서원에서는 주로 도서의 보관과 열람을 관장하였고, 공덕이 많은 선대 유학자에게 제사를 지내기도 하였으며 명망 있는 유학자를 초빙하여 강좌를 열기도 했다. 따라서 관학이 과거 시험에 치우친 교육이었던 만큼, 관학에서 결여되었던 학문 순수성의 진리탐구 부분을 사학의 교육으로 채워주었던 것이 서원의 역할이었음을 알 수 있다.

(3) 현대 교육

중국은 개혁개방 이후 여러 차례 교육개혁을 시행하였다. 먼저 1985년에 「교육체제 개혁에 관한 결정」을, 1993년에는 「중국교육개혁과 발전강요」를 발표하여 교육체제 개혁과 전인교육을 계속 심화시켜 왔다. 2000년 이후 중국 교육개혁은 중국공산당 제17대 전국대표대회(2007)에서 「2010~2020 국가중장기교육개혁 및 발전전략」을 발표함으로써 새로운 전기를 마련하였다. 이것은 2020년까지 인구의 절반이 교육을 받게 하여 중국을 인적자원 강국으로 변모시키겠다는 중국 정부의 강력한 의지를 담고 있다.

중국 정부가 이러한 중장기 발전전략을 수립한 것은 중국 교육의 문제점을 해결하려는 노력의 일환이다. 현재 중국이 안고 있는 교육의 문제점은 먼저, 베이징이나 상하이를 위시한 대도시는 물론이고 중소도시 더 나아가 농

희망공정(希望工程)
희망공정은 빈곤지역의 학생들을 돕고 교육환경을 개선하는 것을 목적으로 하는 중국의 민간 주도 공익사업이다. 희망공정 사업은 1989년 10월 중국공산주의청년단이 중국청소년발전기금회를 설립하면서 시작되었다. 당시 중국은 개혁개방의 후유증으로 매년 100만여 명의 어린 학생들이 학업을 포기하고 있었고, 이 중 84%가 농촌에 집중되어 있었다. 1989년 이후 20년간 '희망공정'으로 세워진 희망소학교는 모두 1만 6,000여 개에 이르며, 약 350만 명의 학생들이 희망공정으로 인해 학업을 이어갈 수 있었다고 한다.

촌에까지 만연한 사교육 열풍을 들 수 있다. 특히 한 자녀를 가진 학부모들은 자녀 교육에 많은 힘을 쏟음으로써 경제적으로 큰 부담을 안고 있으며, 이것이 심각한 사회문제로 대두하기도 하였다. 둘째, 도시와 농촌 간의 교육 불균형 현상이다. 인구가 많은 농촌보다 인구가 적은 대도시를 중심으로 정부의 교육투자가 이루어지고 있어, 농촌 학생들은 도시 학생보다 차별 대우를 받고 있는 실정이다. 이

희망공정의 혜택을 받는 농촌 지역 학생들

러한 문제점을 해결하기 위해 중장기 발전전략에서는 공평한 교육 기회의 부여, 질적 제고를 통한 지역 간 교육격차 완화, 혁신적 인재 양성을 주요 의제로 삼고 있다. 이를 위해 중국정부는 GDP의 4%를 교육에 투입하여 교육우선발전전략을 추진하겠다는 계획을 세우고 있다.

현재 중국의 교육은 취학전교육, 초등교육, 중등교육, 고등교육의 4단계로 나뉜다. 학제는 초등교육 6년, 중등교육(중학교 3년, 고등학교 3년) 6년, 고등교육 4년으로 운영하고 있으며, 이 중 초등교육과 중등교육(중학교)은 의무교육을 시행하고 있다. 「2010~2020 국가중장기교육개혁 및 발전전략」에서는 고등학교 진학률을 90%까지, 대학진학률을 2010년의 26.5%에서 궁극적으로 40%까지 올리는 것을 목표로 하고 있다.

참고 문헌

『**중국철학사**』, 펑우란 저, 박성규 역, 까치, 2004

『**동양문화사**』, 존K. 페어뱅크 외 저, 김한규 외 역, 을유문화사, 1999

『**동아시아사상사**』, 마츠시마 타카히로 외 저, 조성을 역, 한울, 2000

『**중국문화개론**』, 리중구이 저, 이재석 역, 동문선, 1991

더 읽어야 할 자료

『**중국철학의 흐름**』, 임태승 저, 학고방, 2005

『**생각하고 토론하는 중국철학 이야기**』(1~3), 강신주 외 저, 책세상, 2006

『**중국교육의 굴기**』, 김경식 외 저, 교육과학사, 2010

예술이 숨쉬는 곳

08 문학

　　5,000년의 역사를 지나오면서 부단히 발전해 온 중국문학은 작가나 작품 수, 문학적 수준에 있어서 전 세계 어느 나라와 비교해도 결코 뒤지지 않는다. 이백李白이나 두보杜甫 같은 세계적 시인이 있는가 하면, 『삼국지三國志』, 『서유기西遊記』, 『홍루몽紅樓夢』 등과 같은 소설, 『논어論語』, 『맹자孟子』 등과 같은 산문들은 현대에 이르기까지 중국 및 세계문학사 전반에서 큰 영향을 미치고 있다. 소위 3경이라 일컬어지는 『시경詩經』, 『서경書經』, 『역경易經』이 모두 기원전 770년 주周 왕조에서부터 기원전 221년 진시황秦始皇이 천하를 통일하기 이전까지를 일컫는 춘추전국春秋戰國시대에 쓰여진 기록이라 할 때, 중국문학의 탄생 자체도 세계문학 일반에 비해 대단히 이른 것이라 할 수 있다. 특히 5,000년을 이어 한 가지의 언어와 문자로 계승 발전해 온 중국문학사는 세계 역사상 그 유래를 찾을 수 없기에 더욱 그 의미가 크다.

　　일반적으로 문학의 장르는 크게 '시'로 대표되는 운문韻文과 '수필'이나 '소설'로 대표되는 산문散文으로 구분할 수 있다. 운문, 특히 시의 탄생과 발전은 '원시종합예술'과 대단히 밀접하게 관련되어 있다. 노래와 춤과 음악이 뒤섞인 원시종합예술에서 노래의 가사가 점차 시로 발전했음은 주지의 사실이다. 중국문학사에서 시가 가장 먼저 발달하게 된 이유도 이와 다르지 않다. 이에 관해서는 다음과 같은 기록에서 그 증거를 찾을 수 있을 것이다. 주로 전설 시대의 역사를 기술하고 있는 『상서尚書』「순전舜典」에는 다음과 같은 구절이 있다. "제가 경磬을 치고 두드리니, 온갖 짐승들이 저를 따라 춤을 추었습니다(予擊石拊石, 百獸率舞)." 이 이야기는 원시 부족이 제사와 같은 큰 행사를 치를 때, 돌로 만든 악기인 경을 치면서 각종 동물의 자태를 흉내 내어 춤을 추었던 것을 묘사하는 것이다. 또, 전국시기 진秦나라의 승상이었던 여불위呂不韋가 쓴 역사서 『여씨춘추呂氏春秋』「고악편古樂篇」에 기재된 "옛날 갈천씨葛天氏의 음악은 세 사람이 소 꼬리를 잡고, 다리를 내차면서 '팔결'을 노래하는 것이었다(昔葛天氏之樂, 三人操牛尾, 投足以歌八闋)."라는 기록 역시 선사시대 사람들의 원시적 가무 모습을 묘사하는 내용이다. 이 기록들을 통해, 선사시대에는 노래와 춤과 음악이 하나로 결합되어 있었을 뿐만 아니라, 그중에서 노래의 가사가 점점 시로 발전했음을 알 수 있다.

이렇듯 중국문학은 크게, 『시경』과 『초사楚辭』로 대변되는 운문과 사서四書를 비롯한 제자백가諸子百家의 사상서 및 소설 등으로 대표되는 산문의 역사가 대표적인 두 갈래의 줄기를 이룬다. 다만, 시대의 추이에 따라 갈수록 성숙해 가는 한편, 사詞나 곡曲 그리고 잡극雜劇 등의 새로운 형태로 파생하거나 완전히 새로운 장르가 탄생하기도 하는 등 다채로운 변화 속에 끊임없이 계승 발전해 오늘에까지 이르고 있다.

1. 중국문학의 발생과 특징

(1) 『시경』

중국문학의 역사는 『시경』에서 발원한다고 할 수 있다. 『시경』은 서주西周 초기에서 춘추시대 중엽에 이르는 약 500여 년간에 걸쳐 민간에 유행하던 노래의 가사 중 311편을 공자孔子가 엄선해 편집한 중국 최초의 가요집歌謠集이다. 『시경』에 수록된 가사들은 당시 민간에 전해 내려오던 각 지역의 민요와 연회 및 제사에 사용된 노래들로써 중국 '시'의 원류로 여겨지고 있다. 그 중 여섯 편은 가사 없이 제목만 기재되어 있어, 가사가 수록된 현존하는 시는 총 305편이다. 이들은 각기 유행한 지역 또는 사용된 행사의 종류에 따라 풍風·아雅·송頌의 세 종류로 구분된다. '풍'은 여러 제후국에서 유행하던 민요 160편을 모은 것으로, '국풍國風'이라고도 한다. 대부분 연애와 결혼을 소재로 하고 있지만 예술성이 매우 뛰어날 뿐만 아니라, 생활 속의 다양한 모습과 심리 표현이 모두 소박하면서도 진실하다.

'아'는 궁중 의식이나 연회에 쓰이던 곡조에 붙인 가사로, 대아大雅 74편과 소아小雅 31편으로 나뉜다. '송' 40편은 종묘제례에 쓰이던 노래이며, 주송周頌·노송魯頌·상송商頌으로 나뉜다. 아래는 『시경』의 제일 처음에 나오는

「관저關雎」라는 시이다. 매우 서정적이면서도 청춘남녀의 애틋한 사랑의 감정을 느낄 수 있는 민요이다.

> 구룩구룩 물수리는　關關雎鳩
> 황허의 섬 가에서 우는데　在河之洲
> 아리따운 아가씨는　窈窕淑女
> 군자의 좋은 짝일세라　君子好逑
>
> 　　　「주남周南·관저關雎」

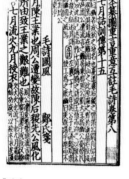

『시경』

『시경』은 수록된 시의 수가 300여 편이라는 이유로 일명 '시삼백詩三百'이라 일컬어지며 춘추시대부터 이미 널리 읽히고 있었다. 공자 이후의 유가儒家 학파들은 모두 이 내용을 교본으로 삼았을 뿐만 아니라 대를 이어 전수했다. 비록 진시황 때 '분서갱유焚書坑儒'의 참화를 입긴 했지만 그 명맥이 끊이지 않고 계승되었고, 한나라 때에 이르러 조정으로부터 정식 경전으로 숭상됨으로써 '오경五經'[1]의 반열에 들게 되었다.

(2) 『초사』

『시경』이 황하 유역의 중원中原 문화를 배경으로 한다면, 굴원屈原(기원전 340?~기원진 278?)의 작품으로 대표되는 『초사』는 강회江淮[2] 유역의 환상적이고도 낭만적인 지역적 분위기를 배경으로 탄생했다. 『시경』의 시들은 모두 삶의 현장에서 느끼는 소박한 감정이나 일상생활에 관한 현실의 이야기를 사실적으로 다루고 있다. 이와 달리 『초사』의 내용은 우주의 신비나 천지만물의 생성 또는 땅 위에 존재하는 신비한 것들에 관한 이야기를 주술적으로 묘사하고 있어, 읽는 이로 하여금 대단히 신비롭고 환상석인 느낌을 갖게 한다. 이러한 차이는 아마도 『시경』이 주로 삶의 환경이 척박하고 곤궁한 북방 지역을 배경으로 하다 보니, 주로 현실적인 인간의 삶을 사실적으로 다루게 된 반면, 『초사』는 온화한 기후와 풍부한 자연자원을 바탕으로 여유로운

---

1 중국고전 중 『논어』·『맹자』·『대학(大學)』·『중용(中庸)』을 일컬어 사서라 하고 『시경』을 비롯해 『서경』·『역경』·『예기(禮記)』·『춘추(春秋)』를 일컬어 오경이라 한다.
2 창장(長江)과 화이수이(淮水)

삶을 영위할 수 있는 남방 지역을 배경으로 하다 보니, 낭만적인 묘사를 하게 된 데서 비롯되었을 것이다. 한편, 이러한 지리환경과 관련된 경제사적 이유 외에도, 공자의 유가사상에 근거해 『시경』의 사실주의를 논하는 경우도 있다. 즉, 유가의 이성주의가 지배하던 북방 중원 지역에서는 "괴이한 일, 폭력적인 일, 어지럽고 혼란스러운 일, 그리고 귀신에 관해서는 말하지 않는다(子, 不語怪力亂神)."라는 공자의 철학에 기초해 남방과 같은 신화적 요소나 환상적 분위기를 철저히 배제했다는 것이다. 아무튼 이러한 사실주의적 『시경』 전통과 낭만주의적 『초사』 전통은 이후 중국문학의 발생과 발전에 하나의 패턴을 이루며 반복해서 영향을 미치고 있다는 사실에 주목할 필요가 있다.

굴원

2. 제자諸子 산문과 『사기史記』

이상에서 살펴본 바와 마찬가지로 중국문학사는 『시경』과 『초사』라는 운문의 전통이 선행하면서 풍부한 중국문학의 자양분을 형성했다. 이 시기, 이와는 별도로 산문의 전통도 흥성하고 있었다. 군웅群雄이 할거하던 춘추전국시대에 들어서면서 전국 각지의 내로라 하는 문인 식객들이 자신의 생각이나 포부를 펼치기 위해 조리 있는 글을 써서 발표했다. 이런 분위기 속에서 수많은 사상가와 철학 유파들이 탄생하기에 이르렀다. 이들의 저술은 곧 유가, 불가佛家, 도가道家를 비롯해 법가法家, 묵가墨家, 음양가陰陽家 등의 유파를 이루어, 온갖 사상이 열리고 백화가 만발하듯 '백가쟁명百家爭鳴', '백화제방百花齊放'의 시대가 열렸다. 이 시기에 제자백가諸子百家라 일컬어지는 뭇 사상가들이 출현했는데, 그들의 저술이 곧 중국 산문사의 시작이었다 하겠다.

이 시기의 산문은 내용에 따라 크게 다음의 두 가지로 나뉜다. 하나는 『좌전左傳』, 『전국책戰國策』 등과 같이 각국의 정치·경제·외교·군사 활동을 기록한 역사 산문이며, 다른 하나는 『논어』·『맹자』·『장자莊子』 등과 같이 유가·도가·묵가·법가 등 선진 제자들의 정치적 관점을 담은 철학 산문이다.

춘추시대 말기부터 전국시대 초기까지 많은 제자서가 출현했는데, 그중에서도 '문장'의 측면에서 볼 때 가장 중요한 것으로 노자老子의 『도덕경道德經』과 공자의 말씀을 채록한 『논어』를 들 수 있을 것이다. 『도덕경』은 산문과 운문을 섞어 운용한 격언체의 문장으로, 문체가 질박하고 철리성哲理性이 풍부한 저작이다. 『논어』는 어록체의 산문집으로, 주로 유학儒學의 창시자인 공자의 사상과 언술을 기록하였다. 당시 문인들의 필독서였던 『논어』는 문학적 측면에서 간결한 언어, 함축적 의미, 온유한 품격 등으로 특징지어진다. 『논어』에서 처음 시작된 어록체는 이후 많은 사람에게 영향을 미쳤다. 송宋대 '정주이학程朱理學' 또는 '신유학新儒學'이라 일컬어지던 성리학의 최고봉을 이룬 정호程顥·정이程頤 형제의 『이정어록二程語錄』과 주희朱熹의 『주자어류朱子語類』, 그리고 명明대 양명학陽明學을 창시한 왕수인王守仁의 『전습록傳習錄』 등이 어록체를 계승한 대표적 예이다.

선진 시기, 산문을 집대성해 계승 발전시킴으로써 중국 산문의 수준을 한 단계 끌어 올린 이가 전한前漢의 사마천司馬遷(기원전 145~기원전 87?)이다. 사마천이 저술한 『사기史記』는 총 130편으로 이루어져 있는데, 그중에서 「본기本紀」 12편, 「세가世家」 30편, 「열전列傳」 70편은 모두 인물의 활동을 중심으로 역대 왕조의 성쇠와 중대한 사건의 전개과정을 서술함으로써, 당시 사회의 면면을 생생하게 펼쳐 보였다. 사마천은 당시까지 고수되어 왔던 선진 시기의 역사서술 방식을 따르지 않고 인물의 전기를 위주로 서술해 나가는 '기전체紀傳體'라는 서술 방식을 시도했다. 새로이 시도된 기전체는 『춘추春秋』나 『좌전左傳』이 채택하고 있는 '편년체編年體'보다 역사의 실제 모습을 더욱 잘 표현할 수 있었으며, 이 점 때문에 이후 정사 편찬에 계속하여 활용되었다.

3. 시가詩歌의 흥성과 발전

한대漢代에 이르러 중국의 시에 새로운 변형이 일어나기 시작했다. 이때까지 중국의 시는 『시경』에서 확인한 바와 같이 '네 글자로 이루어진 행行' 네 개가 모여 한 편의 시를 구성하는 4언체를 계승하고 있었다. 그러나 이로써는 날로 풍부해져 가는 사상적 내용과 복잡한 생활감정을 제대로 그려낼 수 없게 되었다. 민간 가요의 영향으로 후한後漢 때에 이르러 '다섯 글자로 이루어진 행' 네 개가 모여 한편의 시를 구성하는 5언체 시가 등장해 크게 유행했다. 하지만, 이들 시는 주로 문인 귀족들에 의해 창작되었던 데 반해 민간에서는 또 다른 형식의 시가 유행했다. 즉, 문인시와는 별도로 한대의 시단에 활기를

사마천
한나라 무제 원봉(元封) 3년에 태사령(太史令)을 역임했다. 성기(性器)를 제거당하는 궁형(宮刑)에 처해진 이후, 분을 삭이며 더욱 분발해 저술에 몰두한 결과 『사기』를 완성했다.

불러일으켰던 것은 다름 아닌 민간의 악부가사樂府歌辭였다. 당시 음악을 관장하던 악부樂府라는 관청에서 민간에서 유행하는 노래 가사를 채집해 책으로 엮었기 때문에 '악부시'라고도 불렸다. 이 시들은 문인들의 시처럼 글자수의 제한이 심한 정형시가 아니라 글자수는 물론 어휘 사용에 있어서도 대단히 자유로운 민가풍의 자유시였다. 악부시는 하층 민중들의 진실한 생활 체험에서 나온 내용을 담고 있어, 질박하면서도 자연스러우며 진한 생활의 감동을 주기에 충분했다.

악부시를 대표하는 최고의 작품으로 「공작동남비孔雀東南飛」를 들 수 있다. 비극적 사랑의 이야기를 길지만 매우 곡진하게 서술하고 있는 「공작동남비」는 한대 악부가사 중 최고의 수작으로 꼽는다. 이 시는 과감하면서도 부드러운 서술을 통해 개성 있는 등장인물들의 형상을 성공적으로 그려내고 있다. 명나라의 왕세정王世貞이 이를 두고 '장편시의 절정'이라고 극찬했을 만큼 「공작동남비」는 중국문학사상 가장 빼어난 민간 서사시로 일컬어지고 있다.

후한의 마지막 임금, 헌제獻帝 유협劉協 때인 건안建安(196~220) 시기에 이르러 황건적黃巾賊의 난으로 인해 국운이 기울어가는 사회 분위기가 만연하였고, 이는 시인들의 정신세계에 심각한 동요를 일으켰다. 당시의 시인들은 강렬한 사회 참여의식과 사명감, 개인의 생명과 정신적 가치에 대한 존중, 전란을 체험하면서 느낀 격정 등을 그들의 작품 속에 그대로 반영하였다. 그 대표적인 시인들로 조曹씨 삼부자인 조조曹操(155~220), 조비曹丕(187~226), 조식曹植(192~232)의 '3조三曹'를 들 수 있다. 그중에서도, "술을 앞에 두고 노래를 부른다네."라는 구절에서처럼 술에 의지할 수밖에 없는 무기력

「공작동남비」 삽화 샤오위텐(蕭玉田) 작품

「죽림칠현도」

한 상황으로부터 시작해, 인생에 대한 엄숙한 철학적 사색을 보여주는 「단가행短歌行」의 조조가 그 대표 주자이다. 그의 아들인 조비의 「연가행燕歌行」은 현존하는 최초의 완전한 7언시로도 잘 알려져 있고, 그의 동생 조식 역시 「백마편白馬篇」, 「명도편名都篇」, 「공후인箜篌引」 등의 작품에서 유한한 인생에 대한 고뇌와 불후의 공적을 세우고자 하는 갈망을 보여주고 있다.

이를 이어, 위魏·진晉 정권 교체기였던 정시正始(240~249) 연간은 사마司馬씨 일족과 위나라 조曹씨 일족 간의 권력 투쟁으로 그 어느 때보다 혼란스러웠던 시기였다. 이 때문에 대부분의 문인들 사이에서는 현실정치에 나서서 자기 의사를 밝히기보다는 물러나 자연에 은거하는 풍조가 유행했다. 이 시기에 출현한 이들이 있었으니 이름 하여 죽림칠현竹林七賢이라 한다. 이들은 이 시기의 혼란에 맞서 과감히 항거하거나 정치적으로 발언하기를 삼간 채, 자연에 은거하며 술과 거문고에 취해 청담淸談이나 즐기며 지냈다. '죽림칠현'이란 이렇게 죽림에 은거하고 지낸 완적阮籍, 혜강嵇康, 산도山濤, 상수向秀, 유령劉伶, 완함阮咸, 왕융王戎 등의 일곱 현자를 일컫는 말이다. 개인주의나 무정부주의적인 노장사상老莊思想에 근거하고 있는 이들의 사상과 행동방식은 이후 오늘에 이르기까지 세파를 등지고 고고하게 살아가는 선비들의 대명사가 되었다.

진대晉代 태강太康(280~289)에 이르자, '문체는 정시보다 화려하고, 문장의 기세는 건안보다 부드럽고도 연약한' 것을 특징으로 하는 시풍이 점차 문단을 장악했다. 이 시기 대부분의 작가는 화려하고 전아한 수사와 함께 대구對句를 맞추어 가지런한 글을 추구했고, 그 결과 시의 예술적 형식은 더욱 세련되어졌다. 이 시기 비교적 유명한 시인으로는 육기陸機와 반악潘岳, 좌사左思 등을 들 수 있다. 그러나 가장 두드러진 성취는 아무래도 산수전원시에서 찾아야 할 것이다. 산수전원시에 있어서 최고의 성취를 이룬 이는 바로 도연명陶淵明(365~427)이다.

도연명은 자가 원량元亮이다. 이름이 잠潛이고 자가 연명淵明이라고도 한다. 좨주祭酒와 참군參軍 같은 관직에 오르기도 했으나, 매번 오래지 않아 관직을 버리고 고향으로 돌아가곤 했다. 가난과 질병으로 찌든 만년에도 꼿꼿한 성품은 변하지 않았는데, 죽기 직전에도 당시의 강주江州 자사刺史인 단도제檀道濟가 보내온 쌀과 고기를 하찮다는 듯 팔을 휘저어 거부했다는 일화가 전해지고 있다.

도연명은 중국문학사에서 전원생활을 소재로 하여 가장 많은 창작을 남긴 시인이다. 그의 전원시에는 스스로 농사지으며 부지런하게 살았던 반평생 동안의 생활이 진실하게 반영되어 있으며, 시인의 소박한 생활 태도와 인생의 이상이 드러나 있다. 그의 대표적 산수전원시인 「전원으로 돌아온 삶(歸田園居)」은 일상적인 농촌생활과 전원적 풍경으로부터 생활의 내재적 아름다움을 발굴해내고, 이를 통해 순박하고 천진스러우며 조화롭고 자연스러운 이상적 경지를 창조해 내고 있다.

도연명

그의 작품 중 세간에 가장 잘 알려진 또 다른 작품으로 「도화원기(桃花源記)」가 있다. '온 백성이 편안히 자기 일에 종사하고 아무런 갈등이 없이 살아가는 이상세계'를 상상적 허구로 보여주고 있다. 이후 왕유(王維)·한유(韓愈)·유우석(劉禹錫)·왕안석(王安石) 등은 모두 도연명의 '도화원'에 근거하여 자신들의 사회적 이상향을 그리는 시를 창작해 냈다.

집 둘레로 십여 마지기 밭 方宅十餘畝
여남은 칸의 초가지만 草屋八九間
뒤뜰엔 느릅나무 버드나무 처마를 드리우고 榆柳蔭後簷
앞뜰엔 복사꽃 오얏꽃 줄지어 섰네 桃李羅堂前
멀리 어슴푸레한 마을에 曖曖遠人村
모락모락 저녁연기 피어오르면 依依墟里煙
골목길 깊은 곳에선 삽살개 짖어대고 狗吠深巷中
뽕나무 위에선 수탉이 울부짖네 鷄鳴桑樹顚
                    「전원으로 돌아온 삶」

시 문학이 가장 화려한 꽃을 피운 시기는 당唐(618~907) 왕조 300년이라 할 수 있다. 당 왕조가 건립되면서 위진남북조魏晉南北朝에서 수隋에 이르는 분열과 혼란의 국면이 해소되었고, 또한 정치적 안정으로 인해 문화적으로도 가장 많은 성취를 이룰 수 있었다. 당 왕조 300년을 편의적으로 크게 네 개의 시대로 구분해 이야기한다. 건국 후 체제정비에 매진해 왕조의 틀을 형성했던 초당初唐, 안정된 국가체제를 구축한 이후 발전과 번영을 누렸던 성당盛唐, 각처에서 반란과 혼란이 발생하는 등 국가체제가 다소 흔들리긴 했으나 여전히 공고한 기반 위에서 지속적인 발전을 한 중당中唐, 전반적으로 국운이 기울어가는 만당晚唐 등으로 구분된다. 이러한 시기마다 그에 조응해 문학 장르가 변화하기도 하고, 새로운 문풍이 탄생하기도 했다. 시문학에 있어

근체시

당대에 완성된 시 형식으로, 당대 이전의 시를 근체시와 구분해 고시古詩 또는 고체시古體詩라 한다. 고시에 비해 엄격한 규칙을 지닌 정형시로, 한 구절에 사용하는 글자 수가 반드시 5자 혹은 7자여야 하며, 구절의 수도 절구는 4구, 율시는 8구, 배율은 12구 이상 짝수구로 만들어야 한다. 따라서 5언절구, 7언절구, 5언율시, 7언율시, 5언배율, 7언배율로 나뉜다.

서 초당은 시의 형식을 정비했다는 점에서, 성당은 시의 내용이 최고의 경지에 이르렀다는 점에서 각기 중요한 의미를 지닌다.

초당 시기에는 왕적王績(589?~644)을 비롯한 수대의 유신들이 중심이 되어 '유약하고 화려하며 아름다운' 궁정宮庭 시풍이 유행했다. 이를 이어 등장한 왕발王勃(650~676), 양형楊炯(650~693), 노조린盧照鄰(637?~689?), 낙빈왕駱賓王(640?~684) 등 이른바 '초당사걸初唐四傑'들은 육조六朝시대의 시풍을 계승 발전하면서도 소재의 범위를 넓히고 화려함과 소박함을 조화시킨 새로운 시풍을 이끌어냄으로써 진정한 당대 시풍을 열어 가고자 노력하였다. 당대 시문학사에서 가장 의미 있는 것은 왕발과 양형, 특히 심전기沈佺期(656?~713?)와 송지문宋之問(656?~712?), 두심언杜審言(645?~708) 등에 이르러 마침내 5언 율시를 비롯해 7언 율시와 5언 절구들이 비로소 완숙기로 접어들기 시작했다는 사실이다.

초당에서 성당으로 넘어가는 문학발전사의 길목에서 선대의 문학을 계승 발전시키는 데 중요한 공헌을 한 작가로 진자앙陳子昂(661~702?)을 빼놓을 수 없다. 그는 초당 시기 문단에 만연하고 있던 '형식주의 문풍'에 불만을 느끼고, "문장의 도道가 끊어진 지 오백 년이나 되었도다(文章道弊五百年矣)."라고 지적하며, 문학작품에 사상과 풍격이 내재하는 '한위풍골漢魏風骨'을 되살려야 한다고 주장하였다. 이는 화려하고 장식적인 수사에서 벗어나 성당 시문의 호방하고 힘있는 기풍을 형성하는 데 중대한 영향을 끼쳤다.

성당 시기에 이르자 정치적 안정이 공고해지며 국력이 강대해졌고, 이러한 배경 아래 자신의 능력을 마음껏 발휘하고자 하는 일군의 청년 작가들이 등장했다. 이 시기는 왕창령王昌齡, 왕지환王之渙에서부터 변새파邊塞派로 지칭되는 고적高適과 잠삼岑參, 그리고 당시를 최고의 경지로 끌어 올린 이백李白(701~762)과 두보杜甫(712~770)를 거쳐 산수전원시파의 왕유王維(701~761), 맹호연孟浩然(689~740) 등에 이르기까지 이채롭고 다양한 예술 풍격과 유파들이 속속 출현하였다.

여기서는 성당 시기의 대표 시인일 뿐만 아니라 중국 시 예술의 최고봉이라 칭해지는 이백과 두보에 관해 좀 더 알아보기로 한다.

(1) 시선詩仙 이백李白

이백은 자가 태백太白이고 호는 청련거사靑蓮居士이다. 두보와 함께 중국 역사상 가장 위대한 천재 시인으로 꼽히는데, 세간에서는 시선 이백과 시성 두보를 병칭해 이두李杜라고 불렀다. 이백은 일생 동안 1,100여 수의 시를 남겼다. 특히 고시古詩와 절구絶句에 능해, 그의 절구는 '신품神品'으로 극찬받았고, 그의 시적 재주는 '하늘이 내린 재주(天才)'로 여겨졌다. 그의 시는 스케일이 크고 박진감이 있으며, 때때로 환상적인 분위기를 자아낸다. 또한 그는 문풍이 매우 자유분방하여 생각나는 대로 휘갈겨 쓰는 듯한 천재형 시인이었다. 이 점에 있어서, 한 글자 한 구절의 조탁彫琢에 뼈를 깎는 고심을 기울인 두보와는 매우 대조적이다.

어느 날, 이백의 「촉으로 가는 길 어려워라(蜀道難)」라는 시를 읽은 선배 시인 하지장賀知章은 그를 일컬어 '하늘에서 유배된 신선'이라 극찬해 마지않았다.

이백
이백은 청년기에 전국을 유력(遊歷)하면서 보내다가 45세가 되어서야 현종(玄宗)의 칙령에 따라 한림공봉(翰林供奉)이 되어 장안(長安)으로 왔다. 그러나 따분한 관리 생활을 견디지 못하여 관직을 버리고 나와 다시 천지를 유람하다가, 62세에 죽었다.

(전략)

그로부터 사만 팔천 년 동안 爾來四萬八千歲

진나라 땅으로 드나드는 길이 끊어졌다 不與秦塞通人煙

서쪽 태백산 너머 새는 날아 올라 西當太白有鳥道

아미산 꼭대기를 가로지를 수 있었을까? 可以橫絶峨眉巓

(중략)

땅이 꺼지고 산이 무너져, 장사도 죽어나가고서야 地崩山摧壯士死

절벽에 매달린 돌다리 이어지고 然後天梯石棧相鉤連

위로는 여섯 용이 끌던 해수레도

돌아섰던 높은 산 上有六龍回日之高標

아래는 암벽에 부딪히는 물결과

거꾸로 솟는 거센 물결 下有衝波逆折之回川

신선이 탔던 황학도 날아 넘지 못했고 黃鶴之飛尚不得過

원숭이의 재주로도 붙잡을 데조차 없다네 猿揉欲度愁攀援

푸른 때는 어찌 그리 반들반들한지 青泥何盤盤

백 걸음에 아홉 번은

암벽 봉우리를 꺾어 돌아야 하네 百步九折縈巖巒

하늘의 삼성 별 어루만지고 정성 별 지나니,

가슴으로 숨을 쉬네 捫參歷井仰脅息

손으로 앞가슴 쓸며 주저앉아

장탄식 몰아 내뿜네 以手撫膺坐長嘆

(후략)

「촉으로 가는 길 어려워라」

악부가사의 제목을 차용하고 있는 이 시는 이처럼 7언 고풍을 기본 형식으로 하고 있다. '천 리 먼 길 촉 땅으로 가는 험난한 여행길'에 대해 신화나 전설과 같은 환상적인 이야기를 바탕으로 하고, 그 위에 자신만의 독특한 낭만적 상상력을 더해 묘사하고 있다. 마치 이 시를 읽는 사람이 숨을 헐떡이며 깎아지른 암벽을 타고 촉 땅을 향해 가고 있는 느낌이 들 정도이다.

이백은 특히 7언고시를 많이 남겼다. 「양원음梁園吟」, 「양양가襄陽歌」, 「여산요廬山謠」, 「몽유천로음유별夢游天姥吟留別」 등이 모두 7언고시이다. 위의 시들은 산천의 풍물을 묘사하거나 인간사의 단면을 이야기하는 데도 사실적이고 진실했을 뿐만 아니라, 직접 보고들은 이야기나 상상해서 지어낸 이야기들 모두가 하나같이 사람의 마음을 감동시키기에 충분한 내용을 담아내고 있다.

(2) 시성詩聖 두보杜甫

두보는 자가 자미子美이고 호는 소릉야로少陵野老이다. 그는 이백을 존경해 추종하는 한편 자기보다 열한 살이 많은 이백과 시우詩友로 지냈다. 중국 시에 지대한 영향을 끼쳐 '시성'으로 일컬어지며, 약 1,500여 수에 달하는 그의 작품은 시로 쓴 역사와도 같다고 해서 '시사詩史'라 불리었다.

일생토록 말단 관직을 전전해 경제적으로나 정치적으로나 그다지 여유 있는 삶을 살지 못했다. 초당 율시의 대가인 두심언杜審言의 손자로 허난성河南省의 궁巩현에서 출생했다. 24세 때 진사 시험에 낙방한 후 부친을 따라 산둥山東으로 건너가 이백, 고적高適 등과 함께 자연을 즐기고 시를 읊으며 친교를 돈독히 했다. 746년에, 두보는 거처를 장안長安으로 옮겨와 고위 관리에게 벼슬을 구하는 간알시干謁詩를 써서 보내는 등 적극적으로 정치에 참여하고자 애썼다. 이러한 생활이 10년간 지속되면서 두보는 경제적으로 점점 더 열악한 상황에 처해졌고, 당시 귀족들의 사치와 민중들의 궁핍한 삶 속에서 분노하기 시작했다.

당시, 현종玄宗이 후궁 양귀비楊貴妃와의 사랑에 빠져 정사를 나 몰라라 하는 상황에서 국운은 날로 쇠퇴해 갔고, 백성은 도탄에 빠졌다. 마침내 귀족들의 사치와 민중들의 궁핍한 처지가 이루 말할 수 없을 지경에 이르러 안사安史의 난이 발발하고 말았다. 그는 고통받는 민중들의 고단한 삶을 시로 묘사하면서 총체적인 사회의 부패상을 고발했다.

두보
일찍이 장안 성남(城南) 소릉원(少陵原)에 살았던 적이 있어, 스스로 '소릉의 시골 늙은이(少陵野老)'라 칭했고, 사람들은 '두소릉'이라 불렀다.

그즈음, 두보는 좌습유左拾遺 벼슬을 받았으나 곧 반군 토벌에 실패한 방관房琯을 변호하다 숙종의 미움을 사게 되고, 그것은 곧 파직으로 이어졌다. 화주사공참군華州司功參軍으로 좌천된 두보는 벼슬에 적응하지 못하고, 마침내 관직을 버리고 진주秦州 행을 감행한다. 두보의 대표적 사회시로 알려진 이른바 「석호리石壕吏」, 「신안리新安吏」, 「동관리潼關吏」의 '삼리三吏'와 「무가별無家別」, 「신혼별新婚別」, 「수로별垂老別」의 '삼별三別'이 이즈음에 지어졌다. 이 시들은 전란에 의해 도탄에 빠진 민중들의 처절한 상황과 그러한 혼란 속에서도 제 배 채우기에만 눈이 먼 탐관오리들을 생생하게 묘사하고 있다. 말년에 그는 경제적 궁핍을 벗어나지 못하고 건강마저 악화되어, 악양岳陽과 담주潭州 사이를 전전하다 마침내 뱃길에서 58세로 일생을 마쳤다. 아래에 그의 대표작 「중양절에 높이 올라(登高)」를 소개한다.

바람 세찬 높은 하늘 원숭이들 슬피 우나니　風急天高猿嘯哀
맑은 물가 흰 모래톱엔 물새들 빙빙 날고 있지　渚清沙白鳥飛回
온 산에 낙엽은 우수수 소리 내며 떨어지고　無邊落木蕭蕭下
끝없는 장강 물줄기 출렁이며 흐르고 있네　不盡長江滾滾來
만리타향 슬픈 가을 맞이할 이는 외로운 객뿐　萬里悲秋常作客
오랫동안 병든 몸 홀로 누각에 오르네　百年多病獨登臺
간난과 외로움에 서리 낀 백발만 늘어　艱難苦恨繁霜鬢
쇠락한 이 몸 잡았던 술잔을 놓는다　潦倒新停濁酒杯
「중양절에 높이 올라」

중당에 들어서자 옛 악부 민가의 제목을 그대로 사용하고는 있지만, 내용과 문체에 있어서 완전히 달라진 새로운 시풍의 이른바 '신악부新樂府' 시인들이 등장했다. 원진元稹, 백거이白居易(772~846), 이신李紳 등은 '옛 악부의 정신과 수법을 빌어 사회의 모순을 고발하자'는 시 창작 운동을 주도했다. 이는

백거이
자가 낙천(樂天)이며, 호는 향산거사(香山居士) 또는 취음선생(醉吟先生)이다. 일찍이 태자소부(太子少傅)의 관직을 지냈고, 죽은 후에는 '문(文)'이라 시호하였기에, 사람들은 백소부(白少傅) 또는 백문공(白文公)이라 불렀다.

곧 백거이가 「신악부서新樂府序」에서 "창작은 임금, 신하, 백성, 사물, 사건 등을 위한 것이어야지, 문文을 위한 것이어서는 안 된다."라고 지적했던 바와 같았다. 즉, 그들은 "문학의 사회적 작용을 중시하여야 하며, 문학 자체를 위한 문학이 아니라 현실의 변화를 위한 문학이어야 한다."라고 주장하여 당시 문단에 큰 파장을 일으켰다.

만당에 이르러 시 예술 역시 쇠락의 길로 접어들었다. 이 시기 가장 걸출한 시인으로는 두목杜牧(803~852)과 이상은李商隱(811~859)을 들 수 있는데, 성당의 이백과 두보에 견주어 이들을 '소이두小李杜'라 불렀다. 만당 시풍은 유약하면서도 애상적으로 흘러 명작이 드물 뿐만 아니라 당시에 유행하기 시작한 사詞 창작에 밀려 그다지 주목받지 못한 채 쇠락의 길로 접어들고 말았다.

4. 소설의 흥성과 발전

중국의 운문 전통에 있어서 최고의 경지를 보여 준 시는 성당에 이르러 극성기를 맞이한 이래 중당과 만당을 지나 송과 명청明淸 시기를 거치면서 다소간의 부침이 있긴 했으나 계속해서 그 세를 이어갔다. 시대가 변화하면서 사나 곡曲, 그리고 소설小說 등 새로운 문학 장르가 파생되거나 탄생하기도 했지만, 그럼에도 불구하고 시는 변함없이 만인의 사랑을 받으며 전통을 이어갔다. 오늘날에도 시에 대한 사랑은 변함없어, 일상생활의 대화 중에도 시 한 수를 읊는 것이 웅변보다 나은 경우도 있다. 그만큼 중국인이 시를 애호한다는 이야기이다. 그런 반면, 소설과 같은 새로운 장르의 출현도 세인의 환영을 받았다. 위진남북조시대부터 존재해 왔었던 '자질구레한 이야기'의 전통은 당대의 전기傳奇와 송대의 화본話本을 거쳐 명청 시기에 이르러 본격적인 소설로 발전하기에 이르렀다.

(1) 소설의 출현

'소설'이란 단어는 『장자』「외물外物」편에 처음 보이는데, 바른말(正言) 즉, 대도大道와는 다른 자질구레한 이야기를 의미한다. 한나라의 환담桓譚은, "소설가들의 이야기는 자질구레한 자투리 이야기를 모아 유사한 것에 빗대어 만든 짧은 글이지만, 몸을 가다듬고 집안일을 처리하는 데에는 볼만한 글도 있다(小說家合殘叢小語, 近取譬喩, 以作短書, 治身理家, 有可觀之辭)."라 하였다. 후한의 학자 반고班固(32~92) 역시 자신이 저술한 『한서漢書』「예문지藝文志」에서 제자백가를 십가十家로 분류하면서 맨 마지막에 소설가小說家를 두었다. 그는 "제자십가 가운데 볼만한 것은 아홉 학파뿐이다(諸子十家, 其可觀者九家而已)."라고 하며, 소설을 패관稗官(민간에 떠도는 이야기를 모아 기록했던 하급 관리)에 의해 쓰여진 '세상에 떠돌아다니는 근거 없는 이야기'로 폄하했다. 하지만 이런 폄하에도 불구하고 이미 소설가는 십가에 포함하지 않을 수 없을 만큼 대중 속에서 크게 유행함으로써 그 위치를 분명히 해가고 있었다.

이후 소설류의 작품은 끊임없이 출현했다. 경經, 사史, 자子, 집集의 4부部[2]를 집대성한 『수서隋書』「경적지經籍志」의 자부子部 중에는 소설류가 다수 수록되어 있다. 그 속에 『연단자燕丹子』, 『세설世說』, 『은운殷芸소설』 등 25종의 소설이 들어 있다. 이외에도 사부史部의 잡전雜傳류에도 소설이 많이 수록되어 있다. 그러나 문인사대부들 대부분이 소설을 자질구레한 소도小道로 여긴 탓에, 선진에서 수대에 이르기까지의 그 많던 소설 작품들은 대부분 종적도 없이 사라지고 말았다.

육조 시기에도 소설 창작은 매우 번성했는데 이를 내용에 따라 크게 지괴志怪소설과 지인志人소설의 두 종류로 나눈다. 지괴는 신선과 귀신 따위의 괴이한 일이나 불도佛道 또는 무속의 일들을 주로 다루었다. 대표작은 위魏 문제文帝 조비曹丕가 편찬한 『열이전列異傳』, 진晉대 장화張華의 『박물지博物志』, 간보干寶의 『수신기搜神記』, 양梁대 오균吳均의 『속제해기續齊諧記』 등이 있다.

지인소설은 주로 당시 문인이나 명사들의 언행이나 숨겨진 일, 소문 등을 기술하고 그에 대해 비평하는 글을 첨가했다. 남조 송대 유의경劉義慶(403~444)의 『세설신어世說新語』가 가장 유명하다. 이처럼 지괴소설과 지인소설이 유행하기는 했으나 일반적으로 길이가 짧고, 완벽한 이야기 구조나 구체적인 묘사가 부족하여 소설의 초기 형태를 벗어나지는 못하였다. 그럼에도 불구하고 이야기 서술 방식의 틀을 구축했다는 점에서 이후에 출현한 당대 전기傳奇소설에 많은 영향을 주었음은 분명한 사실이다.

지괴소설 『수신기』

---

2 경전 부류를 경부(經部), 역사서 부류를 사부(史部), 선진시대 제자의 산문 부류를 자부(子部), 문필가들의 문집 부류를 집부(集部)로 분류하고 이들을 합쳐서 4부라 한다.

(2) 전기

중국문학사상 현대적 의미의 소설 창작은 당 전기傳奇에서 시작된다고 할 수 있다. 당 전기는 육조 때의 지괴소설과 마찬가지로 문언으로 쓰였다. 하지만, 근거 없이 황당한 이야기를 담은 지괴나 역사적 사실의 기록과 유사한 실록에서 벗어나, 작가의 상상력에 기초해 창작된 '픽션'으로 진입하고 있었다. 아울러 그것은 현실과 허구가 구분되지 않을 정도의 예술적 공간을 창조하고 그 속에 갖가지 인물 형상이 살아 숨쉬게 했을 뿐만 아니라, 서술 방식에서도 일대 혁신을 이루었다. '전기'는 원래부터 어떤 특정 장르를 지칭하는 명칭은 아니었다. 원진元稹의 소설인 『앵앵전鶯鶯傳』의 원명이 『전기』였는데, 당 말의 배형裵鉶이 이것을 차용해 자신의 소설집 제목을 『전기』라 명명해 발표했다. 그 이후부터, 당대에 창작된 소설 중에 편폭이 조금 길면서 한대의 지괴와 확연히 다르면 관습적으로 '전기'라 부르게 되었다. 현존하는 초기의 작품 가운데에서 『고경기古鏡記』, 『백원전白猿傳』, 『유선굴游仙窟』 등이 가장 중요한 작품이다.

전기는 중당 덕종德宗의 정원貞元(785~805)과 헌종憲宗의 원화元和(806~820) 시기에 절정을 이루었으며, 우수한 단편 작가가 많이 배출되었을 뿐 아니라 소설집도 많이 출현했다.

(3) 화본소설

중국 고전소설은 크게 문언과 백화의 두 계통으로 나눌 수 있다. 문언소설은 육조 이래의 지괴체志怪體, 당 이래의 전기체傳奇體, 야사나 잡전雜傳에 들어 있는 필기체筆記體 등을 포괄한다. 반면, 이러한 문인들의 창작과는 달리 직업적 이야기꾼이 저잣거리에서 구술할 내용을 기록해둔 대본이 출현했다. 이를 '이야기의 본', 즉 '화본소설話本小說'이라 한다. 대체로 송나라 때 출현해 원나라 때까지 가장 유행했기 때문에 이를 일컬어 '송원 화본'이라고도 한다. 이들은 대부분 구술을 전제로 하고 있어 대화체의 백화문이 주를 이루었기 때문에 백화소설의 원류로 여겨지기도 한다.

백화소설은 중단편의 화본과 이런 화본을 본뜬 유사화본, 그리고 각종 형태의 장편소설 등을 망라한다. 백화소설은 송대에 이르러 첫 번째 고조기를 이룬다. 송대 초기에 국가사업으로 『태평광기太平廣記』가 편찬되었다. 총 5백 권으로 구성되어 있는 『태평광기』는 송 이전까지 유전되던 문언소설을 집대성한 소설집으로 소설, 야사 및 불가의 이야기를 다룬 석도釋道, 그리고 잡서 4백여종을 모아 제재에 따라 분류하고 배열했다. 전체적으로 지괴소설적 분위기가 농후하지만, 지인소설과 상당수의 단편 전기도 수록하고 있다.

이 시기의 화본 중에서도 내용이 풍부해지고 편폭이 길어진 장편의 화본이 출현했다. 장편의 화본은 이후 본격적인 장편소설로 발전해 가는 토대가 된다. 이러한 장편 화본은 현재『신편오대사평화新編五代史平話』, 『선화유사宣和遺事』, 『전상평화오종全相平話五種』, 『대당삼장취경시화大唐三藏取經詩話』등 몇 종류가 남아 있다. 이들은 대부분 당시 민중들이 즐겨 읽었던 불경과 관련된 내용이나 과거의 역사적 영웅들의 이야기를 다루고 있다. 이처럼 역사를 풀어쓴 강사講史 화본이 출현했다는 사실은 당시의 민중들이 역사적 사건이나 역사적 인물에 대해 커다란 관심을 가지고 있었음을 설명해 준다. 이는 또한 중국소설이 역사와 불가분의 인연을 가지고 있음을 증명해 주는 것이기도 하다.

송대 소설집『태평광기』

중국소설은 역사와 깊은 전통적 연원을 지니고 있는 만큼 주로 시민 계층인 청중들의 취향에 따라, 역사 고사 아니면 남녀의 애정 이야기를 다루었다. 지금 볼 수 있는 화본 중 중단편 작품은 대체로 남녀 간의 애정과 관련이 있고, 장편 작품은 대부분 역사를 제재로 하였다.

(4) 본격 소설, 4대 기서의 출현

1368년 주원장朱元璋이 건립한 명 왕조는 표현의 자유를 막고 문인들을 '이단異端'으로 내몰기 위해 분서갱유에 버금가는 '문자옥文字獄'을 일으켰다. 다른 한편, 정주이학程朱理學을 크게 제창하여 지식인들의 사상 활동을 억제했다. 그럼에도 불구하고, 도시 경제의 발전에 따라 시민계층이 팽창하면서 점차 자본주의 맹아가 싹트고 있었다. 봉건 통치하에서 상대적으로 정부의 권력이 덜 미치는 저잣거리를 중심으로 통속문학이 더욱 발전했던 것이다. 이 시기 통속문학은 송원 시기보다 훨씬 더 자유분방한 사랑이야기와 이역만리의 신기한 내용은 물론 민간의 존경을 받는 영웅호걸들의 이야기를 다루고 있었고, 이러한 문학적 토양 속에서 생기발랄한 통속문학이 날로 흥성할 수 있었다. 통속문학 중에서도 최고의 백미는 다름 아닌 백화소설이다. 이른바 '4대기서四大奇書'라 일컬어지는 중국의 대표적 고대 소설을 살펴보자.

『삼국연의三國演義』

소설가 나본羅本(1330?~1400)은 자가 관중貫中이고 본적은 타이위안太原이며 항저우杭州에서 태어났다. 위魏, 촉蜀, 오吳 삼국분쟁의 역사이야기는 송대 이전에 이미 민간에서 널리 유행하고 있었다. 삼국의 이야기를 강설한 화본인 『삼분사략三分史略』과 『삼국지평화三國志平話』 등과 같이 이미 원대부터 초보적 틀이 갖추어져 있었으나, 내용의 서술이 간략하고 문장이 다소 거칠었다. 나관중은 정사正史의 기록을 주요 근거로 삼아 역대 민간 전설과 송, 원 이래에 줄곧 계속되어 온 민간의 백화문학 전통인 통속문학의 성과를 폭넓게 받아들였다. 그런 토대 위에 자신만의 독창적인 상상력을 보태 중국 고대역사를 제재로 삼은 작품 중 최고 경지인 『삼국연의』를 탄생시켰다.

『수호전水滸傳』

원말 명초, 시내암施耐庵(1296?~1370)의 『수호전』은 『삼국연의』와 비슷한 시기에 나온 소설이다. 송대 재야 영웅들의 이름을 만고에 드날리게 해준 장편 『수호전』은 북송北宋 말인 선화宣和 연간에 108명의 호걸을 이끌고 민란을 일으켰던 송강宋江이라는 실존 인물의 거사擧事에 관련된 역사적 사실에서 소재를 취했다. 특징적인 것은 이것이 단순한 역사소설에 그치는 것이 아니라, 역사로부터 원인과 배경을 빌어오긴 했지만 대담한 상상과 허구를 가미해 생동감 넘치는 영웅적 인물들의 면면을 마치 살아 있는 실존 인물로 여겨질 정도로 사실적이면서도 역동적이게 창작했다는 점이다. 이후, 『수호전』의 영향을 받아 명대에는 수많은 영웅 소설이 나올 수 있었다.

4대 기서
소설 『삼국연의』, 『수호전』, 『서유기』, 『금병매』의 현대 표지

『서유기西遊記』

오승은吳承恩(1500?~1582?)의 『서유기』는 고대 장편소설의 새로운 경지를 보여준다. 『서유기』는 하늘 세계를 시끄럽게 하던 손오공孫悟空이 저팔계豬八戒, 사오정沙悟净(사화상沙和尙이라고도 함) 등과 함께 당승唐僧 현장玄奘을 모시고 불경을 구하러 가는 과정에서 만난 81개의 난관을 하나씩 헤쳐나가, 마침내 인도에 도착해 불경을 입수하고 돌아온다는 내용을 묘사하고 있다. 주제는 마귀를 굴복시키고 요괴를 제거하는 신통력, 난관을 두려워하지 않는 손오공의 재치와 용기, 그리고 용맹스러운 투쟁정신 등이다. 이 소설의 가장 큰 특징은 바로 마귀와 환상의 세계를 통해 인간 사회의 여러 모습을 빗대어 보여주고 있다는 점이다. 주인공인 손오공은 중국 신마神魔소설의 인물형상 중에서도 가장 예술적 매력을 지닌 캐릭터로 평가되고 있다.

『수호전』 삽화

『금병매金甁梅』

명대 후기에는 일상생활 속의 풍류와 방탕한 남녀 간의 연애이야기를 그리고 있는 세태世態소설이 발달했다. 이들 작품은 슬픔과 기쁨, 이별과 만남의 과정에서 드러나는 냉혹한 인간세상의 천태만상을 폭로하고 있다. 작가가 난릉蘭陵 소소생笑笑生이라고 알려진 『금병매』는 그런 류를 대표하는 작품이다. 이 소설은 부유한 상인의 방탕하고 음란한 생활을 집중적으로 묘사하고 있다.

『금병매』 이전의 장편소설이 기본적으로 '강사' 아니면 '지괴' 둘 중 하나였던 데 반해, 『금병매』는 현실사회와 가정의 일상생활을 제재로 삼아 오로지 세속적인 이야기만을 다루고 있다. 인간세상의 천박하고 세속적인 일상을 다루는 '인정소설人情小說'의 길을 열어 놓았다는 점에서 『금병매』는 중국소설 발전사의 새로운 이정표가 되었다.

『금병매』 삽화

(5)『홍루몽』과 중국소설의 완성

청대에도 다수의 문언소설이 계속해서 출현했다. 그중에서도 포송령蒲松齡(1640~1715)이 민간에 떠도는 기괴한 이야기나 전설을 수집해 소설적 장치와 수식을 가미해 창작한 『요재지이聊齋志異』500편은 빼놓을 수 없는 수작이다. 겉과 속이 다른 유가 지식인의 추악하고 비열하고 우스꽝스러운 천태만상을 표현함으로써 중국 최고의 풍자예술로 극찬을 받는 오경재吳敬梓(1701~1754)의 『유림외사儒林外史』도 눈여겨 볼만한 작품이다. 그 외에도 『홍루몽紅樓夢』에 가려 그 빛을 다 발하지 못했지만, 중국문학사에 있어서 짚고 넘어가지 않으면 안 될 많은 작품이 있다. 예를 들어, 『기로등歧路燈』, 『경화연鏡花緣』, 『삼협오의三俠五義』등과 청 말의 4대 견책소설譴責小說(청 말기에 사회개혁을 목적으로 하여 쓰인 소설)로 일컬어지는『관장현형기官場現形記』, 『이십 년간 목도한 괴현상(二十年目睹之怪現狀)』, 『노잔유기老殘游記』, 『얼해화孽海花』등은 소설문학사에서뿐만 아니라 중국 근대 사회사 연구에서도 많은 자료를 제공해 주는 대단히 의미 있는 작품들이다. 여기서는 중국소설 사상 최고의 명작이라 할『홍루몽』에 대해서 조금 더 알아보기로 한다.

『홍루몽』은 청조의 전성기인 건륭乾隆 황제 시대에 출현했다. 조설근曹雪芹(1715?~1763?)은 이 작품을 '도홍헌에서 10년 동안이나 읽고 또 읽으며 다섯 번이나 고쳐 써서(於悼紅軒中披閱十載, 增刪五次)' 완성했다고 전해진다. 조설근이 세계문학에서도 빛나는 걸작을 남길 수 있었던 깃은 그의 천재성

TV 드라마 '홍루몽'의 한 장면

이나 수양에서 비롯된 것이겠지만, 더욱 중요한 것은 부귀한 가정에서 갑자기 극빈층으로 몰락했던 직접적인 체험에 힘입은 바 크다. 옹정雍正 5년(1727)에 조씨 집안은 큰 변화를 겪어야 했다. 조부는 파직과 동시에 전 재산을 몰수당한 후, 남방에서 베이징으로 이사하게 되었다. 청년기 이후 조설근의 생활은 계속 기울어져 인간세상의 양지와 음지, 쓴맛과 단맛을 모두 겪어야 했다. 만년에는 베이징의 서쪽

교외에 살면서, "쑥으로 엮은 창문과 띠로 만든 서까래, 그물 침대, 기왓장을 얼기설기 댄 부엌에서, 전 가족이 죽을 먹고 술은 늘 외상으로 사야 했다."고 전한다. 이토록 힘들고 고통스러운 조건 속에서도 문학적 재능을 유감없이 발휘해『홍루몽』80회를 창작했으나, 탈고 직전에 병이 들어 다시는 일어나지 못하고 생을 마감하고 말았다.

『홍루몽』의 원 제목은『석두기石頭記』로, 조설근의 생전에는 필사본 형태로 유전되었다. 그의 한 친구는 "한 글자 한 글자마다 핏자국 흥건하니, 십년 고생 예사롭지 않구나."라는 평을 남겼다. 조설근이 죽은 후에 고악高鶚(1753?~1815?)이 조설근의 원래 창작 의도를 받들어 80회에 이어 40회를 덧보태어 120회본 완결편을 내놓았다. 그 후, 정위원程偉元이라는 사람이 이를 목활자로 찍어 내자, 순식간에 위로는 관료나 사대부로부터 아래로는 일반백성이나 규방 아녀자들에게까지 화제가 되기에 이르렀다. 그 결과, 당시 대화를 나눌 때,『홍루몽』의 구절로 운을 떼지 않으면 안 될 정도로 인기가 높았다고 한다.

5. 현당대 100년의 중국문학

문학사에 있어서 고전문학과 현대문학의 경계선이 중국처럼 분명한 경우도 드물다. 근대 이전의 중국에서는 입신출세를 위해 과거科擧를 거쳐야 하는 사대부 귀족들이 평생을 두고 습득해야 했던 문언문文言文이 문학의 근간이었다. 문언문은 고전 경전에 사용된 것으로 일반 민중들이 일상생활에서 사용하는 구어口語와는 매우 거리가 있는 문장이어서, 일반 민중들은 읽을 수도 쓸 수도 없었다. 반면, 현대문학은 2,000년 동안 전해 내려온 문언문을 타파하고 '입에서 나오는 대로 쓸 수 있는' 구어 즉, 백화문白話文으로 창작하자는 것이 기본 정신이었다. 이 때문에 고전과 현대의 문학은 근본 형식은 물론 사상과 내용에서도 현격한 차이가 드러날 수 밖에 없다.

본 장에서는 근대 이후의 5·4 신문화 운동을 전후한 시기부터 현재까지를 '현당대 문학'이라고 통칭해 서술하기로 한다. 아울러, 문학사적으로 중요한 계기 중 5·4 시기, 30년대 경파·해파 논쟁, 40년대 항일전쟁과 국공내전, 연안문예강화와 사회주의 문학, 그리고 문화대혁명(1966~1976)의 종결과 문학의 부활, 신시기 문학 등으로 나누어 그 특징을 간략하게 살펴본 후, 마지막으로 2000년대 이후의 소위 21세기 문단상황을 점검해 보기로 한다.

(1) 5·4 신문화 운동과 문학혁명

　19세기 말에서 20세기 초, 전통시대를 마감하고 새로운 사상과 가치관을 받아들인 청년지식인들이 대거 등장했다. 이 시기 수많은 청년지식인은 반제 반봉건의 기치 아래 새로운 문학사상을 주창했다. 그들 중에는 실용주의와 진화론을 믿으며 "중국이 변혁되어야 한다."라고 주장한 후스胡適(1891~1962)나 쳰셴퉁錢玄同, 루쉰魯迅(1881~1936)·저우쮜런周作人 형제 등이 있었다. 이들은 모두 중국의 전통문화와 봉건사회에 대한 비판적 태도에서 출발해 '과학'과 '민주'라는 새로운 가치에 근거해, 모든 가치평가의 기준을 새로이 건립하고자 헌신하면서 5·4 신문화 운동을 이끌었다.

　이처럼 격동하는 사회적 분위기를 반영하듯이 신구新舊 세대 간에 격렬한 논쟁이 벌어지곤 했다. 그 중 대표적인 예가 신청년파新靑年派와 학형파學衡派 사이에 벌어졌던 논쟁이다. 이 논쟁은 이후 중국 현대문학을 열어 가는데 중요한 하나의 기준을 제시했다. 천두슈陳獨秀(1879~1942), 후스, 루쉰으로 대표되는 '신청년파'는 "조탁과 아부만을 일삼는 귀족문학을 무너뜨리고, 평이하고 서정적인 국민문학을 건설하자. 고리타분하고 늘어놓기만 하는 고전문학을 무너뜨리고, 참신히고 진실한 시실 문학을 건설하자. 우회적이고 난해한 산림山林문학을 무너뜨리고, 명료하고도 통속적인 사회문학을 건설하자.(천두슈『문학혁명론』)"라고 주장했다. 이처럼, 전통문학에 대한 총체적인 부정과 비판의 태도를 분명히 밝히면서, '낡은 것을 파괴하고 새로운 것을 건설한다.'라는 정신에 근거해 문학의 근본적 변혁을 실현코자 했다. 이들의 주장과는 달리, 우푸吳宓로 대표되는 '학형파'는 역사진화론을 부정하는 입장에 서서 "자고이래 오늘에 이르기까지 문학이란 차곡차곡 쌓이는 것이지, 이것 다음엔 저것 하는 식으로 교체되는 것이 아니다."라고 믿고 있었다. 즉, 이들은 전통의 가치를 강조하면서 전통에 대한 활용과 연장 속에서 점차 '새로운 지식'을 수용함으로써 문학의 변화를 가져와야 한다는 식의 완만한 변화를 주장했다. 하지만 그들의 주장은 내용 없는 화려한 수사로 장식된 채 '새로운 물결에 반대해야 한다.'는 맹목적 격정에만 치우쳐 '뿌리로부터의 변혁'을 갈망하던 대다수 지식인으로부터 철저히

현대문학 잡지 『신청년』과 천두슈

『신청년』
1915년에 천두슈가 창간한 중국 현대문학 잡지로, 『청년잡지』라는 제목으로 창간했다가 이듬해 『신청년』으로 개칭했다. 주로 전근대적 정치, 도덕, 문화의 근간인 유교에 대한 비판과 서구사상 수용을 사상적 기치로 내세우면서 신문화운동(新文化運動)을 주도했다. 그 결과 전통적 대가족제도에 대한 비판, 여성해방 및 과학과 민주의 가치에 대한 주장, 그리고 대의민주주의, 자유주의, 개인주의, 무정부주의, 마르크스주의 등을 소개함으로써 5·4 신문화 운동의 정신적 토대를 제공했다.

외면당하고 말았다.

이처럼 중국 현대문학의 탄생은 격렬한 문학혁명의 이론 틀을 지향하면서 진행된 창조적 계몽운동의 결과이다. 이러한 배경에서 탄생한 문학을 5·4 신문학이라 할 수 있는데, 반反 전통에 입각한 '인간의 발견'이라는 계몽주의적 특색이 선명히 드러난다.

'인간의 발견'은 5·4 신문학의 정신이자 새로운 성취라고 할 수 있다. 당시 사회구조의 최하위층에 해당하는 여성, 아동, 농민 계층에 대한 자각에서 출발해 '여성해방'이라는 주제가 등장하였고, 이로 인해 수많은 여류작가의 출현도 가능할 수 있었던 것이다. 빙신氷心(1900~1999), 펑완쥔馮沅君, 루인盧隱 등이 대표적이다. 아울러 예성타오葉聖陶(1894~1988)의 동화 「허수아비(稻草人)」나 빙신의 산문 「어린 독자들에게(寄小讀者)」 등 현대적 의미의 아동문학의 탄생 역시 5·4 신문학 정신에서 그 이유를 찾을 수 있을 것이다. 또한, 농민에 대한 각성도 이 시기를 대표하는 중요한 특징이다. 루쉰의 소설에 등장하는 룬투潤土, 샹린祥林 아주머니, 아큐 등 전형적인 인물 형상이 문학작품의 주인공으로 등장하게 된 것 역시 주목할만한 일이다.

한편, 신문화 운동은 "전통 시가 지닌 낡은 격률을 타파하자."라는 구호 아래 과감한 '형식 해방'을 주장했다. 이를 통해 사상표현의 자유는 물론 구어체 문장을 시 창작에 활용함으로써 '시의 대중화'를 실현할 수 있었다. 마침내, '절대적 자유와 절대적 자주自主'를 구가한 궈모뤄郭沫若(1892~1978)의 『여신女神』을 비롯해 원이둬聞一多(1899~1946), 쉬즈모徐志摩 등의 신월파新月派와 무무톈穆木天(1900~1971)과 리진파李金發 등 초기 상징파 시인들을 위시한 일군의 현대 시인과 현대적 신시들이 출현할 수 있는 배경이 되기도 했다.

(2) 중국문학의 아버지 – 루쉰

"위대한 사상가요, 혁명가요, 중국문학의 아버지다." 이는 마오쩌둥毛澤東이 루쉰을 칭송해 일컬은 말이다. 20세기 중국문학사에서 가장 추앙받는 문학가로 루쉰을 꼽는데 주저할 사람은 별로 없을 것이다. 그는 1881년 9월 25일 저장성浙江省 사오싱紹興의 한 몰락한 봉건 지주 가문에서 출생했다. 어려서부터 전통 유가문화는 물론 통속적인 민간문화도 함께 교육받으며 성장했고, 이후 난징南京과 일본으로 유학을 가서 서구문화를 폭넓게 수용했다. 19세기 말에 시작된 중국 사상과 문화의 거대한 변혁을 경험하고 난 후, 독자적

궈모뤄의 『여신』

사상을 확립할 수 있었다. 1903년 「스파르타의 혼(斯巴達之魂)」을 번역 발표한 이래 1918년 5월 『신청년』에 등재된 중국 최초의 현대 백화소설 『광인일기狂人日記』를 비롯해 1936년 10월 19일 서거하기까지 일생 동안 수많은 역작을 남겼다. 대표적인 것 몇 가지만 예로 들면 『외침(吶喊)』, 『방황彷徨』, 『고사신편故事新編』 등 단편소설집 외에, 산문시집 『들풀(野草)』과 산문집 『조화석습朝花夕拾』 및 『열풍熱風』, 『무덤(墳)』, 『화개집花蓋集』, 『이심집二心集』, 『위자유서僞自由書』, 『차개정잡문且介停雜文』 등의 잡문집이 있다. 이 밖에도 『중국소설사략中國小說史略』과 『한문학사강요漢文學史綱要』 등의 학술 저서도 있다.

　『외침』, 『방황』 등 단편집에 수록된 루쉰의 소설작품을 이야기할 때 사람들이 맨 먼저 떠올리는 것은 과피모瓜皮帽를 눌러 쓴 아큐의 모습일 것이다. 『아큐정전阿Q正傳』이 발표되었을 당시, 수많은 사람들이 주인공 아큐의 형상에 충격을 받으면서 마치 '나 자신의 모습을 풍자한 것이 아닐까' 하는 의구심을 떨치지 못했다고 한다. 루쉰은 아큐를 통해 중국인이 수천 년 동안 살아오면서 버리지 못한 비열한 근성인 '정신승리법精神勝利法'을 들추어냈다. 아큐는 영원히 패배자의 지위에서 헤어나지 못한 채, 사람들에게는 털끝만큼의

루쉰

신뢰감도 주지 못하며 자기변명이나 거짓말로 일관하면서 살아간다. 동네 꼬마에게 한주먹 얻어맞고도 오히려 "꼬맹이가 어른을 쳤어."라고 투덜거리다가, 이내 '맞았다'는 사실마저도 망각해 버린다. 이러한 태도를 통해 루쉰은 위기나 불안, 실패를 겪으면서도 그것과 부딪쳐 이겨내려 하지 않고 '모든 것이 마음먹기에 달린 것'이라는 식으로 합리화함으로써, 그 속에서 위안과 만족을 얻으며 현실을 외면해 버리는 중국인의 심각한 정신적 병폐를 통찰해 냈다. 하지만, 이러한 정신적 위기는 비단 중국인에 국한된 문제가 아니라, 특정 시대와 민족을 뛰어넘어 인류 전체에 보편적으로 존재하는 고질적 병폐이기에 전 세계 수많은 독자의 공감을 얻을 수 있었다.

(3) 문학 논쟁의 심화 – 경파와 해파

30년대 중반에 이르러, 이른바 베이징을 거점으로 하는 '경파京派'와 상하이를 거점으로 하는 '해파海派' 간의 치열한 문학 논쟁이 벌어졌다. 이는 현대적 대공업의 기지이자 국공 양당 투쟁의 중심지인 상하이와, 베이징을 위시한 북방 도시를 거점으로 활동하는 작가군 간의 차별화된 문학적 입장에 따른 논쟁이라고 할 수 있다.

당시 상하이는 베이징을 제외한 또 다른 신문화의 중심지였다. 상하이는 원고료에 의지하고는 있지만 도시문명이나 상업문화에 기생해 살아갈 수밖에 없는 소위 '해파' 작가들의 거점이었다. 이들은 각기 도시문명에 대해 취하는 상이한 태도에 따라 좌익작가군, 신감각파 작가군 그리고 통속작가군 등으로 구분되었다. 반면 경파는 주로 『대공보문예부간大公報文藝副刊』, 『문학잡지文學雜識』, 『수성水星』 등을 진지로 삼아 활동하던 베이징 지역의 대학교수와 대학생 중심의 비非 전업 학자형 문인들이었다. '경파', '해파' 논쟁에는 전통과 현대, 서양과 동양, 농촌과 도시 등 중국 현대문화의 기본적 충돌이 내재해 있다. 이렇듯 중국 현대문학은 '경파'와 '해파'의 대립과 삼투 과정을 통해 문학적 변혁과 재건을 추진했을 뿐만 아니라, 더 나아가 새로운 문학적 규범들을 건설하기도 했다.

'경파'와 '해파'의 논쟁과는 별개로 상하이와 베이징이라는 두 도시 공간을 가장 잘 묘사하고 있는 작가와 작품을 소개하기로 한다. 점점 더 심각하게 자본화되어 가는 상하이에 대해 비판적 필치를 가한 작가로 마오둔茅盾(1896~1981)만한 작가도 없을 것이다. 1933년, 중국 현대문학의 거목으로

마오둔
루쉰과 더불어 중국 현대문학의 거장으로 꼽힌다.

인정받고 있는 마오둔의 장편소설 『자야子夜』가 출판되었다. 『자야』는 현대 도시 삶에 대한 하나의 보고서이다. 작가는 '역사의 심판자'라는 시각으로 현대 도시 속에 뿔뿔이 흩어져 살아가고 있는 중생들의 삶을 조망하면서, 특히 노동자들에 대한 자본주의적 착취를 냉정하게 분석하고 있다. 이를 통해 자본주의 체제를 전복시킬 용감한 혁명가들이 필연적으로 출현할 수밖에 없음을 예언했다.

소설뿐 아니라 시인이나 기타 작가들도 상하이로 모여들었고, 상하이의 모습을 작품에 반영하고자 했다. 30년대 상하이는 그야말로 문인지식인들의 집결지였다. 도시적 삶을 지향하는 시인들이 시 전문지 『현대現代』를 창간하자 청년 시인들이 모여들기 시작했다. 이에 질세라 『수성水星』(1934)과 『신시新詩』(1936) 등의 잡지들이 잇달아 탄생했다. 중국이 신세기를 맞이한 이래 이때만큼 시 예술이 흥성한 적도 없었다. 중국 현대파 시인으로는 『망서초望舒草』를 발표한 다이왕수戴望舒와 『수행집數行集』, 『음진집音塵集』, 『어목집魚目集』 등을 발표한 벤즈린卞之琳을 꼽을 수 있다.

베이징의 옛 모습에 대한 기록에 관해서는 라오서老舍(1899~1966)가 가장 많은 자료를 남긴 작가라 할 수 있다. 베이징의 가난한 만주 기인旗人 가정에서 태어난 라오서는 1924년에 영국으로 건너가 중국어를 가르치다가 서양 문학작품을 읽을 기회를 접하면서 소설 창작을 시작하게 되었다. 1931년에 귀국하여 칭다오青島 등에서 교편을 잡다가 전업 작가의 길을 걷기 시작

시 전문지 『현대』, 『수성』, 『신시』

해 1936년에는 『낙타샹쯔駱駝祥子』로 일약 유명작가가 된다. 이 작품은 베이징에 사는 가난한 인력거꾼 샹쯔의 비참한 생활을 그린 것으로, 하층 서민의 애환과 어두운 현실에 대한 날카로운 묘사를 통해 비판적 리얼리즘의 새로운 경지를 개척했다는 평가를 받는다. 이 외에도 『이혼離婚』, 『사세동당四世同堂』, 『차관茶館』, 『노자호老字號』 등의 작품에서 그는 30, 40년대 '옛 베이징'의 골목과 건물, 그리고 그 속에 살아가고 있는 베이징 사람들의 일상생활을 매우 다정다감하게 묘사하고 있다.

라오서

(4) 전쟁 속에 핀 문학

중국에도 전쟁문학이 존재한다. 제2차 세계대전 중에 있었던 중일전쟁에 대해 대부분의 중국인들은 격동의 유랑流浪기로 기억하고 있다. 바진巴金(1904~2005)은 사회변혁기에 처한 중국의 대가족제도와 그 자녀들의 운명에 관한 문제의식을 작품으로 구현함으로써 '현대 장편가족소설'이라는 현대문학의 또 다른 영역을 개척했다. '격류삼부곡激流三部曲'으로 일컬어지는 『집(家)』, 『봄(春)』, 『가을(秋)』은 쓰촨성 청두成都에 거주하는 한 대가족의 흥망성쇠를 서사적으로 그리고 있는 작품으로서, 가족 내부의 다양한 '생명'들의 성장과 쇠멸의 역사를 다루고 있다. 전쟁의 시대였던 40년대에 '가족'의 문화적 함의는 차츰 변해가고 있었다. 즉, 날로 더 강고한 '전통'의 상징임과 동시에 타향을 떠도는 유랑자들에게는 영혼의 '고향'으로 인식되지 않을 수 없었다. 린위탕林語堂(1895~1976)의 『순간의 서울(瞬息京華)』과 같이 '중국 사회와 문화에 대한 소개'를 목적으로 한 가족소설이 출현하게 된 것 역시 그런 분위기와 무관하지 않았다. 이 소설의 주제는 바로 '개인은 스러지더라도 가족은 영원히 전승된다.'는 진실을 설명하고자 하는 데 있었다. 라오서가 발표한 장편소설 『사세동당』 역시도 중국의 전통 가정에 대해 새로운 이해와 평가를 하고 있다. 작품에 등장하는 4세대는 각기 자신들의 고유한 문화에 집착하면서도 상호에 대해 관용적 태도를 취하고 있다. 가장인 치祁 영감 역시 어떠한 가부장적 태도를 보이지 않고 오히려 대가정을 단결시키는 중심이자 상징 역할을 하고 있다. 이들 작품을 통해 이 시기에 출현한 가족소설의 주제가 '가족의 단결', '영원한 안식으로서의 가정'임을 확인할 수 있다.

40년대의 기린아로 여류작가 장아이링張愛玲(1920~1995)을 꼽을 수 있다. 영화 『색, 계色戒』의 원작자로 잘 알려진 그녀는 주로 1940년대의 상하

바진

장아이링

이와 일본제국에 점령당한 홍콩에서의 삶을 묘사한 작품들을 발표했다. 그런 이유로 해파로 분류되기도 한다. 그녀의 작품 중 첫사랑에 실패한 여주인공이 홍콩에서 새로운 반려를 만나 참된 사랑을 얻는다는 『경성지련傾城之戀』, 첫 단편소설집인 『전기傳奇』, 청춘남녀의 얽히고설킨 사랑을 이야기 한 『반생연半生緣』, 자신의 일생을 자서전 식으로 쓴 『소단원小團圓』 등의 소설과 산문집 『소문(流言)』 등은 여전히 세간의 주목을 받고 있다. 이 밖에도 40년대 중국문학에서 반낭만적, 반영웅적 경향을 지닌 작품으로 첸종수錢鍾書(1910~1998)의 장편소설 『포위된 성(圍城)』을 들 수 있다. 이는 전 인류가 당면한 현대 문명사회의 한계와 현대적 삶의 위기를 보여주고자 한 작품이다. "창공을 나는 새는 날개를 접고 새장에 들어앉아 쉬고 싶어 하고, 새장에 갇힌 새는 창공으로 날아올라 자유를 찾고 싶어 한다."라는 비유를 통해 인간이 지닌 다중적 가치나 태도를 비판, 부정했다.

(5) 사회주의와 문학

마오쩌둥은 1942년 옌안延安에서 거행된 문예좌담회 석상에서 전국 각지로부터 몰려든 지식인들에게 연설했다. "지식인들이 뼈를 깎는 노력으로 지식인이라는 입장을 버리고 노동자·농민·병사의 입장에 서라. 그리하여, 지식인 자신은 물론 자신이 창조하는 문학까지도 혁명이라는 전체를 위해 기여하는 '톱니와 나사'가 되게 하라."라고 독려했다. 이런 과정을 통해, 지식인의 사상개조를 실현코자 했다.

모진 혁명의 과정과 국공내전을 종식한 1949년 9월, 드디어 중화인민공화국이 탄생했다. 신중국 건설 이후에도 중국은 서양의 정치·경제·문화 등과는 전면적인 봉쇄 정책을 지속했다. 이런 상황에서, 반제애국反帝愛國의 전통을 지녀왔던 지식인들도 중국공산당의 지도에 따를 수밖에 없었고, 사상개조운동 및 반미교육을 수용하면서 점차 정신순화 단계로 돌입하게 되었다. 즉, 사회주의라는 새로운 사회제도가 전국적으로 건설되어 공고해지기 시작하면서, 중국 지식인들과 작가들도 점차 문예창작 역시 '의식적·목적적이며 기획 가능한 작업'이 될 수 있다는 사실을 깨닫게 되었다. 뿐만 아니라, '계급투쟁을 근간으로 한다.'라는 국가정책에 따라 문학예술 역시 차츰 '계급투쟁의 기상도'쯤으로 여겨지게 되었고, 나아가 '문학예술은 반드시 절대적인 당의 지도와 감독 아래에 놓여야 한다.'라는 요구를 받아들일 수밖에 없었다.

결국, 당이 요구하는 일정한 틀에 맞춘 창작 방식이 형성되면서 작가들의 창작에 유형무형의 제약과 압박이 가해지게 되었다. 게다가 문학작품의 출판과 발행 및 모든 대중 매체들 역시 예외 없이 국가의 계획 틀 속으로 편입되었다. 이처럼 '생산'(작가의 창작)에서 '소비'(독자의 수용)에 이르기까지 철저히 당에 의해 조종되는 체계가 구축됨으로써 문학에 대한 전면적인 통제관리가 가능하게 되었던 것이다.

(6) 신시기, 문학의 부활

1976년, 문화대혁명의 종식과 함께 문학이 귀환했다. '문학의 부활'이 의미하는 주요 특징으로 다음의 몇 가지를 들 수 있다. 즉, 5·4 신문화 운동이 개척했던 문학 전통을 되살려 계승한 것, 수십 년 동안 단절되어 있었던 서구 문예사조를 광범위하고도 깊이 있게 소화 흡수한 것, 사회주의 이데올로기와 당의 규범을 뛰어넘어 예술 자체에 대해 심도있는 탐구를 시작한 것 등이 그것이다. 70, 80년대의 사상해방운동은 문학을 사회주의 이데올로기 구현이라는 정치적 틀로부터 해방시키는 직접적인 동력이 됐다. 개혁개방으로 인해 중국의 정치적·사회적 상황 역시 세계사의 큰 흐름에 편입하게 되었고, 이와 동시에 중국문화도 20세기를 관통하는 보편적인 인류 문화 시스템 속으로 수렴될 수 있었다. 그 결과 근 100년에 걸쳐 세계문학사 속에 나타났다 사라

옌안문예강화 좌담회

져간 수많은 문예사조들이 중국에서는 불과 10여 년 만에 모조리 실험되는 결과를 낳았다. 개혁개방의 물결 속에 새로운 것에 대한 창조 욕구가 문학 부활의 실험 과정을 주도했기 때문이었다.

새로운 시풍

문학의 부활은 '새로운 시풍'을 몰고 온 청년 시인들이 빚어낸 성과였다. 그들은 대부분 문화대혁명 시기에 '상산하향上山下鄉 운동', 또는 '하방下放'이라는 이름 아래 산간 오지나 시골 벽지, 생산공장으로 보내졌던 경험을 가진 지식청년들이었다.

1978년, 잡지 『오늘(今天)』의 탄생은 '새로운 시풍'의 시작을 알렸다. 늘 그렇듯이 『오늘』의 주위로 '새로운 시풍' 형성의 초기 단계에서 매우 중요한 역할을 했던 시인들이 몰려들었다. 예를 들면, 베이다오北島, 구청顧城, 수팅舒婷, 양롄楊煉, 둬둬多多 등을 들 수 있다. 그중에서도 가장 대표적인 인물로 베이다오를 주목할 필요가 있다.

베이다오는 본명이 자오전카이趙振開이며, 1978년에 창립된 동인지 『오늘』의 주요 창립멤버로서 문학이 이데올로기나 당에 의해 주도되는 '문화대혁명' 같은 시대를 강렬하게 부정하면서 문단에 진입했다. 그의 시 「오늘」에서는 "너에게 고하노니 세계여, 나는 믿지 않아, 너의 발아래 천 명의 도전자가 있었다 할지라도, 그렇다면 나를 천한 번째 도전자로 삼아다오."라는 구절에서처럼 가슴 섬뜩한 저항성을 보여주고 있으며, 「대답(回答)」에서는 자신이 살고 있는 당시의 부조리한 시대에 대해 "비굴은 비굴한 자의 통행증, 고상은 고상한 자의 묘비명"이라 경고했다. 그의 시들은 대부분 출로가 없는 시대에 홀로 투쟁의 길에 나서는 시인의 고독과 그런 고독 속에서도 불타는 듯한 결연한 투지를 드러내 보이고 있다.

뿌리 찾기 소설

베이다오

문학의 부활 중에서도 사회적 영향이 가장 컸던 분야는 소설이었다. 류신우劉心武의 『반주임班主任』과 루쉰화盧新華의 『상흔傷痕』은 한마디로 문화대혁명을 겪으며 상처 입었던 흔적에 대한 치유를 이야기하는 '상흔소설傷痕小說'의 탄생을 예고하는 작품이었다. 또 장쯔룽蔣子龍의 『차오 공장장 부임기(喬廠長上任記)』는 문화대혁명 시대를 지나 개혁개방의 시대를 맞이한 새로운 사회적 기풍을 이야기하는 '개혁소설改革小說'의 시작을 알렸다.

그러나 이들 작품이 시대적 의미를 반영하는 선언적 의미에 그치는듯 하다가, 80년대 초에 들어서면서 소설의 기교와 형식적 측면에서도 더욱 두드러지게 성숙하기 시작했다. 왕명王蒙의『잡색雜色』, 장센량張賢亮의『녹화수綠化樹』, 류신우의『뜻대로(如意)』, 구화古華의『부용진芙蓉鎭』, 가오샤오성高曉聲의『리순따, 집을 짓다(李順大造屋)』등의 작품이 잇따라 발표되었다. 이를 통해 당시 소설가들이 이미 '사회와 역사발전에서의 중심은 곧 인간'이라는 사실과 나아가 '인간은 운명적 존재라기보다는 운명을 개척하는 존재'라는 인식에 이르고 있음을 확인할 수 있다. 뿌리 찾기 소설의 구체적 성과로 한사오궁韓少功의『아빠아빠아빠(爸爸爸)』, 정이鄭義의『오래된 우물(老井)』, 아청阿城의『어린이의 왕(孩子王)』, 왕안이王安憶의『소포장小鮑莊』및 장청즈張承志의『흑준마黑駿馬』, 스톄성史鐵生의『나의 저 아득한 청평만(我那遙遠的淸平灣)』등을 들 수 있다.

후기 신 시풍

'후기 신 시풍'은 앞서 유행했던 '새로운 시풍'에 대한 반발로 탄생했다. 앞서 '새로운 시풍'은 정치적 미망의 늪으로부터 각성에 이르기까지의 변화 과정에서 경험한 심각한 정신적 격동으로 인해 기존의 가치관이나 믿음, 문학적 태도 등에 대해서조차 강렬한 저항의식이 있었다. 이 때문에 그들의 시는 회의주의나 정치 회고적 경향이 농후했다. 이러한 시도는 새로운 모색기에 있어서는 대단히 의미 있는 힘을 발휘할 수 있었다. 그러나 반면 이러한 과정을 거치고 90년대에 들어선 '후기 신시풍' 시인들은 또 다른 고민에 빠지게 되었다. 이 시기의 시인들에게는 역사에 대한 우환의식이나 영웅주의조차 조롱의 대상이 되고 말았다. 그리하여 개혁개방이 가져다준 고도 산업사회에 적응하지 못하는 시인들의 심리를 반영하듯, 천박하게 세상을 희롱하거나 반사회적 경향을 드러내는 시구마저 등장했다. 그들은 대체로 반反문화와 반反숭고라는 두 측면을 동시에 구현하고 있는데, 어떤 의미에서 다소 극단적인 경향을 표현하고 있다고 볼 수 있다.

'후기 신 시풍'을 대표하는 시인으로 하이쯔海子(1964~1989)를 들 수 있다. 신시기 중국문학의 가장 민감하고 섬세한 한 단면을 체현하고 있는 그의 짧은 문학 생애는 문학과 생명의 극한성을 보여주기에 충분했다. 「그러나

하이쯔
1990년대 이후 중국 젊은이들에게 가장 큰 영향을 끼친 시인으로 꼽힌다. 25살 생일에 산하이관(山海關) 근처 철로에 누워 자살로 생을 마감하였다. 사망 후 오래지 않아 그의 작품이 중국 전역으로 번져갔다.

물, 물(但是水, 水)」, 「토지土地」, 「태양太陽」 등이 대표작이다.

'후기 신 시풍' 시인들은 현대인의 도시적 감성심리를 파헤치고자 하면서도 아득한 신화와 전설로부터도 소재를 끌어냈다. 그리고 인류에 대한 문화적 속박을 벗어나려 하면서도 중화민족 문화와 전통에 대한 재탐색에 정력을 쏟았다. 그 결과 순수한 구어로의 창작을 주장하면서도 동시에 우아한 문어의 부활을 가능케 했다. 이즈음에 이르자 시 예술에 대한 통일적인 규범은 더 이상 존재하지 않게 되었다. 이에 대해 역사적으로 더욱 명쾌한 평가를 하기 위해서는 좀 더 오랜 시간을 기다려야 할 것이다.

(7) 8~90년대, 세기말의 카니발

80년대 후반으로 가면서 중국 사회가 지난 100여 년 동안 진행해온 현대화의 과정은 중국학과 서양학, 문언과 백화, 전통과 현대, 급진과 보수 등 다양한 사상적·문화적 충돌을 거쳐 바야흐로 세계화를 서두르기에 이르렀다. 하지만, 90년대 들어서면서 문단은 물론 대학을 비롯한 학계에도 우울하고 스산한 세기말적 분위기가 만연했다. 이들을 지배하는 것은 '자본'과 '상품'이었다. 그것은 사회주의 중국의 교과서에는 존재하지 않았던 '사회주의 시장경제'를 실현하면서 출현했다. 사회 전면에는 상품과 그 상품을 소비하는 다수의 대중이 등장했고, 이와 동시에 지금까지 줄곧 사회의 중심이자 리더였던 지식인들은 무대 뒤로 사라져 가야 했다.

이러한 상황을 가장 잘 대변하고 있는 소설이 바로 1993년에 쟈핑와賈平凹가 발표한 장편소설 『폐허의 도시(廢都)』이다. 외설적 성애묘사 탓에 중국에서는 출판금지되었던 이 책을 우리나라에서 번역 출판하면서 '현대판 『금병매』'라고 선전하기까지 했었다. 작품은 자기 정체성을 상실한 인문 지식인의 절망과 좌절, 원망과 비애를 형상화해서 보여주었다. 하지만 욕망에 대한 적극적 표현은 마치 금기에 대한 도전과도 같이 80년대 작가들의 창작 동기가 되기도 했었다. 장셴량의 『남자의 반은 여자(男人的一半是女人)』와 왕안이의 『작은 도시의 사랑(小城之戀)』 등이 대표적이다. 이 시기, 왕멍王蒙이나 류신우의 작품은 기존에 지식인이 지니고 있던 우월감에 대한 반성과 '금전'에 대한 재인식을 직설한다. 한사오궁은 "돈을 벌지 못하면 자식이나 부모가 될 자격도 없다. 사람이 될 자격도 없는데 어찌 작가가 될 수 있겠는가……."라면서, 작가 역시 '경제'를 떠나 존재할 수 없음을 갈파했다. 이는 시에서도 예외가 아니었다. 전통적인 애정관을 일거에 파괴하면서 돈과 외모를 제일의 조건으로 내세우는 풍조가 만연하게 되었다.

자핑와 장편소설 『폐허의 도시』

90년대 들면서 포스트모더니즘이 유행처럼 번지기 시작했다. 이 유행은 작가들이 지닌 궁극적 가치에 대한 관심이나 글쓰기의 깊이를 내버리게 만들었다. 마위안馬原의 소설은 극단적으로 '서사성을 상실한 언어의 유희'로 변하고 만다. 마위안 이후 위화余華, 수퉁蘇童, 거페이格非 등 젊은 작가들이 마위안의 전례를 답습하면서 그러한 현상은 더욱 심해져 갔다.

한사오궁

이처럼 새로운 시대가 도래하면서, 급진적인 반항이나 고통스러운 고백 또는 장중한 설교 따위는 사라졌다. 대신 상품화라는 물결이 사람들로 하여금 사적 이익이나 눈앞의 삶에 몰입하게 함으로써 결국 "재미있으면 그만이다."라는 풍조를 만연시켰다. 90년대 문단은 동시대의 인문 지식인들이 각자가 처한 현실에 나름대로 반응하며 시장과 자본에 대한 인식이라는 새로운 가치관의 탄생을 반영해내고 있었다.

(8) 2000년대 들어서의 문단 상황

지구촌 사회는 20세기를 마감하고 21세기를 맞이하면서 새로운 시대를 환호하고 있었다. 20세기까지의 모든 질곡과 갈등을 극복하고 새로운 번영과 발전을 시도한다는 것은 모든 인류의 희망이었을 것이다. 새로운 100년의 시작은 중국에 있어서도 예외는 아니었다. 사회의 각 부문은 물론 문학에서도 새로운 기운이 생겨났다. 이를 일컬어 신세기에 태어난 새로운 문학적 기풍이라는 의미로 신세기 문학이라 한다. 사실 중국 신세기 문학의 탄생은 각양각색의 매체가 발달하면서 그와 동시에 문화산업이 대량으로 출현한 데 따른 것이다. 소비자가 문화상품을 자유로이 선택하듯, 작가들도 오직 자본이 가져다준 '시장'에 충실할 뿐이다.

이러한 배경 위에 80년대 이름을 날리던 작가들은 80년대 과도하게 강조되었던 문학과 정치와의 관계 또는 언어와 형식에 대한 정형성, 전위예술이나 실험성에 대한 극단적 옹호 등의 전략적 극단화를 극복하고 한층 예술적으로 성숙해 갔다. 국내에서는 이미 90년대부터 줄기차게 소개되었던 위화, 수통, 모옌莫言 등이 신세기에 들어서도 지속적으로 소개되면서 반향을 이어가고 있다.

이들 이외에도, 시장의 시대에 시장이 지닌 긍·부정적 요소들의 영향을 받으며 다양한 작가들이 출현했다. 전국적으로 매년 1,000여 종의 장편이 소개되는 중국의 현실에서 그 수량이 곧 예술적 수준을 담보한다고는 할 수 없겠지만, 몇몇 작가들은 주목해 두어야 할 것이다. 이 중 장제張潔, 쟈핑와, 톄닝鐵凝, 스톄성, 왕안이, 한사오궁, 장웨이張煒, 거페이格非, 류전윈劉震雲, 아라이阿來, 옌롄커閻連科, 저우다신周大新, 리페이푸李佩甫, 옌전閻眞, 황궈룽黃國榮, 판원範穩, 양즈쥔楊志軍, 순후이펀孫惠芬 등의 장편소설은 이미 상당한 수준에 도달했다고 평가받고 있다.

신세기에 들어서면서 문학은 현실 생활과 공공 사물에 대해 깊이 개입하는 것을 사명으로 여기는 듯하다. 하층민에 대한 관심, 보통사람이나 사회적 약자들에 관한 서사는 이미 신세기 문학의 새로운 인민성人民性으로 자리 잡아가고 있다. 작가들은 역사나 지리적 환경 및 현실적 원인 등으로 인해 이미 고착화되고 있는 중국 사회의 불평등 발전을 인식하고 있다. 신세기 문학의 최고 가치는 아마도 '공정·공평·민주'를 토대로 하는 '인민성 문학'에서 찾아야 할 것이다.

소설계와 마찬가지로 신세기에 들어 시단 역시 대단히 활발한 활동을 전개하고 있다. 8~90년대의 몽롱파를 이어 활동하던 제3세대 그룹 중에서도 특히 1960년대 이후 출생한 시인들의 활약을 주목할 필요가 있다. 넘치는 감수성과 풍부한 서사를 평범하면서도 정확한 언어로 표현하는 위젠于堅, 일상생활에 대한 정밀한 표현과 순수한 풍격을 보여주는 장수광張曙光, 문장과 시의 경계를 넘나드는 글쓰기와 특히 경구警句에 능한 시촨西川 등을 비롯해 제3세대 중에서도 가장 영향력 있는 시인으로 창작과 평론에 모두 성과를 보이며 예술적 기량이 탁월하다는 평을 한몸에 받고 있는 짱띠臧棣 등을 들 수 있다. 장하오蔣浩, 장타오姜濤 등은 70년대 이후 출생한 시인 중 발군의 실력을 발휘하고 있으며, 이밖에 여류시인으로 츠링윈池凌雲과 저우찬周瓚 등이 맹렬한 기세로 신세기 시단을 강타하고 있다.

제3세대 시인 시촨

바야흐로 중국의 문단은 세계적인 작품을 탄생시키기 위해 마치 묵중한 수레바퀴를 계속 돌려 오고 있는 듯하다. 이미 프랑스로 망명해 활동하고 있는 가오싱젠高行健이나 반체제 작가로 더 이름 난 왕샤오보王小波 등이 노벨상을 받긴 했으나 중국은 그들을 중국의 작가로 인정하고 있지 않다. 2012년 모옌이 중국 국적 최초의 노벨문학상을 수상해 세계적으로 중국 문학의 위상을 인정 받는 계기가 되었다. 우리에게 익숙한 영화 『붉은 수수밭』의 원작인 『홍까오량 가족(紅高粱)』, 『술의 나라(酒國)』, 『사십일포(四十一炮)』, 『탄샹싱(檀香刑)』, 『풍유비둔 豊乳肥臀』, 티엔탕 마을 마늘종 노래(天堂蒜薹之歌)』, 『풀 먹는 가족(食草家族)』 등의 작품이 다양한 언어로 번역되어 작품성을 인정받았고, 특히 현대 중국의 사회상을 민담과 역사에 버무려 섞어 산둥山東의 지역성을 물씬 담아내는 필치로 유명하다.

참고 문헌

『중국문학사』, 김학주 저, 신아사, 2007

『그림으로 읽는 중국문학 오천년』, 빙신·둥나이빈·첸리췬 저, 김창경 외 역, 예담, 2002

『중국 현대문학과의 만남』, 한국 중국 현대문학학회, 동녘, 2006

『堅靭的叙事』, 孟繁華, 福建教育出版社, 2008

더 읽어야 할 자료

『중국문화의 즐거움』, 중국문화연구회 저, 차이나하우스, 2009

『중국 중국인 그리고 중국문화』, 공상철·권석환·이경원·이창호·정진강 저, 다락원, 2001

『21세기 중국의 문화지도』, 왕샤오밍·임춘성 편, 중국 문화연구 공부모임 역, 현실문화연구, 2009

협의 俠義 정신

　　소설가, 언론인, 사회학자, 역사학자이기도 한 영국의 웰스Wells, H. G.는 "중국인의 영혼 속에는 한 명의 유가儒家, 한 명의 도가道家, 한 명의 토비土匪가 투쟁하고 있다."라는 유명한 말을 남겼다. 여기서 토비는 유가나 도가와 달리 무장한 세력을 가리키는 말로, 협객을 의미한다. 중국의 현대 시인 원이둬聞—多는 「유儒, 도道, 비匪에 관하여」라는 글에서 웰스의 이 말을 인용하면서 중국문화 속의 무협전통에 대해 이야기하고 있다.

　　무협전통은 춘추전국시대에 '협俠'이라는 특수한 사회계층이 형성되면서부터 시작되었다. 협은 원래 몰락한 귀족들의 후예로서 문文을 위주로 한 문인 식객들과 달리 무武로써 자신을 식객으로 받아준 귀족들을 보호하는 역할을 하였다. 지금의 보디가드와 비슷하다 하겠다. 그러나 이러한 협은 비록 귀족의 호위 무사 노릇을 하였으나 일본의 사무라이처럼 귀족과 주종관계를 맺은 것은 아니었다. 식객이라는 말에서 나타나듯 주인과 손님의 관계 즉, 비교적 동등한 관계였음을 알 수 있다. 비록 몰락한 귀족이었으나 협은 귀족의 명예를 간직하고자 하였으며 그들만의 직업윤리와 원칙을 만들기 시작했다. 그리하여 '중의경리重義輕利(의리를 중시하고 사사로운 이익을 경시한다)', '지은필보知恩必報(은혜를 잊지 않으며 원수는 반드시 갚는다)', '제폭안량除暴安良(폭압을 제거하고 백성을 안전하게 한다)'이라는 협의 정신이 초보적으로 형성되었다. 이러한 협의 정신은 역사적으로 혼란한 시기에 힘없는 백성들의 어려움을 대변해주는 역할을 했다. 그리고 역사의 변천을 겪으면서 사회 기층에까지 침투해 들어가 일종의 정신문화를 형성하였고 줄곧 민간 사회를 지탱하는 소박한 윤리도덕의 준칙이 되었다.

한漢대 이후 봉건왕조체제가 공고화되고 정치 군사제도가 확립되면서 협은 역사의 무대에서 사라졌다. 그러나 협이 지향하는 정신문화는 부당한 압박에 고통 받는 백성들의 염원과 결합하여 결국 '협객俠客'이라는 영웅 형상과 '강호江湖'라는 가상의 공간을 만들어내는 데 이르렀다. '협객'이라는 영웅 형상의 첫 출발점은 한대 역사서인 사마천의 『사기』에서 찾아볼 수 있다. 사마천은 『유협열전遊俠列傳』, 『자객열전刺客列傳』 편을 두어 전제專諸, 섭정聶政, 예양豫讓, 형가荊軻 등과 같은 한나라 이전 시기 무협의 기풍을 지닌 인물들을 전문적으로 소개하고 있다. 사마천은 여기서 단순한 역사적 사실을 기록하는 데 그치지 않고, 예술적 상상력을 발휘하여 의로움과 약속을 중시하고 목숨을 가벼이 여기는 협객 형상을 창조해냈다. 사마천에 의해 창조된 협객 형상은 시대가 흐름에 따라 상상력이 더해져 마침내 강력한 생명력을 지닌 영웅으로 재탄생하게 되었다. 그리고 이제 이 영웅이 활동하는 공간은 과거 역사에만 머물지 않고 가상의 공간인 문학으로 확대되었다. 당唐대 『규염객전虯髥客傳』에서 구체적 틀을 갖추기 시작한 무협소설은 청淸대 이르러 『검협劍俠』, 『칠협오의七俠五義』 등과 같은 장편 무협소설로 발전하였고, 이러한 과정을 거치며 협객이 자신의 무예와 정신적 추구를 마음껏 뽐낼 수 있는 '강호'라는 가상의 공간도 마련되었다.

이렇듯 강호라는 가상의 공간에서 활약하는 협객이라는 영웅형상이 정착되자 협의 정신문화는 새로운 전기를 마련하게 된다. 협의 정신이 민간 사회의 소박한 윤리도덕의 준칙에서 대중문화의 핵심으로 떠오르게 된 것이다. 협의 정신이 대중문화로서 자리 잡게 되는 데에는 무협소설의 발전이 결정적 역할을 했고, 1950~60년대에 량위성梁羽生, 진용金庸, 구룽古龍과 같은 신파무협작가들에 의해 그 절정에 이르렀다. 량위성의 대표작으로는 『칠검하천산七劍下天山』, 『운해옥궁연雲海玉弓緣』, 『백발마녀전白髮魔女傳』 등이 있으며, 진용의 대표작으로는 『사조영웅전射雕英雄傳』, 『신조협려新雕俠侶』, 『의천도룡기倚天屠龍記』, 구룽의 대표작으로는 『절대쌍교絶代雙驕』, 『유성호접검流星胡蝶劍』, 『초류향楚留香』 등이 있다. 이러한 무협소설은 대부분 영화화되었을 뿐 아니라 해마다 새로운 버전으로 재탄생하면서 협의 정신을 대중문화 속에 뿌리내리는 데 지대한 역할을 하고 있다.

사진 | 중화TV 제공

09 한자와 서법

　한자漢字는 세계에서 사용인구가 가장 많은 문자일 뿐만 아니라 세계 주요 문자들 중에 남아 있는 유일한 표의문자表意文字에 속한다. 사용지역으로는 중국 대륙, 타이완, 홍콩의 중화권과 화교들이 몰려 있는 동남아 지역 외에도 한자문화권에 속하는 한국과 일본에서도 여전히 문자로서의 기능을 잃지 않고 있다. 그리고 현재 전 세계적으로 중국에 대한 관심과 중국어 학습의 열풍으로 문자로서의 이미지가 폭넓게 각인되고 있는 추세이다.

　더욱 놀라운 사실은 외형적으로 봐도 상형문자를 기초로 한 복잡한 자형의 글지기 이토록 오랜 세월을 거치면서도 일정한 형태를 유지하며 발전해 온 점에 있다. 이는 한자가 시대를 거치면서 독자적인 체계의 문자로 정립되어 폭넓게 사용되는 한편, 사회 문화적 기능을 잘 구현하여 중국문화를 대변하는 문화적 도구로 자리 잡았기 때문이다. 일찍이 한자로 기록된 선진先秦 시대의 풍부한 제자백가諸子百家 저작들은 한자가 지니는 고도의 사변적 가치를 증명하였고, 불교의 전파에 따른 신스크리드어 불경의 대대적인 번역사업은 한자의 문자로서의 기능을 극대화하여 한자의 발전을 추동해 나갔다.

　한자의 발전은 그 글자 수의 증가를 통해 여실히 증명된다. 『설문해자說文解字』 이후 글자를 모은 자서字書들이 속속 발간되었는데, 이로부터 한자의 숫자가 얼마나 폭발적으로 늘어났는지 잘 알 수 있다. 당唐대에 발간된 『옥편玉篇』 증보판에 22,561자가 수록되었던 것이 송宋대 사마광司馬光의 『유편類編』에는 31,319자로 늘어났고, 한자

『강희자전』

사전의 결정판이라 할 수 있는『강희자전康熙字典』에는 47,053자로 증가하였다. 현대에 들어 1990년에 편찬된『한어대자전漢語大字典』에는 54,678자가 수록되어 현재 한자의 숫자를 밝히는 기준이 되고 있다.

한편, 한자는 문자로서의 역할 외에 문자에 아름다움을 추구하는 특별한 심미 장치인 서법 예술로 발전하였다. 게다가 단지 미적 취향에 그치지 않고 나아가 글씨는 사람의 인격을 드러낸다는 논리적 기틀이 만들어져 관료선발의 기준이 되었던 '신언서판身言書判'에서 보듯 문자 이상의 지적 가치를 부여하기까지 하였다. 그리고 현재에도 한자는 오랜 기간에 축적된 다양한 기능을 계승하여 도안과 디자인 등 실용 분야에 이르기까지 적극적으로 활용되고 있다.

1. 한자의 탄생

(1) 한자 기원의 전설

한자의 기원에 대한 통설은 고대의 제왕 황제黃帝 때의 인물인 창힐倉頡이 진흙에 찍혀 있는 새의 발자국을 보고 한자를 창제했다는 전설에서 비롯되었다. 선진시대의 저작에서는 이미 창힐을 한자의 창시자로 규정하고 있다.『순자荀子』에서는 "글을 잘 쓰는 사람은 많았지만, 후세에 전한 사람은 오직 창힐 뿐이었다(好書者衆矣, 而倉頡獨傳者壹也)."라고 하였으며,『여씨춘추呂氏春秋』에서도 "해중이 수레를 만들고, 글자는 창힐이 만들었다(奚仲作車, 倉頡作書)."라고 하는 등 이후 창힐 기원설이 정설처럼 굳어졌다.

창힐
한자의 창시자. 중국 문명의 시조로 추앙된다. 네 개의 눈을 가진 신비한 존재로 묘사되어 있다.

(2) 학설로 본 한자의 기원

여러 역사적 정황을 종합해봤을 때 한자가 인류가 만든 가장 오래된 문자 중의 하나임은 틀림없다. 역사 유적을 통해 보더라도 한자는 사회적 소통의 부호로서 추상화되어 표시되었으며 또한 중국어中國語를 구현하는 기호로서 기록되었다. 그러나 언제 한자가 탄생하였는지에 대한 구체적인 증거와 글자가 만들어진 과학적인 근거를 제시하기는 쉽지 않으며, 이에 대한 학설 역시 분분하다.

도화문자

인류가 문자를 창제하기 이전 단계부터 다양한 기록의 방식이 존재한 것으로 알려져 있다. 그 중 간단한 부호나 그림 형태로 남기는 '도화圖畵' 문자와 허

팔괘

신許慎이 설문해자에서 "먼 옛날에는 새끼 같은 매듭을 묶어서 세상을 다스렸는데, 후세에 성인이 나타나 그것을 금을 긋는 방식으로 손쉽게 만들었다(上古結繩而治, 後世聖人易之以書契)."라고 밝힌 '결승結繩' 문자와 '서계書契' 문자는 한자 창제의 원류로 볼 수 있다. 결승은 매듭의 크고 작음으로써 사건 혹은 사물의 크기를 표시했으며, 매듭의 많고 적음으로써 사물의 양을 나타냈다. 결승 이후에는 서계로 일을 기록하는 방법이 출현한 것으로 보인다.

이밖에 한자의 원류와 관련된 학설로는 '팔괘八卦' 기원설이 있다. 『주역周易』의 바탕을 이루는 추상적인 수리 부호인 '괘효卦爻'가 점차 발전하여 구체적인 사물을 표기하는 한자가 만들어졌다는 주장이다. 이러한 주장의 배경에는 팔괘가 나타내고 있는 뚜렷한 기호적 체계가 한자에 대응할 만한 외형적 형태와 사유적 체계에서 충분한 연관관계를 보여주고 있기 때문이기도 하지만 한자에 문명적 가치를 부여하려는 과장된 측면도 있다.

(3) 한자의 유적

현재 발견된 한자의 가장 오래된 자형字形인 갑골문甲骨文은 3,000여 년의 역사를 지니고 있다. 그러나 갑골문 이전에도 한자에 해당하는 문자가 이미 존재하고 있었던 것으로 추정되는데, 이와 관련한 많은 유적들이 속속 발굴되고 있다. 실제 얼마만큼 한자와 연관되어 있는지는 의문점으로 남아 있지만, 학계에서는 구체적인 증거를 들어 한자의 기원을 끌어 올리기도 한다.

한자의 역사적 기원에 대해서는 통상적으로 중국 문명사의 궤적과 동일한 5,000년으로 잡고 있다. 지금까지 밝혀진 고고학적 자료와 문헌에 근거하여 볼 때, 가장 오래된 한자의 유적으로는 양사오仰韶 문화(기원전 5000~기

양사오 문화 유적지에서 출토된 도문

원전 3000)에 속하는 시안西安 반포半坡유적지에서 발견된 도문陶文(도기에 새겨진 문자)을 들 수 있다. 원시적 부호 형태를 보이고 있는 이들 유적은 대부분 토기가 구워지기 이전에 새겨진 것이어서 형태와 필획이 불규칙적이다. 아마도 개인물품의 소장을 표시하는 표지이거나 제작 때 어떤 필요에 의해 제멋대로 새긴 것으로, 확정적 의미를 담고 있지는 않은 것으로 보인다. 따라서 원시 단계 그림문자의 추형雛形에 속하는 것으로 여겨진다. 이 유적 중 빠른 것은 대략 기원전 4,000년 전에 출현한 것으로 통상적인 학설과 일치한다고 할 수 있다.

한편, 신석기 후기에 속하는 다원커우大汶口 문화(기원전 4300~기원전 2500)의 유적지인 산둥성山東省 타이안泰安 부근에서 발견된 도문은 한자의 역사적 기원과 관련해 한층 중요한 의미를 지닌다. 1973년 황허黃河 유역에서 발굴된 도기에 새겨진 비교적 정연한 모양에 입체감이 느껴지는 문양은 이후에 나타나는 청동기 명문銘文과 유사해 한자의 시원을 밝히는 유력한 물증이 된다. 많은 학자들은 이 문양을 한자의 상형자로 보고 갑골문과 금문金文의 글자들과 일맥상통하는 것으로 파악하고 있다. 예를 들어, 은 '旦(아침 단)' 자의 상형으로 갑골문과 금문에서는 아래의 산 모양이 생략된 것으로 보았다. 이런 관점에서 보면 다원커우의 도문은 최초의 상형문자가 되는 것으로, 다원커우 문화가 지금으로부터 4,000여 년 전의 유적에 해당하므로 한자의 역사 또한 4,000년 이상 된다는 설명이 가능하다.

다원커우 문화 유적지에서 출토된 도문

2. 한자의 구성 원리

한자는 일반적으로 하나의 글자 모양에 하나의 독음, 하나의 독립된 의미를 가진다. 특징상 음절문자音節文字이자 동시에 표의문자의 성격을 지니는 고립어에 속한다. 이러한 특성을 갖춘 한자는 오랜 시간을 거치면서 일정한 계통을 갖추고 발전해 나갔다.

한자는 만들어진 원리에 따라 상형象形·지사指事·회의會意·형성形聲·전주轉注·가차假借의 '육서六書' 분류법이 통용되고 있는데, 이는 후한後漢 때 학자인 허신許愼(58?~147?)에 의해 확립되었다. 그가 한자의 자형 구조를 체계적으로 분석하여 만든 육서를 살펴보면 상형·지사·회의·형성은 한자의 조자造字 방법에 해당하는데, 이는 다시 독립된 자형으로 만들어진 상형·지사와 자형을 합해서 만든 회의·형성으로 구분되며, 전주·가차는 글자의 활

허신

설문해자

용법으로 볼 수 있다. 허신은 중국 문자학의 개척자이자 '문자학의 성인(字聖)'으로 추앙받고 있는 인물이다. 중국 최초의 자서字書에 해당하는『설문해자』는 허신이 무려 21년 동안 힘을 쏟은 필생의 역작으로, 한자 9,353자를 수집하여 육서에 따라 글자의 모양을 분석, 해설한 문자학의 고전이 되는 책이다. 그에 의해 확립된 한자의 육서법은 후세에 큰 영향을 끼쳤으며 오늘날까지도 가장 유력한 한자의 구성 원리로 인정받고 있다.

(1) 상형

실제 사물의 모습을 그대로 본떠 만든 글자로, 비교적 간단한 선으로 사물의 특징을 묘사하는 방식이다.『설문해자』에서는 "사물의 물상을 형체에 따라 그려내는 것으로 '날 일日'과 '달 월月'이 해당한다(畵成其物, 隨體詰詘, 日月是也)."라고 설명하고 있다. 사물의 객관적인 특징을 포착하여 대상의 인상적인 형상이 잘 드러나도록 하는 것이 중요하다. '달 월' 자는 둥근 달이 아닌 초승달을 그려내어 사물의 특징적 이미지가 부각되도록 하였다.

상형은 도화문자에서 비롯되어 그림의 성격은 점차 약화되고 상징적 요소가 강조된 가장 원시적인 조자 방식이다. 그러나 상형은 모든 대상을 그리는 방식으로 수용할 수 없다는 문자로서의 한계가 명백해 한자에서 차지하는 비율이 높지는 않다. 그럼에도 한자의 상형적 요소가 갖는 큰 의의는 심미적이고 풍부한 상징적 이미지를 한자에 부여하고 있다는 점이다.

耳(귀 이)　目(눈 목)　齒(이 치)　止(그칠 지)　舟(배 주)　豆(제기 두)　月(달 월)　州(고을 주)

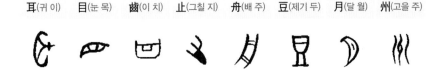

(2) 지사

상형이 그려낼 수 있는 구체적 사물을 대상으로 글자를 만드는 방식인 데 비해, 지사는 점과 선을 이용해 상징적인 부호로 나타내는 글자를 말한다. 즉, 추상적인 개념을 기호로 표현한 글자라 할 수 있다.『설문해자』에서는 "보면 금방 알 수 있고, 살펴보면 뜻이 드러나는 것으로, '위 상上', '아래 하下'

가 그 예이다(視而可識, 察而見意, 上下是也)."라고 하였다. 예를 들면, '칼날 인刃' 자처럼 '칼 도刀' 자에 날에 해당하는 부분을 점으로 표시함으로써 예리한 칼날을 상징적으로 표현했다. 육서 중 지사에 해당하는 글자의 숫자가 가장 적은데, 이는 부호로 뜻을 나타내야 하는 제한적인 방식과 관련 있다고 할 수 있다. 학자들에 따라서는 '위 상', '두 이二' 자 같은 유형의 독립된 형체를 합치는 '합체지사合體指事'와 '근본 본本', '칼날 인' 자처럼 상형자에 부호를 첨가하는 방식의 '가체지사加體指事'로 나누기도 한다.

一(한 일)　二(두 이)　三(석 삼)　上(위 상)　下(아래 하)　本(근본 본)　末(끝 말)　刃(칼날 인)

(3) 회의

두 개 혹은 두 개 이상의 상형문자나 지사문자를 합쳐 새로운 의미의 글자를 만드는 방법이다. '풀 해解' 자는 '칼 도刀'와 '소 우牛', '뿔 각角'의 세 글자로 이루어져 있다. 이 글자는 '칼로 소의 뿔을 가르다'라는 의미로 '풀다', '해체하다'라는 뜻을 갖게 되었다. 또한 같은 글자를 두 개나 세 개씩 겹쳐 만들기도 한다. 예를 들어 '불 화火' 자를 두 개 겹치면 '불꽃 염炎' 자가 되고, '수레 거車' 자를 세 개 겹치면 '울릴 굉轟' 자가 되는 식이다. 이처럼 두 개 이상의 자형이나 자의字義를 병합해 글자의 의미를 전달하는 회의는 때로 형성의 특징을 겸비하는 경우도 있다. 예를 들어 '공 공功' 자는 '장인 공工'과 '힘 력力' 자가 결합하여 만들어진 회의자인데, '공 공'과 '장인 공'은 발음이 같아서 형성자의 성분을 갖추고 있다.

爲(할 위)　及(미칠 급)　取(가질 취)　隻(외짝 척)　出(날 출)　各(각각 각)　牧(칠 목)　射(쏠 사)

(4) 형성

의미를 나타내는 부분과 소리를 나타내는 부분을 조합하여 새로운 글자를 만들어 내는 방법이다. '형形'은 글자의 의미나 소속을 나타내고, '성聲'은 같거나 비슷한 발음을 표시하는 방식으로, 예를 들어 '호수 호湖' 자에서 삼수변(氵 = 水)은 의미 부분으로 물과 관련이 있음을 나타내고, '오랑캐 호胡'는 소리 부분으로 이 글자의 발음이 '호'가 되는 방식으로 결합한 것이다.

형성은 한자를 만드는 가장 효율적인 방법으로 여겨져 수많은 글자가 형성의 원리로 탄생했다. 『설문해자』의 82%가 형성자이고, 청대에 편찬된 『강희자전』의 47,053자 가운데 42,300자가 형성자에 해당한다.

형성은 의미부와 소리부가 결합하는 방식에 따라 다음과 같이 분류된다.

좌형우성左形右聲	왼쪽이 뜻을, 오른쪽이 소리를 나타냄 예) 시 詩, 가리킬 지指, 맑을 청淸
좌성우형左聲右形	왼쪽이 소리를, 오른쪽이 뜻을 나타냄 예) 칼 검劍, 구할 구救, 볼 시視
상형하성上形下聲	위쪽이 뜻을, 아래쪽이 소리를 나타냄 예) 꽃 화花, 이슬 로露, 서리 상霜
상성하형上聲下形	위쪽이 소리를, 아래쪽이 뜻을 나타냄 예) 재물 화貨, 터 기基, 힘쓸 노努
외형내성外形內聲	바깥쪽이 뜻을, 안쪽이 소리를 나타냄 예) 동산 원園, 굳을 고固, 병 병病
외성내형外聲內形	바깥쪽이 소리를, 안쪽이 뜻을 나타냄 예) 물을 문問, 들을 문聞, 말씀 변辯

(5) 전주

이미 만들어진 글자의 본래 뜻으로부터 유추해서 다른 글자로 호환하여 사용하는 글자의 운용 방식이다. 『설문해자』에서는 "서로 뜻을 주고받을 수 있다(同意相受)."라고 하며 '노老' 자와 '고考' 자를 예로 들어 설명하고 있는데, 구체적인 개념을 파악하기가 쉽지 않아 후대의 학자들 사이에도 의견이 분분하다. 다만 '동의同意'는 의미부를 가리키는 것으로 같은 부수에 속하는 글자들로 볼 수 있다. 따라서 전주는 같은 부수에 속하면서 의미가 동일해 바꾸어 사용해도 무방한 글자나 동일한 부수 속에 서로 통용되는 글자가 그 대상이 된다고 할 수 있다. 예를 들면 '처음'이란 의미를 가진 '처음 시始', '처음 초初', '으뜸 원元', '머리 수首' 등을 바꾸어 쓰는 경우이다. 결국, 같은 부수에 속하는가와 같은 의미로 끌어 쓸 수 있는가가 전주를 판단하는 중요한 기준이 된다.

(6) 가차

기존의 글자가 담고 있는 뜻은 두고 소리를 빌어 쓰거나, 원래는 글자가 없었으나 음성에 기초하여 기존의 글자를 차용해 사용하는 글자의 운용 방식이다. 『설문해자』에서는 "본래 글자가 없었으나 소리와 사물의 형상에 기대어 만들어진 글자이다(本無其字, 依聲托事)."라고 하였다.

가차는 또 통가자通假字와 가차자假借字로 구분하기도 한다. 통가자는 '스스로 자自' 자처럼 원래 코의 모양을 나타낸 상형자였으나, 이것이 일인칭으로 가차되어 사용되면서 소리부인 '줄 비畀'가 더해져 '코 비鼻' 자가 만들어진 경우이다. 순수한 의미의 가차자는 외래어 표기에 효과적으로 운용되고 있다. '포도葡萄'와 같은 고대 외래어에서부터 '핑퐁乒乓'과 같은 음차音借의 경우가 이에 해당한다. 이처럼 육서에서 가차의 활용은 한자가 표의문자로서 지니는 표음表音의 어려움을 해소하는데 효과적으로 작용했다고 할 수 있다.

3. 한자의 변천과 발전

오랜 역사를 가진 한자는 시대를 거치면서 문명의 발전과 사회적 환경에 따라 변화를 거듭했다. 한자의 최초 모습은 기원전 약 1,300년까지 거슬러 올라가, 상商(또는 은殷)나라의 갑골문으로부터 시작된다. 갑골문은 시기적으로 가장 빨리 문자의 형태를 갖춘 한자의 모습이다. 갑골문에 이어 청동기물에 글자를 새기는 금문金文, 즉 종정문鐘鼎文이 유행하는데 서주西周 시기는 청동기 금문의 전성시대라 할 수 있다. 금문 이후로 춘추전국시대에 들어서면 전국문자戰國文字가 등장하는데, 전국문자는 다시 진秦나라 문자인 대전大篆(주문籒文으로도 불림)과 진나라 외 여섯 나라에서 사용된 '육국문자六國文字'가 있었다. 이러한 문자의 난립은 결국 진시황의 문자통일 정책에 의해 소전小篆으로 통일된다. 이후로 한자는 전 지역을 관철하는 획일적 문자사용의 계기가 되었으며, 이러한 문자 통일은 곧 중국을 하나로 묶는 결정적인 요소로 작용하였다.

오늘날 '한자'라는 이름을 얻게 된 한漢대에는 예서隸書가 새롭게 유행하였으며, 이를 기점으로 한자는 한층 정형화된 해서楷書로 발전하여 당대에 들어서면 한자의 자형과 서체의 표준화가 이루어진다.

그러나 한자는 오늘날에도 여전히 고형화되지 않고 다양한 변화의 과정을 겪고 있다. 1949년 중화인민공화국 건국 이후 한자의 개혁방안을 마련하여 기존 한자의 획을 줄이는 방식의 간체자인 간화자簡化字를 만들어 공식적으로 사용하고 있는 것도 그 예가 되며, 근래 디지털 시대의 환경을 고려한 다양한 컴퓨터 자형의 개발 역시 예외가 아니다. 또한, 역사적으로 등장한 다양한 글자체는 서법의 발전과도 무관하지 않다. 각 시대를 대변하는 한자는 예술적 아름다움을 강구하며 일정한 서체로 정착하였고, 이러한 서체에 대한 탐구는 한자를 발전시키는 동력이 되었다.

(1) 갑골문

갑골은 거북이의 등껍질인 귀갑龜甲과 동물의 뼈인 수골獸骨에 새긴 글자로 현존하는 가장 오래된 문자의 기록이다. 상나라 후기 왕실에서 점을 친 기록이 대부분을 차지해 '점복占卜 문자'라고도 한다. 그러나 갑골문이 문자로 확인된 것은 불과 100여 년밖에 되지 않았다. 1899년 금석학자 왕의영王懿榮이 당시 허난성河南省 안양시安陽市 샤오둔촌小屯村에서 약재로 공급되던 용골龍骨에 새겨진 글씨를 발견하고 친구 유악劉顎과 함께 갑골편을 모으기 시작하면서 세상에 알려졌다. 수천 년의 비밀을 긴직한 채 땅속에 묻혀 있던 갑골의 발견은 그야말로 신화의 시대를 역사의 사실로 바꿔 놓은 세기적 사건이었다. 이후 대대적인 발굴작업이 진행되어 허난성 안양의 은허殷墟 유적지에서 10만여 편에 이르는 갑골편이 발견되었다. 고증 결과 3,000년 전 상나라의 왕실에서 행해졌던 점복 행위를 기록한 문자로 알려지면서 세상을 깜짝 놀라게 했다.

현재 발견된 15만 편의 갑골을 통해 4,500여 글자가 확인되고 있으며, 그 중 1,800여 자가 판독되어 당시의 사회상을 알려주고 있다. 갑골에는 정치·사회·문화·군사 등의 분야에서 천문·의학·역법에 이르기까지 다양한 내용이 기록되어 생생한 역사를 실감케한다.

필사筆寫의 측면에서 보면 갑골 서체의 특징은 귀갑이나 수골에 칼로 글자를 새겼기 때문에, 직선과 절선이 많으며 필체가 가늘다. 그리고 글자

갑골문

가 고정되지 않아 한 글자에 여러 가지 모양이 있다. 갑골문이 세상에 알려지기 시작하면서 문자에 대한 연구와 더불어 서체에 대한 예술적 조명도 잇달았다. 그중에서도 고고학자 둥쭤빈董作賓(1895~1963)과 작가이자 고문자 학자인 궈모뤄郭沫若(1892~1978)는 갑골문 연구에 혁혁한 공을 세운 인물로 꼽힌다.

갑골 서체로 나타낸 12지(支)

鼠(쥐 서)	牛(소 우)	虎(범 호)	兔(토끼 토)	龍(용 룡)	蛇(뱀 사)

馬(말 마)	羊(양 양)	猴(원숭이 후)	鷄(닭 계)	犬(개 견)	猪(돼지 저)

(2) 금문

금문金文은 상·주商周시대 청동기에 기록되어 있는 문자로, 당시 청동 제기를 대표하는 것이 '정鼎'[1]이고, 청동 악기를 대표하는 것이 '종鐘'이기 때문에 종정문鐘鼎文이라고도 한다. 상·주시대는 청동기의 전성시대로 청동기물에 글자를 새기는 것이 유행하였다. 이 시기가 되면 청동기물에 글을 새기는 명문銘文의 편 폭도 길어지고 내용도 풍부해진다. 대표적인 금문 중 하나인 모공정毛公鼎에는 무려 497자가 기록되어 있어 당시의 다양한 생활상을 잘 드러내고 있다.

금문은 대개 장식으로 사용되는 특징상 선조와 제왕의 송덕 및 관직의 임명과 공적을 기리는 내용이 주를 이루고 있지만, 무왕武王의 상나라 정벌 같은 역사적 사건을 기록한 것도 있어 사회 변화를 조감할 수 있다. 청동 금문은 먼저 흙으로 빚은 틀에 필사체로 새기고 이 틀에 금속을 녹여 부어서 주조했기 때문에 서체가 굵은 것이 특징이며 필획의 기세가 장엄하고 기품이 있다.

금문, 대우정(大盂鼎) 부분
대우정 안의 명문은 19줄에 291자가 적혀 있다. 주나라의 강왕(康王)이 귀족인 우(盂)에게 칙서를 내려 왕조의 송덕을 기릴 것을 훈계하며 함께 하사한 물품을 솥에 모두 기록하고 있다.

1 관련 내용 「05 역사와 유물」 편 참조

소전 「역산각석(嶧山刻石)」 부분
진시황 28년에 진시황이 역산에 올라 자신의 공덕을 칭송하는
내용의 비석을 세웠다. 높이 190㎝, 너비 48㎝의 비석에는 소전
체로 모두 222자가 새겨져 있다.

(3) 소전

소전小篆은 진시황秦始皇의 통일 문자로, 통일 전 진나라의 문자인 대전의 자형을 간략하게 하여 만들었다. 진시황은 천하를 통일한 뒤 승상 이사李斯를 시켜 소전을 만들게 하고, 그 외의 다른 문자를 사용하지 못하게 함으로써 문자를 통일했다. 진시황의 문자통일령으로 탄생한 소전은 형체가 가지런하고 규격화되어 있어 글자를 쓰기에 대전보다 용이하였다. 당시 진시황은 "문장은 같은 글로 쓰고, 수레는 동일한 바퀴로 한다(書同文, 車同軌)."라는 문자와 도량형 통일 정책을 강제하였는데, 이러한 정책에 힘입어 소전은 육국의 문자를 소멸시키고 예서가 나타나는 전한前漢 말까지 줄곧 사용되었다.

소전의 자형은 형체가 길쭉하고 둥글면서 균등하게 배열되어 있는 특징이 있다. 따라서 자체가 지니는 아름다움 때문에 후세의 서법가들에게 많은 사랑을 받았을 뿐만 아니라, 필획이 복잡하고 형태의 변화가 심해 위조 방지에 적합하여 도장의 서체로도 널리 활용되었다.

(4) 예서

예서隷書는 한나라 때 통용된 서체로 하급관리인 '예인隷人'이 행정의 효율을 기하기 위해 속기하는 과정에서 생겨난 글자로 알려져 있다. 전하는 바로는 진나라 말 옥사를 관리하는 정막程邈이 대전에 근거하여 복잡한 부분을 삭제하고 수정하여 만들었다고 한다. 소전이 진나라의 공식적인 서체였다면, 예서는 실용적으로 사용되다가 후한 때 이르러 본격적으로 유행했다고 볼 수 있다. 이는 또한 예서가 다른 말로 '팔분체八分體'라고 불리는 것처럼 두 글자체가 병합되는 구조적 특징을 보여주는 것이기도 하다.

한자의 발전 과정에서 예서의 등장은 시사하는 바가 크다. 예서는 이전의 둥글고 곡선 위주의 상형적 형태를 벗어나 직선 위주의 실용적 서사 방식으로 바뀌는 전환점이 되고 있다. 이는 종이의 발명 등 서사도구의 혁신과 학교의 설립 및 문사의 양성으로 지식 보급이 확산된 데 따른 것이라 할 수 있다.

예서의 특징은 횡으로는 길고 수직으로는 짧은 장방형 꼴의 형태를 띤다는 것이다. 둥근 필획을 직선으로 펼쳐 한층 필사에 유리하게 하였으면서도 여전히 일부분 둥근 곡선의 느낌이 남아 있어 예서가 주는 장중하면서 날렵한 기세 때문에 후세 서법가들의 표본이 되었다. 특히 「조전비曹全碑」, 「을영비乙瑛碑」, 「장천비張遷碑」 등의 한대 비각은 예서체의 전형을 보여주고 있다.

(5) 해서, 초서, 행서

해서楷書는 예서에서 변화 발전하여 위진남북조魏晉南北朝시대에 확립된 서체로 예서보다 단정하고 필법이 법도가 있어 이를 '진서眞書' 혹은 '정서正書'라고도 한다. '해서'라는 명칭 속에 본보기가 되는 단정한 글자라는 의미가 담겨 있는 것처럼, 오늘날 우리가 쓰는 한자체의 표준이 되는 서체이다. 해서로 이름을 날린 서법가로는 「구성궁예천명九成宮醴泉銘」으로 유명한 당의 구양순歐陽詢을 비롯해 안진경顔眞卿과 유공권柳公權 그리고 원元의 조맹부趙孟頫 등이 있다.

한편, 초서草書는 빠른 필사를 위해 만들어진 서체에 속한다. 자형이 간소하고 필획이 멈추지 않고 이어지는 특징이 있다. 허신이 "한나라가 흥함에 초서가 있었다(漢興有草書)."라고 말한 것처럼 한대 초기부터 필사의 편리를 위해 사용되었다. 처음에는 예서를 간소하게 흘려 쓴 장초章草를 사용하다가 후한 말의 장지張芝와 동진의 왕희지王羲之에 전수되어 새로운 필법으로 탄생하여 금초今草로 불리게 되었고, 당대에 이르면 한층 대담하게 변모하여 광초狂草가 생겨나는데 특히 장욱張旭의 광초가 유명하다. 변화가 많고 활발한 필체의 특징 탓에 시가詩歌의 필법으로 즐겨 애용되었다.

행서行書는 해서와 초서의 중간에 해당하는 서체이다. 필사 속도가 느린 해서와 식별이 난해한 초서의 단점을 절충해 필사를 위주로 만든 행서는 필획의 연결이 자연스럽고 쓰기에 편리하면서 초서만큼 알아보기 어렵지 않아, 개인의 문서와 서신 등에 보편적으로 사용되었다. 불후의 명작 왕희지王羲之의 『난정서蘭亭序』를 대표 작품으로 꼽을 수 있다.

예서 「조전비」 부분
명나라 만력(萬曆) 연간에 산시성(陝西省) 합양(郃陽)에서 출토된 후한 때 비석이다. 장방형의 비석 양면에 예서로 조전의 공덕을 찬양하는 글이 새겨져 있으며, 예서를 익히는 표본으로 통한다.

● **해서, 구양순 「구성궁예천명」 부분**
당대 632년 산시성 임유(麟游)에 세워진 비석이다. 위징(魏徵)이 문장을 짓고 구양순이 글씨를 쓴 것으로, 당 태종(太宗)이 구성궁에서 피서하며 '예천'이라는 샘물을 예찬한 내용을 담고 있다. 필법이 강건하면서도 부드러워 만년에 이른 구양순의 성숙한 필체를 엿볼 수 있다.

●● **초서, 장욱 「고시사첩(古詩四帖)」 부분**
장욱 광초의 자유롭고 호방한 필체를 엿볼 수 있는 대표작이다.

●●● **행서, 왕희지 『난정서』 부분**
안진경의 「제질계명문고(祭姪季明文稿)」, 소식의 「한식첩(寒食帖)」과 함께 '행서 3대 법첩'으로 불린다.

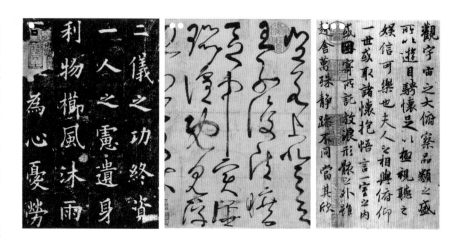

서체의 변화

갑골문	▱	☽	🜨	𓏲
금문	⬭	☽	車	馬
소전	日	月	車	馬
예서	日	月	車	馬
해서	日	月	車	馬
초서	ㅂ	月	車	馬
행서	日	月	車	馬

(6) 간화자

현재 중국에서는 기존의 한자가 획수가 많고 익히거나 기억하기 어려운 점을 고려해 획수를 대폭 축소해 만든 이른바 간체자라 부르는 '간화자簡化字'

사용이 일반화되어 있다. 중국 정부는 1949년 건국과 동시에 문자개혁위원회를 만들어 한자의 획수를 간소화하는 방안을 모색하는 한편, 구체적인 방안을 마련하여 1956년에는 간화자 517자 및 간화편방簡化偏旁 54개를 정식으로 공표하였다. 이어 1964년에 「간화자총표簡話字總表」를 공표함으로써 공식문자로 채택하여 그 사용을 강제화하였다.

간화자의 사용은 문맹률을 낮추고 공민교육을 향상시키는 등 사회적으로 많은 실효를 거두었다. 마치 진시황의 문자 통일을 연상시키는 문자개혁은 성공적으로 정착되고 있지만, 오늘날 간체의 편리함 이면에는 기존 한자의 정자인 번체자繁體字로 기록된 고대 전적을 해독하지 못한다거나 같은 한자 문화권인 한국, 일본, 홍콩, 타이완 등과 동일한 문자를 두고 혼란이 빚어지는 사례도 적지 않다.

한편, 중국에서는 디지털 시대의 환경에 맞추어 사용 한자를 제한하여 통일적인 전자망 구축에 힘쓰고 있다. 정부 차원에서 공문서와 호적정리 등의 현실적 필요성에 따라 2000년에 새로운 한자코드의 국가표준안인 'GB 18030' 프로그램을 컴퓨터 제품에 일률적으로 장착하도록 법제화하였다. 현재 이 프로그램에 수록된 한자 수는 27,533자로 이 범위 내의 한자를 사용하도록 규정하고 있다.

간체자 구성 원리

1. 원래 글자의 윤곽은 보존한다.
2. 원래 글자의 일부 특징은 보존하고 기타 부분을 생략한다.
3. 비교적 간략한 필획의 편방으로 교체한다.
4. 형성자에서는 간단한 성부聲部를 사용한다.
5. 서로 통용되는 글자는 간편한 글자로 통일시킨다.
6. 초서草書를 해서楷書화 한다.
7. 미적인 부분을 고려하여 번체화 된 글자는 고대의 상형, 지사, 회의자를 사용한다.
8. 간단한 부호로 복잡한 편방을 대체한다.
9. 고자古字를 차용한다.

주요 간체자 대조표

번체자	戶	言	車	長	靑	頁	飛	馬	鳥	黃	齒	龜
간체자	户	讠	车	长	青	页	飞	马	鸟	黄	齿	龟
번체자	見	貝	金	門	韋	風	食	魚	麥	齊	龍	豐
간체자	见	贝	钅	门	韦	风	饣	鱼	麦	齐	龙	丰

4. 서법 예술

한자를 사용해 글씨를 예술적 양식으로 승화한 것이 서법이다. 세계적으로도 문자를 예술에 응용한 경우는 많지 않으며, 한자처럼 글씨를 쓰는 문화가 광범위하고 엄밀하게 적용된 예를 찾아보기도 쉽지 않다. 서법은 한자문화권을 대변하는 독특한 문화로 인식되어 왔으며, 현재에도 중국을 비롯해 한국에서는 서예書藝, 일본에서는 서도書道라는 이름으로 글씨를 쓰는 고유한 예술적 양식이 존재한다.

서법은 한자의 기원만큼이나 오랜 역사를 가지고 있으며 서체의 다양한 변화와 발전에 부합하는 풍부한 작품을 남기고 있다. 또한 글씨는 인격을 나타낸다는 철학적 함의가 꾸준하게 작용하여 역대로 서법은 빼놓을 수 없는 학습의 항목이 되었다. 이처럼 문화적 소양으로 인식되는 서법은 단지 글씨를 쓰는 행위 자체로 치부하지 않고, 형이상학적 의미를 부여하여 붓의 놀림을 병법으로 해석하기도 하고 신체의 호흡과 기운의 작용에 비유하여 설명하기도 한다.

예술적 측면에서도 서법은 역사적으로 무수한 이론과 그로 인한 유파를 형성해 오면서 전승과 창조를 반복해 오늘에 이르고 있다. 서법 예술을 시대적 특성에 따라 다음과 같이 정의할 수 있다. 진대에는 운치를 숭상하고, 당대에는 법식을 숭상하였으며, 송대에는 의미를 강조하고, 원명대에는 자태를 중시하는 풍조가 강했다는 것이다. 한편, 역사적으로 수많은 서법가들은 크게 당대의 안진경을 기준으로 뚜렷한 분기를 이루는데, 안진경 이전의 시기는 주로 서체의 변화가 서법 예술을 주도했으며, 이후의 시기는 대체로 서체가 이미 고정되어 서법가들은 자신들의 독창적 풍격을 창조하는 데 몰두하였다.

(1) 서법의 전조

특권층의 전유물이었던 한자는 춘추春秋시대를 거쳐 전국戰國시대에 이르러 글자체의 다양한 변화 및 지역적 차이가 발생하는 등 개인적 성격의 서체로 변해 간다. 이 시기를 곧 서법의 창조시대로 볼 수 있을 것이다. 이 시기에 서법사의 측면에서 제일 먼저 주목받는 작품은 바로 주문籒文으로 쓰여진 '석고문石鼓文'이다. 석고문은 현재 남아 있는 가장 오래된 석문石文으로 북처럼 생긴 10개의 돌에 글자를 새겨 넣은 최초의 석각문자에 해당한다. 진나라 군주가 사냥하는 정황을 사언시로 새겨 놓아 『시경詩經』의 격조를 느낄 수 있으며, 고졸한 풍격을 풍기는 글씨는 후세의 서법가들을 매료시키기에 충분했다.

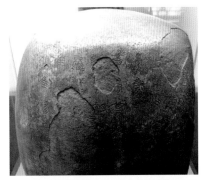
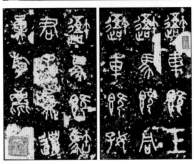
석고문

한편, 진나라 때부터 사용하기 시작한 예서는 비문碑文을 많이 남기고 있어 비각 특유의 거칠면서 웅혼한 기풍이 이후 줄곧 주목을 받게 된다. 따라서 일명 '한비漢碑'라는 독특한 풍격이 서법에서 득세하기도 하였다. 후한 때 채륜蔡倫에 의한 종이의 발명은 한층 자유로운 표현과 서체의 다양화로 서법 발전의 일대 전기를 마련하였다.

(2) 왕희지의 출현과 서법의 발전

위진남북조시대에는 예서에서 해서로 옮겨가는 과도기를 거쳐 다양한 문화의 발흥과 함께 서체도 완비되어 갔다. 서법에 있어서는 '북비남첩北碑南帖'이라 하여 북쪽의 소박하고 힘찬 해서와 남쪽의 전아하고 우미한 해·행·초서가 지역적으로 확연한 차이를 보이며 발전해 갔다. 강남의 귀족적이고 전아한 풍격을 드러내는 서첩과 강북의 강건한 석문石文은 남북의 특징을 잘 대비해 주고 있다.

특히 이 시기에는 '서성書聖'이라 칭송되는 왕희지王羲之(303~361)가 출현하여 진정한 서법가의 면모를 확립하였다. 그는 귀족적이고 우아한 풍격의 해·행·초서의 각 체를 완성하여 예술로서의 서예의 위치를 확립하였다. 대표작품으로는 해서로 쓴 『악의론樂毅論』과 『황정경黃庭經』, 초서로 쓴 『십칠첩十七帖』, 행서로 쓴 『난정서』 등이 있다.

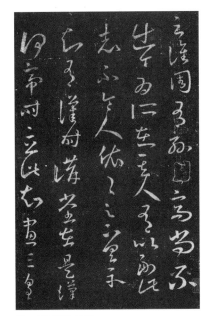
왕희지 『십칠첩』 부분

(3) 당송시대의 서법

남북조시대를 종결하고 등장한 통일 국가 수나라는 남북의 서체가 융합되어 한층 세련된 해서가 등장해 당대로 옮겨가는 교량 역할을 한 시기이다. 당대에는 초당初唐 삼대가三大家인 구양순·우세남虞世南·저수량楮遂良이 출현해 각각 해서를 바탕으로 독자적인 서체를 개발하여 해서의 규범이 되었다. 구양순의 서체는 '구체歐體'라 불리며 서예를 공부하는 사람이라면 누구나 그의 서체를 모범으로 삼았다. 뛰어난 서법가들이 대거 등장해 독창적인 서체를 개발한 이 시기는 가히 서법의 황금시대라 할 수 있다.

중당中唐 시기에는 왕휘지에 버금가는 안진경(709~785)이 출현해 새로운 서체를 개척하였다. 해서에 전서의 맛을 가미한 풍격의 안체顔體는 『안씨가묘비顔氏家廟碑』에서 볼 수 있듯이 당대 해서의 모범이 되었다. 안진경의 등장은 서법 예술사를 가르는 중요한 사건으로 서법이 순수한 개성의 예술로 나아간 전환점이 된 것으로 평가받고 있다.

당말唐末에는 유공권(778~865)이 나와 유체柳體라는 일파를 형성하며 서법의 흥성을 이어갔다. 안진경을 계승한 그는 작품 「현비탑비玄秘塔碑」와 「금강경각석金剛經刻石」에서 볼 수 있듯이 비각에 힘을 쏟아 웅건한 기상의 서체를 특징으로 하고 있다.

송나라 초기 100년 동안에는 복고주의가 일어났으나 왕희지풍이 흠모되어 태종 순화淳化 3년에 칙명으로 「순화각법첩淳化閣法帖」이 완성되었다. 그러나 북송北宋 후기에는 채양蔡襄·소식蘇軾·황정견黃庭堅·미불米芾 등 4대가가 나와 개성이 강한 작품을 남겼다. 그중에서도 송대 문단을 이끈 소식과 황경견의 작품은 글씨에 시적 운치와 예술적 기교를 더해 심미적 가치를 유감없이 발휘하였다.

(4) 원명청시대의 서법

원대에는 조맹부趙孟頫(1254~1322)가 복고주의를 내세우며 출현해 왕희지의 글씨를 근본으로 하는 전아하면서도 격조 있는 서풍이 널리 유행하였다. 특히 조맹부의 글씨는 고려 말 이후 우리나라의 서예에도 큰 영향을 끼쳤다. 그러나 송 왕조의 후예였던 그가 이민족이 세운 원나라에서 관리로 등용되었다는 사실로 인해 인품을 중시하는 서법의 특성상 예전부터 그의 글씨에 대한 논란이 끊이지 않았다.

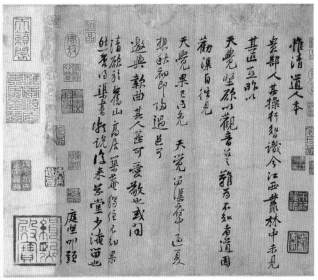

황정견 「유청도인첩(惟淸道人帖)」 부분
29.3 x 31.8㎝, 베이징 고궁박물원 소장
행서로 쓰여진 작품으로, 황정견은 독창적인 필법으로 후세 서법가들의 교본이 되었다.

안진경 「안씨가묘비」 부분

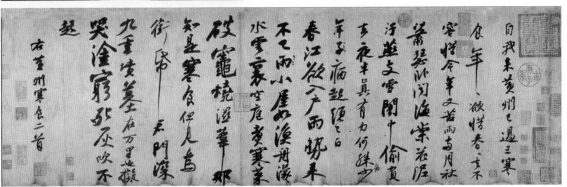

소식 「한식첩(寒食帖)」
18.9 x 34.2㎝, 타이베이 국립고궁박물원 소장
소식은 행서와 해서를 잘 썼다. 「한식첩」은 행서로 쓰여진 작품으로, 오언시 두 수를 곁들여 황주(黃州)로 귀양 가게 된 당시의 심정을 읊고 있다.

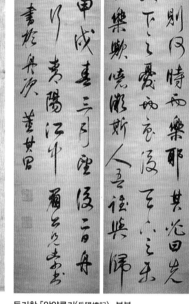

조맹부 「낙신부(洛神賦)」 부분   동기창 「악양루기(岳陽樓記)」 부분

명대에는 축윤명祝允明·문징명文徵明·동기창董其昌 등이 글씨로 유명했다. 명말에 이르면 서위徐渭로 대표되는 자유분방하고 열정적인 표현을 바탕으로 한 개성적인 서법가들이 많이 배출되었다. 이들 대부분은 화가로서 서법 분야에서도 뛰어난 예술적 능력을 선보였다.

청대에는 강희제康熙帝가 동기창을 좋아한 이유로 그의 서체가 널리 유행하였다. 또한 '서화동원書畵同源'이라는 말을 증명하듯 금농金農·정섭鄭燮과 같은 화가들은 모두 글씨에서도 탁월한 예술성을 보여주었다.

(5) 현대의 서법

서법 정신은 현대에 들어서도 쇠잔하지 않고 그 전통이 계승되고 있다. 다양한 분야의 인물들이 독창적인 서체로 서법 예술의 전통을 이어갔다. 치바이스齊白石, 황빈훙黃賓虹, 쉬페이훙徐飛鴻, 리수퉁李叔同, 장다첸張大千 등의 화가들은 글씨에도 출중했던 선배 화가들의 전통을 이어갔으며, 차이위안페이蔡元培, 린수林紓, 선인모沈尹默 등의 학자들과 뤄전위羅振玉, 궈모뤄

를 필두로 하는 금석학자들은 그들의 학문적 조예
를 서법을 통해 유감없이 발휘하였다. 대중적 인
기를 구가한 현대 서법가들로는 유려한 초서체
로 '당대의 초성草聖'이라 불렸던 위여우런于右任
(1879~1964), 청 황족의 후예로 글씨에 묵객의
단아함이 풍겨나는 치궁啓功(1912~2005), 중국
불교계의 대표 인물로 편액이나 간판의 글씨에 뛰
어난 성과를 보였던 자오푸추趙朴初 등이 있다. 중
국을 대표하는 정치가 마오쩌둥毛澤東의 서법 작
품 또한 기개 있고 활달한 필치로 뛰어난 경지를
잘 보여주고 있다.

마오쩌둥 서법 작품

근래에는 간화자 사용의 보편화로 전통 서법
부흥기에 비해 다소 위축된 측면도 없지 않다. 하
지만, 여전히 서법은 많은 애호가를 보유하고 있
으며 중국의 문화예술적 측면에서 중요한 역할을 담당하고 있다. 최근에는
마융안馬永安의 마체馬體가 창안되었는데, 2009년에는 국가특허국에 정식으
로 등록되어 '마체서법馬體書法'이란 정식명칭을 얻기도 했다.

참고 문헌

『**한자의 세계**』, 하영삼 저, 늘함께, 1998

『**중국서법 예술사**』, 배규하 저, 이화문화출판사, 2000

『**서예**』, 천팅여우 저, 최지선 역, 대가, 2008

더 읽어야 할 자료

『**한자**』, 시라카와 시즈카 저, 심경호 역, 에이케이커뮤니케이션즈, 2017

『**서예와 중국서단**』, 곽노봉 저, 학고방, 2015

『**서법과 회화**』, 동병종 저, 김연주 역, 미술문화, 2005

10 회화예술

중국회화는 동양의 미를 가장 잘 드러내는 예술 장르로, 중의학中醫學이나 경극京劇처럼 중국의 문화적 특색이 가장 잘 드러나는 분야이다. 중국회화는 서양회화가 득세하는 가운데서도 사라지지 않고 면면히 그 예술적 세계를 이어가고 있다. 최근에는 서양회화의 구도와 기법을 단순히 중국회화에 접목하는 차원을 뛰어넘어 중국회화만이 가지는 역동성과 창의성을 발휘하며 세계 미술 시장의 이목을 집중시키고 있다. 중국회화가 주목받는 것은 그 오래된 전통과 역량이 축적되었기 때문에 가능한 일이라 하겠다.

1. 중국회화의 특징

(1) 그림의 뜻이 붓보다 먼저 있다(意在筆先)

중국회화는 그 기법에 따라 크게 '공필화工筆畵'와 '사의화寫意畵'로 구분할 수 있다. 공필화는 화면 가득 대상물을 세밀하게 그리되 묘사가 깔끔하고 채색이 정교한 그림을 말한다. 이에 비해 사의화는 묘사 대상을 작가의 의도와 느낌을 강조하여 간결한 터치로 그린 그림이다. 즉 실물의 묘사보다 그림의 정신에 무게를 둔 그림이다. 그러나 '공필화'이든 '사의화'이든 중국회화는 서양회화와는 달리 사실적인 묘사보다 인물의 내면과 정신을 표현하는 데 주력하였다. 이른바 '신운神韻'이라 하여 운치와 이미지를 중시하여 그림 속에 뜻을 담아내는 데 공력을 기울였던 것이다. 회화의 최고 경지는 경물(景)을 묘사함으로써 정신(情)을 드러내거나, 경물과 정신을 융합시키는 경계에 이르

쉬페이훙 「분마도(奔馬圖)」
종이, 수묵, 130 x 76㎝, 쉬페이훙
기념관 소장
중국회화의 수묵필법을 활용하여
말이 지닌 생동감을 소박하면서도
웅혼하게 묘사하였다.

는 것이라고 보았다.

예를 들면, 공필화가에 속하는 말(馬) 그림의 대가 쉬페이홍徐悲鴻은 말을 그릴 때 말의 형태적 특징을 먼저 잡은 뒤 간략한 필치로 화면을 구성하는 방식을 취하고 있는데, 실물의 사실적 묘사에 치중하기 보다 정신을 염두에 두고 그린 것이다. 그래서 그의 그림은 실제 말보다 더 생동적이고 운치가 있다.

작은 곤충이나 벌레 그리고 특히 새우를 장기로 그렸던 치바이스齊白石는 사의화의 대가였다. 그의 화풍은 화폭에 대상이 선명하게 드러나지 않지만 자세히 들여다보면 전체 그림의 구도 속에서 대상은 화가가 깨달은 인생의 의미를 역설적으로 표현해 주고 있는 듯하다. 게, 새우, 지렁이 등은 자연의 작은 생명체에 불과하지만, 그의 그림 속에서 예술적으로 승화되어 철학적 의미를 전달해 준다.

(2) 자연과 사람이 하나로 어우러져 있다(天人合一)

중국회화는 제재의 구분에 따라 인물화人物畵, 산수화山水畵, 화조화花鳥畵로 나뉜다. 일반적으로 중국회화라 하면 산수화를 지칭하는데, 산수가 중국 전통의 철학과 정신을 담고 있어 중국회화의 이미지와 부합하기 때문이다. 예컨대, 중국회화 속에 등장하는 인물은 늘 자연의 일부이다. 따라서 중국 산수화 속의 인물은 곧잘 하나의 점으로 표현된다. 인물의 실제보다 그 익명성이 강조된 것이다. 모든 인물은 자연의 일부로 녹아 있을 뿐 형상을 부각시키지 않는 방식으로 묘사한다.

이와 같은 정황은 중국회화에 나타나는 투시법을 살펴보면 잘 알 수 있다. 북송北宋 산수화의 표본으로 추앙되는 범관范寬의 「계산행려도谿山行旅圖」를 예로 들어 보자. 이 그림은 전경의 거대한 바위와 그 뒤로 나 있는 오솔길, 중경의 언덕 사이를 감도는 계곡과 원경의 거대하고 웅장한 봉우리로 구성되어 있다. 사실 이러한 구도는 하나의 시점

치바이스 「군하도(群蝦圖)」
종이, 수묵, 62 × 32㎝, 중국미술관 소장
치바이스는 특히 새우 그림에 뛰어난 화가였다. 간결하면서도 세밀한 필치와 평범한 소재를 통해 드러나는 심오한 가치를 뛰어나게 표현하였다.

범관 「계산행려도」
비단, 묵필, 206.3 x 103.3㎝, 타이베이(臺北) 국립고궁박물원 소장
북송 산수화를 대표하는 걸작인 이 작품은 대자연의 기백을 그대로 보여준다
짜임새 있고 안정된 구도로 산수의 특징을 화폭에 대범하게 담아내고 있다.

에서는 그려질 수 없는 것이다. 세 가지 풍경은 모두 시점을 달리하고 있다. 서양의 그림이 일반적으로 하나의 시점에서 그려지는 데 비하여 중국의 산수화는 이처럼 시점을 이동하며 그림을 구성하고 있다. 이러한 회화의 기법은 사물을 그대로 묘사하는 것이 아니라 자연과 일체화된 세계관에 의하여 사물을 형상화함으로써 가능한 것이다.

(3) 그림 속에 시가 있다(畵中有詩)

중국회화에서는 역대로 전업화가 외에 무수히 많은 아마추어 화가들이 활약했었다. 종종 황제는 물론 관료 사대부들 역시 예술방면에서 뛰어난 업적을 남겼다. 이른바 문사철文史哲을 겸비한 사대부 계층의 이러한 기풍은 회화의 창작에도 영향을 미쳐, 문인이면서 동시에 화가인 사람의 작품인 '문인화文人畵'가 중국회화의 특색으로 자리 잡게 된다. 소박한 회화로 특징지을 수 있는 문인들의 그림에는 무엇보다 그들의 개성과 자유로운 정신을 표현하고자 하는 의지가 강조되었다. 이처럼 문인들에 의해 이룩된 문인화는 중국회화의 심미적 이론을 생성하는 데 커다란 기여를 하였다. 그중에서도 '허실虛實'[1]과 '여백餘白'으로 대변되는 공간적 활용은 중국회화에 있어서 빼놓을 수 없는 창의적 요소로 손꼽힌다.

당송팔대가唐宋八大家의 한 사람인 소동파蘇東坡(소식蘇軾, 1037~1101)가 그린 「고목괴석도古木怪石圖」는 고목 한 그루가 구불구불한 형체로 바위와 어우러져 단출하게 그려져 있다. 묵으로 그린 횡한 고목과 주름진 바위의 형상이 화폭 전체를 채우고 있다. 이처럼 여백이 대부분을 차지하는 기이한 그림이지만 오히려 은근하면서도 강렬한 생동적 이미지를 드러내고 있다. 그림 속에 시적 여운을 살리고자 하는 문인들의 기풍은 이후로도 통례적이며 창의적인 중국회화의 추세로 자리 잡아 간다.

소동파 「고목괴석도」
종이, 묵필, 상하이 박물관 소장

산점투시법(散點透視法)
서양회화의 구도와 비교해 보면, 중국회화는 보통 산점투시의 구도를 취하고 있다. 산점투시란 한 장의 그림 속에 몇 개의 시점이 있는 원근법을 말한다. 서양에서 회화와 사진은 하나의 시점에서 대상을 바라보는 원리가 지배한다. 이것은 일종의 일점투시법(一點透視法)이다.

---

1 산수화에서 산·바위·가옥·다리 등은 '실'에 해당하며, 물·하늘·구름·안개·습기 등은 '허'에 해당한다.

양해 「이백음행도」
종이, 수묵, 80.9 x 30.3cm, 도쿄국
립박물관 소장
당나라 시인 이백이 시를 읊으며 걸
어가고 있는 정경을 표현한 이 그림
은 화원화가 양해가 대담한 감필법
과 묵의 농담으로 시인의 초탈한 성
격과 고결한 기품을 특징적으로 잘
그려낸 작품이다.

(4) 글씨와 그림은 한 몸이다(書畵同體)

중국에서 서법을 빼놓고 그림을 논할 수 없다. 서법과 회화는 붓·먹·종이·비단과 같은 동일한 소재를 사용하기 때문에 기법과 심미관審美觀에서 많은 공통점을 지니고 있다. 대개 글씨를 익혀 온 사람이면 쉽게 그림을 그릴 수 있는 이유도 여기에 있다. 그래서 예전부터 '글씨와 그림의 근원은 같다'라는 의미의 '서화동원書畵同源'이란 말이 사용되었다.

일반적으로 중국회화는 선의 예술로 규정할 수 있다. 그림과 글씨의 주요한 공구인 붓의 도구적 특성상 선의 흐름이 그림의 형상과 이미지를 좌우하게 된다. 서양의 칠 배합과 명암에 의존하는 방식과는 본질적인 차이를 드러낸다. 붓놀림의 고유한 속성인 '용필用筆'에 따라 다양한 필법을 구사함으로써 기본적인 그림의 구도를 구축하게 되는 것이다. 그리고 이러한 선과 면의 절묘한 짜임과 결합은 묵의 농담을 더해 그림을 차원 높은 경지로 형상화한다.

남송南宋 양해梁諧의 「이백음행도李白吟行圖」는 대담하리만치 극도로 운필을 자제한 감필법減筆法을 사용하여 하나의 이어진 선으로 인물의 전신을 묘사하고 있다. 그럼에도 이백이라는 인물의 성격과 기품이 어떤 복잡한 구상보다 잘 드러나고 있다. 이는 서예의 붓과 묵이 갖는 고유의 특질을 그림으로 잘 운용한 결과라고 할 수 있다.

한 폭의 중국회화에는 그림 이외에도 그림과 관련된 시문과 낙관落款이 들어 있다. 이 때문에 중국회화는 시, 서, 화, 인印이 결합된 예술이라고도 한다. 그 중의 하나가 그림에 화제畵題를 달아 글씨를 통해 그림의 운치를 배가시키는 방법이다. 또한 그림에 찍는 인장인 낙관은 인장을 예술적 경지로 끌어 올려 전각篆刻[2]이라는 양식을 탄생시키기도 했다.

필법筆法의 종류

와필臥筆	붓끝을 눕혀 사용하는 기법으로 산수화의 준법皴法(산이나 바위의 질감, 입체감, 명암 등을 그려내는 기법)과 찰염擦染(문지르고 번지게 하는 기법)에 자주 사용한다.
타필拖筆	붓의 도톰한 부분을 종이에 누르면서 긋는 기법이다.
파필破筆	갈라진 붓 끝에 먹을 조금 묻혀 거친 필선 사이로 흰 부분이 남게 하는 기법이다.

---

2 서화 등에 낙관을 찍기 위해 인장을 새기는 것을 말한다. 주로 새기는 글씨체가 전서체(篆書體)라서 전각이라 칭한다.

전필顚筆	그릴 때 손을 조금 떨어 선에 굵고 가는 변화를 주는 기법이다.
순필順筆	붓 결에 따라 선을 긋는 것으로 순필을 많이 사용하면 선이 바르고 수려하다.
역필逆筆	순필을 반대로 그으면 역필이 되는데, 거칠고 울창한 느낌을 표현할 때 사용한다.

2. 중국회화의 흐름

(1) 고대 회화

중국의 회화예술은 유구한 역사를 가지고 있다. 5,000~6,000년 전 석기시대에 이미 도기陶器에 무늬나 간단한 동식물의 도안을 그려 넣었는데, 그것이 중국의 가장 원시적인 형태의 회화예술이다. 현존하는 가장 오래된 회화작품은 전국戰國시대 초나라 무덤에서 출토된 백화帛畵이다. 백화란 비단에 그려진 그림으로 장례의식에 사용되었으며 당시의 내세관을 반영하고 있다. 현재까지 전해지는 「인물용봉도人物龍鳳圖」와 「인물어룡도人物御龍圖」는 선이 세련되고 형태가 생동감 있게 표현되어 2,000여 년 전 중국 초기의 회화예술이 비교적 높은 수준에 도달하였음을 보여준다. 1972년 후난성湖南省 창사시長沙市 마왕두이馬王堆에서 발굴된 한漢대 채색 백화는 색채와 묘사가 생동적이며 풍부한 상상력을 바탕으로 다양한 신화적 내용이 표현되어 있다. 'T' 자형으로 상·중·하 3등분으로 구성되어 있는데 상단에는 천상天上의 모습을 그렸고, 중간에는 묘지 주인의 생전 모습과 생활장면을 묘사했으며, 하단에는 물고기, 용, 거북이, 뱀 등이 있는 저승세계의 풍경을 묘사했다. 한대 초기에 유행하던 황로黃老사상과 유가儒家사상 및 후장厚葬 풍속이 잘 반영되어 있다.

그러나 지금까지의 회화가 종교나 정치 이념 및 철학을 설명하는 도구로 활

낙관

서화 작품에 작가 자신의 아호(雅號)나 이름, 그린 장소와 날짜 등을 쓰고 도장을 찍는 일, 또는 그 도장이나 도장이 찍힌 것을 가리킨다. 단관(單款)과 쌍관(雙款)으로 나뉘는데, 단관은 자신의 이름만 찍은 것이고, 쌍관은 증정대상과 자신의 이름을 아래위로 나누어 찍은 것이다. 그림을 그린 화가가 아닌 제삼자가 소유 또는 기타의 이유로 기념을 위해 화면에 찍는 것을 후낙관(後落款)이라고 한다.

「인물용봉도」
비단, 묵필, 31.2 x 23.2cm, 후난성 박물관 소장
1949년 후난성 창사시에서 출토된 백화이다. 전국시대 말기 작품으로, 최초의 백화로 알려져 있다. 두 손을 합장하며 기도를 올리는 모습의 여성 주위로 용과 봉황이 맴돌고 있다.

마왕두이 한묘(漢墓) 백화
비단, 채색, 높이 205cm, 위폭 92cm, 아래폭 47.7cm, 후난성 박물관 소장

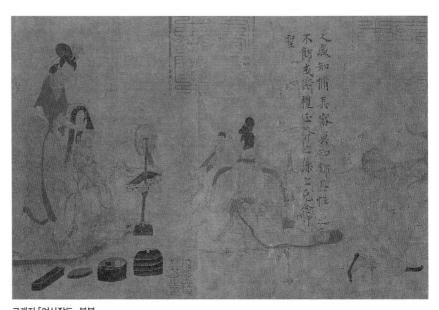

고개지 「여사잠도」 부분
비단, 채색, 24.8 × 348.2cm, 당대 모사본, 대영박물관 소장
동진(東晉) 때 고개지의 작품으로 원본은 이미 소실되고 모사본만 남아 있다. 베이징 고궁박물원에 한 폭의 동일 작품이
있으나 이는 남송 시기 모사본이며, 대영박물관에 소장된 당대 모사본이 예술적으로 진본에 더 가깝다.

용되었다면, 위진남북조魏晉南北朝 시대에 들어와서는 이런 관계에서 벗어나
순수한 회화예술로서 개인의 정서와 사상을 표현하는 그림이 나타나기 시작
했다. 즉, 위진남북조시대에 이르러 비로소 오늘날 회화 개념의 작품들이 출
현하게 된 것이다. 이 시기에 위대한 화가 고개지顧愷之(348~409)가 등장하
였다. 그는 그림 외에도 회화이론서인 『화평畵評』, 『화운대산기畵雲臺山記』
등을 통해 체계적인 회화이론을 선보였다. 그의 대표작인 「여사잠도女史箴
圖」는 비단 바탕에 엷은 채색으로 그린 그림으로 담담하면서도 유연한 선의
윤곽과 섬세한 묘사가 돋보인다. 궁중의 사녀들이 지켜야 할 덕목을 그린 이
작품은 화장하는 여인의 얼굴이 거울 속에 비치게 구도를 잡은 솜씨가 뛰어
나다. 현재 전해지는 것은 당대 모사본으로, 1900년 의화단사건 당시 영국으
로 반출되어 현재 대영박물관에 소장되어 있다.

(2) 수당隋唐대 회화

남북조시대와 수대를 거쳐 더욱 계승 발전한 회화예술은 당대 이르러 중
국회화의 전형典型을 이룩하였다. 귀족문화를 중심으로 도석道釋[3]인물화나

귀족의 초상이나 생활을 묘사한 그림들이 주류를 이루었고, 불교 회화에서도 더욱 성숙한 양상을 보이며 석굴 벽화가 크게 부흥하였다.

당 초기에는 정치적 색채가 강하여 작가의 개성을 표출하기보다 궁정의 요구에 부합하는 회화 창작이 이루어졌다. 이 시기 대표적 화가로 염입본閻立本(601~673)을 들 수 있는데, 그는 당 태종太宗의 총애를 받은 궁정화가였으며, 인물화와 정치 색채를 띤 역사화에 능했다. 대표작 「역대제왕도歷代帝王圖」에서는 삼국시대에서 위진시대까지 역사적으로 알려진 13명의 제왕과 시종들의 모습을 차례로 형상화하였다.

당 중기에는 세밀하고 정교한 회화 기법이 웅장한 풍으로 변화되었고, 인물과 불상 위주이던 회화의 소재도 생활주변의 모든 것으로 확대되었다. 또한, 외래 화풍이 전래되어 화단에 새로운 화풍이 가세하였다. 오도자吳道子(680~759)는 힘 있는 필법으로 수묵화의 시조가 되는 '백묘白描 기법'을 사용한 화가이다. 백묘 기법은 색을 전혀 사용하지 않고 선만으로 그리는 화법으로, 이후 북송의 이공린李公麟에 와서 완성된다.

한편, 남북조시대에 태동한 산수화가 이 시기 독립적인 장르로 발전하여 이후 중국 회화사에서 가장 중요한 영역으로 자리 잡게 된다. 이사훈李思訓(651~716)은 귀족출신 화가로 청색과 녹색을 주로 사용하고 흰색과 금색을 섞어 썼다고 해서 그의 그림을 청록산수靑綠山水 또는 금벽산수金碧山水라 한다. 왕유王維(701~761)는 시문을 겸비한 승려 화가로, 이사훈이 산수화에 색채를 넣은 공필화법을 확립했다면 왕유는 먹의 번짐 효과를 활용한 수묵선염법水墨渲染法을 기본으로 하는 사의 화법의 전통을 확립하였다. "시 속에 그림이 있고, 그림 속에 시가 있다(詩中有畫, 畫中有詩)."라는 말은 바로 왕유의 그림에서 비롯되었다. 이들은 이후 명대 회화를 특징짓는 북종산수화와 남종문인화의 시조이기도 하다. 당 말기에는 안녹산의 난 등 정치적, 정

염입본 「역대제왕도」 부분
비단, 채색, 51.3 x 531㎝, 보스턴미술관 소장
원본은 소실되고 현재 볼 수 있는 것은 후대의 모사본이다. 위 그림은 진나라 무제(武帝) 사마염(司馬炎)을 그린 부분이다.

오도자 「팔십칠신선도(八十七神仙圖)」 부분
비단, 수묵, 30 x 292㎝, 쉬페이훙기념관 소장
도교적 색채를 지닌 오도자의 거작이다. 백묘 기법을 사용하여 다양한 인물을 또렷하고 치밀하게 형상화하였다. 현재 전해지는 것은 후대의 모사본이다.

---

3 도교와 불교를 아울러 이르는 말. 도석화는 동양화에서 신선이나 부처, 고승을 소재로 그린 그림이다.

휘종 「부용금계도(芙蓉錦鷄圖)」
비단, 채색, 81.5 x 53.6cm, 베이징 고궁박물원 소장
화조도에 뛰어났던 휘종은 화려하고 섬세한 필치로 공필화의 면모를 유감없이 발휘하였다. 이 그림은 화사한 부용의 가지에 앉아 있는 오색 찬란한 금계와 나비가 과장적이리 만치 사실적으로 그려져 있어 그의 회화 특징을 잘 보여준다.

세적 불안 속에서도 회화의 감상층이 대중화되고 민간회화의 저변이 확대되었다.

(3) 송宋대 회화

송대에는 상업과 수공업의 발달로 도시가 생겨나고 시민계층이 등장하였다. 이에 따라 그림에 대한 수요가 늘면서 직업화가가 활약하였고, 사대부계층의 회화가 발전하여 중국회화사상 가장 풍성한 작품들을 남겼다. 송대의 회화는 기본적으로 궁정회화, 사대부회화, 민간회화로 분류된다.

궁정화가의 전성시대

'육조의 서書, 당의 시詩, 송의 화畵'라는 말이 있듯이 송대는 중국회화가 만개한 시기이다. 문학과 예술을 장려하는 시대적 분위기는 궁정에서부터 회화를 장려하기에 이르렀다. 오대五代 시기의 유명한 화가들을 궁정으로 불러들였을 뿐만 아니라, 국가에서 관장하는 화원畵院인 한림도화원翰林圖畵院을 설치하여 체계적으로 화가들을 지원하였다. 송대의 화원은 역사상 가장 완벽한 화원으로 지칭되며 화풍을 주도하였다. 북송의 휘종徽宗은 황제의 신분이었지만 그림에도 조예가 깊었다. 그는 인재를 등용함에 있어 그림을 장려하고, 태학太學의 시험방법을 원용하여 전국적으로 화가를 모집하였다. 화원을 통한 인재발굴은 남송에서도 계속되어 남송을 대표하는 화가 이당李唐·유송년劉松年·마원馬遠·하규夏珪 등이 모두 화원 출신이었다.

북방산수화와 강남산수화

송대의 산수화는 기법에 있어서 한층 성숙한 경지에 이르렀다. 곽희郭熙(1023~1085?)는 자신의 화론서 「임천고치林泉高致」에서 '삼원三遠'의 이론을 정립했다. 곽희의 삼원이란 고원高遠, 심원深遠, 평원平遠을 말한다. 고원은 높고 험한 산악의 기세를 표현하기 위해 산 아래에서 정상을 올려다보는 시선으로 그리는 방법이고, 심원은 산악의 깊은 형세를 표현하기 위해 산의 앞

에서 실제로는 보이지 않는 그 뒤편을 넘겨보듯 그리는 방법이며, 평원은 평탄하고 광활한 공간감을 표현하기 위해 가까운 산에서 먼 산을 내다보는 시선으로 그리는 방법이다. 이로써 화폭에서 공간적 기법이 한층 세련되어졌다. 이렇게 하나의 화폭 속에 삼원법을 적용한 그의 그림은 장엄한 산수의 모습을 빠짐없이 보여준다.

더불어 이 시기의 산수화에는 작가들이 장기로 하는 준법皴法을 내세움에 따라 이후 중국 산수화의 가장 특징적인 화풍을 이루어갔다. 회화의 기법과 사상이 한층 발전한 이 시기의 화가들은 산수화에서 산이나 바위를 묘사할 때 각각의 자연풍토에 적합한 회화 상의 준법을 창안해 사용하였다. 예를 들면, 마치 삼베를 훑어 놓은 듯한 부드러운 선을 반복적으로 그리는 기법으로 강남의 산수를 묘사한 동원董源의 피마준披麻皴, 산과 바위의 입체감과 질감을 나타내기 위해 도끼로 팬 나무의 표면처럼 묘사한 이사훈의 부벽준斧劈皴, 붓끝을 모아 예리하게 창을 쓰듯 묘사한 범관의 우점준雨點皴, 구름을 뭉쳐 놓은 것처럼 둥글둥글 말리는 듯한 필선을

곽희 「조춘도」
비단, 수묵, 158.3 x 108.1㎝, 타이베이 국립고궁박물원 소장

중복시켜 바위나 산을 표현해내는 곽희의 권운준卷雲皴, 그리고 붓을 옆으로 뉘어서 횡으로 쌀 모양의 점을 찍는 미불米芾·미우인米友仁 부자의 미점준米點皴 등 숱한 준법이 개발되어 중국회화의 묘사와 표현을 진전시키는 역할을 하였다.

북방 산수화에는 험준한 산의 웅장한 기세가 화폭에 잘 담겨 있다. 범관의 「계산행려도」, 곽희의 「조춘도早春圖」가 이러한 북방 산수화를 대표한다. 이에 반해 강남 산수화는 강남의 부드러운 산세와 고요하고 풍요로운 정경을

피마준

부벽준

우점준

하엽준

절대준

장택단 「청명상하도」 부분
비단, 채색, 24.8 x 528.7㎝, 베이징
고궁박물원 소장

「청명상하도(淸明上河圖)」
북송 화원화가 출신의 장택단(張
擇端, 1085~1145)의 작품으로
중국 풍속화의 대명사로 꼽힌다.
청명절(4월 5일) 전후 당시의 수
도 변경(汴京, 지금의 허난성 카이
펑시開封市)의 번화한 풍경을 세
밀하며 사실적으로 그려내었다.
길이 5m가 넘는 이 그림은 전체
적으로 세 부분으로 구성되어 있
다. 도입부는 청명절 무렵, 변경
교외의 한가한 봄의 풍경과 정취
를 표현하였고, 중간 부분은 당시
수로를 통해 상업이 번성하였던
변경의 활기찬 나루의 모습을 표
현하였으며, 마지막 부분에는 화
려하고 복잡한 시내의 찻집, 수점,
각종 상점과 사원, 공관 등 풍물이
자세하게 그려져 있어 사회풍속
화의 전형을 보여준다.

서정적인 정취로 담아내고 있다. 강남 산수화의 대표 작품으로는 동원의 「소
상도瀟湘圖」, 거연巨然의 「추산문도秋山問道」를 꼽을 수 있다.

문인화의 발흥

문인화는 문사들이 취미와 수양의 방편으로 그린 그림을 말한다. 뛰어난
기교를 바탕으로 황제의 명에 따라 그림을 그리던 화풍은 당대 왕유에 이르
러 변화를 맞게 된다. 시인이었던 왕유는 직업화가와 달리 취미로서 비교적
자유로운 방식으로 그림을 그렸다. 이후 문인들의 그림은 송대의 소동파와
문동文同 등에 이르러 본격적으로 유행하게 된다. 소동파는 문인화를 '사대부
화士大夫畵'라고 구체적으로 정의하였고, 명대의 동기창董其昌은 '문인화(文人
之畵)'라는 하나의 장르로 확립하였다. 이들은 모두 문인으로서 시, 서, 화에
정통하였고, 또한 직업화가가 아니었기 때문에 회화의 기교를 중시하지 않았
다. 색채를 사용하지 않고 수묵으로만 그리는 것을 즐겼다.

송대의 소동파, 황정견黃庭堅, 문동, 미불, 미우인 등 수많은 문사들은 뛰어
난 그림 솜씨와 함께 문인화에 대한 이론을 다양하게 제기하였다. 소동파가
문동과 나눈 그림에 관한 글에서 피력한 '대나무를 그리기 전에 마음속에 오
롯이 대나무가 만들어져 있어야 한다.'라는 '성죽재흉成竹在胸'은 문인화에 대
한 문사들의 일단을 잘 보여준다고 하겠다.

(4) 원元대 회화

송 멸망 후 들어선 원 왕조는 몽골족인 이민족이 세운 나라로, 사회적으로
몽골족과 한족의 갈등, 남북 문화의 대립, 문인과 귀족 계급의 모순이 만연한
시대였다. 원대의 회화는 일반적으로 복고의 기치 아래 기운氣韻을 중시하고
격률格律(형식)을 가볍게 여기는 특징을 가지고 있다. 그래서 '평범하고 담백
하며 자연스럽고 진실함'을 강조하는 '평담천진平淡天眞'이 원대 회화가 추구

하는 이상이었다.

　원대 문인화는 송·금 사대부의 회화를 계승하였다. 문인화는 특수한 사회
계층의 산물이므로 원대 문인화 역시 당시 시대 배경 및 사회적 분위기와 불
가분의 관계에 있었다. 조맹부趙孟頫(1254~1322)와 전선錢選은 문인화의 변
화를 추구한 화가로, '사대부의 기상'을 그림 속에 반영할 것을 요구하며 개성
과 창의적 예술 경지를 개척하여 중국회화의 대표적인 장르로서의 문인화를
발전시켰다. 조맹부의 「인기도人騎圖」에서는 화가의 특수한 상황이 그대로
반영되어 이민족 왕조의 관료로 살아가는 한족 지식인의 훈고학적 학문 태도
를 엿볼 수 있다.

　그밖에 황공망黃公望(1269~1358)·오진吳鎭·예찬倪瓚·왕몽王蒙은 원말

황공망 「부춘산거도」 부분
종이, 채색, 33 x 636.9㎝, 타이베이 국립고궁박물원 소장

사대가四大家로서, 이민족의 지배하에서 세속의 명예와 이익을 버리고 도인이나 은사隱士가 되어 이상과 울분을 시와 그림에 의지하였다. 중국 10대 명화로 꼽히는 황공망의 「부춘산거도富春山居圖」는 저장성의 부춘강과 부춘산을 배경으로 한 수묵산수화이다. 황공망이 72세 때 무용無用 스님을 위해 그리기 시작해 3~4년에 걸쳐 완성한 작품으로 불에 일부가 타는 등 숱한 우여곡절을 겪으며 앞부분은 저장성 박물관에, 비교적 긴 뒷부분은 타이베이 국립고궁박물원에 분리 소장되어 있다. 2011년 6월 타이베이 국립고궁박물원에서 교류전이 열리며 '양안 화합'의 상징으로 떠올랐다.

(5) 명明대 회화

원이 멸망하고 다시 한족이 세운 명나라가 건국되자, 문인들의 은일적인 삶의 태도도 바뀌었다. 회화 또한 고요한 산수를 다루는 화풍에서 벗어나, 화가들은 자연 속에서 생활하는 사람들을 주시하기 시작했다. 다양한 제재, 즉 인물화, 산수화, 화조화가 성행하였고, 문인화의 매화, 난, 대나무 및 잡화雜畵도 유행하였다. 명대 회화는 창조적인 회화 활동보다는 전대의 화풍을 모방 계승하는 형식으로 발전하였다.

명대 초기에는 궁정회화와 절파가 남송의 화풍을 계승하며 화단을 이끌었고, 중기에 이르면 쑤저우 지역을 중심으로 하는 오파가 출현하는데, 이들은 송원 시기 문인화의 전동을 계승하여 화단의 주류를 형성하였다. 명 말기에는 정치적 혼란과 명청 교체기라는 사회 분위기 속에서 형식주의와 전형주의를 부정하는 개성주의 화풍이 출현했다. 서위徐渭와 명말 승려화가로 대표되는 개성파 화가들이 등장하면서 짧지만 활기를 띠었다.

절파

절파浙派는 대진戴震(1389~1462)을 중심으로 한 저장浙江 지역의 화파를 말한다. 대진은 궁정화가로 활동했으나 후에 고향으로 돌아와 그림을 그리며 직업화가들에게 많은 영향을 끼쳤다. 절파는 남송의 마원과 하규를 계승하여 당시 궁정화파와 쌍벽을 이루어 화단을 주도하였다. 그들의 산수화는 부벽준을 사용하여 붓의 흔적이 명확하게 드러나며, 화폭을 뒤덮을 정도의 구름과 안개를 배치하여 풍부한 질감을 살려 그린 것이 특색이다. 대진 이후 절파는 오위吳偉와 왕악王諤에게 계승되어 발전하였지만, 후기에 이르러 과장된 기

대진 「관산행려도(關山行旅圖)」
종이, 수묵담채, 61.8 x 29.7㎝, 베이징 고궁박물원 소장
제재와 구도에서 모두 북송 산수의 장점을 터득해 자연스럽고 사실적인 기법을 추구하였다.

동기창 「봉경방고도(峯涇訪古圖)」
종이, 수묵, 80 x 29.8㎝, 타이베이 국립고궁박물원 소장

교를 좇고 무절제하게 수묵을 이용함으로써 그림의 함축성이 사라지게 되었다. 명대 중엽에 이르면 오파가 이들을 대신하게 된다.

오파

오파吳派는 쑤저우蘇州의 옛 지명인 '오吳' 지역을 중심으로 활동한 화가들을 통칭하며, 절파에 대립되는 문인 남종화파이다. 선덕宣德(1426~1435) 연간에 쑤저우의 심주沈周(1427~1509)가 출현함으로써 원말 왕몽 이후 침체하였던 문인화가 다시 전성기를 구가한다. 자연풍경이 아름다운 쑤저우는 원대 이래로 많은 화가들이 활동하며 문인화의 기반을 이루었던 곳으로, 특히 심주와 더불어 그의 제자인 문징명文徵明(1470~1559)과 당인唐寅(1470~1509)으로 인해 더욱 성황을 이루었다.

명의 사대가로 일컬어지는 심주·문징명·당인·구영仇英은 모두 오파와 관련이 있다. 원 사대가로부터 영향을 받은 심주는 산수화는 물론이고 인물화와 화조화에도 뛰어났으며, 대담한 필치와 간결한 구성이 두드러졌다. 오파가 심주에 의해 창시되었다면 화단에 확고한 뿌리를 내리게 된 것은 문징명에 의해서라고 할 수 있다. 그는 많은 제자를 길러 내며 참신하면서도 근대적인 채색의 문인화를 남겼다. 구영은 치밀하고 정확한 필법과 농염한 채색으로 화단의 주목을 받았으며, 당인은 초기 문징명의 영향을 받았고, 이후 이당과 곽희의 화풍을 배워 청아하고 웅장한 회풍을 이어갔다.

동기창의 남북이종론

남북이종론南北二宗論은 17세기 동기창이 남종과 북종으로 나뉜 불교 선종에 비유해 산수화의 유파를 남종화와 북종화로 이분화한 이론이다. 이 이론에 따르면 북종화는 직업화가들이 외면적 형사形似에 치중하여 그린 기교적, 장식적인 그림을 말하며, 남종화는 북종화와 반대되는 개념으로 학문과 교양을 갖춘 문인들이 내면세계의 표출에 치중하고, 서정적이며 사의적인 측면을 중시해서 그린 품격 높은 그림을 말한다. 즉, '문인화인 남종화가 직업화가인 화원이 그린 북종화보다 훨씬 뛰어나고 동양미학의 본질을 갖고 있다.'라는 남종화 우위론이라 할 수 있다. 동기창은 당나라의 문인화가 왕유를 남종화의 시조로 보고, 그 전통이 오대의 동원과 거연, 북송의 미불을 거쳐 원말의 사대가와 명대의 오파에게로 이어졌다고 하였다. 그가 주장한 남북이

종론은 이후 300년간 문인화 창작의 지침으로 작용하였다.

서위와 명말의 승려 화가

시와 서법 등 다방면에 걸쳐 뛰어난 재능을 발휘한 서위徐渭 (1521~1593)는 회화에서도 무시할 수 없는 독창적 성취를 이루었다. 그는 여타의 화가와 달리 묵을 대범하게 사용하여 묵을 뿌리는 기법으로 대나무, 연잎, 포도 등 꽃과 식물의 제재를 단숨에 그리며 자신의 거친 성정과 병적인 광기를 개성적으로 화폭에 쏟아냈다. 한편, 명 말에 들어서면서 이민족에 나라를 빼앗긴 울분 속에 승려가 되어 은거하며 그림에 몰두하는 '승려 화가'들이 생겨난다. 대표적인 인물이 '명말사승明末四僧'이라 불리는 팔대산인八大山人(1624~1703), 석도石濤(1630~1724), 점강漸江, 석계石谿이다. 그중에서도 명 왕실의 후예였던 팔대산인과 석도의 화풍은 후대에 많은 영향을 끼쳤다. 팔대산인의 화풍은 매우 간결하여 붓 하나로 물고기와 새 등을 특이한 형상으로 그려내었다. 석도의 그림은 묵을 쓰는 방식에서 서위와 닮은 면이 있지만, 공백이 많은 특유의 선화禪畫(명상을 강조하는 선종에서 영향을 받아 형성된 화파)가 특징적이다. 특히 그는 황산黃山에 오래 기거하며 산의 정경과 바위, 노송老松, 운해雲海를 즐겨 그렸다.

서위 「묵포도도(墨葡萄圖)」
종이, 수묵, 116.4 x 64.3㎝, 베이징 고궁박물원 소장

(6) 청淸대 회화

청대 회화는 당시 정치·경제·국제 정세 등의 여러 가지 영향 아래 송·원·명의 회화 전통을 계승하여 문인화, 궁정회화 및 민간의 연화年畫와 판화 방면에서 새로운 특징을 드러내어 어느 정도의 성과를 거두었다. 더불어 명대에서 청대에 이르기까지 유럽의 여러 전도사들이 중국에 들어오며 서양회화의 기법과 화풍을 전파시키기도 하였다.

청 초 문인화의 창작기법은 모두 명말 동기창의 화풍을 계승하였다. '사왕오운四王吳惲'이라는 문인화가들이 당시 화단을 이끌었는데, 왕시민王時敏·왕감王鑑·왕휘王翬·왕원기王原祁의 '사왕'과 오력吳歷·운수평惲壽平의 '오운'은 청초 육대가六大家로 일

팔대산인 「안만첩(安晚帖), 성난 물고기」
종이, 수묵, 31.8 x 27.9㎝, 교토 천옥박고관 소장
성난 표정의 물고기를 통해 작가는 명나라를 멸망시킨 만주족에 대한 반감을 표출하였다.

컬어지기도 한다. 이들은 오파의 전통적 남종화를 이어받아 청대 화단에 큰 영향을 미쳤다. 아울러 이들 '정통화파'와 구분되는 '개성화파'는 명말 나라를 잃고 은거한 팔대산인, 석도 등의 개성적인 화풍에 영향을 받아 청대에도 일정 정도 영향력을 발휘하였다.

청 중엽에 이르면 사회경제의 발전에 따라 황제들의 지원으로 궁정회화가 더욱 흥성하였고, 특히 양주楊州를 중심으로 '양주팔괴揚州八怪'라는 문인화파가 등장하여 혁신적인 문인화의 경지를 개척하였다.

청 말에는 근대적 도시로 부흥하는 상하이를 중심으로 형성된 해상화파海上畵派와 혁신적 화풍으로 중국회화의 면모를 새롭게 한 광저우의 영남화파嶺南畵派가 점차 영향력 있는 화파로 부상하게 된다. 해상화파와 영남화파는 걸출한 화가들을 배출하며 근대회화와 현대회화를 연결하는 가교역할을 하였다.

오창석 「도석도(桃石圖)」
종이, 수묵채색, 180 x 96㎝, 상하이 박물관 소장
해상화파에 속하는 오창석은 서법, 회화, 전각 모든 방면에서 뛰어났다. 그의 화조도는 생기발랄한 특징을 지니며 묵을 중심으로 선명한 채색을 잘 배합하였다.

양주팔괴

건륭 연간에 양주는 대운하의 요충지이자, 경제의 중심지로 발전하였다. 이곳을 거점으로 소금 상인과 섬유 상인들이 미술 활동을 지원했기 때문에 일시에 많은 화가들이 양주로 몰려들었다. 이런 까닭으로 이곳에서 새로운 화풍이 형성되었는데, 이를 대표하는 화가들이 바로 '양주팔괴'이다. 팔괴가 구체적으로 누구인지는 이론이 분분하나 대체로 정섭鄭燮, 이선李鱓, 금농金農, 나빙羅聘, 이방응李方膺, 황신黃愼, 고상高翔, 왕사신汪士愼에 화암華嵒, 민정閔貞, 고봉한高鳳翰이 덧붙여지기도 한다. 이들은 양주에서 그림을 팔아 생활하였지만, 지역에서 활동한 화가들과는 달리 문학적 교양이 높았고 시와 문장에 뛰어났으며 글씨에도 조예가 깊었다. 그들의 화풍은 가깝게는 명말 석도와 팔대산인의 영향을 받고, 멀게는 명 중기의 심주나 서위와도 연결되어 있다.

해상화파

19세기 중엽 아편전쟁 이후 무역항과 상업도시로 새롭게 번성한 상하이에 화가들이 대거 몰려들면서 '해상화파'를 형성하였다. 해상화파 화가로는 '삼임三任'으로 대표되는 임웅任熊·

임훈任熏 형제와 임이任頤(1840~1895) 그리고 임이의 제자 오창석吳昌碩(1844~1927)을 대표적인 인물로 꼽을 수 있다. 이들은 모두 평민 출신으로 그림을 팔아 생계를 삼았다. 따라서 이들의 화풍은 기존의 문인화에 민간화풍을 흡수한 아속雅俗이 공존하는 예술적 특징을 띠고 있다. 이밖에 조지겸趙之謙·허곡虛谷·포화蒲華 등도 해상화파의 화풍을 발전시키는 데 일조하였다. 조지겸은 '금석파金石派'[4]의 장점을 흡수하여 회화와 서법 및 전각 등의 장르를 적극적으로 응용하여 새로운 활력을 불어넣었다. 그의 이러한 화풍은 오창석과 치바이스齊白石에게 영향을 주며 근대적 화풍으로의 변화를 이끌었다.

(7) 근현대 회화

중국의 회화는 현대에 접어들어 서양회화가 유입되면서 새로운 변화를 맞이하게 되는데, 중국의 전통 회화를 계승한 중국회화와 서양회화로 크게 양분되어 발전을 지속하였다. 서구에서 유학하고 돌아온 중국의 젊은 화가들이 서양의 화풍을 소개함에 따라 서양회화의 기법이 중국회화에 도입되고 미술계에도 많은 변화가 일어났다. 비교적 일찍 유학에 나섰던 리수둥李叔洞, 쉬페이훙, 린펑민林風眠, 류하이수劉海粟 등은 서구의 미술을 중국에 소개하는 데 힘을 쏟았던 화가들이다. 동양 화풍과 서양 화풍의 만남은 어느 한 쪽의 예술을 위축시키기보다는 서로의 장점을 흡수하였다. 수묵에 기초한 전통적인 중국회화는 전통을 계승해 가면서도 서양회화의 기법을 받아들여 한층 다양한 양식을 선보이며 발전하고 있다.

치바이스(1864~1957)

치바이스는 개성파 화가인 서위, 석도, 양주팔괴, 오창석 등의 화풍을 계승하였다. 그는 화조화에서 붉은 색채의 꽃과 선명한 먹의 잎사귀를 기본 구도로 하는 '홍화묵엽紅花墨叶' 일파를 이루며, 오창석과 더불어 '남오북제南吳北齊'라 불리었다. 특히 그의 회화는 중국 민간예술의 소박한 풍격과 전통적 문인화의 화풍이 어우러져 독보적인 예술적 경지에 이르렀다는 평가를 받고 있다. 전각에도 뛰어난 솜씨를 보이며 새로운 경지를 개척하였고, 80세 이후로는 새우를

치바이스

---

4 '금석학'은 고고학의 하나로, 전대의 청동기와 비석, 특히 그 위에 새겨진 문자가 주된 연구대상이다. 광의의 범주로 죽간, 갑골, 옥기, 자기, 명기 등 일반 문물에 새겨진 문자들도 포함한다. 청대에는 고증학의 영향으로 금석학이 더욱 성행하였다. 금석파는 금석학파를 말한다.

소재로 한 그림에 몰두하였다. 1953년 '인민예술가人民藝術家'의 칭호를 받으며 중국회화의 대부로 군림하였다.

쉬페이홍(1895~1953)

프랑스 유학 당시 쉬페이홍

쉬페이홍은 상하이 푸단復旦대학교 프랑스어과에 들어가 고학으로 학업을 이어가다가, 일본과 프랑스에 유학하며 서양회화를 배웠다. 이런 과정을 통해 쉬페이홍은 중국과 서양의 미술 특징을 융합하는 작업에 몰두하게 된다. 그는 유화와 소묘에 있어서 중국의 전통적 조형기법을 흡수하는 동시에 서양회화의 소묘법을 혼용하였다. 또한 중국 현대예술에 많은 업적을 남기고 후학을 발굴하는 데 힘을 쏟아 국민 화가로 추앙받고 있다. 그는 '말'을 즐겨 그렸는데, 그의 말 그림은 중국인들에게는 생동하는 삶의 정신으로 인식되고 있다.

펑쯔카이豊子愷(1898~1975)

펑쯔카이는 중국 만화漫畵 화풍의 개척자로, '만화'라는 명칭도 그로부터 비롯되었다. 그의 화풍은 매우 담백하며 철리적인데, 서양회화의 투시 원리와 중국의 붓과 먹의 기법을 응용하여 신선하고 기발한 화풍을 개발하였다. 그는 일상에서 벌어지는 평범한 소재들을 재기 발랄하게 표현하여 소박하면서 대중적인 가치를 형상화하였다. 또한, 서화뿐만 아니라 문학에도 뛰어난 재능을 발휘하였는데, 그의 이러한 풍부한 예술적 감수성은 만화를 심미적 세계로 승화시켰다는 평가를 받는다.

장다첸張大千(1899~1983)

'국화國畵 대사'라고 불리는 장다첸은 중국의 전통 화법을 두루 학습하여 전통 화법의 바탕 위에 서구의 추상화를 도입, 독보적인 중국회화의 경지를 개척한 인물이다. 그의 대표작이자 거작인 「장강만리도長江萬里圖」는 먹을 화폭 전체에 퍼지게 하는 중국 전통회화의 발묵潑墨법과 색을 입힌 독창적인 기법으로 완성되었다. 현대 중국회화의 가치를 세계에 알린 개척자로서, 1949년 이후 대륙을 떠나 전 세계를 떠돌며 자신의 미술 세계를 전파하였다.

---

5 톈안먼 사건 이후 베이징 외곽 위안밍위안 지역의 화가를 중심으로 한 반체제집단을 1996년 중국 당국이 강제 해산한 사건을 일컫는다. 이후 그들 중에는 외국으로 망명하거나 일부는 쑹좡(宋莊) 예술지구로 옮겨 새로운 예술 작업에 몰두 하고 있다.

장샤오강張曉剛(1958~)

장샤오강은 왕광이王廣義, 웨민쥔岳敏君, 팡리쥔方立鈞 등과 함께 중국 당대 미술을 주도하고 있는 화가로 중국 신미술운동의 주역이다. 이들은 톈안먼天安門 사건을 통해 목격한 사회 현실과 위안밍위안圓明園[5]사태에서 경험한 정치적 탄압을 바탕으로 한층 성숙해진 예술적 기량을 살려 미학적 지평을 확대하였다. 장샤오강은 가족과 혈연을 작품의 주요 제재로 삼는데, 그가 표현하는 고요하고 정지된 인물 형상은 격동의 시대를 겪어낸 중국인과 중국 사회의 자화상으로 해석되고 있다. 대표 작품으로 「창세편: 한 공화국의 탄생 2호創世編: 一個共和國的誕生二號」, 「대가족大家庭」 시리즈, 「망각과 기억失意與記憶」 등이 있다.

쩡판즈曾梵志(1964~)

쩡판즈는 중국 현대미술에서 세계적으로 각광받는 인물 중 한 사람으로 중국 아방가르드 미술을 대표한다. 신사조 현대미술 운동의 영향을 받아 후베이湖北대학 유화과에 진학하며 두드러진 윤곽선과 거친 터치, 의도적으로 과장된 인체 비례와 같이 독자적인 화풍을 익혔다. '포스트89중국신예술전'을 계기로 본격적인 주목을 받기 시작하였다. 개인과 공동체를 주제로 하는 그의 비판정신과 예술적 풍자는 중국사회의 단면을 잘 포착해 그려내고 있다. 대표 작품으로 「가면 面具」 시리즈, 「무제无題」 시리즈 등이 있다.

참고 문헌

『**중국회화산책**』, 왕야오팅 저, 오영삼 역, 아름나무, 2007

『**중국미술의 역사**』, 북경중앙미술학원 저, 박은화 역, 시공사, 2003

『**중국회화사론**』, 장준석 저, 학연출판사, 2002

더 읽어야 할 자료

『**새롭게 읽는 중국의 미술**』, 크레그 클루나스 저, 임영애 역, 시공사, 2007

『**중국 미술사**』, 마이클 설리반 저, 최성은, 한정희 역, 예경, 2007

『**동양미술사 - 중국**』, 한정희 저, 미진사, 2009

『**홀로 문을 두드리다**』, 인지난 저, 김태만 역, 학고재, 2012

다산쯔大山子 798 예술구

다산쯔大山子 798예술구는 중국을 대표하는 최초의 예술특화지구이다. 베이징 다산쯔 지역에 위치하고, 원래 이곳에 있던 공장의 일련번호가 798이었던 데서 '다산쯔 798예술구'라는 명칭이 탄생했다. 런던 템스 강 남쪽에 위치하고 있는 테이트 모던Tate Modern 갤러리나 뉴욕의 소호SOHO 지역과 마찬가지로 버려진 공장 지대에 예술가들이 하나둘씩 모여들기 시작하면서 뒤따라 갤러리가 들어서고 카페와 음식점이 생겨났다. 798이 형성되어 호평을 받기 시작하면서 다른 곳에도 다산쯔를 벤치마킹한 예술촌이 조성되었는데, 베이징 쑹좡宋庄예술구와 상하이上海 M50예술구 등이 그 예이다.

원래 이곳은 구소련과 동독의 지원 아래 1954년에 설계를 시작해 1957년에 착공되었던 전선電線공장 지대였다. 냉전 시기 이후 점차 공장이 도시 외곽으로 이전함에 따라 원래의 798 공장이 기존의 700, 706, 707, 718, 797 등 6개 공장을 합병한 후, 남은 공장 건물 일부를 세 놓기 시작하였다. 2002년, 중국 현대미술을 외국에 알리는 데 앞장섰던 미국인 로버트 버넬Robert Bernell이 최초로 입주한 이래 많은 예술가들이 점차 이곳의 넓은 공간과 저렴한 임대료에 매료되어 입주해 들어와 작업실과 전시공간으로 꾸미기 시작했고, 이것이 시초가 되어 오늘의 798

다산쯔 798예술구

이 형성되기에 이르렀다.

2005년, 중국 정부는 국가정책에 따라 이곳을 철거한다고 발표한 바 있다. 그러나 2006년 들어 정책을 변경해 798예술구를 '문화창의산업특구'로 공식 지정했다. '제11차 5개년 경제사회발전계획'에 따라 '성장의 질'을 중시하게 된 중국 정부는 연례화된 다산쯔국제예술제(DIAF)와 798비엔날레 등으로 인해 국제적 예술 인파가 모여드는 이곳을 오히려 예술특구로 발전시키기로 결정했기 때문이다. 이에 힘입어 점차 더욱 많은 서비스, 문화 오락 등의 각종 시설이 출현했고 그 후 국내외 갤러리, 예술서점, 아틀리에, 카페, 커피숍, 레스토랑 등 도시적 색채를 띤 요소들도 속속 입주하게 되었다.

이후 2008년 베이징올림픽 준비기간 동안, 지역을 당대 예술의 새로운 문화 아이콘으로 발전시키고자 한 베이징 시 당국의 결정에 따라 대대적인 지원과 정비가 이루어졌다. 그 결과 오늘에 이르러 국내외의 수많은 관광객이 운집하는 새로운 문화관광 공간으로 변모해 가고 있다. 798에 들어서면, 사시사철 언제나 당대 최고의 미술 작품이나 공연들을 만끽할 수 있다. 798은 확실히 만리장성이나 고궁박물원과는 전혀 다른 이미지를 물씬 느낄 수 있어, 중국이 지닌 또 다른 저력을 확인하게 되는 공간이다.

11 영화와 연극

1. 중국 영화

1895년 프랑스의 뤼미에르Lumière형제에 의해 탄생한 영화는 그 이듬해인 1896년 8월, 상하이上海의 여우이춘又一村에서 '서양 그림자극(西洋影戲)'이란 이름으로 중국에 처음 소개되었다. 영화는 그 탄생과 함께 서구의 동양에 대한 침략과 맞물려 식민지 정책의 첨병 구실을 하는 매체로 중국에 수용되었다. 이렇게 수용된 영화는 중국에서 다시 새로운 방식으로 전환되어 발전해 나간다.

탄생 초기 중국 영화는 '경극 영화'처럼 전통예술을 담고 기록하는 부수적인 도구에 불과했다. 그러나 1919년 5·4 운동 이후 지식인들을 중심으로 영화를 통한 선전기능과 대중교육의 효과에 주목하게 되면서 영화의 사회적 기능이 강조되기 시작했다. 2, 30년대 대도시를 중심으로 할리우드를 모방한 오락적 상업영화가 다양한 장르에 걸쳐 제작되고 상영되기도 했지만, 그 과정에서도 좌익영화 또한 일정한 영향력을 발휘하였다. 항일운동을 거치면서 공산당의 입지는 더욱 높아졌고, 중국 영화는 혁명을 선전하는 역할을 수행하기에 급급하였다. 이러한 영화계의 상황은 대체로 1980년대까지 지속되었으며, 이로 인해 중국 영화는 전반적으로 사회적 기능과 역사적 사실을 충실히 반영하는 효능적 측면에 기여해 왔다고 할 수 있다. 특히 이러한 점은 중국 영화를 규정하는 뚜렷한 특징이 되기도 하는데, 중국 영화에 시대상을 반영한 작품이 많은 것도 이와 무관하지 않다. 따라서 우리는 중국 영화를 통해 중국의 역사와 현실을 자세히 살펴볼 수 있다. 중국 영화는 직간접적으로 특정한 시대의 역사현실을 생생하게 반영하고 있어 중국의 근현대사를 알 수 있는 좋은 자료가 된다.

영화감독들의 작품 경향도 시대에 따라 뚜렷한 차이를 보이는데, 이러한 특징은 중국 영화의 시대를 분류하는 주요한 기준이 되기도 한다. 특히 1919년 5·4 운동, 1927년 장제스의 4·12 반공 쿠데타와 1966년 문화대혁명 및 1989년 6·4 톈안먼 민주화 시위는 영화감독들의 의식과 표현에 큰 영향을 미쳤고, 이는 중국 영화사를 구분 짓는 세대구분의 기준으로도 응용되고 있다.

오늘날의 중국 영화 역시 사회적 이데올로기가 영화산업에 절대적 영향을 미치고 있지만, 개혁개방 이후 막대한 자본력을 바탕으로 영화의 흐름이 서서히 변모하고 있다. 특히 오늘날 영화산업은 황금알을 낳는 거위로 인식되어 막대한 자본과 인력이 동원되는 대중예술의 상징이 되고 있다. 따라서 최근의 중국 영화는 지역적으로 대륙의 공간을 넘어 중화권을 묶는 인프라를 구축하여 세계 영화 시장에 대항하는 한편, 한국 및 일본과의 합작을 통해 영상산업의 활로를 적극적으로 모색하고 있다.

(1) 중국 영화의 오늘

다피엔大片(대작 영화)의 대거 출현

오늘날 중국 영화 제작은 블록버스터 붐을 이루고 있다. 미국의 할리우드 영화에 대항하기 위한 포석으로 세계적인 중화권 감독과 유명 배우 및 영화 분야의 최고 실력자들이 대거 참여해 중국 영화산업의 부흥에 매진하고 있다. 이에 해당하는 영화로는 장이머우張藝謀 감독의 『황후화(滿城盡帶黃金甲)』(2006)를 필두로 펑샤오강馮小剛 감독의 『집결호集結號』(2007), 『대지진(唐山大地震)』(2010) 및 우위선吳宇森 감독의 『적벽대전(赤壁)』(2009) 등을 들 수 있다. 이러한 대규모 영화의 제작 배경에는 중국 영화의 기술적 성장과 자본력 그리고 거대한 영화 시장의 규모 등이 있다. 블록버스터 영화는 중국 영화의 주류가 되어 『몽키킹(西游記之大鬧天宮)』(2015), 『몬스터 헌터(捉妖記)』(2015)를 비롯하여 『구층요탑(九層妖塔)』(2015), 『특수부대 전랑(戰狼)』(2015) 등이 인기를 끌며 속편 제작이 이어지고 있다.

영화『적벽대전』

영화배우 저우싱츠

펑샤오강의 도시 영화와 저우싱츠의 희극물

펑샤오강 감독과 배우 겸 감독인 저우싱츠周星馳는 중국 영화계의 흥행 마술사다. 이들의 영화는 중국에서 최고의 인기를 얻으며 중국 문화의 아이콘으로 자리 잡고 있다. 펑샤오강은 처음에 비교적 소자본으로 젊은 세대의 감수성에 어울리는 통속적 멜로물을 만들어 흥행에 성공하였다. 이른바 '허수이피엔賀歲片'으로 일컬어지는 새해 특선 영화는 그의 트레이드 마크가 되었으며 젊은 층을 중심으로 폭발적인 인기를 구가하였다. 『올 때까지 기다려 줘(不見不散)』(1998), 『휴대폰(手機)』(2003) 등 시대를 풍미한 그의 영화는 가벼운 터치와 신세대적 감성 그리고 감흥 넘치는 대사로 특히 중국 국내 영화 팬들을 사로잡았다. 그는 작품에서 변화하는 도시 젊은이들의 생활과 의식을 잘 보여주고 있으며, 중국적 사고방식을 현대적으로 잘 살려 중국 대중영화의 선두주자가 되었다.

한편, 홍콩을 중심으로 활약하던 저우싱츠는 이제 대륙에서 새로운 바람을 일으키고 있다. 이른바 이전까지 홍콩 영화에서 보여주었던 '모레이타우(無厘頭)'로 불리는 황당한 줄거리와 난센스로 일관하는 영화는 대륙에서도 커다란 호응을 불러일으켰다. 그의 작품마다 배어 있는 특유의 익살과 해학은 중국인의 감성을 자극하며 하나의 주류를 형성하였다. 최근에는 연기보다 영화 제작에 주력하여 『서유기: 모험의 시작(西遊降魔)』(2013), 『미인어美人漁』(2016) 등의 감독을 맡으며 여전히 유명세를 타고 있다. 이러한 인기의 비결은 단지 그의 영화가 장난기와 눈요기로만 채워지는 것이 아니라 독특한 그만의 스타일 속에서 중국인들이 공감할 수 있는 익숙한 정서를 표출해내기 때문이다. 그것은 개혁개방과 경제 성장 과정에서 파생된 삶의 그늘을 그의 웃음을 통해 달래고자 하는 대중들의 염원에서 비롯된 것인지도 모른다.

주선율 영화의 새로운 시도

'주선율主旋律'이란 애국주의·전체주의·회주의 정신을 고양시키는 문화 경향을 뜻하는 단어로, 1970년대 덩샤오핑이 이 개념을 제시한 이후로 널리 쓰이고 있다. 즉, '주선율 영화'란 중국 공산당의 정책을 선전하는 임무를 기본 취지로 하는 영화를 말한다. 더 넓게는 사회주의 윤리 의식을 강조하고 국가와 가족 등 집단주의를 고취하는 영화가 여기에 해당한다. 따라서 영화의 내용은 당과 국가를 미화하고 선전하는 일정한 패턴으로 구성된다. 마치 우리의 60,

70년대 국책 영화와 같이 국민을 통제하고 대중을 교화시키기 위한 목적을 지닌 영화와도 유사한데, 여전히 중국 영화에서 차지하는 비중이 제일 높다.

그런데 최근에는 주선율 영화가 기존의 패턴을 벗어나 새로운 시도를 하고 있다. 경우에 따라서는 주선율 영화와의 구분이 모호한 주선율의 요소를 가미한 영화가 만들어지기도 한다. 그 특징을 살펴보면 첫째, 영화의 내용 면에서 당과 정부 정책을 수용하면서도 다양한 소재와 재미를 추구한다는 점이다. 둘째, 주선율 영화도 막대한 자본을 들여 블록버스터 형태로 제작되고 있으며, 마지막으로 지명도 높은 감독과 배우들을 캐스팅하여 주선율 영화의 관념을 깨고 새로운 형태의 정책 영화로 승부한다는 점이다. 『운수요雲水謠』(2006), 『건국대업建國大業』(2009), 『공자孔子』(2010), 『건당위업建黨偉業』(2011), 『백단대전百團大戰』(2015), 『건군대업建軍大業』(2017)과 같은 영화가 이러한 경향을 잘 보여주고 있다.

영화 『건국대업(建國大業)』

독립영화의 지속적 발전과 예술성 추구

영화에서 표현의 자유를 둘러싼 정부와의 충돌이 종종 발생하고 있다. 특히 중국의 사회문제를 영상을 통해 직설적으로 표출하는 것은 결코 쉬운 일이 아니다. 그럼에도 영화 본연의 예술적 가치를 추구하는 감독과 제작자들은 이에 개의치 않고 영화를 통해 사회적 메시지를 전달하는 데 노력하고 있다. 특히 상업 영화를 거부하고 영화 본연의 예술성을 추구하는 작업에 몰두하는 감독들도 여기에 해당한다고 볼 수 있다. 제6세대(1989년 6·4 톈안먼 사건 이후)의 대표 주자인 지아장커賈樟柯, 장위안張元, 러우예婁燁, 왕샤오솨이王小帥, 왕취안안王全安, 왕차오王超, 추이쯔언崔子恩 감독 등은 어려운 제작 환경 속에서도 자신들만의 영상을 추구하는 데 앞장서고 있다.

베이징 올림픽을 앞두고 선정적 표현과 베이징의 어두운 현실을 카메라에 담아 문제가 된 리위李玉 감독의 『핑궈苹果(사과)』(2007), 톈안먼 사건을 배경으로 한 러우예 감독의 『여름 궁전(頤和園)』(2006) 등의 상영불가 및 리안李安 감독의 『색,계色

영화배우 탕웨이

戒』(2007)에 출연한 여주인공 탕웨이汤唯에 대한 활동제재는 검열 제도에 따른 중국 정부와 영화계의 갈등을 보여주는 대표적 사례에 해당한다.

(2) 중국 영화 100년사

1905년을 영화 출발의 원년으로 삼는 중국 영화는 100여 년간 중국 현대사의 파란만장한 변화를 거쳐오며 독자적인 영화예술의 거대한 흐름을 이어왔다. 현대에 일어난 각종 역사적 사건들에 밀접한 영향을 받으며 발전해옴에 따라 중국 영화는 뚜렷한 시대적 특징을 보이고 있다. 따라서 중국 영화사는 감독들의 출생과 출신을 중심으로 하는 세대별 분류가 일반화되어 있으며, 그들이 보여주는 일정한 작품 경향은 중국 영화사의 시대별 특징으로 간주되고 있다.

중국 최초의 영화 『정군산』

제1세대(1905~1931)

1905년 베이징 펑타이豐泰사진관에서 경극 배우 탄신페이譚鑫培를 주연으로 내세워 그의 연기 장면을 찍어 만든 『정군산定軍山』이 중국 최초의 영화이다. 이후 상하이, 광둥廣東, 홍콩 등지를 중심으로 영화가 제작되었으나 경극이나 간단한 풍경을 영상으로 찍는 정도에 그쳤으며, 1913년 중국 영화의 개척자로 일컬어지는 장스촨張石川과 정정치우鄭正秋가 공동 제작한 『철없는 부부(難夫難妻)』를 기점으로 영화에 드라마적 요소가 가미되기 시작했다.

1922년에는 장스촨, 정정치우, 저우젠윈周劍雲 세 사람이 영화사 '밍싱明星'을 설립했다. 그들은 배우 양성 학교를 설립하는 한편, 밍싱에서 제작한 『고아 구조기孤兒救祖記』(1923)의 흥행에 성공을 거두며 영화사 설립의 붐을 일으켰다. 1922년에서 1926년 사이에 175개의 영화사가 문을 연 것으로 알려져 있다. 1925년에는 톈이天一, 1930년에는 롄화聯華 등의 주요 영화사가 설립되면서 중국 영화는 새로운 전성기를 열어간다. 이 시기 최대의 히트작은 단연 무협연작시리즈 『불타는 홍련사(火燒紅蓮寺)』(1928)로 통속영화에 불을 지피며 영화를 대중적 오락으로 거듭나게 했다.

제2세대(1931~1949)

중국의 제2세대 영화는 1931년 청부가오程步高와 장스촨이 공동 제작한 중국 최초의 유성영화『여가수 홍무단(歌女紅牧丹)』의 출현을 시초로 꼽을 수 있다. 흥미로운 사실은 유성영화의 등장이 처음에는 오히려 중국의 영화산업을 궁지로 몰아넣었다는 점이다. 초기의 유성영화 작품이 흥행에서 실패를 거듭한 까닭은 당시 진부했던 영화 제작기술에도 문제가 있었지만, 중국 각 지방의 수많은 방언 때문에 관객들에게 내용을 제대로 전달할 수 없었기 때문이었다. 그리하여 실질적인 유성영화의 시대는 좀 더 시간을 두고 기다려야 했다. 그럼에도 영화 기술의 발전과 시대 상황의 변화는 1930년대 상하이를 중심으로 중국의 영화산업을 빠르게 변모시켰다. 자생적으로 구축된 영화산업 인프라를 바탕으로 할리우드를 답습한 멜로드라마와 코미디에서 뮤지컬 영화에 이르기까지 다양한 장르의 영화가 제작되어 양적으로나 영상예술의 측면에서도 높은 역량을 과시하며 중국 영화의 황금기를 열었다.

한편, 이 시기에는 오락적인 상업영화 외에도 당시의 현실을 반영한 사회성 짙은 영화들이 많이 제작되었다. 의식 있는 감독들은 국내 정치적 혼란과 일본의 침략으로 인한 국가의 위기 상황에서 영화를 통해 일반 대중을 각성시키고자 노력하였다. 이 시기를 대표하는 감독으로 청부가오, 선시링沈西苓, 차이추성蔡楚生, 스둥산史東山, 페이무費穆, 쑨위孫瑜, 위안무즈袁牧之, 정쥔리鄭君里, 우융강吳永剛 등을 들 수 있다. 이들은 주로 3, 40년대부터 영화를 찍기 시작하여 이후에도 작품 활동을 계속하였다. 차이추성 감독, 왕런메이王人美 주연의『어부의 노래(漁光曲)』(1934)와 위안무즈 감독, 저우쉔周璇 주연의『거리의 천사(馬路天使)』(1936)나 롼링위阮玲玉(1910~1935) 주연의『세 명의 신여성(三個摩登女性)』(1933),『신녀神女』(1934) 등은 걸출한 배우와 감독의 역량 그리고 작품성에서 큰 반향을 불러일으켰다.

1920~30년대 중국의 국민 배우로 불리던 롼링위

이 시기 '영화 황제'라 불리며 최고의 인기를 구가한 배우 김염金焰(1910~1983)은 한국에서 출생했다. 서울에서 태어난 그는 독립운동을 하던 아버지를 따라 중국으로 건너가 영화에 입문하게 된다. 1929년 상하이에서 쑨위 감독에 의해 발탁되어 무성영화『들꽃(野草閑花)』(1930)에서 당시 최고의 인기를 누리던 여배우 롼링위와 함께 주연으로 기용되면서 스타의 길을 걷게 된다. 이후 중국 영화사에서 항일영화의 고전으로 꼽히는『대로大路』(1934)에서 열연하며 자신의 입지를 굳혔다. 녜얼聶耳이 작곡한 영화 주제가『위대한 길의 노래(大路歌)』는 민중가요로서 널리 애창되었다.

1937년 중일전쟁이 발발하자 영화산업은 급격히 위축되었다. 영화사들은 문을 닫거나 아니면 임시 수도였던 충칭重慶 등지로 거처를 옮겼다. 충칭 시대의 영화는 선시링의『중국의 아들 딸(中華兒女)』(1939), 스둥산의『우리의 땅을 지키자(保衛我們的土地)』(1936), 잉윈웨이應雲衛의『800인의 용사(八百壯士)』(1938)와 같이 애국심을 고취하는 데 초점이 맞춰질 수밖에 없었다. 마침내 일본의 항복으로 제2차 세계대전이 끝나자 뿔뿔이 흩어졌던 영화인들은 상하이로 속속 모여들었다. 이어 국공내전으로 치닫는 과정에서도 스둥산의『구름과 달 아래 팔천리(八千里路雲和月)』(1947), 차이추성의『봄날 강물은 동쪽으로 흐르고(一江春水向東流)』(1947) 등 일제 침략기의 민족적 비극과 사회문제를 다룬 작품이 출현하였다.

제3세대(1949~1966)

1949년 중화인민공화국의 수립과 함께 영화산업은 국유화되어 국가정책의 선전을 우선적으로 표방하게 되었다. 즉, 사회주의 리얼리즘을 선전하는 미디어로서의 역할에 충직하게 봉사하는 것이 첫 번째 임무였다. 신중국 수립 이후 한동안 많은 다큐멘터리 영화와 극영화들이 만들어졌다. 예를 들면 링즈펑凌子風의『중국의 딸들(中華女兒)』(1949), 왕빈王濱의『다리(橋)』(1950), 청인成蔭의『강철 전사鋼鐵戰士』(1950)를 시작으로 사멍沙蒙과 린빈林杉의『상감령上甘嶺』(1956)과 류페이란刘沛然의『임해설원林海雪原』(1960) 등 중국공산당의 혁명적 위업을 칭송하는 제재들이 대부분이었다.

이처럼 제3세대 영화의 특징은 사회체제의 우월성을 선전하는 혁명영화가 주류를 이루었고, 미학적으로는 사회주의 리얼리즘을 준수하면서 민족적 특징을 부각시키는 영상을 추종하였다. 그런 가운데도 수이화水華의『백모녀白毛女』(1950),『임씨네 가게(林家鋪子)』(1959), 추이웨이崔嵬의『청춘의 노래(靑春之歌)』(1959)와『소년병 장가(小兵张嘎)』(1963), 셰톄리谢铁骊의『이른 봄(早春二月)』(1963), 셰진謝晋의『여자농구팀 5번(女篮五号)』(1957) 등은 사회주의 리얼리즘의 수작으로 꼽힌다.

문화대혁명 시기의 영화(1966~1976)

문화대혁명 시기는 모든 것이 정치적 판단에 따라 규정되는 시기였다고 할 수 있다. 영화도 예외가 아니었다. 따라서 일반적으로 중국 영화사에서는 이 시기를 구체적으로 언급하지 않는 경우가 많다. 그러나 쑨위 감독의『무훈

전武訓傳』을 둘러싼 비판으로 촉발된 사상논쟁이 문화대혁명의 시발점이 되었던 사실과 비록 이 시기에 제작된 영화가 정치적 선전에 치우쳐 영화의 예술적 자율성이 말살되긴 했지만, 영화를 선전 매체로 적극적으로 활용했다는 점에서 볼 때 이 시기의 영화가 지니는 역사적 의미를 되돌아 볼 필요가 있다고 하겠다.

문화대혁명 시기의 영화는 시대적 상황이 증명하듯이 극히 제한적으로 제작되었다. 1968년 만들어진 다큐멘터리 형식의『위대한 성명(偉大的聲明)』을 제외하고 1970년까지 제작된 극영화는 거의 찾아보기 어렵다. 1970년, 전직 영화배우 출신의 장칭江靑이 혁명모범극인 이른바 '양판희樣板戱'를 영화로 제작하도록 지시함에 따라 셰테리의『지략으로 위호산을 취하다(智取威虎山)』가 제작된 것을 시발로 청인의『홍등기紅燈記』, 셰진 등이 공동연출한『해항海港』(1974)이 차례로 제작되었다. 그러나 혁명모범극 영화는 진정한 의미의 영화에 포함시키기에는 형편없는 졸작에 불과한 것들이었다.

문화대혁명의 열기가 다소 진정되어 가는 후반기로 접어들면 영화에 대한 정치적 간섭도 다소 줄어들어, 1973년 이후 문화대혁명 끝나는 3년간은 량팅둬梁廷鐸, 셰진의『새싹(春苗)』(1975), 리원화李文化의『결렬決裂』(1976) 등 79편의 극영화가 제작될 정도로 본래 모습을 점차 회복하게 된다.

제4세대(1976~1982)
제4세대의 주역은 주로 60년대 베이징영화학교(北京電影學院)를 졸업한 학생들이다. 그러나 그들은 정작 본격적인 영화 작업을 착수하기도 전에 문화

영화『불타는 홍련사』,『여가수 홍무단』,『신녀』,『대로』,『중국의 딸들』

대혁명이라는 풍파를 만나 좌절하고 만다. 그리고 오랜 시간을 기다려 문화대혁명의 종결과 함께 마침내 자신들의 영화를 찍을 기회를 맞이하게 된다. 이들은 어떻게 보면 중국 영화사에서 본격적으로 체계적인 영화수업을 받아 배출된 전문인력에 속한다. 그들이 학습한 영화이론과 방법론은 당시 소련과 동구의 영향을 받아 사실주의적 색채가 짙다. 따라서 그들의 영화는 스토리의 구성과 영상에 있어 사실주의 기법에 따른 논리적이며 안정된 연출력을 보여주고 있다.

대표적인 감독으로는『바산에 내리는 밤 비(巴山夜雨荻)』(1981)와『성남의 옛이야기(城南舊事)』(1982)의 우이궁吳貽弓,『오래된 우물(老井)』(1987)과『변검變臉』(1996)의 우텐밍吳天明,『샹시 소녀, 샤오샤오(湘女蕭蕭)』(1986),『향혼녀香魂女』(1992)의 셰페이谢飞,『뜻대로(如意)』(1982)의 황젠중黃健中,『화혼畫魂』(1993)의 황수친黃蜀芹 등이 있다. 제4세대 감독은 비록 시대적 제약으로 인해 작품활동에 어려움을 겪은 불운한 감독들이지만, 문화대혁명 이후 탄탄한 영화 지식을 바탕으로 문화대혁명 기간의 예술적 공백을 메우고 제5세대의 영상예술을 이끌어 내는 중개 역할을 수행하고 있다는 점에서 그 의미를 높게 평가할 수 있겠다.

제5세대(1982년 이후)

문화대혁명 시기 정상적인 학교 운영을 할 수 없었던 베이징영화학교는 1978년 신입생을 받아들여 1982년 첫 졸업생을 배출했다. 이들이 바로 제5세대라 불리며 중국 영화의 르네상스를 주도한 인물들이다.『황토지黃土地』(1984),『대열병大列兵』(1986)의 천카이거陳凱歌 감독,『흑포사건黑砲事件』(1985)의 황젠신黃建新 감독,『붉은 수수밭(紅高粱)』(1987)의 장이머우張藝謀 감독,『말 도둑(盜馬賊)』(1984)의 톈쫭쫭田壯壯 감독이 대표적이다.

이들 영화의 특징은 이데올로기에서 벗어나 중국의 역사와 민중의 삶에 대한 성찰을 보여주려 노력하였다는 점이다. 제5세대 감독들은 기존의 영화와 다른 영상을 선보이며 세계 영화계를 깜짝 놀라게 했다. 단순한 줄거리에 의존하는 방식을 벗어나 화면과 색채를 통해 영상 언어의 탁월한 묘미를 화면에 진지하게 담아냈고, 중국의 향토적 서정과 민족적 정취를 예술적인 기교로 전달함으로써 중국 영화의 신기원을 이루었다. 제5세대 감독의 영화는 천카이거의『패왕별희霸王別姬』(1993)가 칸영화제 황금종려상을, 톈쫭쫭 감독의『푸른 연藍風箏』(1993)이 도쿄영화제 그랑프리를, 장이머우 감독의『인

제5세대를 대표하는 천카이거, 장이머우 감독

生活着』(1994)이 칸영화제 심사위원 특별상을 받는 등 세계 유수의 영화제를 통해 위상을 드높였다.

제6세대(1990년 이후)

5세대를 이어 톈안먼 사태를 겪은 90년대 중반의 신흥 감독들은 이전 세대의 감독들과 전혀 다른 뚜렷한 개성을 나타내며 등장했다. 대개 1960년 이후 출생한 이들은 기존 질서에 저항하는 반역을 기치로 '지하영화' 또는 '6세대'라 명명되며 주로 도시를 중심으로 일어나는 사회적 변화에 주목하여 새로운 영상미학을 창조하는 데 주력한다.

장위엔, 지아장커, 러우예, 왕샤오솨이, 왕취안안, 왕차오 등으로 대표되는 6세대 영화는 지나친 실험성과 예술성에 치우친다는 비판을 받기도 한다. 이러한 작품 경향 때문에 중국내에서는 영화작업에 어려움을 겪는 경우가 많아 이들은 주로 외국 자본으로 영화를 만들며 자신들의 창작 활동을 지속하는 한편, 영상을 통한 확고한 메시지 전달을 위해 노력하고 있다. 따라서 그들의 영화는 상업적 영화와는 일정한 거리가 있어, 주류 영화에 편입하지 못하는 한계를 지녔다. 그럼에도 그들의 영화는 세계적으로 꾸준하게 주목을 받고 있으며, 그중에서도 지아장커는 베니스영화제에서 『스틸라이프(三峽好人)』(2007)로 황금사자상을 받는 등 독특한 영상 화법으로 관심을 끌고 있다.

제7세대(2000년대 이후)

2000년대에 들어서면 영화 제작환경과 배급체계에 많은 변화가 생김에 따라 다양한 형태의 새로운 영화들이 신예 감독들에 의해 만들어진다. 일명 '신생대新生代'라 불리는 이들은 6세대와도 궤를 달리하며 디지털 시대에서 자라난 자신들의 영상 미학을 영화 속에 과감하게 수용하고 있다. 비록 특정한 구분법에 의해 명명된 바는 아니지만, 대개 1970년대 이후 출생한 이들은 영화의 상업성과 관객의 요구에도 적극적이다. 이러한 경향의 대표적인 인물로『크레이지 스톤(狂的石頭)』(2006)의 닝하오寧浩, 『사라진 총(尋槍)』(2001), 『난징, 난징南京!南京!』(2009)의 루촨陸川을 들 수 있다. 2014년에는 댜오이난刁亦男 감독의『백일염화白日焰火』(2014)가 베를린국제영화제에서 금곰상을 수상했다.

그러나 현재의 중국 영화는 확실히 어느 특정한 양식이 흐름을 좌우하는 양상에서 벗어나 다양한 관점을 가지고 자유로운 형식을 추구하는 감독들이 상호 경쟁적 구도를 형성하며 영화계의 판도를 이어가고 있다.

중국영화박물관
중국 영화 탄생 100주년을 기념하여 2005년 베이징시 차오양구(朝阳區) 환티에(環鐵) 지역에 세계 최대 규모의 영화전문박물관이 세워졌다.

세대별 감독 및 대표작

	감독	대표작
제1세대	정정치우鄭正秋	『철 없는 부부(難夫難妻)』(1913), 『고아 구조기孤兒救祖記』(1923)
	장스촨張石川	『불타는 홍련사(火燒紅蓮寺)』(1930), 『여가수 홍무단(歌女紅牧丹)』(1931)
제2세대	페이무費穆	『작은 도시의 봄(小城之春)』(1948)
	차이추성蔡楚生	『어부의 노래(漁光曲)』(1934)
	우융강吳永剛	『신녀神女』(1934)
	정쥔리鄭君里	『까마귀와 참새(烏鴉與麻雀)』(1949)
	수이화水華	『백모녀白母女』(1950), 『임씨네 가게(林家鋪子)』(1959)
제3세대	링쯔펑凌子風	『홍기보紅旗譜』(1960), 『낙타샹쯔駱駝祥子』(1982), 『변성邊城』(1984)
	셰진謝晉	『여자농구팀 5번(女籃五号)』(1957), 『천운산 전기天雲山傳奇』(1980), 『부용진芙蓉鎮』(1986)
	우이궁吳貽弓	『바산에 내리는 밤 비(巴山夜雨)』(1981), 『성남의 옛이야기(城南舊事)』(1983)
제4세대	오톈밍吳天明	『오래된 우물(老井)』(1987), 『변검變臉』(1996)
	황젠중黃健中	『뜻대로(如意)』(1982), 『설(過年)』(1991)
	셰페이謝飛	『샹시 소녀, 샤오샤오(湖女蕭蕭)』(1986), 『향혼녀香魂女』(1992)
제5세대	장이머우張藝謀	『붉은 수수밭(紅高粱)』(1987), 『국두菊豆』(1990), 『연인(十面埋伏)』(2004)
	천카이거陳凱歌	『황토지黃土地』(1984), 『패왕별희覇王別姬』(1993), 『무극無極』(2005)
	톈좡좡田壯壯	『푸른 연(藍風箏)』(1993)
	우쯔뉴吳子牛	『난징南京1937』(1995), 『국가國歌』(1999), 『영웅 정성공英雄鄭成功』(2001)
	황젠신黃建新	『흑포사건黑炮事件』(1985)
제6세대	장위안張元	『북경녀석들(北京雜種)』(1993), 『동궁서궁東宮西宮』(1996), 『녹차綠茶』(2003)
	왕차오王超	『안양의 고아(安陽嬰兒)』(2001), 『럭셔리 카(江城夏日)』(2006)
	러우예婁燁	『소주하蘇州河』(2001), 『자호접紫蝴蝶』(2003), 『여름궁전(頤和園)』(2007)
	왕취안안王全安	『투야의 결혼(圖雅的婚事)』(2007)
	왕샤오솨이王小帥	『북경자전거(十七歲的單車)』(2001), 『상하이 드림(靑紅)』(2005)
	자장커賈樟柯	『소무小武』(1999), 『세계世界』(2006), 『스틸라이프(三峽好人)』(2007)
제7세대	추이쯔언崔子恩	『야경夜景』(2004), 『세상에서 가장 큰 집을 가진 남자(獨生子, 向上向下向前向后向左向右)』(2007)
	루촨陸川	『커커시리可可西里』(2004), 『난징, 난징南京!南京!』(2009)
	닝하오寧浩	『몽골리언 핑퐁(綠草地)』(2004), 『크레이지 스톤(狂的石頭)』(2006)
	댜오이난기亦男	『백일염화白日焰火』(2014)

2. 전통극

여느 나라와 다름없이 원시 가무로부터 시작된 중국의 고대 연극은 역사적 홍성을 이어 오며 풍부한 결실을 남기고 있다. 한대에 성행하였던 백희百戲와 괴뢰희傀儡戲로부터 송원대의 남희南戲, 원대의 잡극雜劇과 명청대의 전기傳奇 및 청대의 지방희地方戲 등은 모두 중국 무대예술의 유구한 역사와 예술적 수준을 짐작할 수 있게 한다. 송대에는 대도시를 중심으로 이미 종합 오락장 성격의 '와사瓦舍'와 개별 무대에 해당하는 '구란句欄'이 있어 상시 공연이 가능했다. 또한 중국의 곳곳에는 아직도 전통극을 공연하던 사각형의 돌출형 무대인 '희대戲臺'가 많이 남아 있다. 이처럼 중국의 전통극은 비교적 일찍부터 무대를 통한 양식화된 연희가 발달했었다.

중국의 전통극은 매우 다양하게 발전했기 때문에 장르 상의 특징을 구분할 필요가 있다. 중국에서는 전통 연극과 현대 연극을 통틀어 희극戲劇이라 부른다. 그리고 희극의 하위 장르에는 희곡戲曲과 곡예曲藝가 있다. 희곡은 노래가 위주가 되지만 일정한 규모와 극적 형식을 갖춘 연극을 말하며, 곡예는 말솜씨와 노래를 위주로 자유롭게 연기하는 비교적 규모가 작은 연극을 말한다.

희곡戲曲으로 불리는 중국의 전통극은 그 종류만도 300종이 넘을 뿐만 아니라 예술양식의 다양성에서도 세계 최고를 자랑한다. 지역별 방인과 음악의 차이에 따라 예술양식이 뚜렷하게 구분되며, 지역적 특징과 연출의 형태에 따라 각기 다른 명칭으로 불린다. 전국적 성격의 희곡인 경극京劇 외에 상하

전통극 무대 '희대'

이를 중심으로 유행하는 곤극崑劇, 허베이華北의 평극評劇, 저장의 월극越劇, 장쑤의 회극淮劇, 쓰촨의 천극川劇, 허난의 예극豫劇, 안휘의 황매희黃梅戲, 광동의 월극粤劇 등이 현재에도 큰 인기를 누리고 있다. 이 밖에도 나희儺戲와 방자梆子, 진강秦腔처럼 향토색 짙은 전통극도 무수히 많다.

한편, 양식의 측면에서 말과 노래에 중점을 두어 연출됨으로써 '설창예술說唱藝術'에 속하는 곡예曲藝 또한 그 종류가

대표적인 경극 작품 『패왕별희』

400여 종에 이르는 것으로 알려져 있다. 곡예는 비교적 공간과 시간의 제약
이 덜하고 적은 인원으로 연기할 수 있는 자유로운 연출방식으로 인해 소규
모 무대를 중심으로 일찌감치 발달하였다. 언담(言談)이 중심이 되는 상성相
聲, 평서評書를 비롯해 북을 두드리면서 노래하는 '대고大鼓', 비파 등의 현악
기 반주에 맞춰 노래하는 '탄사彈詞' 및 부채와 우산을 이용해 대개 두 사람이
노래하며 춤추는 '이인전二人轉' 등이 여기에 속한다.

　이처럼 다양한 종류와 풍부한 형식을 가진 중국의 전통극이지만 현대문명
의 수용과 함께 점차 그 위세가 줄어들어 지금은 생존을 고민해야 할 처지에
놓여 있다. 일부의 지방극들은 여전히 예전의 화려한 명성을 이어가고 있지
만 급변하는 문화적 기호를 따라잡기에는 한계가 있다. 하지만 이러한 어려
움 속에서도 중국은 전통극을 계승하고 부활시키려는 노력을 계속하고 있으
며, 전통극을 현대적으로 개량화하는 작업도 적극적으로 병행하고 있다.

(1) 4대 지방극

경극

'베이징 오페라Peking opera'라는 이름으로 세계적으로 널리 알려진 경극京劇은 정작 베이징에서 처음 생겨난 연극이 아니다. 경극은 1790년, 당시 남방의 안후이성安徽省을 기반으로 한 극단이 우연히 수도 베이징에 진입하면서부터 시작되었다. 그로부터 얼마 지나지 않은 19세기 중엽에 들어서면서 당시 여타 지방극인 휘극徽劇, 한극漢劇, 진강秦腔, 곤곡崑曲, 방자梆子, 익양강弋陽腔 등의 예술적 장점을 충실히 흡수하고 황실의 확고한 지원을 얻게 됨에 따라 마침내 전국적인 명성을 지닌 대표적인 전통극으로 자리 잡게 된다.

200년 이상의 역사를 지닌 경극은 『군영회群英會』, 『사랑탐모四郎探母』, 『타어살가打漁殺家』, 『패왕별희覇王別姬』 등 1,000개가 넘는 레퍼토리를 갖추고 있을 정도로 전국적으로 유행하였다. 이처럼 경극이 유행할 수 있었던 것은 기존 희곡의 단조롭고 식상한 음악과 귀족적 취향에 의존한 느리고 구태의연한 연출 형식을 과감히 버리고 평민들에게도 다가갈 수 있는 소박하고 역동적인 양식으로 변화를 주었기 때문이었다.

먼저 연출 양식을 살펴보면, 경극은 '창唱', '염念', '주做', '타打' 네 가지가 연출의 핵심이 된다. '창'은 노래를 의미하며, 우리의 판소리처럼 독특한 창법을 익혀 전달한다. '염'은 대사를 의미하고, 대사를 읊는 데에는 일정한 리듬이 있다. '주'는 동작과 표현법을 이르는 말로 배우들은 역할에 맞는 연기를 통해 내용을 더욱 풍부하게 표현할 수 있다. '타'는 무술 동작으로, 격렬하

악기 '얼후'

다양한 얼굴 분장, 검보

고 화려한 무술 동작을 효과적으로 배치함으로써 관객의 흥미를 이끌어 낸다. 이처럼 해당 연출에 필요한 요소를 충분히 훈련하고 익혀야 프로그램을 성공적으로 공연할 수 있는 만큼 경극에는 특별한 전수과정이 요구된다.

다음으로 음악 양식에 있어서는 베이징이 아닌 다른 지역에서 발흥한 '서피西皮'와 '이황二黃'의 곡조가 음악의 주축이 되고, '얼후二胡'라고 불리는 호금胡琴과 나고鑼鼓 등의 악기를 반주에 사용하여 극의 분위기를 돋운다.

경극에는 여느 지방극과 마찬가지로 등장인물의 특징과 개성을 표현하는 '검보臉譜'라는 양식화된 분장법이 있다. 배역은 크게 남자 배역인 '생生', 여자 배역인 '단旦', 개성적인 남자배역인 '정浄', 희극적 인물의 배역에 해당하는 '축丑'으로 나뉘며, 분장에 사용되는 색깔의 크기와 농도 및 강조되는 특징적 색상에 따라 다양한 배역의 성격이 결정된다. 경극의 화려한 의상 또한 빼놓을 수 없는 볼거리이다. 배역에 따라 정해진 의상은 등장인물의 성격과 위상을 전달하는 작용을 하며 연극적 효과를 배가시킨다. 또한 경극에서는 이른바 체말砌末이라 불리는 특별한 무대 도구와 소품이 사용되는데, 이러한 도구의 활용은 경극의 무대 분위기를 고취시키는 장치로 활용된다.

중국을 대표하는 지방극인 경극은 베이징을 중심으로 전국적인 명성을 얻은 이래 서구의 문물이 쇄도하는 가운데서도 그 영향력을 잃지 않았다. 오히려 20세기 접어들어 경극은 최고의 전성기를 맞이하며 불멸의 배우들을 탄생시켰다. 바로 여성 배역에 특출한 능력을 보이며 '4대 명단四大名旦'이라 칭송되었던 네 명의 남자 배우들로, 그들은 독창적인 연기스타일로 각자의 계보를 형성하였다. 호소력 짙은 창법에 창조적인 표현 연기가 일품이었던 메이란팡梅蘭芳(1894~1961), 부드러우면서 기품 있는 창법을 잘 운용함으로써 비극적인 인물 표현에 뛰어났던 청옌추程硯秋(1904~1958), 폭넓은 창법으로 영웅적 인물이나 협녀, 열녀 등의 연기에 능했던 상샤오윈尚小雲(1900~1976), 다양하고 활달한 창법을 무기로 여성 인물을 생동감 있게 표현했던 쉰후이성荀慧生(1900~1968)이 그들이다. 이들 '4대 명단' 외에도 마롄량馬连良, 저우신팡周信芳, 두진팡杜近芳 등은 중국 경

4대 명단, 왼쪽부터 청옌추, 상샤오윈, 메이란팡, 쉰후이성

경극 배우 메이란팡

극사를 대표하는 배우들이다. 이들의 연기 세계는 후세에 계승되어 특정한 일파를 형성하였고, 그들만의 고유한 레퍼토리를 가지고 전수되었다.

경극은 사회주의 시기에 접어들면서 많은 변화를 겪었는데, 이때 현대 경극이란 이름으로 혁명 경극이 만들어졌다. 그 대표적인 것이 문화대혁명 시기에 장칭에 의해 주도된 '양판희'이다. '양판희'는 혁명모범극을 의미하는 말로 원래 1960년대 초부터 벌어졌던 경극의 현대화 과정에서 제시되어 문화대혁명 시기에 확정된 모범극을 일컫는다. 중국공산당의 혁명과정과 영웅담을 주 내용으로 하고 투쟁성을 고취하기 위한 연극적 장치와 과장된 표현을 그 특징으로 하고 있다.

이렇듯 경극은 시대의 변화 속에서도 전통극의 맥을 이어가면서 여전히 중국을 대표하는 지방극으로 자리 잡고 있다. 국가의 전폭적인 지원 속에 베이징경극원北京京劇院을 정점으로 전국적으로 지역 경극원이 설립되어 있고, 중앙희곡학원中央戱曲學院 등의 예술학교에서는 경극을 지망하는 많은 젊은 배우들이 지속적으로 배출되고 있다. 중국 정부 또한 국가 문화사업의 하나로 경극의 대중화를 위한 노력을 지속하는 한편, 경극의 세계화에도 적극적으로 앞장서고 있다.

곤극

곤극崑劇은 중국 희곡의 황금기인 명나라를 대표하는 '전기傳奇'에서 발전하여 부드러운 음악과 시적인 대사 그리고 섬세한 동작을 그 특징으로 하며, 장엄한 스타일의 경극과 구분되는 남방을 대표하는 지방극이다. 곤곡崑曲을 그 기원으로 하는 곤극은 장쑤성 쿤산崑山 지방에서 시작된 연극이다. 원말명초에 쑤저우蘇州에는 곤산강崑山腔이라는 음악이 크게 유행했는데, 이는 명나라 가정 연간에 위량보魏良輔라는 음악가가 당시 유행하던 해염강海鹽腔과 익양강弋陽腔 등 여러 음악을 다듬어 새롭게 만든 희곡 음악이다. 이렇게 생겨난 곤곡은 명나라 중엽에 장쑤 뿐만 아니라 저장浙江 일대로 퍼져 나갔으며, 명나라 융경隆慶 연간에 양진어梁辰魚의『완사기浣紗記』를 시작으로 하여 이후 무려 200여 년간 화려한 명성을 이어갔다. 동양의 '셰익스피어'라 불리는 명대의 희곡가 탕현조湯顯祖의『모란정牡丹亭』등 주옥같은 전기傳奇 작품은 바로 이 곤곡으로 만들어진 것이다.

곤극은 주로 사대부와 귀족들의 지지를 받아 발전한 지방극 중에서도 특

곤극

히 유미주의적인 색채가 두드러진다. 그래서 음악의 반주 또한 경극과 달리 주로 피리와 생황, 비파 등의 관현악기를 사용하여 특유의 부드럽고 감미로운 선율로 극의 분위기를 주도한다. 배우들의 연기 또한 감칠맛 나는 발성을 구사하며 우아하고 아름다운 연기 동작과 화려한 무대가 조화를 이루어 표현 면에서도 여타 지방극과 구별되는 독특한 풍취가 있다.

대표적인 레퍼토리로는 『완사기』, 『모란정牡丹亭』, 『보검기寶劍記』, 『장생전長生殿』, 『명봉기鳴鳳記』, 『옥잠기玉簪記』, 『어가락漁家樂』 등이 꼽히는데, 내용상 꿈과 사랑을 노래한 애정이야기가 주를 이룬다. 20세기 들어 경극의 유행으로 한때 위기를 맞기도 했으나, 2001년에 유네스코 '인류구술과 비물질유산'으로 지정되어 새로운 발전의 전기를 맞이하였고, 최근에는 현대 작가 바이센용白先勇이 곤극의 변화를 꾀하며 대중적 인기를 주도하고 있다.

천극

천극川劇은 쓰촨四川 지역을 대표하는 전통극이다. 예로부터 쓰촨은 지역적으로 중원과 떨어져 있고 서역과 가까워 중원문화와는 차별되는 독특한 문화 양식을 발전시켰다. 일찍이 당나라 때는 '촉蜀의 연극이 천하에서 으뜸'이

천극

변검

라는 말이 전해질 정도로 천극은 여타 지역의 희극과 비교되는 특색 있는 무
대로 주목을 받았다.

　현재의 천극은 쓰촨 지역에 내려오는 민간 전통의 곡예와 기예를 근간으
로 각 지역의 연기와 소리를 흡수하여 만들어진 것이다. 특히 천극에는 쓰촨
방언의 독특한 매력이 강조되는 까닭에 노래를 부르는 창법 역시 지역적 특
색이 뚜렷하다. 무엇보다 천극의 특징으로 들 수 있는 것은 여느 지방극처럼
노래와 연기에만 의존하지 않고 특별한 기예를 도입하고, 연주에 있어서도
선율 변화를 주어 흥을 살림으로써 다이내믹한 무대를 연출한다는 점이다.
그중에서 순식간에 가면을 바꾸어 인물형상을 변화시키는 '변검變臉'은 천극
의 대표적인 기예 중 하나이다. 변검은 순간적인 얼굴 변화를 통해 인물의 내
면 심리를 다양하게 표현할 수 있을 뿐만 아니라, 극적인 변화를 끌어내며 관
객을 집중시키는 역할을 한다. 이 밖에도 불을 뿜어내는 '분화噴火'와 '화권넘

기' 및 소맷자락을 이용한 다양한 마술연기인 '수수水袖'와 '칼 감추기' 등은 천극에만 있는 비장의 무기라 할 수 있다.

천극의 대표적 레퍼토리로는 『백사전白蛇傳』, 『홍매기紅梅 記』 등이 있으며 현대 천극으로 『진쯔金子』 등이 널리 알려져 있다.

월극

중국의 지방극은 여성에게 문호가 개방되기 전까지 남자 배 우로 구성되는 것이 불문율로 받아들여졌다. 그러나 월극越劇은 여성 배우들이 연기하는 지방극으로 유명하다. 월극이 처음부 터 여성 연기자들로만 구성되었던 것은 아니었으나, 남녀차별 이 철폐되는 시대의 조류를 타고 상하이 등 대도시에서의 특화 된 경쟁력이 발판이 되어 전문여성극단의 형태로 자리 잡았다.

월극

연출되는 레퍼토리 또한 여성극단의 특성을 잘 드러낼 수 있는 애정 이야기가 주를 이루는데, 대표적인 것으로 『양산백 과 축영대(梁山伯與祝英台)』, 『옥당춘玉堂春』, 『벽옥잠碧玉簪』, 『춘향전春香傳』, 『육유와 당완(陆游與唐琬)』, 『공작동남비孔雀東 南飛』 등을 들 수 있다. 천강陳鋼, 허잔하오何占豪의 유명한 바이올린 협주곡 『양축梁祝』의 주선율 또한 바로 월극 『양산백과 축영대』의 곡조에서 차용할 정도로 음악적으로 미려하다.

월극은 원래 1906년에 저장성 사오싱紹興 인근의 성저우嵊州에서 발원하여 당시에 유행하던 곤극崑劇과 화극話劇 등의 장점을 수용함으로써 상하이에서 인기를 얻게 되었고, 이를 계기로 저장, 장쑤 및 전국으로 퍼져 나갔다. 현재 는 타이완을 비롯한 동남아 등지에서도 널리 알려져 있다. 이러한 인기에 힘 입어 월극은 창법과 사설에 있어서도 대중성을 고려하고 방언을 순화하는 등 여러 방면에서 극적 양식의 변화를 시도하며 전통극의 부활에 앞장서고 있다.

(2) 상성

상성相聲은 중국 곡예의 종류 중에서 현재 가장 활성화되어 있는 설창예 술의 한 장르이다. 중국에서는 예전부터 기지와 유머를 내포한 대화 형식으 로 흥미로운 생활 속의 소재를 연출하는 상성과 유사한 공연 형태를 쉽게 찾

상성

아볼 수 있었다. 그러나 상성이 독자적인 연출 형식으로 자리 잡은 것은 대략 청나라 함풍 연간(1851~1861)에서부터이다. 최초의 상성 배우인 장싼루張三祿과 주사오원朱紹文이 이 시기를 주도하였다. 주사오원과 동시대의 상성 배우로 유명한 아옌타오阿彦濤와 선춘허沈春和는 주사오원과 함께 초기 상성의 3대 문파를 형성하며 후진을 양성했다. 이러한 전승의 과정을 거치면서 마싼리馬三立,

허우바오린侯寶林, 마지馬季 등의 상성 명인이 배출되었으며, 현재는 최고의 인기를 누리고 있는 8대 궈더강郭德綱에 이어 9대와 10대 상성가들에게로 그 계보가 이어지고 있다.

상성의 연출 형식은 '1인 상성(單口相聲)'과 '2인 상성(對口相聲)' 그리고 3인 이상이 공연하는 '다자 상성(群口相聲)'이 있으나, 두 사람이 연기하는 2인 상성이 가장 보편적인 연출 양식이라 할 수 있다. 일반적으로 상성은 이른바 '설학두창說學逗唱'이라는 재담, 흉내, 우스개, 노래의 네 가지 요소를 기본으로 구성되며, 그중에서도 재담을 끌어가는 능력이 제일 중시된다. 민간에서 일어나는 짧고 유머러스한 이야기를 제재로 히는 상성의 특성상 재치 있는 표현과 연기자들의 호흡이 상성 연출에서의 핵심이 된다고 하겠다. 그래서 대개 상성에는 일정한 패턴에 따라 정해진 역할을 소화하는 '더우건逗眼'과 평건捧眼이라는 역할이 고정되어 있다. 즉, 주역인 더우건의 재담을 '평건'이 받쳐주는 형식으로 웃음을 유발하며 이야기를 끌어가는 방식이다. 이처럼 일상에서 일어나는 여러 가지 현실을 풍자와 해학을 통해 희극화 하는 것이 상성이 지닌 가장 중요한 예술미라 할 수 있다.

소품

상성과 유사하지만 짧은 콩트형식을 총칭하는 '소품小品'은 중국 희극예술의 새로운 전형으로 자리 잡아 가고 있다. 소품은 90년대 들어 중국의 설 특집 오락 프로그램인 '춘제완후이春節晚會'를 통해 TV로 방영되면서 이후 폭발적인 인기를 모으게 되었다. 상성과 구성은 비슷하나 극적 요소와 드라마적 장치를 가미하여 TV 무대에 적합하게 편성했다는 점에서 뚜렷한 차이가 있다. 소품은 기존의 상성에 현대극 및 전통극의 장점을 접목시킴으로써 새로운 인기 장르가 되었으며 TV 시트콤 형식으로 발전하였다.

소품 배우, 자오번산(趙本山)

3. 현대극

현대극은 일반적으로 20세기의 시작과 함께 서구에서 들어온 연극인 '화극話劇'을 말한다. 전통극인 희곡戲曲이 주로 노래로 구성되는 것에 비해, 말을 위주로 연출한다는 의미에서 '화극'이라 명칭한 것이다. 그러나 중국에서 '희극戲劇'이란 용어는 언어와 연기 및 음악과 무용 등의 형식을 총망라한 무대표현예술을 통칭하는 개념으로 사용되며, 이 속에는 전통극인 희곡戲曲과 현대극인 화극話劇을 비롯한 가극歌劇, 무용극舞劇, 음악극音樂劇, 인형극木偶戲 등이 모두 포함된다. 연출되는 작품 또한 종합예술의 성격이 짙다.

이러한 연극의 특성처럼 오늘날 현대극 역시 갈수록 장르의 경계가 허물어지고 서로 융합되는 현상이 뚜렷한 추세에 있다. 특히 최근에는 중국의 경제 부흥에 따른 거대한 자본을 매개로 뮤지컬 등 대형 무대의 연출이 눈에 띈다. 세계 굴지의 메이저 공연 제작사들이 중국 시장으로 눈길을 돌리면서 중국은 바야흐로 공연예술의 황금기를 맞이하고 있다.

(1) 화극

서구에서 전해진 현대 연극인 화극話劇은 전통극에 밀려 대중적 인기를 누리지는 못하지만, 무대예술의 변화와 창조의 기틀을 제공하며 새로운 양식을 발전시키는 데 기여하였다. 서구로부터 처음으로 도입되어 중국인들에게 선보였을 때까지만 해도 아직 완전한 형태의 현대극은 아니었다. 사람들은 이 새로운 연극을 '문명희文明戲'라고 불렀지만 '문명'이라는 용어가 새로울 정도로 연극의 요건을 만족시키기에는 아직 거리가 멀었다. 현대극이 본격적으로 무대에서 연출된 것은 유학생들에 의해서였다. 일본에서 유학한 학생들이 계몽적인 의의를 염두에 두고 서구 작품『엉클 톰스 캐빈(黑奴吁天錄)』과『춘희(茶花女)』를 무대에 올리면서 현대극의 서막을 열었다.

그러나 문명희도 대중적 인지도가 높아지자 차츰 연극 본래의 순수성을 버리고 관객의 구미에 맞는 상업주의의 길을 걷게 된다. 이에 5·4 운동 이후, 천다베이陳大悲 등은 연극계의 각성을 촉구하며 '아마추어 극 운동'을 주도했

차오위의 『뇌우』

다. 이 운동은 연극의 고유한 예술정신을 강조하는 일종의 계몽 운동이었다. 또 이와 더불어 전위적 성격의 새로운 연극 개념을 소개하고 실험하는 운동이 전개되었는데 이들은 '순수예술'로서의 연극을 주장하였다. 그 대표적인 예로 미국에서 유학하고 온 쑹춘팡宋春舫은 연극이론 정립을 추진하였고, 위상위안余上沅은 국극國劇 운동을 펼치며 상업성이나 정치성을 탈피하는 대신 예술적 순수성을 강조하였다.

신문화 운동과 결부되어 전개된 연극 계몽 운동은 바야흐로 발아의 과정에 있던 '화극'을 활성화시키는 계기가 되었다. 이 시기 주로 외국에서 연극을 공부하고 돌아온 유학생 출신의 신예 작가들이 대거 출현하게 되는데, 이들은 기존의 아마추어적 단계를 벗어나 전문적, 직업적 연극활동을 모색하면서 활발한 활동을 전개했다. 그 대표적 인물이 중국 현대 연극계의 기틀을 마련한 자오쥐인焦菊隱과 오양위첸歐陽予倩이다. 이를 즈음하여 화극은 비로소 문학 장르로 정착되면서 전문적인 희곡 작가들을 배출하기 시작하였고, 전문 극단들은 자체의 레퍼토리로 무대예술의 지평을 넓혀갔다. 또 한편으로는 1920년대 말에 접어들면서 '좌련左聯'의 결성으로 인해 연극을 통한 사회적 참여가 하나의 흐름으로 정착되었다. 그러나 서구의 연극 작품과 이론이 폭넓게 수용되면서 연극에 대한 논의와 실천도 더욱 치밀해졌나. 중국 현대극의 산 증인이라 할 수 있는 오양위첸은 특히 극단의 전문화, 직업화를 위한 구체적인 실천방안과 희곡창작의 활성화 및 전문적인 연출가, 배우, 무대미술가의 양성, 전용 극장의 설립, 견실한 연극평론 등 연극의 기본 환경 조성을 강조했다.

이러한 중국 화극의 뿌리내리기는 마침내 중국 현대 연극의 대부라 할 수 있는 차오위曹禺의 등장으로 그 결실을 보게 되었다. 차오위의 『뇌우雷雨』가 발표된 1933년은 중국 현대 연극사에 있어 획기적인 한 해로 기록될 수 있다. 그동안 단막극이 주를 이루던 연극 극본이 장막극의 시대로 접어들었으며, 독창적이고 성숙한 극본의 탄생으로 중국 연극이 새로운 전환기를 맞이할 수 있었기 때문이다. 이러한 분위기에 힘입어 1933년을 전후로 중국 현대극의 주요 인물들이 연극계에 대거 등장하게 된다. 차오위 외에도 쑹즈더宋之的, 위링于伶, 리젠우李健吾, 시아옌夏衍, 우쭈광吳祖光, 장쥔샹張俊祥, 천바

이천陳白塵 등 신진 작가들의 등장과 톈한田漢, 궈뭐뤄郭沫若, 아잉阿英, 오양위쳰, 양한성陽翰笙, 라오서老舍 등 기존 작가들 또한 지속적으로 극본 작업에 참여함으로써 중국 연극의 전성기를 마련했다고 할 수 있다.

1949년 중화인민공화국 건국 이후, 중국의 현대극은 사회주의 리얼리즘이란 문예 정책에 편승하여 정부의 정책을 수용하는 분위기가 주류를 이루었다. 따라서 극본 또한 독창적인 주제보다는 혁명의 당위성을 설파하는 제재를 취하고 민족 의식을 현대극에 결합하는 의무가 더 큰 비중을 차지하였다. 이러한 사정은 문화대혁명 시기에도 계속 이어졌으며, 1980년 개혁개방에 접어들면서 화극 본연의 비평적 장치가 다시 나타나기 시작할 때까지 계속되었다. 차오위를 이어 다시 한 번 화극에 활력을 불러일으킨 극작가가 바로 가오싱졘高行建이다. 특히 개혁개방이 무르익으며 이에 대한 사회적 문제의식을 표출한 극작가 가오싱졘의 등장은 현대극의 인식을 새롭게 하는 계기가 되었다. 그는 서양의 아방가르드 연극을 수용하여 개혁개방 이후 중국 연극계에 신선한 충격을 몰고 온 인물이었다. 그의 작품『절대신호絶對信號』,『버스 정류장(車站)』,『야인野人』등은 개혁개방과 함께 새로운 물질문명 사회에서 겪게 되는 젊은이와 기성세대 간의 사회적 갈등과 문화적 충돌을 내용으로 한 실험극이었다. 그러나 그는 정부로부터의 제재를 견디지 못하고 망명을 떠나 자신의 작품 세계를 모색하게 되었고, 이에 따라 중국의 청년세대에게 선풍적 인기를 모았던 그의 작품도 자연히 무대에서 사라졌다. 이후 그는 프랑스로 거처를 옮겨 작품활동을 지속하면서, 중국 불교를 소재로 한 희곡『팔월설八月雪』및 장편소설『영산靈山』등을 발표하여, 2000년 프랑스 국적으로 노벨문학상을 수상하였다.

(2) 가극

가극歌劇은 기본적으로 노래와 춤을 바탕으로 고정된 줄거리를 지닌 무대극이다. 내용 대부분이 사회주의 혁명과 관련된 것으로 '홍색가극' 또는 '혁명가극'이 대부분을 차지한다. 중국은 1949년 이후 새로운 예술 형식으로 가극 장르를 대중성을 확보하고 혁명을 고양하는 양식으로 만들어 장려하였다. 그 대표적인 작품이 가극『백모녀白毛女』로 혁명 가극의 모범이 된다. 가장 널리 알려진 가극 작품들로는『유호란劉胡蘭』,『동방홍東方紅』,『홍색낭자군紅色娘子軍』등이 있다.

국가대극원(國家大劇院)
톈안먼 광장 인민대회당 뒤편에 위치하고 있는 국가대극원은 최첨단 설비와 화려한 외형을 자랑하는
국가 공연장이다. 인공 호수 위에 달걀을 올려놓은 듯한 반구형의 아름다운 장관으로 유명하다.

『유호란』은 중국 소수민족의 혁명운동을 예찬한 민족가극의 한 유형으로 중국의 소수민족 정책을 반영한 작품이며, 『동방홍東方紅』은 마오쩌둥毛澤東의 혁명 노선을 따르라는 정치적 이념을 강조한 작품이다. 그리고 『홍색낭자군』은 발레의 형식을 빌린 작품으로, 혁명 과정에서 일어난 일을 소재로 하였다. 중국공산당의 이념적 논쟁이 가열된 시기에 예술 창작의 표준을 제시한 작품으로서 이들 가극은 대개 정부의 정책을 선전하는 색채가 뚜렷하였다.

『홍색낭자군』

그러나 개혁개방이 시작되면서 이러한 혁명 가극은 점차 소멸하고, 근래에는 시대의 조류에 따라 현대적 음악극인 뮤지컬이나 오페라 형태의 본격적인 음악극의 장르로 전환하고 있다. 2009년 한국에 선 보인 뮤지컬 『나비(蝶)』(2008)의 경우 제작비가 4천만 위안元에 달했다. 이렇듯 중국은 막대한 자금을 바탕으로 뮤지컬 시장의 활성화에 주력하고 있으며, 최근에도 『사랑해 테레사(愛上鄧麗君)』(2011), 『싼마오 유랑기三毛流浪記』(2011) 등 대형 뮤지컬을 잇달아 무대에 올리고 있다.

참고 문헌

『중국 영화사』, 슈테판 크라머 저, 황진자 역, 이산, 2000
『중국 고대극장의 역사』, 라오번 저, 오수경 역, 솔, 2007
『중국 근대연극 발생사』, 김종진 저, 연극과인간, 2006

더 읽어야 할 자료

『중국 영화의 이해』, 한국중국현대문학학회 저, 동녘, 2008
『위대한 중국의 대중예술 경극』, 김학주 저, 명문당, 2010
『뇌우』, 차오위 저, 오수경 역, 민음사, 2016

그득한 삶 속으로

12 민속과 일상생활

1. 명절과 기념일

중국의 대표적인 전통 명절로는 춘제春節, 돤우제端午節, 중치우제中秋節 등이 있으며, 음력 1월 1일인 춘제나 음력 5월 5일인 돤우제처럼 홀수가 중복되는 날이 많다. 이는 양陽의 수인 홀수를 숭상하는 문화적 전통과 관련이 있다. 중국의 대표적인 현대 기념일로는 라오둥제勞動節, 젠쥔제建軍節, 궈칭제國慶節 등이 있다. 이들 기념일은 근현대사의 진행과정, 특히 공산당의 정치적 역정과 관련이 많다.

(1) 전통 명절

춘제

중국 최대의 전통 명절인 춘제春節는 음력 1월 1일로, 우리나라의 설에 해당한다. 원래 춘제는 글자 그대로 봄과 관련이 있어 입춘立春과 같은 의미로 사용되었으나, 현재는 양력 1월 1일을 '위안단元旦'(또는 '신녠新年')이라 하고, 음력 1월 1일을 '춘제'라 부른다.

춘제와 관련된 전통 풍속은 지역별로 매우 다양한데, 일반적으로 풍성하게 음식을 준비하고 흩어졌던 가족들이 한자리에 모여 가족의 화목을 빈

녠화

다. 농촌에서는 조상의 묘소를 찾는 '상펀上墳'과 돌아가신 조상신을 집 안으로 모셔오는 '칭선請神' 행사를 한다. 또한 집 안을 깨끗이 하고 집집마다 녠화年畵와 춘롄春聯을 붙이며 한 해의 복을 기원한다.

녠화에는 주로 닭이나 물고기를 그리는데, 닭은 음양오행의 원리에 따라 새해를 맞이한다는 의미가 있으며, 물고기(魚, yú)는 '여유롭다'라는 의미의 '여(餘, yú)' 자와 발음이 비슷한 데서 '일 년 내 여유로워라'라는 의미가 담겨 있다. 이외에도 귀신을 쫓는 신 또는 장군의 형상을 그린 것이나 신화전설의 내용을 그린 것이 있으며, 모두 복이나 행운을 기원하는 의미를 담고 있다. 춘롄은 종이에 '입춘대길立春大吉'이란 글을 써서 대문에 붙이는 우리나라의 풍습과 유사하다. 붉은 종이에 검은색이나 황금색으로 길상이나 축복의 내용을 써서 문이나 기둥에 붙이는데, 짧게는 '복福' 자 한 글자를

춘롄

춘제 기념 장식

붙이는 것에서 "해마다 마음먹은 대로 운수대통하고, 일마다 생각하는 대로 순조롭게 되어라(年年順心走鴻運, 事事如意迎吉祥)."라는 말처럼 대구를 사용하여 하나의 연을 이루는 것까지 종류가 매우 다양하다. '복' 자를 거꾸로 붙이는 풍습은 현재에도 중국 어디서나 흔히 볼 수 있는데, 이는 중국어에서 '거꾸로(倒, dào)'라는 뜻의 단어가 '오다(到, dào)'라는 단어와 발음이 같기 때문이다. 즉, '복' 자를 거꾸로 붙이는 것은 복이 오길 바란다는 의미이다.

춘제 전날 밤을 '추시除夕'라고 하는데, 온 가족이 모여 '녠예판年夜飯'을 즐긴다. 녠예판은 섣달 그믐날 밤 가족이 함께 먹는 식사를 말한다. 녠예판을 먹은 다음에는 둘러앉아 이야기를 나누거나 TV를 시청하면서 밤을 지새우는데, 이를 '한해를 지킨다'는 의미로 '셔우쑤이守歲'라 한다. 그리고 자정이 지나 새해로 넘어가는 순간, 천지를 뒤흔드는 요란한 폭죽 소리가 새해의 시작을 알린다. 폭죽을 터뜨리는 것은 큰 소리로 액厄을 막고 새해의 축복을 알리기 위함이다.

춘제 아침, 북방 사람들은 주로 '자오쯔(餃子, jiǎozi)'라는 물만두를 먹는다. '자오쯔'가 묵은해에서 새해로 바뀌는 교차점을 뜻하는 '자오쯔(交子, jiāozi)'라는 단어와 발음이 같기 때문이다. 남방 사람들은 주로 떡요리인 '녠가오年糕'와 '탕위안湯圓'을 먹는다. 우리가 설날 아침 떡국을 먹는 것과 비슷한 풍습이라 할 수 있다. 아침 식사 후에는 친지나 이웃을 방문하여 새해 인사를 하고, 어른들은 아이들에게 세뱃돈인 '야수이첸壓歲錢'을 빨간 봉투에 담아 챙겨주기도 한다.

중국 정부는 매년 춘제의 공식적인 연휴 기간을 최소 7일 정도로 조정하는데, 지역별로 조금씩 차이가 있으며 고향이 오지이면 한 달 정도 휴가를 내는 사람들도 많다. 최근에는 춘제 연휴 기간에 고향에 가는 대신 해외여행을 떠나는 사람들이 증가하고 있으며, '쿵구이주恐歸族'[1]라는 신조어까지 등장하였다. 이를 통해 중국 사회의 변화에 따라 춘제의 풍속도 또한 변화하고 있음을 알 수 있다.

홍바오(紅包)
중국에서는 세뱃돈이나 축의금을 빨간색 봉투인 홍바오에 넣어서 준다.

---

1 명절 때 고향에 내려가는 것을 두려워하는 젊은이들을 가리키는 신조어이다. 고향에 가는 길이 너무 멀고 험하거나 고향 사람들을 만나서도 특별히 내세울 것이 없는 젊은이들 사이에서 명절이 되어도 고향에 가지 않고 도시에서 명절을 보내는 현상이 심화되고 있다.

위안샤오

거리의 등 장식

위안샤오제

위안샤오제元宵節는 음력 1월 15일로, 우리나라의 정월대보름에 해당한다. 위안샤오제가 다가오면 거리, 공원, 사찰 등 전국 각지에 각양각색의 화려한 등이 거리를 장식한다. 이 때문에 위안샤오제를 '덩제燈節'라고도 한다. 이날 저녁 사람들은 삼삼오오 짝을 지어 거리에서 등불을 감상하고 폭죽을 터뜨려 축제 분위기를 만끽한다.

위안샤오제 아침 각 가정에서는 '위안샤오元宵'를 먹는다. 위안샤오는 팥이나 설탕, 깨와 같은 소를 넣어 찹쌀로 빚어 쪄낸 음식으로, 동글동글한 모양 때문에 '탕위안湯圓'이라고도 한다. 위안샤오를 먹는 풍습은 송宋나라 때부터 시작되었다고 전해지며, 가정의 화목과 단란함을 상징하여 오늘날에도 많은 사람이 즐겨 먹는다.

칭밍제와 한스

칭밍제淸明節는 24절기의 하나로, 양력으로는 4월 4일이나 5일이 되는 날이다. 날씨가 따뜻해지고 새싹이 돋아나 청명한 느낌이 들기 때문에 칭밍제라는 이름이 붙여졌다 한다. 이날은 본래 지난 겨울 동안 흐트러진 조상의 묘를 정리하고 제사를 지내는 날이었으나, 현재는 주로 교외로 봄나들이를 가거나 열사 능원에 가서 열사를 추모하는 날로 바뀌었다. 중화민국 이래로 칭밍제는 중요한 명절로 여겨지지 않았으나 2006년 '비물질문화유산 목록'에 포함되고, 2009년에 국가 공휴일로 지정되면서 점차 중요한 명절 중 하나로 자리 잡게 되었다.

한스寒食는 동지 후 105일째 되는 날이며 칭밍제와 같거나 하루 뒤인 양력 4월 5일이나 6일에 온다. 한스의 유래에 대해서는 여러 가지 고사가 있으나 그 중 대표적인 것은 개자추介子推 전설이다. 춘추春秋시대 진晉나라 문공文公은 왕위에 오르기 전에 아버지에게 쫓겨나 19년간 망명 생활을 했다. 궁핍한 생활로 인해 문공이 병이 들자, 그의 신하였던 개자추는 자신의 넓적다리 살을 베어 삶아 먹여 문공을 살려냈다. 이후 진나라로 돌아가 왕이 된 문공은 자신을 보필한 신하들에게 상을 내리는 과정에서 개자추를 잊고 말았다. 관리에 등용되기 위해 서로 공을 가로채고 다투는 것에 환멸을 느낀 개자추는 어머니를 모시고 면산綿山에 들어가 은둔생활을 했다. 훗날, 자신의 잘못을 뉘우친 문공이 사람을 보내 개자추를 찾아오도록 했으나 그는 산에서 나오지 않았다. 문공은 산에 불이 나면 효자인 개자추가 어머니를 살리기 위해 산에서 나올 것으로 생각하고 불을 질렀다. 그러나 개자추는 끝내 나오지 않고 어머니와 함께 버드나무 아래에서 불에 타 죽었다. 이후 사람들은 개자추가 죽은 날이 되면 3일간 불을 사용하지 않고, 차가운 음식을 먹으며 그의 절개를 추앙하고 애도했다고 전해진다.

용선경기

쫑쯔

돤우제

　음력 5월 5일 돤우제端午節는 2,000년의 역사를 가진 중국 전통 명설이다. '돤端'은 '처음'을 뜻하는 '초初'와 같은 의미이고, '우午'는 옛날 '오五'와 상통하던 글자이므로, '돤우'는 '초닷새'라는 뜻이 된다. 이날 중국에서는 우리의 약밥과 비슷한 쫑쯔粽子를 먹고 용선龍船경기를 즐긴다.

　쫑쯔는 찹쌀에 돼지고기나 대추, 콩 등의 소를 넣어 갈잎 또는 대나무 잎으로 감싼 뒤 쪄낸 돤우제의 전통 음식이다. 용선경기는 중국의 전통 민간 체육활동으로, 용 모양의 배를 타고 노를 젓는 운동 경기이다. 현재는 물과 관련된 축제에서 빼놓을 수 없는 중요한 행사가 되었고, 특히 광저우廣州나 마카오 등지에서는 국가 체육시합의 하나로 지정되어 있다.

　돤우제의 유래에 대해서는 여러 가지 고사가 전해지지만, 전국시대 초楚나라의 시인 굴원屈原을 기념한 것이라는 설이 가장 대표적이다. 초나라 회왕懷王의 충신이었던 굴원은 초나라의 수도가 진秦나라에 함락된 후 비분함을 견디지 못하고 멱라강汨羅江에 뛰어들어 스스로 목숨을 끊었다. 이 소식을 들은 사람들이 애통한 마음에 배를 타고 굴원의 시신을 찾았지만 결국 찾지 못했고, 물고기들이 그의 시신을 훼손하지 못하도록 대나무 통에 찹쌀을 넣어 강물에 던졌다고 한다. 이날이 바로 기원전 278년 음력 5월 5일이다. 그 후 해마다 굴원을 위하여 제사를 지냈고, 대나무 통에 찹쌀을 넣어 던지던 것은 쭝쯔로, 시신을 찾기 위해 서둘러 배를 몰았던 것은 용선경기로 발전했다고 전해진다. 돤우제는 2008년부터 국가 공휴일로 지정되었으며, 2009년 9월 유네스코 세계무형문화유산으로 등록되었다.

중치우제

음력 8월 15일로, 우리나라의 추석에 해당하는 중치우제中秋節는 2008년 공휴일로 지정된 이래 춘제 다음가는 중요한 전통 명절로 자리 잡고 있다. 밝고 맑은 빛을 띠는 둥근 보름달을 단결과 화목의 상징으로 여겼기 때문에 '퇀위안제團圓節'라고도 한다. 중치우제 날에는 달맞이를 하는데, 이는 달의 신에게 제사를 지내던 고대 풍속에서 유래했다고 한다. 중국 사람들은 예로부터 달에는 두꺼비가 살고 있다고 여겼는데, 여기에는 달의 여신이라 불리는 항아姮娥[2]와 관련된 전설이 있다.

웨빙

중치우제 때 날이 좋으면 온 가족이 달빛 아래 둘러앉아 웨빙月餠과 각종 과일을 먹으면서 둥근 달을 감상하거나 담소를 나누기도 한다. 웨빙은 밀가루, 기름, 설탕 등으로 만든 피에 달걀노른자, 과일 등의 소가 들어간 둥글납작하게 생긴 빵이다. 둥근 모양은 보름달과 가족의 단란함을 상징한다.

(2) 현대 기념일

푸뉘제婦女節

3월 8일은 세계 여성의 날로, 경기침체로 허덕이던 미국의 섬유공장 여성 노동자들이 1908년 3월 8일 거리시위를 벌인 데서 유래한 국제적인 기념일이다. 중화인민공화국 성립 후 중국에서도 이날을 공식 기념일로 지정해, 전

---

2 관련 내용 「04 중화민족의 기원과 신화」 편 참조

푸뉘제 100주년 기념 행사

국의 직장 여성들이 오전 근무만 하고 오후에는 쉬도록 하였다. 국가적으로 각종 기념행사를 벌여 여성들의 노고를 치하하고, 직장에서는 모범적인 여성 직원에게 선물을 주거나 보너스를 지급하기도 한다. 가정에서는 남편이 아내를 위해 선물과 이벤트를 준비하고 아이들은 어머니에게 감사의 편지와 함께 꽃을 선물한다.

라오둥제勞動節

5월 1일이며 세계 노동자의 날과 같은 날이다. 중국 최초의 노동자의 날 행사는 1918년 상하이上海, 쑤저우蘇州, 항저우杭州 등지에서 당시 혁명적 지식인들이 '메이데이May Day'를 소개하는 전단을 뿌린 것에서 시작되었다. 노동자를 사회주의 혁명의 주체로 규정하고 있는 중국에서는 라오둥제를 가장 중요한 국가 기념일 중 하나로 여기고 있다. 해마다 모범노동자를 선발하여 이날을 기념하고 정부 차원에서 대대적인 행사를 진행한다.

중국 정부에서는 1999년부터 '황금연휴제黃金周'[3]를 실시하고 있는데, 이 덕분에 라오둥제 휴가 기간을 길게는 7일로 조정할 수 있게 되었다. 개혁개방이래 소비수준이 향상된 수많은 사람들이 이 기간을 이용해 여행을 즐기게 되었다. 이 때문에 라오둥제가 다가오면 중국 전 지역은 연휴를 즐기려는 사람들로 떠들썩해 진다.

칭녠제

칭녠제靑年節는 5월 4일로, 대학생들을 중심으로 전개되었던 '5·4운동'[4]을 기념하고 학생들의 숭고한 정신을 기리기 위해 제정되었다. 5·4운동은 1919년 베이징北京 톈안먼天安門 광장에서 수천 명의 학생이 정부의 매국적인 대일 외교정책과 산둥山東반도의 이권을 일본에 넘겨준다는 조약이 있는 파리강화회의 결과에 반대하여 시위를 벌인 것에서 시작되었다. 이날, 각종 기념행사가 거행되며 학생들은 오전 수업만 한다. 중국에서 청년은 만 14세 이상부터 만 28세 사이의 남녀를 가리킨다.

---

3 황금연휴제는 일본의 휴가 방식을 본뜬 제도이다. 1999년 중국 국무원에서는 「전국 명절 및 기념일에 대한 공휴일 지정 방법」을 발표했는데, 여기에 따르면 춘제, 라오둥제, 궈칭제의 경우 공식적인 3일간의 휴일에 앞뒤 주의 토요일과 일요일을 합하여 연휴 기간을 7일로 조정할 수 있다.

4 관련 내용 「03 정치와 경제」 편 참조

얼퉁제

중국의 얼퉁제兒童節는 세계 아동의 날과 같은 6월 1일이다. 중국에서 얼퉁제는 1931년에 처음 제정되었고 타이완臺灣과 마찬가지로 4월 4일이었다. 그 후 1949년 국제민주여성연합회가 모스크바에서 거행한 회의에서 6월 1일을 세계 아동의 날로 제정하자 중국은 바로 다음 해부터 이를 따르고 있다.

현재 얼퉁제는 법정 공휴일이 아니지만, 우리나라의 어린이날과 마찬가지로 곳곳에서 어린이들을 위한 다채로운 행사가 열린다. 아이들은 유치원과 초등학교에서 오락 활동을 중심으로 이루어진 얼퉁제 행사를 치른 후 집으로 돌아온다. 가정에서는 자녀를 위한 선물을 준비하고, 가족이 함께 즐거운 시간을 보낸다.

6월 1일 얼퉁제 기념 행사

젠쮠제

젠쮠제建軍節는 8월 1일로 '중국 인민해방군中國人民解放軍' 창군 기념일이다. 중국 인민해방군의 전신前身은 '중국 노동자 농민 혁명군 제4군中國工農革命軍第4軍'이다. 이후 중국공농홍군中國工農紅軍으로 개명한 이 부대는 난창南昌에서 봉기한 무장 세력과 징강산井岡山

중국 인민해방군
중국 인민해방군은 중국공산당 중앙군사위원회의 지휘하에 있는 당의 군대이다. 중국 인민해방군의 복무 목적은 인민의 해방과 복지에 있다.

지역의 농민 봉기군이 합류하면서 조직된 것이었다. 1927년 8월 1일 시작되었던 난창 봉기를 지도한 사람은 저우언라이周恩來, 주더朱德, 허룽賀龍 등이었으며, 징강산 지역의 농민 봉기군을 지도하던 사람은 마오쩌둥毛澤東이었다. 1933년 공산당은 난창 무장봉기를 일으킨 8월 1일을 기념하여 이날을 창군의 날로 제정하였다.

젠쮠제에는 각 부대 단위 별로 열병식閱兵式이 거행되며, 첨단무기로 무장한 군사들의 행진과 특수부대의 실전무술 시범이 텔레비전을 통해 방영되기도 한다. 그리고 이날은 각종 단체나 기업에서 군인들을 위해 위문공연을 준비하거나, 선물이나 축하 카드를 보내는 등 다양한 행사를 벌인다.

쌍스제(雙十節)

타이완의 건국 기념일은 10월 10일이다. '十' 자가 두 번 겹친다 하여 '쌍스제'라고 한다. 1911년 10월 10일 후베이성(湖北省) 우창(武昌)에서 신군(新軍) 내 혁명파를 중심으로 한 무장봉기가 일어났다. 우창 봉기는 청나라를 붕괴시켜 2,000년 넘게 지속됐던 봉건 왕조를 종결시킨 신해혁명의 발단이 되었다. 신해혁명의 결과 1912년 1월 중국 역사상 최초의 공화제 국가인 중화민국이 성립되었다. 타이완에서는 신해혁명의 발단이 된 우창 봉기를 기념하여 10월 10일을 건국 기념일로 삼고 있다.

궈칭제

궈칭제國慶節는 10월 1일로 중화인민공화국의 건국 기념일이다. 중국공산당은 1921년 창당된 이래 반제반봉건의 구호 아래 안으로는 국민당, 밖으로는 일본과 맞서 기나긴 투쟁을 했다. 그리고 마침내 국민당 세력을 타이완으로 패퇴시키고 1949년 10월 1일 중화인민공화국이 성립되었음을 선포하였다. 그 후 매년 이날에 대대적인 경축 행사를 진행하고 있다. 특히 2009년에는 건국 60주년을 맞이하여 톈안먼 광장에서 중화인민공화국 건국 이래 최대의 열병식이 거행되었다. 최첨단 무기들이 총동원되었으며 역사상 최대 규모의 군사 행진이 펼쳐져 높아진 중국의 위상을 전 세계에 과시하였다.

2. 결혼과 장례 문화

과거 유교문화권 사회에서는 유교적 통치질서가 투영되었기 때문에 관례, 혼례, 상례, 제례로 통칭되는 관혼상제를 특별히 중시하였다. 관례는 머리에 관을 쓰고 어른이 되는 의식을, 혼례는 혼인하는 예법을 가리킨다. 그리고 상례는 상중喪中에 행하는 예법을, 제례는 제사 지내는 예법을 가리킨다. 현재 중국 사회에서 관례는 사라지고 제례 또한 많이 약화되었으나, 혼례와 상례는 여전히 많은 사람들이 중시하고 있다.

(1) 현대 결혼 풍속

중국의 전통 혼례는 납채納采, 문명問名, 납길納吉, 납징納徵, 청기請期, 친영親迎이라는 '육례六禮'로 구성되어 있었고, 결혼에는 당사자보다 부모의 의사가 중요했었다. 그러나 오늘날에는 남자는 22세, 여자는 20세만 되면 부모의 의사와 상관없이 결혼할 수 있으며 결혼 절차 또한 간소화되었다. 오늘날 중국에서 결혼은 크게 두 가지 측면에서 진행된다. 하나는 관공서에서 이루어지는 결혼 등록이며, 다른 하나는 결혼 당사자들의 경제적 조건에 의해 치러지는 결혼식이다. 남녀가 결혼하려면 우선 정부 산하의 결혼 등록 부서에 가서 결혼 등록을 해야 한다. 법률상 정해져 있는 절차는 3단계로 나뉜다. 첫째, 결혼 의사를 각자의 직장에 보고하여 '미혼 증명서'를 발급받는다. 둘째, 부부생활에 영향을 주는 질병이 없는지 검사하여 건강진단서를 발급받는다. 셋째, 위 두 가지 서류와 혼인 신고서를 결혼 등록 부서에 제출하여 결혼증명서를 취득한다. 이상의 3단계를 거쳐 결혼증명서를 받으면 결혼식을 거행하

결혼식장
호텔이나 큰 음식점을 빌려 연회 형식으로 결혼식을 거행한다.

웨딩 촬영
최근 결혼하는 젊은 부부들 사이에는 결혼식 전에 웨딩촬영을 하는 것이 보편화되었다.

지 않더라도 정식으로 부부관계가 성립하고 법률적으로 보호받게 된다.

　개혁개방 이전 시기만 하더라도 결혼식은 소박하게 진행되었었다. 가까운 친지를 초청하여 간단하게 예식과 식사를 마친 뒤 기념품으로 사탕이나 담배를 나누어 주는 정도였다. 그러나 경제적으로 여유가 생기고 경제적 능력이 사람을 판단하는 중요한 기준이 되자, 이전과 같은 소박한 결혼식은 체면이 손상되는 일로 여겨 무리가 따르더라도 가능한 성대한 결혼식을 치르려고 노력한다. 결혼 날짜는 통상 짝수 날로 정하는데, 양력과 음력으로 환산한 날이 모두 2, 6, 8, 10의 숫자가 들어가고, 요일 또한 짝수의 날인 화요일星期二이나 토요일星期六이면 최고의 길일로 여긴다. 예식은 경제적 사정에 따라 식당이나 호텔을 빌려서 결혼식과 피로연을 함께 거행하는 것이 일반적이다. 최근 대도시를 중심으로 전문 예식장이 생기고 있으며 특히 젊은 계층에서 예식장에서 식을 거행하는 것을 선호한다고 한다.

　결혼식 당일 신랑은 신부의 집으로 가서 신부와 하객을 모시고 결혼식장으로 향하는데, 이때 신랑 신부와 하객들이 타고 이동하는 웨딩카로 결혼식의 성대함을 판단하기 때문에 신랑은 무리해서라도 여러 대의 외제 차를 동원하려는 풍조가 있다. 이는 체면을 중시하는 중국인의 모습을 잘 보여준다고 할 수 있다. 결혼식장에서는 부모, 집안 어른, 결혼을 증명하는 사람, 하객들 순으로 테이블에 앉는다. 사회자의 진행에 의해 결혼식이 진행되며 신랑 신부는 팔짱을 끼고 함께 등장한다. 과거에는 천지신명께 절하고 부모와 집

이혼증명서(좌)와 결혼증명서(우)
결혼과 이혼을 신고하면 각각 결혼증명서와 이혼증명서를 발급해준다. 과거에는 결혼증명서는 붉은색, 이혼증명서는 초록색이었으나 이혼도 또 다른 선택이라는 가치관의 변화에 따라 이혼증명서도 붉은색으로 바뀌었다.

囍
'시(囍)' 자는 중국에서 결혼식 때 흔히 사용하는 글자로, 남녀 쌍방이 기쁜 하루를 맞이한다는 의미이다.

시탕(喜糖)
중국에서는 결혼식 기념품으로 사탕을 나누어주는 풍습이 있다. 그래서 지인에게 결혼 시기를 물을 때, 언제 결혼 사탕을 먹여주느냐고 묻기도 한다. 결혼식 날 나누어주는 사탕을 '시탕'이라고 한다.

안 어른들에게 절한 뒤 신랑 신부가 맞절하는 순서였으나, 오늘날에는 천지 신명 대신 하객들에게 절을 한다.

최근 중국에서는 급증하는 결혼 비용이 사회문제가 되고 있다. 결혼 비용의 대부분은 우리나라와 마찬가지로 주택마련과 혼수 준비 및 연회 비용에 사용된다. 2016년 기준으로 신혼집 마련 비용을 제외한 도시 평균 결혼 비용이 18만 위안에 이르는 것으로 나타났는데, 중국의 대기업 대졸 초임연봉 평균이 약 5만 2,000위안인 것을 고려할 때 과도한 것임을 알 수 있다. 그리고 개혁개방이래 매년 가파르게 증가하고 있는 이혼 현상은 중국 당국에서도 주시하고 있는 사회문제이다. 중국인민정부中央人民政府 통계에 의하면 2016년에 총 420만 쌍이 이혼하는 등, 이혼증가율이 매년 10%를 훨씬 넘기고 있다. 경제가 빠른 속도로 발전하고 외래문화가 빨리 유입되는 베이징과 상하이의 경우 최근 몇 년간 매년 30% 이상의 이혼 증가율을 나타내고 있다. 전문가들은 중국의 이혼 증가 현상에 대해 급격한 사회 변화와 이에 따른 불안감, 자아 상실감이 주요 원인인 것으로 파악하고 있다.

(2) 장례 문화

과거 한국과 중국의 장례의식은 유교문화의 영향으로 그 절차가 복잡하고 까다로웠을 뿐 아니라 기간 또한 상당히 길었다. 그러나 현대에 와서는 장례 의식이 점점 간소화되고 장례 기간 또한 대폭 줄어들었다. 그리고 최근에는 전문 장례식장이 생겨나면서 장례의 모든 절차를 대행하기에 이르렀다.

중국에는 민족에 따라 장례식의 형태가 다양하나 일반적으로 매장埋葬이 성행하였다. 1956년에 마오쩌둥이 화장火葬의 도입을 제창한 이후 매장 제도를 금지하는 '장묘문화혁명'이 시작되었다. 이는 삼림 자원을 보존하고 묘지 용지에 의한 경지 면적의 감소를 막기 위한 목적이었다. 현재 중국 각 도시에서는 장례, 화장과 납골이 통합된 빈의관殯儀館 건설이 활발하게 이루어지고 있으며, 장례식 일체를 이 빈의관에서 치르는 것이 일반화되어 있다. 대도시의 경우 90% 이상이 화장을 하고 있으며, 농촌지역의 경우 아직 시설이 부족하여 매장을 하는 경우가 많다.

바바오산(八寶山) 빈의관
베이징에서 가장 큰 화장장으로 장묘제도를 한 눈에 볼 수 있는 곳이다.

중국에서는 사람이 사망하면 사망 선고 후 공안국 파출소에 사망신고서를 제출하고 유족은 빈의관에 연락을 취해 시신을 운구차로 빈의관까지 이송하게 한다. 빈의관에서 소정의 수속을 거친 후에 시신을 안치하는데, 이때 향을 사르고 초를 켜며 지역에 따라 폭죽을 터뜨리는 풍습도 있다. 유족은 전보, 전화 등을 이용하여 부고를 내고 빈의관의 담당자와 상담하여 조문 시간, 장례 형식 등을 결정한다.

빈의관에는 고별식장이 마련되어 있는데 장례는 여기서 추도식의 형태로 간소화되어 진행되는 경우가 많다. 유족은 검은색의 옷을 입으며 상주는 왼쪽 팔에 '효孝' 자가 새겨진 띠를 찬다. 조문객은 우리나라와 마찬가지로 화려한 옷을 입을 수 없으며 짙은 화장을 해서도 안 된다. 추도식은 개회식 선언으로 시작되고 전체 기립한 상태에서 애가哀歌 연주가 이어진다. 상주는 헌화 후 제문을 읽고 관을 향해서 세 번 절을 하고 내빈에게 한 번 절을 한다. 조문객은 망자를 한 번 둘러보며 망자와 마지막 인사를 하고 나서 유족에게 위로의 말을 건네는데 이것으로 행사는 종료된다. 고별식장에서 장례를 치른 후, 시신을 화장장으로 이송하면 장례식장 직원에 의해 화장 절차가 진행된다.

3. 음식 문화

"음식은 중국에서(食在中國)"라는 말이 있을 정도로 중국은 광대한 지역에서 생산되는 풍부한 음식 재료와 수천 년의 경험을 바탕으로 하여 일찍이 중국 특유의 음식 문화를 형성하였다. 체면을 중요시하는 중국인이지만 '먹는 일' 앞에서만큼은 실용주의적인 민족적 특성이 잘 드러난다. 일찍이 중국에는 "백성은 먹는 것을 하늘로 여긴다(民以食爲天)."라는 말이 있었는데, 이에 부합이나 하듯 중국인은 일상생활에서 먹는 것을 매우 중요하게 여긴다. 계절, 성별, 나이별로 적당한 음식을 가려서 먹으며, 요리할 때는 맛을 내는 데 그치지 않고 색과 향 그리고 아름다움까지 추구한다. 먹는 것으로써 건강을 챙길 뿐 아니라 삶의 여유와 즐거움을 찾으려 하는 것이다.

(1) 식생활 습관

하루를 바쁘게 살아가는 현대 도시의 직장인들은 매끼 위에서 말한 것과 같은 이상적인 식생활을 즐길 수 없다. 그래서 아침에는 대개 채소나 고기 속이 있는 찐만두인 '바오쯔包子', 속이 없는 찐빵인 '만터우饅頭', 꽈배기 모양의 밀가루 튀김인 '여우탸오油条', 우리나라의 콩국과 비슷한 '더우장豆醬' 등을 사 먹는다. 점심때는 직장의 구내식당이나 주변 식당에서 먹는데, 일반 서민들은 면이나 덮밥류 한 가지로 한 끼를 해결하는 경우가 많다. 대체로 저녁은 퇴근 후 가정에서 직접 만들어 먹는데, 다소 간략했던 아침·점심식사를 보충이나 하려는 듯 제대로 챙겨 먹으려는 경향이 있다. 대부분의 가정이 맞벌이라서 남녀구별이 없이 집에 먼저 돌아온 쪽이 식사 준비를 한다. 1949년 사회주의 정권이 들어선 이래로 여성들은 남자들과 동등하게 직장 생활을 해왔기 때문에, 남자

중국의 아침식사
왼쪽부터 바오쯔, 만터우, 여우탸오, 더우장

가 주방에 들어가 요리를 하는 것 또한 아주 자연스럽게 받아들여진다.

생일이나 진급과 같은 축하할 일이 생기면 주로 친지나 친구들과 함께 외식하는 경우가 많은데, 이때는 우리가 생각하는 화려한 중국 음식을 기대할수 있다. 요리는 량차이涼菜, 러차이熱菜, 주식主食, 탕湯 순서로 나온다. 량차이는 주요리가 나오길 기다리면서 입맛을 돋우기 위해 먹는 간단한 음식이고, 러차이는 주문 후 즉시 지지고 볶거나 튀겨서 만들어 내는 주요리를 말한다. 주식으로는 흔히 밥, 만두, 면 같은 것들이 나온다. 탕은 우리나라의 국과 비슷하나 국보다 훨씬 걸쭉한 경우가 많다. 우리나라의 식생활 습관과 다른 점은 주요리가 다 나온 뒤 양이 부족할 때 주식을 시키고, 숭늉처럼 탕을 맨 마지막에 마신다는 점이다.

중국식 상차림

식당에서 여러 명이 함께 식사할 때는 좌석 배치가 중요하다. 일반적으로 연장자나 손님은 문이 바라보이는 가장 안쪽 자리에 앉고, 서열이 낮은 사람일수록 문 가까운 자리나 문을 등진 자리에 앉는다. 요리가 나오면 각자 앞 접시에 먹을 만큼 덜어 먹는데, 이때 손님이나 윗사람에게 먼저 요리를 권하며 다른 사람이 맛볼 수 있도록 한꺼번에 많은 요리를 덜어가지 않는다. 젓가락으로 요리를 심하게 뒤적이거나 소리 내어 음식을 씹는 것은 우리와 마찬가지로 예의에 어긋난 것으로 여긴다. 중국 사람들은 흔히 밥그릇을 들고 밥을 먹는데 이것은 우리와 달리 예의에 어긋난 행동이 아니다. 중국의 쌀은 대부분 찰기가 없는데다가 젓가락으로만 밥을 먹기 때문에 생겨난 식습관이라 할 수 있다. 숟가락은 탕을 떠먹을 때만 사용한다.

(2) 지역별 요리 특징

중국은 넓은 지역만큼이나 특산물이 다양하고 그 문화적 전통 또한 달라서 지역별로 독특한 음식 문화를 꽃피웠다. 흔히 중국 요리를 산둥山東, 쓰촨四川, 장쑤江蘇, 저장浙江, 안후이安徽, 후난湖南, 푸젠福建, 광둥廣東의 '8대 요리', 또는 베이징, 상하이, 쓰촨, 광둥의 '4대 요리'로 구분하는데 여기서는 4대 요리를 살펴보자.

베이징 요리

베이징 요리는 '징차이京菜'라고도 하며 베이징을 중심으로 남쪽으로 산둥성, 서쪽으로 타이위안太原 지역의 요리를 포함한다. 특히 베이징은 원元·명明·청清의 수도로서 지리적으로도 문화의 중심지였기 때문에 궁중요리와 같

은 고급요리가 발달했다. 궁중요리의 대표격인 '만한전석滿漢全席(만주족과 한족의 요리를 총집결하였다는 의미)'은 적게는 30가지, 많게는 160가지의 요리가 나오는 중국 요리의 정수이다.

우리에게 익숙한 베이징 요리로는 '베이징카오야北京烤鴨'와 '쏸양러우涮羊肉' 등이 있다. 베이징카오야는 통째로 구운 오리를 얇게 저며 전병에 파와 장을 곁들여 싸서 먹는 요리로 세계적으로도 유명하다. 쏸양러우는 종이처럼 얇게 썬 양고기 편을 끓는 물에 살짝 데친 후 양념장에 찍어 먹는 샤부샤부 요리이다.

상하이 요리

상하이 요리는 '난징南京 요리' 혹은 '장쑤 요리'라고도 하며, 양저우揚州, 쑤저우 지역의 요리를 포함한다. 바다에서 나오는 풍부한 해산물을 재료로 하는 음식이 많으며, 대체로 달고 기름기가 많다.

상하이 요리 중 유명한 것으로는 민물 게 요리와 '둥퍼러우東坡肉'가 있다. 민물 게 요리는 일반 서민이 먹기에 다소 비싸지만 식도락가들이 최고로 꼽는 진미로서 찬바람이 부는 계절에 제맛을 느낄 수 있다. 둥퍼러우는 송나라 시인 소식蘇軾이 만들었다고 전해지는 요리이다. 항저우 지방의 관리로 있던 소식은 백성으로부터 선물 받은 돼지로 육질이 아주 연한 자신만의 요리를 만들어 백성들과 나눠 먹었다고 한다. 이를 소식의 호인 '둥퍼東坡'를 따서 둥퍼러우라 불렀고, 이러한 미담 덕분에 둥퍼러우는 지금까지 많은 사람의 사랑을 받는 요리 중 하나가 되었다.

● 베이징카오야
●● 쏸양러우

쓰촨 요리

쓰촨 요리는 중국 내륙부의 쓰촨, 윈난雲南, 구이저우貴州 지역의 요리를 포함한다. 옛날부터 중국의 곡창지대로 유명한 쓰촨 분지는 사계절 산물이 모두 풍성해, 야생 동식물이나 채소류, 민물고기를 주재료로 한 요리가 많다. 쓰촨 요리는 특히 매운 요리로 유명한데 "후난湖南 사람들은 매운 것을 겁내지 않지만, 쓰촨 사람들은 맵지 않을까 봐 두려워한다(湖南人不怕辣, 四川人怕不辣)."라는 말이 있을 정도이다. 모든 요리에 고추, 후추, 마늘, 파

둥퍼러우

등이 빠지지 않고 들어가 느끼한 중국 요리에 질린 한국 사람들이 즐겨 찾는 음식이기도 하다.

흔히 접할 수 있는 쓰촨 요리로는 '마퍼더우푸麻婆豆腐', '궁바오지딩宮保鷄丁' 등이 있으며, 특히 각종 채소와 육류를 데쳐 먹는 쓰촨식 샤부샤부인 '훠궈火鍋'는 모든 사람이 좋아하는 대표적 쓰촨 요리이다.

마퍼더우푸
저민 고기, 홍고추, 초피, 두반장 등을 넣고 볶은 다음 육수를 붓고 두부를 넣어 끓이는 요리로 얼얼한 맛이 특징이다.

광둥 요리

중국 남부에 있는 광둥, 푸젠, 광시廣西 등지에서 주로 먹는 요리를 말한다. 중국 요리 중 세계적으로 가장 많이 알려진 것이 바로 이 광둥 요리이다. 16세기 이래 외국 선교사와 상인들의 왕래가 빈번하였기 때문에 전통 요리에 서양 요리법이 결합하여 독특한 특성을 지니고 있다. "네발 달린 것이면 의자 빼고 무엇이든 다 음식의 재료가 된다."라는 말이 있을 정도로 요리에 다양한 재료를 사용한다. 광둥 특선 요리 중 유명한 '룽후더우龍虎鬪'의 주재료가 고양이와 뱀인 것을 알고 많은 사람이 놀라곤 한다. 광둥 요리는 대체로 담백하고 재료 그대로의 맛을 살리기 위해 간을 적게 하며 국물이 많다. '구라오러우咕咾肉', '딤섬點心' 등은 우리에게 친숙한 광둥 요리이다.

훠궈

4. 차茶 문화

차는 중국인의 일상생활에 빠질 수 없는 기호 음료이다. 일반 가정에서는 물론 관공서나 직장에서도 사람들은 각자의 찻잔이나 차를 우려내는 병을 지니고 다니면서 차를 즐긴다. 일설에 중국 사람들이 차를 마시는 습관을 가지게 된 것은 물에 석회 성분이 많아 수질이 좋지 않기 때문이라고 한다. 그러나 수질이 좋은 지역에서도 차를 즐기는 것을 보아, 이는 기름기가 많은 식생활 습관이나 문화적 전통과 더욱 관련이 있는 듯하다.

딤섬
중국식 만두인 자오쯔의 일종으로, 여러 가지 재료와 다양한 조리법을 자랑하는 대표적인 광둥 요리이다.

(1) 차의 발견과 전래

전설에 의하면 100가지 풀을 맛보다가 독초에 중독되었던 신

다구(茶具)

투다도(鬪茶圖)
원대 조맹부(趙孟頫)의 그림으로, 네 사람이 나무 그늘 아래서 차를 나누어 마시고 맛과 생산지를 알아맞히며 우열을 가르는 놀이인 '투다'를 하는 모습을 묘사하였다. 그 옆에 차를 끓이는 화로, 찻주전자, 찻잔 등이 놓여 있어 송나라 민간의 차 문화를 엿볼 수 있다.

농神農이 찻잎을 먹고 독을 해독하였다고 한다. 신농은 기원전 2,700년경 전설상의 임금이니 차의 역사는 약 5,000년이나 되는 셈이다. 원래 약용으로 쓰이던 차가 기호 음료로 정착된 것은 한漢나라 시기부터라고 한다. 『삼국지三國志』에 유비가 비싼 차를 사려는 장면이 나오는 것으로 보아 삼국 시기에 이미 차를 마시는 관습이 형성되어 있었음을 알 수 있다. 위진남북조魏晉南北朝 시기에는 귀족 계급 사이에서 차를 마시는 것이 보편적으로 퍼져 있었고, 당唐나라 때는 민간에까지 널리 전파되었다. 당나라 육우陸羽는 차에 관한 백과사전과 같은 『다경茶經』이라는 책을 지었는데, 이를 통해 당시에 차를 마시는 풍조가 얼마나 성행했었는지를 알 수 있다. 이후 송·원·명·청을 거치면서 차는 중국인의 일상생활 중 매우 중요한 지위를 차지하게 되었다.

중국에서 시작된 차가 세계 각국으로 전해지게 된 것에는 불교의 전파와 관련이 있다. 수양하는 승려들은 정신을 맑게 하고 피로를 없애준다고 하여 차를 애용하였고 사원에는 항상 차가 준비되어 있었다. 이 때문에 승려들이 세계 각국으로 불교를 전파하면서 차도 함께 전해지게 되었던 것이다.

(2) 차의 종류

중국의 차는 유구한 역사만큼이나 종류 또한 다양하다. 차 품종의 개량과 제다製茶 기술의 혁신 등으로 계속해서 다양한 종류의 차가 만들어졌다. 차를 분류하는 방법은 여러 가지가 있는데 가장 보편적인 것은 발효 정도에 따른 분류 방법으로, 불발효차, 반발효차, 발효차, 후발효차의 네 종류로 나뉜다.

불발효차는 찻잎을 따서 바로 증기로 찌거나 솥에서 덖어 발효되지 않도록 하여 녹색이 그대로 유지되게 한 차이다. 일반적으로 이야기하는 녹차綠茶로 '룽징차龍井茶', '둥팅비뤄춘洞庭碧螺春', '황산마오펑차黃山毛峰茶' 등이 유명하다.

반발효차는 10~70% 정도를 발효시켜 만든 차이다. 발효 과정에서 산화 효소의 작용에 의해 녹색은 사라지게 된다. 반발효차로는 백차白茶, 오룡차烏龍茶, 화차花茶 등이 있다.

발효차는 발효 정도가 85% 이상으로 떫은맛이 강하고 등홍색橙紅色의 수색水色을 나타내는 차이다. 발효차로 대표적인 것은 홍차紅茶이다. 홍차는 세계 전체 차 소비량의 75%를 차지하는 차로 영국과 영국식민지였던 영연방국가에서 많이 소비된다. 안후이성安徽省 치먼祁門에서 생산되는 홍차를 '치먼 홍차'라 하는데, 향기가 넘치고 단맛이 나며 신선한 맛을 자랑한다.

저장성(浙江省) 항저우 시후(西湖) 룽징차 산지

마지막으로 후발효차는 녹차의 제조 방법과 같이 효소를 파괴한 뒤 찻잎을 퇴적하여 공기 중에 있는 미생물의 번식을 유도해 다시 발효가 일어나게 한 차이다. 황차黃茶, 흑차黑茶가 대표적인 후발효차이다. 녹차를 제조하는 과정에서 우연히 발견된 황차는 송나라 때는 하등제품으로 취급되었으나 연황색의 수색과 순한 맛 때문에 고유의 제품군을 형성하게 되었다. '쥔산인전君山銀針', '멍딩황야蒙頂黃芽' 등이 유명하다. 흑차는 중국의 후난湖南, 윈난, 쓰촨, 광시 등지에서 생산되는 차로, 찻잎이 흑갈색을 나타내고 수색은 갈황색이나 갈홍색을 띤다. 흑차 중에서는 윈난성에서 생산되고 푸얼普洱현에서 모아서 출하되는 '푸얼차普洱茶'가 가장 유명하다.

푸얼차
알칼리도가 높고 숙취 제거와 소화를 도와주는 작용을 한다. 곰팡이균을 번식시켜 만들기 때문에 특유의 냄새가 있으며, 오래 숙성시킬수록 가격이 비싸다.

참고 문헌
『중국문화의 이해』, 변성규 저, 학문사, 2003
『현대 중국의 생활문화』, 장범성 저, 한림대학교출판부, 1999
『이것이 중국이다』, 이인호 저, 아이필드, 2002
『중국문화의 이해』, 중국어문학연구회 저, 학고방, 2000

더 읽어야 할 자료
『중국차문화』, 다나하시 고오호오 저, 석도윤·이다현 역, 하늘북, 2006
『사진으로 보는 중국의 차』, 박홍관 저, 형설출판사, 2014
『음식천국 중국을 맛보다』, 정광호 저, 매일경제신문사, 2008
『한중일 밥상문화』, 김경은 저, 이가서, 2012

13 여행

중국은 천혜의 자연환경을 바탕으로 다양한 인종과 풍물이 어우러져 가히 여행객의 천국이라 불러도 손색이 없을 정도로 풍부한 관광 자원을 보유하고 있다. 남과 북으로 확연하게 구분되는 기후 차이와 방언은 이국적인 문화 정취를 느끼게 하고, 동서로 구분되는 지형적 차이는 지역마다 향토색이 뚜렷하여 신비감을 더해 준다.

유네스코에서 지정하는 세계유산의 규모를 보더라도 중국에 얼마나 많은 문화유산과 관광자원이 산재해 있는지 짐작할 수 있다. 2018년 현재 중국은 세계문화유산 36곳, 세계자연유산 12곳, 세계복합유산 4곳 등 총 52곳이 세계유산으로 등재되어, 이탈리아(53곳)에 이어 세계에서 두 번째로 많은 숫자를 자랑한다. 문화재와 천혜의 자연을 국제적 기준에 따라 보호 관리하려는 중국의 노력 여하에 따라 수효의 증가는 시간문제일 것으로 보인다.

세계유산 외에도 중국은 각 지역과 도시마다 명승지 또는 자연경관을 지정하여 관리함으로써 여행객의 편리를 도모함과 동시에 관광산업의 주요한 자원으로 활용하고 있다. 이에 해당하는 국가중점풍경명승지구國家重點風景名勝區(244곳)[1], 국가지질공원國家地質公園(207곳), 국가급자연보호지구國家級自然保護區(446곳), 국가삼림공원國家森林公園(828곳), 국가역사문화도시國家歷史文化名城(133곳), 국가5A급 관광지구國家5A級旅游景區(249곳)[2], 중국우수관광도시中國優秀旅遊城市(339곳) 및 전국중점문물보호단위全國重點文物保護單位(4,296곳)는 각 지역의 주요한 명승지와 문화유적지를 총망라한 것으로 여행과 관광산업의 주요한 자원이 되고 있다.

구이린 산수
"구이린의 산수가 천하제일이다(桂林山水甲天下)."라는 말처럼 아름다운 자연환경과 풍경으로 널리 알려진 여행지이다. 아열대 기후에 속하며 카르스트 지형의 기이한 봉우리가 리장(漓江)에 비치는 풍경이 압권이다.

그중에서도 중국을 대표하는 10대 명승지로 꼽히는 베이징北京의 만리장성長城과 고궁박물원故宮博物院, 구이린 산수桂林山水, 항저우杭州의 시후西湖, 쑤저우 원림蘇州園林, 안후이安徽 황산黃山, 창장싼샤長江三峽, 타이완臺灣 르웨탄日月潭, 청더承德 피서산장避署山莊, 시안西安 병마용兵馬俑은 최고의 명성을 자랑하는 여행지이다. 중국 관광산업의 폭발적인 성장에 따라 그동안 알려지지 않았던 새로운 명승지가 지속적으로 개발되며 국내외 여행객들의 호기심을 자극하고 있다.

---

1 뛰어난 자연경관을 자랑하고 문화적으로도 중요성을 지니는 장소를 국무원의 비준을 거쳐 지정한다. 1982년 처음 제정되어 지금까지 9차례에 걸쳐 244곳을 지정하였다. 그 아래 성급풍경명승지구(省級風景名勝區)는 698곳이다.

2 2007년 중국관광국에서 주요 명승지 중 교통과 편의시설 및 관광객 수 등을 고려하여 처음 66곳을 선정했다. 현재는 249곳이 지정되어 있으며, 그 아래로 등급에 따라 4A, 3A, 2A, A급으로 분류된다.

항저우 시후

넓은 호수를 중심으로 아름다운 경관과 전설이 녹아 있는 강남 지역의 대표 관광지이다. 소식(蘇軾)과 백거이(白居易) 등 무수한 문인의 흔적이 남아 있으며, 주변에는 백사전(白蛇傳)의 전설이 스며 있는 뇌봉탑(雷峰塔)과 고찰 영은사(靈隱寺), 중국 대표 명차인 룽징차(龍井茶) 산지가 있다.

1. 고대 여행 기록

「장건출사서역도(張騫出使西域圖)」

장건은 한(漢) 무제(武帝)의 명령을 받고 외교관이자 탐험가로서 미지의 땅으로 원정에 나서 실크로드(Silk road), 즉 비단길을 최초로 개척하는 데 성공하였다. 위 그림은 둔황(敦煌) 막고굴(莫高窟) 내부의 벽화로, 원정에 앞서 장건이 무릎을 꿇고 한 무제의 배웅을 받고 있는 장면이다.

중국은 여행과 관련하여 풍부한 기록과 사적들이 잘 보존되어 있는 편이다. 중국에서 여행은 일찍이 한 인간이 자신의 인격을 수양하고 함양하는 수단으로 여겨졌다. 그리하여 문인들은 학습의 필수과정으로 세상을 유람하고 경험하고자 했다. 그들은 여행하면서 보고 경험하고 느꼈던 모든 체험과 감회를 그림·문장·서예 등 다양한 예술양식에 기록하였다. 그들이 남긴 여러 유형의 여행 기록은 중국의 고대 문화와 함께 여행의 역사를 보여주는 자료의 보고인 셈이다.

(1) 여행의 선구자들

기록에 의하면 진시황秦始皇은 여행을 즐겼던 제왕으로, 중국을 통일한 후 불과 12년 동안 5차례나 순행을 나서 각 지방의 명산대천을 돌며 자신의 위업을 과시하였다고 한다. 이후 한漢대에 장건張騫의 서역 출사와 실크로드 개척은 여행에 원대한 목적을 부여하게 하였고, 이러한 나라 밖으로의 원정은 명明대 정화鄭和에 이르러 세계여행으로까지 이어지게 된다. 안타깝게도 이들의 여행 과정을 구체적으로 밝혀 줄 관련 자료가 별로 남아 있지 않다. 하지만 행동의 제약을 받지 않고 자율적으로 여행할 수 있었던 문인들의 여행 기록은 비교적 많이 남아 있다. 예를 들어, 전한前漢시대의 역사가인 사마천司馬遷은 역사적 사실을 글로 옮기기 위해 20여 년 동안 중국의 산천을 누빈 것으로 유명하다. 중국 역사서의 표본이 된 그의 『사기史記』는 이러한 여행의 결과물이라 해도 과언이 아니다. 또 북위北魏의 지리학자이자 산문가인 역도원酈道元은 강과 하천을 직접 답사하며 치밀하게 주석을 단 『수경주水經注』를 완성하였다. 『수경주』에 나오는 창장싼샤에 대한 생생한 묘사는 지금 보아도 감동적으로 다가온다.

그러나 진정한 의미에서 중국 고대를 대표하는 여행가는 명대의 서하객徐霞客(1586~1641)이라 할 수 있다. 그가 22살부터 30여 년간 중국 전역을 답사하며 기록한 『서하객유기徐霞客遊記』는 생생한 현장 보고서로서의 기능을 충실히 하는 동시에 실감 나는 문학적 흥미를 담고 있어 이후의 문

황산 절경
서하객이 "황산에 오르고 나면 더는 산이 보이지 않는다."라고 찬미할 정도로, 빼어난 경관을 자랑하는 황산은 고고한 정취의 소나무와 기이한 괴석, 그리고 운해(雲海)를 이루는 구름이 어우러져 마치 동양화의 화폭을 연상시킨다.

인 여행객들에게 하나의 전형을 제시하였다. 특히 황산, 루산廬山, 톈타이산天台山, 옌탕산雁蕩山, 우이산武夷山 등 중국 전역의 명산을 유람하고 기록한 17편은 기행문의 압권으로 꼽히며, 후난湖南, 광시廣西, 구이저우貴州, 윈난雲南 등 서남지역의 험난한 여정을 낱낱이 기록한 일기문은 여행 문화의 새로운 틀을 제시하였다.

(2) 승려들의 구법여행

전한 시기 인도에서 중국으로 불교가 전래된 후, 승려들은 불경佛經을 얻고 불법佛法을 구하기 위해 서역으로 떠났다. 이처럼 험난한 여정을 종교적 열의에 의지해 여행에 나선 이들을 구법승求法僧이라 하는데, 이들의 도전과 성공은 고대 문명의 새로운 길을 여는 선구자의 역할과 다르지 않았다. 그들은 불경을 구하기 위해 험난한 육지 실크로드와 바닷길을 이용해 인도에 다녀온 이야기를 아낌없이 쏟아 놓았다.

구법승에 의한 최초의 인도 견문록은 동진東晉 때 승려 법현法顯이 쓴 『불국기佛國記』로, 399년부터 413년까지 14년간 중앙아시아와 인도 등 무려 30여 개국을 여행한 뒤 중국에 돌아와 그 경험을 바탕으로 각국의 문화를 상세하게 기록하였다. 승려들의 여행기 중 가장 큰 영향을 끼친 것으로 당唐나라 현장玄奘 법사(602~664)의 『대당서역기大唐西域記』를 꼽는 데 주저하는 이는 별로 없을 것이다. 현장 법사는 중국 고전소설 『서유기西遊記』의 중심인물 중 당승唐僧의 원형이기도 하다. 『대당서역기』는 현장 법사가 실크로드를 따라 당시 천축국天竺國으로 불렸던 인도를 향해 17년간 구법여행을 다녀온 후 기술한 책이다. 총 12권으로, 138개 국가의 지리·역사·풍속 및 당시의 불교 상황 등이 자세하게 기록되어 있다. 현장에 이어 의정義淨(635~713) 또한 25년간 바다를 통해 인도를 왕래하며 당시 인도의 사정과 해상 실크로드의 현황에 대한 귀중한 정보를 『남해기귀전南海寄歸傳』에 기록하였다.

(3) 이방인들의 중국 여행기

외국인에 의한 중국 여행기는 외부의 시선으로 중국의 풍물과 제도에 대해 평가하고 있어 문명사적 측면에서 중요한 사료가 됨은 물론, 동서양 여행가들의 여행에 대한 관점을 대비해 볼 수 있는 좋은 자료가 된다. 그중에서도 이방인으로서 중국을 방문하고 여행기를 쓴 대표적 인물로는 이탈리아 출신의 마르코 폴로Marco Polo(1254~1324)와 모로코 출신의 이슬람교도 이븐 바투타Ibn Battuta(1304~1368)를 들 수 있다.

베네치아 상인 마르코 폴로는 1271년에 동방 여행길에 올라 서아시아와 중앙아시아를 거쳐 원元 제국과 인도를 여행한 뒤 25년 만에 베네치아로 돌아갔다. 그는 중국에 머무르는 17년 동안 당시 중국을 통치하던 원나라 쿠빌라이의 후원으로 중국 각지를 여행하였다. 이후 마르코 폴로가 전쟁포로가 되어 제네바의 감옥에 갇혔을 때, 당시 감옥에 함께 있던 작가 루스티켈로 Rustichello에게 여행담을 구술하여 『동방견문록(원제 '세계의 서술')』이 쓰여졌다. 이 책은 유럽인들에게 아시아에 대한 새로운 시각을 심어줬으며, 콜럼버스의 아메리카 대륙 발견의 계기가 되었다.

한편, 이븐 바투타의 『이븐 바투타의 여행기』는 이슬람인의 시선으로 30여 년간 아시아, 아프리카, 유럽의 3대륙을 여행하며 직접 보고 들은 것을 연대기 형식으로 기술하였다. 그러므로 이 여행기는 동서문명의 교류사적 측면에서 매우 중요한 자료이며, 광저우廣州를 비롯한 중국 일부 지역의 당시 사회 모습을 조명할 수 있는 소중한 여행 기록물이라 할 수 있다.

2. 도시와 명승지

(1) 화북 지역

화북華北 지역은 중원의 역사와 문화가 살아 숨 쉬는 중국의 중심부이다. 드넓은 평원을 따라 황허黃河의 물줄기가 관통하는 이른바 우리가 말하는 중화中華라는 이미지와 가장 잘 부합하는 지역이다. 역대 중국 정치의 중심지였던 화북 지역은 중국 문명의 발상지로서

톈안먼
15세기 초 명나라 영락제(永樂帝)가 수도를 난징(南京)에서 베이징으로 옮기며 건립하였다. 처음에는 승천문(承天門)이라 불렸으나 이후 소실과 재건을 거치면서 청대에 톈안먼으로 개명하고 황성(皇城)의 정문이 되었다. 1949년 10월 이곳에서 중화인민공화국의 건국을 선포하며 그 후 중국의 상징이 되었다.

베이징 톈탄

고대에는 조趙 · 연燕 · 위魏나라의 주 무대였으며, 원元대 이래 베이징이 오늘날까지 줄곧 수도로서 자리하며 정치와 문화의 구심이 되었다. 지리적으로 화북평원을 중심으로 하고 있는 이 지역은 역사적 자취가 고스란히 남아 있어 가히 역사박물관이라 불릴 만하다. 행정구역으로는 수도 베이징과 톈진天津, 허베이河北, 산시山西와 네이멍구內蒙古 자치구가 해당한다.

그중에서 수도 베이징은 오랜 기간 정치의 중심지였던 만큼 화려한 유적과 유물 그리고 현대 문명이 어우러져 웅대한 도시의 위용을 자랑한다. 주요 명승지로 톈안먼天安門, 톈탄天壇, 고궁박물원, 이허위안頤和圓 외에 역사유적인 만리장성, 명십삼릉明十三陵 등이 있고, 역사적 숨결을 느낄 수 있는 노구교蘆溝橋와 저우커우뎬周口店 유적이 있다. 또한 대관원大觀園, 세계공원世界公園, 올림픽공원, 인민대회당人民大會堂, 국가대극원國家大劇院, 798예술구 등은 새로운 관광 명소로 떠오르고 있다.

베이징과 지리적으로 가까운 톈진은 항구에 위치한 관계로 일찍이 서구 문화와 접촉하며 북쪽의 최대 항구도시로 발전했다. 동쪽의 바다에 접해 있어 이른바 관동關東 문화의 거점으로 불림과 동시에 중원에 신新문화을 공급하는 통로가 되기도 하였다. 톈진의 최대 명승지는 판산盤疝이며, 시내에 있는 문묘文廟와 고문화거리는 역사도시의 정취를 한껏 느낄 수 있게 한다.

베이징의 외곽을 둘러싸고 있는 허베이성은 고대 왕조와 관련된 유물이 많다. 숱한 유적이 산재해 있는 가운데에서도 청더 피서산장이 여행코스의 중심이 된다. 청더 피서산장, 외팔묘外八廟, 산하이관山海關, 베이다이허北戴河, 황금해안黃金海岸, 청대 황릉皇陵 등의 명승지는 옛 황실의 화려한 영화를 한꺼번에 감상할 수 있는 명소들이다. 특히 연암 박지원의 청나라 기행문 『열하일기熱河日記』의 '열하'가 바로 피서산장을 가리킨다.

베이징 북서쪽에 위치한 산시성은 약칭을 '진晉'으로 쓰고 있는 것처럼 옛날 진晉나라와 위魏나라가 자리했던 곳으로, 고유한 북방의 기질과 문화가 살아 숨 쉬는 곳이다. 이 지역을 대표하는 문화유산인 핑야오 고성平遙古城은

핑야오 고성
서주(西周) 시대부터 주변 소수 민족의 침입을 막기 위해 흙으로 높은 성을 쌓기 시작한 것이 명청 시기에 보수작업을 거쳐 원형을 유지한 채 남아 있다. 2,700년의 역사를 간직한 살아 있는 박물관으로 불린다.

가장 완전하게 보존되어 있는 고성 중 하나로, 2,700여 년의 역사를 간직하고 있다. 핑야오 고성 내에는 중국 최초의 현대적 은행인 '일승창 표호日升昌票號'가 남아 있어 '산시성 상인(晉商)'의 진면목을 보여 준다. 특히 이 지역은 불교문화가 융성했던 까닭에 불교 유적이 많은데, 베이징 북쪽의 도시 다퉁大同을 반경으로 북악北岳이라고도 불리는 명산 형산恒山과 불교성지이자 세계유산에 포함된 우타이산五臺山, 윈강석굴雲岡石窟, 현공사懸空寺 등 곳곳에 웅장하고 화려한 불교 유적이 산재해 불교문화에 관심 있는 이들의 눈길을 끈다.

　마지막으로 네이멍구자치구는 광활한 초원과 끝없이 펼쳐진 사막을 배경으로 유목민족 고유의 삶의 풍속이 녹아 있는 지역이다. 초원과 사막 및 몽골족의 풍물이 관광 자원으로 이용되고 있으며, 최근에는 생태 여행의 보고로 주목받고 있다.

주요 도시

도시	소재지	특징	가 볼 만한 곳
베이징*	베이징시	원대 '대도大都'라는 이름으로 수도가 된 이래 계획도시로 조성되었으며, 명청시대를 거쳐 현재 중국의 수도이다.	– 톈안먼 – 톈탄 – 이허위안 – 만리장성
톈진*	톈진시	베이징의 인접 항만으로 물류의 중심지이다.	– 문묘 – 고문화 거리
타이위안太原	산시성	산시성의 성도이며, 2,500여 년의 역사를 지닌 고도古都이다.	– 핑야오 고성 – 황허 후커우폭포 壺口瀑布

*직할시

명승지

명칭	소재지	분류	특징
고궁박물원	베이징시	세계유산, 5A급 관광지구	자금성紫禁城이라 불리던 명청시대의 황궁이다. 1925년 박물관으로 용도가 변경되어 일반에게 공개되고 있다.
판산	톈진시	5A급 관광지구	비교적 높은 산세를 자랑하며 만송사萬松寺 등 고찰과 유적이 있다.
피서산장	허베이성 청더시	세계유산	18세기 청 황제의 여름별궁이다. 건축을 통해 우주를 담고자 하는 열망을 표현한 것으로 유명하다.
원강석굴	산시성 다퉁시	세계유산, 5A급 관광지구	막고굴, 룽먼석굴과 함께 중국에서 가장 유명한 석굴사원 중 하나이다.
우타이산	산시성 동북부	세계유산	중국 불교의 4대 성지 중 하나로 수많은 사찰과 불교 건축 및 유적이 산재해 있다.

(2) 동북 지역

동북東北 지역은 중원으로부터 멀리 떨어져 있는 동토의 땅이다. 지형적으로 최북단의 한대기후에 속하는 열악한 생활 조건 때문에 사람들이 살지 않아 원시 상태의 자연환경을 그대로 보전하고 있는 곳이 많다. 그러나 척박한 환경 속에서도 점차 새로운 문명이 이식되며 독특한 문화가 형성되고 있는 신흥개발지에 속한다. 거친 환경을 이겨내는 이 지역 사람들의 역동성은 그 기질에서도 잘 드러나 '강인하고 열정적인 둥베이런東北人'이라는 수식어가 만들어지기도 했다.

역사적으로 동북 지역은 한족보다는 조선족, 만주족, 몽골족 등 기마 민족의 활동 무대였다. 현재에도 이들 민족이 군집하며 자신들의 고유한 문화를 지켜가고 있다. 과거 한민족韓民族인 발해와 고구려 왕조가 이곳에 터전을 마련하였고, 근대 이후로는 간도라 불리는 이곳에 대량의 이주민이 정착하면서 우리 민족의 유적과 문화가 곳곳에 남아 있다. 2000년대 들어서면서 중국은 이 지역을 적극적으로 개발하기 시작하였고, 현재는 '동북진흥정책(東北振興工程)'을 실행하여 주장삼각주珠江三角洲나 창장삼각주長江三角洲에 버금가는 새로운 동북아의 창구로 만들고자 노력하고 있다. 이 과정에서 중국이 동북 지역의 모든 역사를 자국의 역사로 편입하려는 동북공정을 추진해 우리나라와 정치적 마찰을 빚고 있다.

한편 관광의 측면에서 볼 때, 이 지역은 변방 외곽에 속해 여행의 조건이 그리 여의치 않은 편이다. 그럼에도 광활한 원시림과 초원, 습지 및 기후에 따른 풍부한 빙설 등의 자연환경으로 인해 기타 지역에서 느낄 수 없는 생태 여행의 새로운 보고로 떠오르고 있다. 이 지역 여행의 테마는 랴오닝遼寧의 선양瀋陽을 중심으로 한 역사유적 여행과 헤이룽장黑龍江의 하얼빈哈爾濱을 기점으로 한 자연생태 여행으로 구분할 수 있다. 랴오닝성에는 선양의 고궁

고구려 왕성, 왕릉 및 무덤군
중국 지린성 지안시(集安市)를 중심으로 분포하는 고구려 전기의 유적이다.

하얼빈 빙등제
매년 1월 5일에서 2월 5일 사이에 열리는 하얼빈 빙등제는 다양한 종류의 대형 얼음 조각품에 형형색색의 등을 켜 밝히는 겨울축제이다. 1963년에 시작되어 지금은 동북 지역 최대의 축제로 자리잡았다.

과 옛 고구려 왕성의 역사유적이 남아 있으며, 최근에는 동북 지역 전통극인 '이인전二人轉'이 인기를 얻으며 극장 쇼의 명소가 되었다. 지린성吉林省은 특히 조선족이 거주하고 있는 까닭에 한민족 풍물을 느낄 수 있는 지역이다. 조선족자치주인 옌지延吉, 창바이산長白山(우리나라명 백두산)이 대표적인 여행지이다. 중국 최북단 헤이룽장성은 최근 들어 여행 자원의 개발로 인해 주목받는 관광지가 되고 있다. 러시아와 가까운 하얼빈은 이국적인 아름다움을 더하여 '동방의 파리'라는 과거의 화려한 명성을 재현하고 있다. 하얼빈, 우다롄츠五大連池, 모허漢河, 무단장牧丹江 등은 원초적 대지와 화산활동이 만든 기이한 자연의 연출로 인하여 경탄과 경외감을 자아낼 만하다.

주요 도시

도시	소재지	특징	가 볼 만한 곳
선양	랴오닝성	동북 지역 경제발전의 중추 도시이다.	– 선양 고궁 – 북릉, 동릉
하얼빈	헤이룽장성	풍부한 천연자원과 인력자원, 편리한 교통 등의 이점을 바탕으로 빠르게 성장하고 있다.	– 빙등제 – 성 소피아성당 – 후린위안虎林園
창춘長春	지린성	지린성 최대의 도시로 동북진흥 정책의 중심권역이다.	– 위만황궁偽滿皇宮 박물관

명승지

명칭	소재지	분류	특징
창바이산	지린성	5A급 관광지구	북한 삼지연군과 중국 지린성에 걸쳐있는 휴화산이다. 높이 2,750m로, 한반도에서 가장 높은 산이다.
고구려 왕성, 왕릉 및 무덤군	지린성, 랴오닝성	세계유산	중국은 고구려 유적을 정비하여 2005년 북한과 동시에 세계유산에 등재하였다.
우다롄츠	헤이룽장성	5A급 관광지구	6만 년 전 화산 분출로 형성된 언덕과 호수가 독특한 풍경을 이룬다.

(3) 화동 지역

화동華東 지역은 중국에서 경제가 가장 발달한 지역으로, 예로부터 수륙의 교통이 편리하고 물산이 풍부한 '강남江南', 즉 풍요로운 남방문화의 본고장이다. 따뜻하고 온난한 기후로 인해 각종 수목이 울창하고 산수가 조화를 이루는 풍광 또한 수려해 예로부터 중국인들이 가장 살고 싶어하는 곳이었다. 이러한 환경을 바탕으로 예술과 오락이 발전하고 뛰어난 문인들의 자취가 끊이지 않았다. 이렇듯 천혜의 조건은 또한 풍부한 문화적 유산을 남기는 동력이 되었

상하이 와이탄

아편전쟁(1840～1842년)의 패배로 중국은 다섯 개의 항구를 개항해야 했다. 와이탄이 그 중 한 곳으로, 황무지였던 이곳에 영국은 새로운 도시를 설계하여 황푸 강변을 따라 서양식 건축물을 세웠다. 1.5㎞에 달하는 길이에 웅장한 현대식 건물들이 늘어선 와이탄은 오늘날 상하이를 상징하는 지역이다.

물의 도시, 쑤저우 저우좡
강을 따라 잘 보존되어 있는 옛 가옥과 교각의 건축은 물을 끼고 사는 강남의 정취를 물씬 풍긴다.

다. 지역적 풍요는 오늘날에도 계속 이어져 창장삼각주는 중국 경제 발전의 중추로서 하루가 다르게 변모하고 있다.

행정구역상으로는 상하이上海, 장쑤江蘇, 저장浙江, 안후이安徽, 장시江西와 연해의 산둥山東 및 푸젠福建을 포함한다. 그중에서도 상하이는 화동 지역의 심장부로 명실상부한 최대의 국제도시이다. 황푸黃浦 강변을 따라 늘어선 와이탄外灘의 서양 건축물과 맞은편 푸동浦東 지구의 둥팡밍주東方明珠를 중심으로 빼곡한 마천루는 상하이의 과거와 현재를 압축해 놓은 듯하다.

상하이와 인접한 곳에 위치한 장쑤와 저장은 수로가 발달한 지역으로 강남의 고유한 풍경을 잘 간직하고 있다. 장쑤는 고대 여러 왕조의 수도가 자리 잡았던 오吳 문화의 발원지이며, 유구한 역사와 문화 전통을 자랑한다. 장쑤의 최대 명승지인 쑤저우蘇州에는 아름답고 격조 있는 정원과 저우좡周莊, 시탕西塘과 같은 이름난 수향水鄕이 많다. 저장에는 아름다운 경관을 자랑하는 항저우가 대표적 명소로 자리하고 있다. 항저우는 차와 비단의 산지로 주변의 주요 도시와 접근이 용이해 관광에 있어서 천혜의 조건을 갖추고 있다.

한편, 안후이와 장시는 바다와 접하지 않고 내륙에 위치한 지역으로 명산이 많고 뛰어난 문인과 학자를 많이 배출한 곳으로 유명하다. 안후이는 숱한

---

3 한족 이주민들의 후손으로 광둥성, 푸젠성, 장시성, 후난성, 쓰촨성의 산간지역에 주로 거주하며, 독특한 언어와 문화를 가진 민족이다.

주요 도시

도시	소재지	특징	가 볼 만한 곳
상하이*	상하이시	중국 대외개방의 창구로서, 문화·상업·금융·통신의 중심지이다.	– 와이탄 – 위위안豫園 – 상하이박물관 – 2010 상하이세계박람회장
난징南京	장쑤성	과거 중화민국의 수도로, 현대사의 비운을 간직한 도시이기도 하다.	– 중산릉中山陵 – 중산鐘山
쑤저우	장쑤성	아름다운 정원과 물길이 어우러진 중국 제일의 물의 도시이다.	– 쭤정위안拙政園 – 한산사寒山寺
항저우	저장성	차와 비단의 명산지로, 대표적인 휴양도시이다.	– 시후西湖 – 영은사靈隱寺
사오싱紹興	저장성	항저우 만 이남에 자리 잡고 있다. 물이 많고 경치가 아름다운 역사문화의 도시이다.	– 루쉰고거魯迅故居
취푸曲阜	산둥성	공자의 출생지이자, 유교문화의 발원지로 공자의 유적이 잘 보존되어 있다.	– 타이산泰山 – 공묘孔廟, 공림孔林, 공부孔府

명승지

명칭	소재지	분류	특징
황산	안후이성	세계유산, 5A급 관광지구	환남고촌락皖南古村落인 시디西遞, 훙춘宏村을 비롯한 옛 후이저우의 전통문화를 맛볼 수 있다.
주화산	안후이성	5A급 관광지구	불교 4대 성지 중 하나이며, 지장보살의 화신으로 알려진 신라 왕자 김교각 스님의 성지로 유명하다.
루산廬山	장시성	세계유산, 5A급 관광지구	시인 도연명陶淵明의 고향이자, 이백이 읊은 여산폭포가 흐르고, 송대 주희朱熹가 세운 백록동서원이 있어 문인의 고향이라 불린다.
저우좡	장쑤성	5A급, 중국역사 문화마을	호수와 강, 수로로 둘러싸인 마을로 '중국의 베니스'라 불린다.
시탕	저장성	중국역사문화 마을	상하이, 저장, 쑤저우의 경계에 있는 강남의 촌락으로 영화 『미션임파서블3』의 촬영지로 잘 알려져 있다.
우이산	푸젠성	세계유산	다양한 동식물이 서식하며, 구곡九曲의 계곡과 우롱차의 산지로 유명하다.

문인들이 탄생한 학문의 고장이자 또한 '후이저우 상인(徽州商人)'이란 명칭에서 볼 수 있듯이 상인의 전통이 전해 내려오는 지역이기도 하다. 또한 황산과 불교 성지인 주화산九華山 등 명산이 많다. 창장 남동쪽의 내륙에 위치한 장시는 산세가 험준하여 자연 동식물의 보고이다. 이 지역은 등왕각騰王閣, 백록동서원白鹿洞書院 등 문인들의 자취가 많이 남아 있어 인문학 기행의 필수 코스가 되기도 한다. 마지막으로 중국 남동쪽의 연안지역에 위치한 푸젠은 동쪽으로 타이완과 마주 보고 있으며, 명승지로는 우이산武夷山과 흙으로 만든 객가인客家人[3]의 집단주택인 푸젠토루福建土樓가 유명하다.

(4) 화중·화남 지역

화중華中·화남華南(중남中南) 지역은 황허와 창장 중류가 흐르는 내륙의 중부이다. 대대로 중원문화의 중심으로 역대 왕조의 치열한 쟁탈전이 벌어졌던 곳이며, 중국문명의 원형을 잘 보존하고 있는 지역이다. 행정구역상으로는 크게 허난河南, 후베이湖北, 후난湖南 그리고 광둥廣東, 광시廣西, 하이난海南을 포함한다.

장자제
후난성의 대표 명승지로, 1982년 중국 최초로 설립된 국가삼림공원이다. 톈쯔산(天子山), 쉬시위자연보호구역(索溪峪自然保護區)과 하나로 연결되어 우링위안(武陵源) 풍경구를 이룬다. 독특한 석영 사암의 봉우리가 유명하며 다양한 야생 동식물이 서식한다.

중원문화의 중심에는 허난성의 뤼양洛陽이 있다. 황투黃土고원을 흐르는 황허의 거센 물결이 대륙을 굽이치며, 용의 전설이 만들어진 신화의 땅이 다름 아닌 바로 이곳이다. 상고시대 중국 고대 문명의 기틀을 마련한 상商 왕조의 신비를 간직한 은허殷墟가 3,000년 넘게 땅속에 묻혀 있다 발견되어 세상을 깜짝 놀라게 하였고, 3대 석굴의 하나인 룽먼석굴龍門石窟의 신성한 불상과 비석, 비문은 중원의 신비한 역사를 면면히 전해주고 있다.

한편, 중원에 맞서 고유한 지역적 특성을 독창적 문화로 탄생시킨 초楚 문화는 그 원류가 깊고 유구하다. 옛날 북방의 나라들에 비해 조금도 뒤지지 않는 문명을 일구었던 초나라가 있었던 곳으로, 애국 시인 굴원屈原의『초사楚辭』에 나오는 신비하고 아름다운 배경은 바로 초나라의 아름답고 신기한 자연에서 기원한 것이다. 이러한 초 문화의 문화적 배경은 시대를 이어가며 특징적인 문화와 예술로 발전하였다. 먼저 후베이에 있는 도교의 중심지 우당산武當山과 황허러우黃鶴樓에서 출발하여 후난에 위치한 장자제張家界와 오악五岳 중 남악南岳으로 불리는 형산衡山, 남북을 가로지르는 둥팅후洞庭湖에 이르기까지 초 문화의 독특한 문화적 기질을 만나 볼 수 있다.

그리고 중국의 끝자락에 해당하는 광둥과 광시는 동남아의 열기와 열정을 느낄 수 있는 곳으로, 이제는 개혁개방의 경제적 결실로 인해 변방의 이미지를 찾기란 쉽지 않다. 광둥은 예로부터 해양으로 나아가는 창구의 역할을 했으며, 자연스레 이 지역 사람들도 세계 각국으로 퍼져 나가 현재 화교의 대부분은 광둥 지역 사람들이다. 광둥의 대표적 명승지로는 단샤산丹霞山 카르스트 지형을 꼽을 수 있으며, 광시는 구이린과 리장漓江의 눈부시게 아름다운 경관으로 유명하다.

마지막으로 중국 남단의 하이난海南은 열대기후에 속하는 섬으로, 해수욕과 열대림 등 휴양지로서의 조건을 풍부하게 갖추고 있다. 그중에서도 싼야三亞 해변의 이국적 정취는 색다른 느낌을 주기에 충분해 관광객들의 발길이 끊이지 않고 있다.

하이난 싼야 열대해변
중국 최남단에 위치한 열대 해변도시이다. 사진의 '금옥관세음보살상'은 높이 108m로, 석가모니 사리와 함께 황금 100여 ㎏, 다이아몬드 120여 캐럿, 비취 100여 ㎏을 들여 만든 불상이다.

주요 도시

도시	소재지	특징	가 볼 만한 곳
정저우鄭州	허난성	3,500년의 역사를 가진 역사문화의 도시이다. 현재는 허난의 정치·경제·과학·문화의 중심지이다.	- 황허 - 쑹산嵩山 소림사少林寺
우한武漢	후베이성	후베이성의 성도이며, 중국 중부에서 인구가 가장 많은 도시이다.	- 황허러우黃鶴樓
창사長沙	후난성	초楚 문화권의 중심지로 지역적 색채가 강하다. 중국 근대사의 한 획을 그은 마오쩌둥毛澤東, 류사오치劉少奇 등의 인물을 배출하였다.	- 마왕두이馬王堆 - 악록서원岳麓書院 - 사오산韶山 마오쩌둥 고거
광저우廣州	광둥성	베이징과 상하이에 이어 중국 제3의 대도시이다.	- 단샤산
구이린	광시좡족 자치구	그림과 같은 아름다운 풍경을 자랑하는 세계적인 관광지이다.	- 리장

명승지

명칭	소재지	분류	특징
룽먼석굴	허난성	세계유산, 5A급 관광지구	뤄양시 남쪽 이허伊河 강변의 암벽에 자리 잡은 동굴 사원으로, 중국의 대표적 불교 유적지이다.
우당산	후베이성	세계유산, 5A급 관광지구	도교와 우당 무술의 성지로 널리 알려져 있다.
톈먼산 天門山	후난성 장자제시	세계유산, 5A급 관광지구	장자제 내 최고봉으로, 해발 1,518m에 이르는 정상에는 '톈먼둥天門洞'이라고 불리는 구멍이 있다. 높이 131m, 폭 57m, 깊이 60m에 이르는 거대한 구멍을 통해 건너편으로 하늘을 볼 수 있다.
싼야 열대해변	하이난성	5A급 관광지구, 국가공원	중국에서 유일한 열대 해변이며, 하와이와 위도가 같고 날씨가 비슷하여 '중국의 하와이'라고 불린다.

(5) 서남 지역

대륙의 서남부, 고산과 고원지대가 펼쳐져 있는 이 지역은 중국 영토의 3분에 1에 해당할 만큼 광활한 면적을 차지한다. 차마고도茶馬古道의 좁고 험난한 길이 구불구불 관통하는 고원지대의 문화가 곳곳에 스며 있는 지역이

주자이거우

주자이거우는 중국 쓰촨성 아바 티베트족 창족(阿巴藏族羌族) 자치주에 있는 9개의 티베트 마을을 가리킨다. 해발 2,000m 이상의 고지에서 형성된 광대한 원시림과 108개의 호수가 어우러져 빚어내는 자연의 아름다움은 사람들을 동화의 세계로 인도한다.

다. 행정구역상 충칭重慶, 쓰촨四川, 구이저우貴州, 윈난雲南, 시짱西藏(티베트)자치구를 아우르는 이 지역은 옛날부터 중원과의 접촉이 원활하지 못하여 잘 알려지지 않은 미지의 땅이 많았다. 이백의 시「촉도난蜀道難」에 묘사된 '하늘에 오르기보다 더 어렵다.'라는 옛 촉蜀나라의 영화와 서양인들이 꿈꾸는 이상향 '샹그릴라Shangri-La'[4]가 자리하고 있는 곳이기도 하다. 그러나 이 지역에도 서부대개발의 바람이 불며 현대화로의 진행이 한창이다. 이 개발의 선두에 내륙의 거대도시 충칭重慶과 쓰촨의 청두成都가 있다. 이들 도시는『삼국지三國志』의 배경이 되는 유비劉備의 촉나라 지역에 해당하며 이른바 파촉巴蜀문화의 특징을 대변한다. 특히 싼싱두이三星堆 유적지를 비롯하여 수많은 상고시대 문화 유적과 심산유곡이 빚어낸 뛰어난 비경으로 유명하다.

---

4 영국 작가 제임스 힐턴의 소설『잃어버린 지평선(Lost Horizon)』(1933)에 나오는 이상향으로 실제 장소에 대해서 이설이 분분하다. 소설 속에서는 쿤룬 산맥과 히말라야 사이에 가상적 공간을 설정하고 있다. 중국은 1997년 윈난성의 중뗸(中甸)을 '샹그릴라(香格里拉)'라고 개명하고 이를 기정사실화하고 있다.

라싸 포탈라궁

　서부 최대의 직할시인 충칭은 이 지역 교통과 경제의 중심지로, 창장싼샤를 관통하는 선상여행의 출발지이다. 그리고 쓰촨의 성 소재지 청두 주변에는 뛰어난 비경이 많아 서부 관광의 거점이 된다. 황룽黃龍과 주자이거우九寨溝, 워룽臥龍 판다 서식지, 두장옌都江堰으로 이어지는 장엄한 자연경관과 러산대불樂山大佛, 어메이산峨眉山의 절경을 놓칠 수 없다. 그중 쓰촨성 북부에 있는 황룽과 주자이거우는 고산에서 쏟아지는 폭포수와 오색찬란한 연못 및 원시적 자연의 절경으로 이미 세계자연유산에 등재되었으며, 자연의 신비를 찾는 관광객들로 항상 인산인해를 이룬다.

　한편 다양한 민족이 생활하는 삶의 터전인 구이저우와 원난은, 여러 민족의 문화와 풍물을 느낄 수 있는 최적지이다. 협곡이 많은 구이저우는 신흥 관광지로 주목받고 있으며, 황궈수黃果樹 폭포가 유명하다. 원난의 진사장金沙江 후탸오샤虎跳峽, 메이리쉐산梅里雪山, 위룽쉐산玉龍雪山과 다리大理, 리장고성麗江古城으로 이어지는 샹그릴라 여행은 환상적이고 신비한 체험을 꿈꾸는 여행객에게 최고의 관광 코스라 할 수 있다.

　원난과 쓰촨을 지나 티베트로 향하는 옛날 차마고도를 따라가다 보면 마치 순례여행을 나선 것 마냥 숙연해진다. 원난성의 차와 티베트의 말을 교역하면서 시작된 차마고도는 인류 역사상 가장 오래된 교역로로 알려져 있다. 평균 해발고도 4,000m의 험준하지만 신비하고 아름다운 길로 최근 들어 새롭게 주목받고 있다. 그러나 그 누구도 범접할 수 없었던 첩첩 고원의 신성한

땅으로 여겨지던 티베트도 이제는 세계에서 가장 높은 지역을 달리는 칭짱철
도가 생기면서 본격적으로 개방의 문이 열리고 있다. 칭짱철도는 칭하이성靑
海省 시닝西寧에서 티베트 라싸拉薩까지 총 길이 1,956km, 최고 고도 5,068m
에 달하는 고산철도로, 2006년 7월 1일 전 구간이 개통되었다. 칭짱 철도를
타고 티베트로 가는 여행은 새로운 여행 코스로 각광받고 있다. 티베트를 상
징하는 라싸의 포탈라궁布達拉宮은 라마교 사원이자, 법왕 달라이라마Dalai
Lama의 궁전이다. 해발 3,700m 산기슭에 위치해 있으며, 높이가 115m에 달하
는 사원양식의 이 궁전은 현존하는 최대 규모의 가장 완벽한 티베트 건축물
로 알려져 있다.

주요 도시

도시	소재지	특징	가 볼 만한 곳
충칭*	충칭시	유일하게 내륙에 위치한 직할시로, 서부대개발의 거점 도시이다.	– 대족석각大足石刻 – 창장싼샤
청두	쓰촨성	촉 문화의 요람으로 풍부한 문화유산과 자연경관으로 유명하다.	– 두장옌 – 싼싱두이 박물관
쿤밍昆明	윈난성	중국 전체 소수민족의 절반에 해당하는 25개의 소수민족이 살고 있는 지역이다.	– 세계 원예 박람관 – 석림石林

명승지

명칭	소재지	분류	특징
리장 고성 위룽쉐산	윈난성 리장시	세계유산, 5A급 관광지구	차마고도의 기점이며, 다리大理 왕국의 전설이 있고, 둥바東巴문자, 나시족 고음악 등 이색적인 문화가 넘치는 곳이다.
어메이산 峨眉山	쓰촨성	세계유산, 5A급 관광지구	중국 도교와 불교의 성지로, 3,099m의 어메이산 주봉 아래 전체 높이 71m의 세계에서 가장 큰 석조 불상인 러산대불이 세워져 있다.
황룽풍경구	쓰촨성	세계유산	방해석이라는 광물로 인해 생성된 아름다운 연못으로 유명하며, 설산, 협곡, 산림이 조화를 이루어 절경을 빚어낸다.
마링허馬嶺河 협곡 황궈수 폭포	구이저우성	국가중점풍경 명승지구	윈구이雲貴고원의 카르스트 지형이 빚어낸 장대한 협곡과 폭포는 원시적 감흥을 주기에 충분하다.

(6) 서북 지역

신장위구르자치구 카슈가르

서북西北 지역은 사막과 오아시스 지형이 대부분을 차지하는 곳으로 인구밀도가 높지 않다. 행정구역상 산시陝西와 간쑤甘肅, 칭하이青海, 닝샤寧夏, 신장위구르新疆維吾爾자치구 지역을 포함하며, 한족과 뚜렷하게 구별되는 이민족의 정취와 대자연의 풍광이 여행의 주요 테마가 된다.

이 지역의 여행은 과거 제국의 수도로서 위용을 자랑했던 산시성 시안西安이 그 출발점이 된다. 거대한 제국의 시작을 알리는 진시황秦始皇의 유산은 지하 병마용兵馬勇을 통해 그 위용을 실감할 수 있고, 그 밖에도 곳곳에 과거의 유산이 잘 보존되어 있어 도시 자체가 하나의 박물관을 연상케 한다. 실크로드가 시작되는 서북 여행은 시안에서 출발하여 란저우蘭州, 주취안酒泉, 자위관嘉峪關, 둔황敦煌에 이르면 서역의 관문에 다다른다. 그리고 여기서부터 오늘날 신장위그루자치구에 해당하는 하미哈密, 투루판吐魯番, 쿠차庫車, 카슈가르喀什로 이어지는 서역 실크로드 여행이 이어진다. 실크로드의 여정을 따라가다 보면 과거 동서교통의 역사가 곳곳에 그 흔적을 새겨 놓고 있으며, 끝없이 펼쳐진 모래 언덕과 자갈밭, 기이한 사막의 지형은 여행자를 과거로 인도하여 시간의 착각 속에 빠져들게 한다.

서북 지역에는 종교적으로 이슬람교를 신봉하는 사람들이 많이 분포한다. 이러한 지역에서는 청진사清眞寺라고 불리는 이슬람 사원을 쉽게 볼 수 있다. 닝샤는 후이족回族자치주이며 역사적으로는 서하西夏 왕조가 지배했던 곳으로 서하의 유적이 면면히 전해지고 있다.

중국의 3대 석굴에 속하는 간쑤성 둔황의 막고굴莫高窟에서는 고대 서역의 불교 유적을 감상할 수 있고, 신장위구르자치구 우루무치 부근의 톈산天山은 해발 1,928m에 천지天池 연못의 장관이 펼쳐져 서북 지역 최고의 명승지로 꼽힌다.

주요 도시

도시	소재지	특징	가 볼 만한 곳
시안	산시성	역대 중국에서 가장 많은 왕조의 수도였던 곳이다.	– 진시황릉, 병마용 – 화청지華清池
우루무치	신장위구르자치구	서북 변방의 최대 도시로 실크로드의 길목이며, 위구르족의 교통과 상업의 중심지이다.	– 톈산 천지

명승지

명칭	소재지	분류	특징
막고굴	간쑤성 둔황현	세계유산	현재 세계에서 규모가 가장 크고 보존이 제일 완벽한 불교 예술의 보고이다.
진시황릉과 병마용	산시성 시안	세계유산	진시황릉은 중국을 최초로 통일한 진시황의 묘지이다. 1974년 한 농민에 의해 진시황릉에서 1㎞가량 떨어져 있는 곳에서 병마용갱 兵馬俑坑이 발견되었다.

(7) 홍콩과 마카오

홍콩Hong Kong(香港)은 광둥성 남단의 광저우, 선전과 인접하고 있으며, 1898년 북부 홍콩 섬과 신제新界 지역이 영국에 99년간 할양되어 지배되었기 때문에 영국 문화의 특색이 짙다. 1997년 7월 1일 홍콩이 중국에 반환된 이후, 중국 정부는 행정장관을 임명해 국방과 외교를 제외한 나머지 분야에서 독자적인 지위를 행사하는 자율권을 인정하고 홍콩에 대한 중앙정부로부터의 불간섭주의를 견지하고 하고 있으나, 이는 명시적 조치일 뿐 행정장관의 선출과 정책의 결정에 간섭을 게을리하지 않고 있다. 이러한 현상은 그동안 홍콩이 갖고 있던 국제 금융과 무역 중심지로서의 이점을 챙기면서 대외적으

홍콩의 야경

로 중국 정부의 정치적 민주성과 경제적 자율성을 표방하려는 취지에서 비롯되었다고 할 수 있다. 그러나 서구 문화에 젖어 있던 홍콩과 중국 중앙정부 사이에는 정책의 시행을 두고 곳곳에서 갈등이 빚어지기도 한다. 특히 민주주의에 대한 인식과 인권 및 종교의 자유 측면에서 양측의 분명한 인식 차이가 존재한다.

이미 서구의 자유와 민주를 경험한 홍콩은 동서양의 문화가 섞여 있고 전통적 가치와 현대적 문명이 혼재되어 있는 도시이며, 이러한 도시의 문화는 그 자체가 여행의 목적이 되기도 한다. 동아시아의 근대로 향하는 질곡의 역사와 서구 자본주의의 화려한 영화를 간직한 도시 곳곳에는 홍콩 특유의 애환을 간직하고 있다.

홍콩은 자유와 풍요로움을 상징하는 도시이다. 거리마다 들어선 대형 백화점과 쇼핑센터에는 세계 유명 상표가 빽빽히 입점해 있어 '쇼핑의 천국'이란 별명답게 전 세계 쇼핑객의 발길이 끊이지 않는다. 또한 홍콩을 대표하는 음식인 딤섬點心(광둥어로 얌차飮茶라고 함)이 미식가들의 입맛을 유혹한다. 무엇보다 홍콩의 번화함을 화려하게 장식하는 것은 야경이다. 밤마다 고층 건물에서 뿜어져 나오는 형형색색의 오색찬란한 불빛은 홍콩의 얼굴이라 할 수 있다.

마카오

한편 '동양의 라스베이거스'라고 불리는 마카오Macau(澳門)는 광둥성 주하이珠海에 인접해 있는 면적 29.2㎢, 인구 50만 명에 불과한 작은 섬이다. 16세기 포르투갈에 점령되어 약 450년간 포르투갈의 식민지로 있다가 1999년 12월 20일에 중국에 반환되어 홍콩과 함께 특별행정구로 편입되었다. 이로써 중국은 조차租借와 식민의 역사를 20세기 마지막 해에 끝마치게 된다.

도시 곳곳에는 포르투갈의 영향을 받아 지어진 각종 서구적 건축물이 많이 남아 있다. 그중에서도 1580년에 지어졌다가 화재로 소실되고 지금은 패방牌坊만 남아 있는 성 바울로 성당이 유명하다. 세 개로 연결된 패방을 포함하여 마카오 역사구역은 2005년 세계유산에 등록되었다. 또한, 매년 11월 셋째 주에 시내 도로를 관통하며 자동차와 모터사이클 경주가 열리는 마카오 그랑프리Macau Grand Prix도 관광객들에게 인기가 높다.

홍콩과 마카오 통행증
중국 내국인이 홍콩과 마카오를 여행하려면 통행증이 필요하다. 통행증은 여권과 마찬가지로 자신의 후커우(호적)가 등록된 곳에서 발급받아야 하는데, 절차가 까다롭고 체류 조건도 제한적이다.

(8) 타이완

타이완臺灣은 중국의 푸젠성과 타이완 해협을 사이에 두고 동남쪽으로 1,500여㎞ 떨어져 있는 약 3만 6천㎢ 면적의 중국에서 가장 큰 섬이다. 대부

타이완의 수도 타이베이

분이 산악지형으로 해발 3,997m의 위산玉山을 필두로 아리산阿里山, 쉐산雪山
등 해발 3,000m가 넘는 고산들이 섬의 허리를 가로지르고 있으며, 아열대 기
후의 영향으로 벼농사가 발달하여 지역에 따라서는 1년에 3모작도 가능하다.
그러나 지리적으로 비와 태풍이 잦고, 지진이 자주 발생하는 특성이 있다.

경제적인 면에서 볼 때, 타이완은 아시아 지역 국가 중에서 한국, 홍콩, 싱
가포르와 함께 '아시아의 4마리용'으로 불리며 경제개발을 주도했다. 특히 중
소기업 중심의 탄탄한 경제적 기반을 구축하여 사회 안정을 기하였다. 아시
아의 금융위기로 잠시 침체기를 겪었지만, 최근 반도체와 IT산업을 중심으로
경기 회복세가 뚜렷하게 나타나며 성장을 지속하고 있다. 게다가 2010년 체
결된 '양안 경제협력기본협정(ECFA)'의 시너지 효과를 고려할 때 타이완의
경제적 성장과 아울러 '차이완CHIWAN(차이나와 타이완을 합성한 용어) 시대'
가 더욱 본격화될 전망이다.

타이베이 국립고궁박물원

　원래 중국의 버려진 섬으로 취급되던 타이완은 별다른 주목을 받지 못하던 땅으로, 과거 네덜란드와 일본의 식민지 역사를 겪기도 하였다. 그러다 1949년 국민당 정부가 공산당에게 패전한 뒤 타이완으로 철수하여 '중화민국中華民國'이라는 국호를 사용하고 있다.

　인구구성을 살펴보면, 타이완은 인구 밀도가 높고 인구 구성이 복잡하다. 가오산족高山族이라는 원주민이 인구의 2%가 조금 넘게 분포하고 있고, 1945년 이전에 푸젠성이나 광둥성에서 이주한 한족 계열의 본성인本省人이 85% 가까이 차지한다. 본성인 중에는 일찍이 중원에서 환란을 피해 내려온 객가인이 13%를 차지하며 그들은 주로 민난閩南어, 커자客家어를 사용한다. 그리고 1945년 이후 국민당의 패전과 더불어 타이완으로 이주한 이들을 외성인外省人이라고 하는데, 전체 타이완 인구의 13%~15% 정도에 불과하지만 국민당 정권의 권력에 힘입어 타이완의 정치 경제 방면에서 기득권을 독차지

중국 세계유산 목록

분류	명칭
문화유산 (36)	명청 고궁明淸古宮(1987, 2004)
	둔황 막고굴燉煌莫高窟(1987)
	진시황릉과 병마용秦始皇陵及兵馬俑坑(1987)
	저우커우뎬 베이징인 유적周口店北京人遺跡(1987)
	만리장성長城(1987)
	청더 피서산장과 주위 사원承德避暑山庄及周围寺庙(1994)
	취푸 공묘, 공림, 공부曲阜孔庙´孔林´孔府(1994)
	우당산 고건축물군武当山古建筑群(1994)
	포탈라궁布达拉宮(1994)/대소사大昭寺(2000)/노브린카罗布林卡(2001)
	루산 국가공원廬山國家公園(1996)
	리장 고성麗江古城(1997)
	핑야오 고성平遙古城(1997)
	쑤저우 고전원림蘇州古典園林(1997, 2000)
	이허위안頤和園(1998)
	톈탄天壇(1998)
	대족석각大足石刻(1999)
	룽먼석굴龍門石窟(2000)
	환남 고촌락 – 시디, 훙춘皖南古村落–西递´宏村(2000)
	칭청산 – 두장옌青城山–都江堰(2000)
	명청의 황릉明清皇家陵寢(2000, 2003)
	윈강석굴雲岡石窟(2001)
	마카오 역사지구澳門歷史城區(2005)
	고구려 왕성, 왕릉 및 무덤군高句丽王城王陵及貴族墓葬(2005)(*북한과 동시등록)
	은허殷墟(2006)
	카이펑 누각开平碉楼(2007)
	푸젠토루福建土楼(2008)
	우타이산五台山(2009)
	쑹산 등펑 '하늘과 땅의 중심' 역사건축물登封'天地之中'歷史建筑群(2010)
	항저우 시후杭州西湖(2011)
	원상도 유적지元上都遺址(2012)
	훙허 하니족 계단식 전답紅河哈尼梯田文化景觀(2013)
	대운하大運河(2014)
	실크로드:창안–톈산 구간絲綢之路:長安–天山廊道的路罔(2014)
	토사 유적지土司遺址(2015)
	주어강 화산 암각화左江花山石畵文化景觀(2016)
	구랑위鼓浪屿(2017)
자연유산 (12)	주자이거우풍경구九寨沟風景名勝區(1992)
	황룽풍경구黃龍風景名勝區(1992)
	우링위안풍경구武陵源風景名勝區(1992)
	윈난 싼장빙류보호구雲南三江并流保護區(2003)
	쓰촨 판다서식지四川大熊猫栖息地(2006)
	중국 남방 카르스트中國南方喀斯特(2007)
	산칭산 국가공원三清山國家公園(2008)
	중국 단샤지형中國丹霞地貌(2010)

청장 화석유적지澄江化石遺址(2012)
신장 톈산新疆天山(2013)
후베이신농쟈湖北神農架(2016)
칭하이 커커시리靑海可可西里(2017)

복합유산 (4)
타이산泰山(1987)
황산黃山(1990)
어메이산 - 러산대불峨眉山-樂山大佛風景區(1996)
우이산武夷山(1999)

하고 있다. 따라서 소수의 외성인이 권력을 독점하게 됨에 따라 시작된 갈등은 사회구성원 간의 뿌리 깊은 반목의 불씨가 되고 있다.

타이완 여행의 핵심은 최대 도시 타이베이臺北에 있는 국립고궁박물원에서 시작된다. 원래 베이징 고궁박물원에 보관되어 있던 진귀한 보물들을 국민당 정부가 타이완으로 철수하면서 모두 옮겨와 국립고궁박물원에 전시하고 있다. 그리고 타이베이의 최고층 빌딩 101층 전망대, 장제스蔣介石를 기념하여 지은 중정기념당中正紀念堂과 국가희극원國家戲劇院

르웨탄

및 국가음악청國家音樂廳은 타이베이의 문화적 자존심으로 표현된다. 그 밖에도 중국 10대 명승지로 꼽히는 르웨탄, 가오산족 원주민의 정취가 가득한 아리산阿里山과 타이완을 대표하는 불교 성지인 포광산佛光山이 유명하다.

참고 문헌
『중국』, 편집부 저, 시공사, 2010
『넓은 땅 중국인 성격지도』, 왕하이팅 저, 차혜정 역, 새빛에듀넷, 2010
『세계유산: 새천년을 향한 도전』, 유네스코 저, 지문당, 2010
세계유산홈페이지 http://www.unesco.org
中國世界遺産網 http://www.whcn.org
中國歷史建築保護網 http://www.aibaohu.com

더 읽어야 할 자료
『동방견문록』, 마르코 폴로 저, 김호동 역, 사계절, 2000
『서유기의 삼장 법사, 실크로드에서 진리를 찾다』, 프리실라 갤러웨이 저, 아카넷주니어, 2011
『세계의 역사마을 1』, 김광식 저, 눈빛, 2009

「도화원기桃花源記」

흔히들 세상과 멀리 떨어진 별천지를 비유적으로 '무릉도원武陵桃源'이라 칭하는데, 중국의 후난성湖南省에는 실제로 '무릉'이나 '도원'과 같은 이름을 가진 지역이 있다. 창더시常德市의 타오위안현桃源縣과 장자제시張家界市의 우링위안武陵源 자연풍경구가 그것이다. 이밖에도 중국의 남방에서 아름다운 자연 풍경을 자랑하는 지역이라면 대개 '세외도원世外桃源'과 같은 별칭을 가지고 있다.

창더시 타오위안 풍경

이러한 지명은 모두 도연명陶淵明의 유명한 산문 「도화원기桃花源記」에서 유래했다. 「도화원기」는 진晉나라 때 무릉의 한 어부가 복숭아꽃이 아름답게 핀 숲 속의 물길을 따라갔다가 진秦나라의 난리를 피하여 온 사람들이 모여 사는 곳에 방문하게 되고, 그곳에서 융숭한 대접을 받고 돌아온 이야기를 담고 있다. 「도화원기」는 동양적 이상향理想鄕을 보여주는 문장으로 유명하며, 서양적 이상향을 보여주는 토머스 모어Thomas More의 『유토피아』와 비교해 볼 때 한 가지 선명한 특징을 지니고 있다. 그것은 서양의 이상향이 '어느 곳에도 없는 곳'이라는 뜻을 지닌 '유토피아'라는 말에서 나타나듯 실존하기 불가능한 완벽한 곳임에 비해, 동양의 이상향은 지금도 중국 어디에 있을 것만 같은 아주 소박한 곳이라는 점이다. 이제 「도화원기」 전문을 읽어보고 그 '소박함' 속에 토머스 모어의 정교한 정치적 이상에 뒤지지 않는 그 무언가를 발견해 보자.

「도화원기」 삽화

「도화원기」

　　　　진晉나라 태원太元 연간, 무릉武陵이란 곳에 고기잡이를 업으로 삼는 사람이 있었다. 하루는 작은 강을 따라 거슬러 올라갔다가 그만 길을 잃어버리고 말았다. 홀연히 복숭아나무 숲에 들어서게 되었는데, 숲은 강의 양쪽 기슭 안쪽으로 수백 걸음에 걸쳐 이어져 있었고 잡목 하나 없었다. 향기로운 풀이 싱싱하고 아름다웠으며, 떨어지는 꽃잎이 어지러이 나부끼고 있었다. 어부는 무척 기이하게 여겨 다시 앞으로 나아갔고, 숲의 끝까지 가보고자 했다. 숲이 끝나는 곳은 강의 발원지였으며, 바로 그곳에 산이 하나 있었다. 산에는 작은 동굴이 있는데 마치 무슨 빛이 새어나오는 것 같았다. 곧 배를 버려두고 동굴 안으로 들어갔다. 처음에는 무척 좁아서 사람 한 명이 간신히 통과할 수 있을 정도였다. 다시 수십 걸음을 더 나아가니 갑자기 환하게 탁 트이며 시야가 넓어졌다. 땅은 평탄하고 넓고 가옥들은 가지런하게 지어져 있었다. 비옥한 밭, 아름다운 연못, 그리고 뽕나무와 대나무 같은 것들이 있었다. 남북과 동서로 난 밭두렁 길은 서로 교차하며 이어져 있었고, 개 짖는 소리와 닭 우는 소리가 들렸다. 그 안에서 사람들이 왔다갔다 하며 씨를 뿌리고 농사짓고 있는데, 남녀가 입고 있는 옷이 모두 외지인이 입는 것과 같았다. 머리가 누렇게 변한 노인과 더벅머리를 한 어린아이가 함께 즐겁게 놀고 있었다. 그곳 사람 하나가 어부를 보고 깜짝 놀라 어디서 왔는지 물었다. 어부는 상세하게 대답해 주었다. 그러자 어부를 집으로 초대했고, 술상을 차리고 닭을 잡아 음식을 만들어 대접하였다. 마을에서는 어부가 왔다는 소문을 듣고서, 모두 몰려와 이것저것 물었다.

　　　　마을 사람이 말하길 "선대 조상들이 진秦나라 때의 전란을 피해 처자와 고을 사람들을 데리고 세상과 격리된 이곳으로 왔고 다시는 밖으로 나가지 않았습니다. 그래서 마침내 외부 세계와 단절되었습니다."라고 하였다. 그러면서 그들은 지금이 어느 시대냐고 물었는데, 위魏, 진晉은 물론 한漢나라가 있었다는 것조차 모르고 있었다. 어부는 하나하나 자세하게 자기가 아는 것을 말해주었고, 마을 사람 모두 감탄하며 놀라워했다. 다른 사람들도 각자 어부를 자기 집에 초대하였고, 모두 술과 음식을 내어서 대접했다. 며칠간 머물다가 작별을 고하였는데, 마을 사람 중 누군가가 말했다. "외부 사람들에게 이야기하지 마십시오." 어부는 그곳에서 나와 배를 찾았고, 곧 이전에 왔던 길을 따라 곳곳에 표시해 두었다. 그리고 군郡에 도착하자 태수를 찾아가 이와 같은 일이 있었노라고 알렸다. 태수는 곧장 사람을 파견하여 어부가 갔던 길을 따라가 이전에 표시해 둔 곳을 찾게 했다. 그러나 끝내 길을 잃어 가는 길을 찾지 못했다. 남양南陽 땅 류자기劉子驥는 고상한 선비인데 이 이야기를 듣자, 흔연히 찾아가 볼 계획을 세웠다. 그러나 그곳을 찾지 못하였고 오래지 않아 병으로 죽었다. 이후로 아무도 길을 묻는 이가 없었다.

14 건강과 오락

1. 중의학

중국 의학은 중국의 근대 시기 서양 의학이 본격적으로 들어와 보급되면서부터 서양 의학과의 구분을 위해 '중의학中醫學'으로 불렸다. 중국에서는 오늘날에도 중의학이 의료와 의약 분야에서 중요한 구실을 하며 현대 의학의 중추적 역할을 하고 있다.

(1) 중의학의 기원과 설화

중의학의 발생과 발전은 중국 문명의 궤적과 함께한다고 할 수 있다. 황허黃河 문명의 유구한 흐름 속에서 독자적인 의술 방식이 자리 잡게 되었고, 이렇게 성립된 중의학은 하나의 학술적 체계로 형성되었다. 이를 반증하듯 전설과 설화 속에서 중의학과 관련된 이야기들을 쉽게 찾아볼 수 있다. 전설시대 삼황오제三皇五帝의 '삼황三皇' 중 하나로, 농업을 관장했다고 전해지는 신농神農은 의학과 관련이 깊은 인물이다. 『회남자淮南子』「수무훈脩務訓」에 따르면 신농은 사람들이 풀이나 열매, 바다의 해산물을 먹고 중독되거나 상처를 입는 경우를 목격하고, 자신이 직접 그것을 하나씩 먹어보며 식용 가능 여부를 확인했다고 한다. 이러한 내용은 문헌상 최초의 의학 경험에 해당한다고 볼 수 있으며, 의약의 기원과도 일맥상통하는 부분이 있다. 신농이 식물의 성질을 연구하고, 독을 치료하기 위한 방법을 모색한 행위는 최초의 초보적 의료 행위로 간주할 수 있다.

그러나 일반적으로 중의학에서는 황제黃帝를 실제적인 중국 전통 의학의

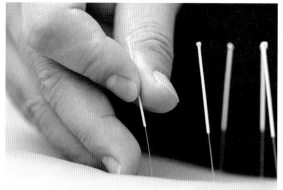

중의학 침술

중국 전통 약방

기원으로 삼는다. 황제는 삼황 다음에 이어지는 오제 중의 첫 번째 통치자이자, 중화민족의 건국시조로 명명되는 전설상의 인물이다. 『태평어람太平御覽』에 의하면 그는 의술을 정비하여 약의 효험을 기록하고 병의 증상을 따져 치료하도록 했다고 한다. 이러한 기록에 근거하여 후세의 사람들은 그가 중의학에서 임상의학 및 약초학에 해당하는 본초本草의 기초를 마련한 인물로 믿고 있다. 하지만 황제와 관련된 의술의 기록은 이후 먼 후대에 편찬된 저술이므로 시기적으로는 많은 차이가 있다고 보아야 한다.

(2) 중의학의 발전

전설의 시대를 지나 본격적으로 사상이 움트는 춘추전국春秋戰國시대에 접어들면 여러 문헌 속에 의학적 내용과 관련된 기록들이 구체적으로 등장한다. 예를 들면 『좌전左傳』에 나오는 "하늘이 다섯 가지 재료를 내려주어 백성이 함께 그것을 사용하니, 하나도 없어서는 안 된다(天生五材, 民并用之, 廢一不可)."라는 기록을 통해 이미 당시에 중의학의 바탕을 이루는 오행五行의 원리를 의료 방식에 구체적으로 적용하고 있었으며, 음양오행의 사상이 중의학의 이론적 토대가 되었음을 짐작할 수 있다. 그리고 이러한 사고를 의학적 진단과 치료에 운용한 책이 중의학의 경전으로 일컬어지는 『황제내경黃帝內經』이다. 이 책은 중국에 현존하는 가장 오래된 의학이론서로, 중의학의 성립은 『황제내경』으로부터 비롯된다고 해도 과언이 아니다. 전설상의 인물인 황제가 신하와 의학에 대해 나눈 대화를 기록했다고 하나, 책의 편찬 시기는 대략

『황제내경』

전국시대로 추정된다. 예전부터 전승되던 것을 황제의 이름을 빌려 모아 엮은 것으로, 여러 시대에 걸쳐서 수정 보완되었다. 음양오행설을 토대로 전통 의학이론의 기초를 형성한 「소문素問」과 침구와 경락을 통한 물리적 치료법을 핵심적으로 밝힌 「영추靈樞」 두 부분으로 나뉘며, 각각 9권, 81편으로 구성되어 있다. 『황제내경』은 아직 완전한 형태의 전문 의학서에는 미치지 못하지만, 중국 전통 의학의 침구鍼灸와 병리학의 기본적 체계를 담고 있어 의학서의 전범으로 꼽힌다.

『황제내경』과 함께 전국시대 편작扁鵲이 지었다고 전해지는 『황제팔십일난경黃帝八十一難經』 또한 매우 중요한 의학서이다. 일반적으로 『난경難經』이라 불리는 이 책은 81종의 병증에 대해 문답형식으로 간결하게 이론과 치료법을 제시하고 있다. 특히, 진맥을 통해 과학적으로 병증을 찾아내고 치료하는 맥법脈法과 맥론脈論의 체계를 구체적으로 밝히고 있어, 중국 전통 의학의 진일보한 치료법이 이 시기 이미 등장하였음을 알 수 있다.

이어 한대에 들어서면 전통 의학의 영역이 다양하게 파생되어 나타난다. 1973년에 출토된 마왕두이馬王堆 한묘漢墓와 1983년에 출토된 장자산張家山 한묘의 죽간에는 의료와 관련된 기록이 다수 포함되어 있다. 그리고 『한서漢書』 「예문지藝文志·방지략方技略」에서는 의서를 의경醫經(이론), 경방經方(임상), 방중房中(방술), 신선神仙(양생술) 네 분야로 분류하고 있어, 한층 발전된 학문적 체계를 보여준다. 이로써 의술에 대한 인식의 진전과 함께 초보적인 의사들이 등장하는 등 의료 행위는 한층 전문적으로 이루어지기 시작했다. 그리고 그중에서도 뛰어난 의료 행위를 통해 생명을 구한 인물들이 '명의名醫'로 불려지며, 그들의 활약상이 세간에 대대로 전승되었다. 명의名醫의 대명사인 편작扁鵲이나 한나라 문제文帝 때의 명의 창공倉公의 의술 사례가 광범위하게 유포되었다는 것은 곧 의학의 중요성과 보편성이 더욱 확대되었음을 뜻하는 것으로 볼 수 있다. 그리고 이러한 명의의 등장은 의학의 발전을 더욱 심화시킬 수 있는 계기가 되었다.

한편, 후한 말 사람으로 후대에 '의성醫聖'이라 불린 장중경張仲景(150?~219?)의 『상한잡병론傷寒雜病論』의 출현은 중의학의 역사

편작
사마천의 「사기」에 나오는 고대 명의나 구체적인 의술 사례는 전해지지 않는다.

에 있어 몇 손가락 안에 꼽히는 획기적인 사건이라 할
만하다. 『상한잡병론傷寒雜病論』은 실존 사실이 구체적
인 저자에 의해 쓰인 최초의 개인 의학서이자, 최초의
임상 의학서이다. 이 책은 탕약을 중심으로 하는 약재
요법을 집대성하고 병증의 진단에 따라 약재를 차별적으
로 사용해 치료하는 임상 원리를 체계화했다. 그리고 장
중경과 동시대의 명의로 '신의神醫'라 불리는 화타華陀는
마비산麻沸散을 사용하여 외과수술을 했다는 기록이 있어

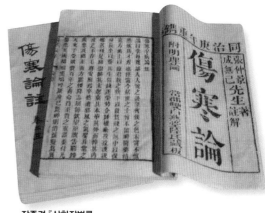

장중경 『상한잡병론』

전통 의학의 신기원으로 평가된다. 비록 의학서를 통해 구
체적으로 확인할 길은 없지만, 의술에 대한 이러한 다방면
의 기록으로 미루어 볼 때, 중의학은 이미 임상과 병리학에 대한 이론분야에
서 괄목할 만한 성과를 이루었으며 중의의 체계가 상당한 수준으로 확립되었
음을 실감할 수 있다. 의학서는 시대를 내려오면서 더욱 새롭게 조명되어 독
자적인 의술의 전통을 마련하였고, 동시에 임상 처방에 의거해 독자적인 비
방秘方을 개발하며 창의적 의술로 그 폭을 넓혀 나갔다.

화타

(3) 중약

중국 전통 의학의 가장 큰 특징 중 하나는 약재를 통해 병증을 치료하는 방
식을 선호한다는 점이다. 중약中藥의 재료로는 식물 외에도 웅담, 녹용 등의
동물성 재료와 진주와 같은 갑각류, 자철광 같은 광물이 사용되기도 한다. 중
약에 사용되는 약재의 주요 성분이 식물이기 때문에 중의학에서는 약재를 '본
초本草'라 칭한다. '본초'라는 말이 처음 등장한 것은 한나라 때로 알려져 있다.
『한서』에는 식물의 성질과 효능에 대해 잘 아는 사람을 본초대조本草待詔라는
관직에 임명하여 식물을 연구하고 채집하도록 했다고 기록하고 있다.

앞서 언급한 신농의 전설에서 알 수 있듯이 중국에서 본초의 역사는 매우
오래되었다. 진한秦漢시대에 이미 다수의 본초서本草書가 출현한 것으로 알
려져 있으나, 중약에 관한 최초의 저서는 후한 때 만들어진 것으로 추정되는
『신농본초경神農本草經』이다. 작자 미상의 이 책은 중의학 발전의 기초를 다
진 본초서의 경전으로 꼽힌다. 식물, 동물, 광물을 포함한 365종에 이르는 약
재의 성분과 효능을 밝히는 한편, 환丸·산散·고膏·주酒 등의 제조법과 복용
법까지 상세히 기록하고 있다. 후에 남조南朝 시기 양梁나라의 도홍경陶弘景

(456~536)이 이 책을 정리하여 원서에 빠진 곳을 보충하고, 자세한 주석을 붙여『신농본초경집주神農本草經集注』를 완성했다. 도홍경은 '산속의 재상(山中宰相)'이라 불릴 정도로 도교에 큰 영향을 미친 인물로서, 의학과 연단술煉丹術에 능통하였으며 천문 등 자연과학에도 조예가 깊었던 것으로 알려져 있다.

『본초강목』

이시진

본초와 관련된 저서들은 시대를 지나며 더욱 다양하게 출현했는데, 이를 집대성한 인물이 명대의 이시진李時珍(1518~1593)이었다.『본초강목本草綱目』(1596)은 이시진이 30여 년에 걸쳐 완성한 필생의 역작이자 거작이다. 모두 52권으로 구성된 이 책에는 총 1,892종의 약재가 수록되어 있는데, 그중에는 새로운 약재가 374종 포함되어 있으며 11,096가지의 처방이 수록되어 있고, 아울러 1,160폭의 정밀한 삽화가 실려 있어 보는 이의 이해를 돕는다. 이시진의『본초강목』은 우리나라의 허준이 편찬한『동의보감』(1613)과 쌍벽을 이루며 동양 의학을 집대성한 책으로 평가받고 있다. 2009년『동의보감』에 이어 2011년『본초강목』이 각각 세계기록유산으로 등재되었다.

2. 양생

(1) 양생의 철학

건강과 관련된 실천적 행동과 사상적 관념을 개괄하여 중국에서는 '양생養生'이라 한다. 즉, 양생은 각종 방법을 통해 자신의 생명을 보존하고 체질을 증강하며 질병을 예방하는 일련의 심신단련 행위를 가리킨다. 양생의 범주에는 심신을 조절하는 내면적 활동에서부터 음식 섭취와 운동을 포함한 적극적인 신체활동이 포함된다. 따라서 양생은 중의의 일부로 여겨지는데, 역설적으로 중의학은 넓은 의미에서 양생학으로 볼 수 있다. 먹는 것에서부터 잠자는 것까지 인간 생활의 하나하나가 모두 양생과 연결되어 있는 셈이다.

『장자莊子』「양생주養生主」에서는 양생을 '생명을 기르는 일'이라는 철학적 입장에서 설파하고 있고,『한서』「예문지藝文志」에서는 방중房中, 신선술神仙術과 같은 구체적인 실천방법을 제시하면서 이것들 역시 양생의 범주에 넣고 있다. 따라서 중국에서 양생은 단순히 건강을 목적으로 하는 운동이나 그에 수반되는 체력 증진의 방법에 국한되는 것이 아니라, 인간의 신체와 정신의 일체를 통해 건강한 육체와 정신을 함양하는 것을 목적으로 한다. 이러한 생각은 말할 필요 없이 중국의 전통적 가치관인 인간과 자연의 조화를 내용으로 하는 천인합일天人合一의 자연관에서 발현된 것으로 보아야 할 것이다. 특히 도가道家를 추종하는 사람들의 사유방식을 통해 이러한 예는 특별한 방식으로 양식화되어 나타났다. 그 대표적인 것이 체조를 통해 몸의 기를 강화시키는 방법을 도식화한 『도인도導引圖』이다. 그리고 이와 같은 도인導引의 수련 방식은 이후에 기공으로 정착되었다.

오늘날 복잡한 현대 생활 속에서 중국인들이 다양한 방식을 통해 자신의 건강과 여유를 찾는 원천 역시 양생의 오랜 철학과 정신적 산물에서 유래한 것으로 볼 수 있다.

(2) 기공

기공氣功은 호흡과 신체, 의식의 조절을 통해 건강을 유지하고 병을 예방하는 심신단련법의 일종이다. 중국의 기공은 양생, 도인, 연단煉丹, 수도修道, 좌선坐禪 등과 일맥상통하는 부분이 있으며, 이론적으로는 중의학과 결부하여 발전하였다. 현재에도 기공은 중국인의 건강을 유지하기 위한 운동으로 널리 유행하고 있다.

기공에는 동공動功과 정공靜功이 있다. 동공은 의식과 기운이 결합하는 신체 부위 하나하나의 움직임을 강조한다. 그러나 정공은 신체를 움직이지 않고 의식과 호흡으로 자신을 제어해 나가는 기공이다. 대부분의 기공 방법은 동공과 정공을 적절하게 운용하여 실행한다. 도교의 도사들이 행하는 도인도와 단전호흡 같은 내단술內丹術, 그리고 불교의 참선 또한 기공에 포함할 수 있다.

오늘날 기공은 무술 기공과 건강 기공으로 나눌 수 있다. 무술 기공은 강력한 훈련을 바탕으로 신체의 잠재적인 힘을 끌어 올려 초자연적인 능력의 계발을 목표로 한다. 전문적인 수련을 통해 무술처럼 입신의 경지를 지향하는 무도의 성격이 짙다. 그에 비해 건강 기공은 건강한 신체와 질병 예방을 위한 대체의학에 가까운 신심 단련 운동에 속한다. 양생이 고대의 건강을 위한 수련 방법을 통칭한다면, 기공은 현대적 의미의 양생법이라고 할 수 있다.

오늘날 중국에서 기공이 성행하고 있는 여러 가지 요인 중 첫째는 의료의

당대 문헌에 기록된 기공 자세

현대 기공

혜택이 미비한 상황에서 전통적인 건강 요법은 자신의 건강을 지키는 첩경이 된다는 점이다. 둘째로 중국 현대사의 정치적 상황에서 육체적 휴식과 정신적 안일을 추구하기 위해 기공은 그 무엇보다 효과적인 방법이다. 마지막으로 중국 사회의 획일적인 체제에서 벗어나 정신적 자유를 지향하기에 적합한 사상적 논리를 제공하고 있다는 점이다. 따라서 장소에 구애받지 않고 특별한 도구가 필요하지 않으며 개인적인 성격이 강한 기공 수련은 자신의 신체를 단련하고 정신적 위안을 추구하기 위한 방편으로 여전히 활성화되어 있다.

3. 중국 무술

중국 무술武術은 유구한 역사를 통해 그 명맥을 굳건히 유지하며 무수한 무술 종류와 다양한 문파門派로 발전했다. 오늘날 약 130여 개의 문파가 있다는 사실은 중국 무술의 다양성과 특징을 잘 보여준다고 하겠다. 이처럼 중국 무술이 발전할 수 있었던 까닭은 다음과 같은 효용성에서 비롯되었다고 할 수 있다. 첫째, 무술은 공격과 방어에 의한 개인의 호신으로 작용하는 동시에 집단이나 민족의 자위 수단으로 사용되어 그 기능이 사회적으로 공인될 수 있었다. 둘째, 양생을 통한 건강 관리에 효과적이라는 점이다. 셋째, 무술의 동작을 통해 표현되는 예술적 기교와 그에 따르는 심미적 효과로 인해 쾌감을 안겨준다는 점이다. 마지막으로, 무엇보다 중국 전통문화의 토양 위에서 발전하여 민족적 특성을 갖춘 신체 문화를 대변하고 있다는 점이다.

(1) 중국 무술의 역사

중국 무술을 처음부터 '무술(중국어로는 '우슈'라고 함)'이라고 한 것은 아니다. 역사적으로 무술은 '기격技擊', '무예武藝', '격자擊刺' 등으로 불렸다. 현대적 개념의 무술의 명칭은 1928년 국민당 정부가 공식적으로 '국술國術'로 지칭하면서 시작되었다가, 이후 중화인민공화국이 성립되면서 '국술'은 '무술'로 불리게 되었다.

위의 국술이란 용어에서 알 수 있듯이 무술이란 명칭에는 원래 중국의 민족적 색채가 짙게 배어 있다. 이러한 예는 아편전쟁 이후 외세의 침략을 받아 혼란에 빠진 시기에 각지에서 무술을 통해 민족혼을 불어넣으려는 풍조가 일

중국 무술

어났던 사정을 통해 잘 알 수 있다. 그 대표적인 사례가 '의화단義和團 운동'이다. 1900년에 일어난 의화단 운동은 민간 무술의 흥기와 관련하여 나타난 대표적인 사건이었다. 그것은 독일의 산동성山東省 침략에 따른 농민 경제의 파탄, 그리스도교 포교에 대한 중국인의 반감 등에 따른 배외사상排外思想[1]과 농민층의 저항이 발단이 되었다. 종교적 비밀단체 백련교白蓮敎의 분파인 '대도회大刀會'라는 비밀결사에서 비롯된 의화단은 산동성 서부 지역에서 성립된 '의화권義和拳'이라는 무술을 배경으로 활동하였다. 의화권을 익히면 총에 맞아도 죽지 않는다는 신념으로 그들은 무술을 통해 외세에 강력히 저항하였다.

이처럼 중국 무술은 근대화를 거치는 과정에서 한층 민족적인 성격이 심화되었고, 중국인들은 자신들의 정체성과 민족적 정신의 상징으로 무술에 상당한 의미를 부여하기에 이른다. 현재 중국에서는 자국민의 애국심을 고취하는 한편, 체육 교육의 일환으로 무술을 다양한 영역에서 발전시키려는 노력을 지속하고 있다.

---

1 외국의 문화와 사상을 배척하고 자기 나라의 것만 존중하는 생각이나 태도를 말한다.

(2) 권법과 문파

중국 무술은 오랜 기간을 거쳐 발전하면서 다양한 권법이 생겨나고 그 과정에서 자신들이 개발한 고유의 기예만을 전수하는 수많은 무술의 문파가 형성되었다. 따라서 무술의 권법은 결국 문파의 명멸과 연관 깊으며, 문파의 비밀주의적 특성상 주로 혈연과 사승師承관계를 중시하는 배타적인 성격을 지니고 있다. 예로부터 무술은 필연적으로 조직의 결속력을 강조하고 지역적 색채가 짙게 작용하는 까닭에 비밀결사로 오인 받는 경우가 많았다. 그래서 이민족이 통치하던 원元대와 청淸대에는 민간에 무술 금지령을 발동하여 단속하기도 했다. 이러한 영향으로 무술은 비밀 전수와 비非 실전 무술을 위주로 그 명맥을 유지하는 것이 일반화되었고, 이것이 오늘날 중국 무술의 문파 형성과 정립에 직접적인 작용을 하였다.

태극권

태극권太極拳은 중국에서 가장 대중화된 무술이다. 현재 전 세계적으로 보급되어 중국 무술을 대표하고 있으며, 중국 내에서는 이미 생활 체육으로 정착하여 남녀노소를 불문하고 늘 생활 속에 함께하는 운동이자 여가 활동이다. 태극권의 기원에 관해서는 우당산武當山 도사 '장삼풍張三豊 창시설'과 허난성河南省 천자거우陳家溝 '진왕정陳王廷 창시설'이 유력하다. 그러나 일반적으로 진식陳式 태극권의 창시자 진왕정(1600~1680)을 그 출발점으로 삼는다. 허난성 원현溫縣 출신인 진왕정은 명나라가 망하자 고향에 은거하며 권법을 만들어 후손에게 전수하기 시작했는데, 이것이 오늘날 진식 태극권의 시초가 된다. 이후 진왕정의 14세손인 진장흥陳長興(1771~1853)이 조상 대대로 전수되어 오던 복잡한 기술들을 정련하여 제1투로套路(태권도의 품세와 같은 동작)와 제2투로로 간결하게 정립하였다. 이후 수많은 태극권의 분파가 생겨나지만, 그 기원은 모두 진식 태극권에서 유래한 것으로 볼 수 있다.

오늘날 진식 태극권과 더불어 쌍벽을 이루는 양식楊式 태극권 역시 진식에서 파생되었다. 양식 태극권의 창시자인 양로선楊露禪(1800~1873)은 진장흥의 제자가 되어 무예를 익힌 뒤, 베이징北京에서 전수를 시작했다. 그는 진식 태극권의 어려운 동작을 빼고 더욱 부드럽고 간략하게 변형시켰고, 그의 아들인 양건후楊健侯와 손자인 양징보楊澄甫에 의해 지금의 양식 태극권으로 발전했다. 현재 양식은 가장 대중적인 태극권으로 널리 보급되어 있다. 이 밖

태극권을 즐기는 사람들

태극권 경기

에도 오감천吳鑒泉(1870~1942)이 새롭게 투로를 만들어 보급한 오식吳式 태극권을 비롯해 무식武式과 손식孫式 등을 아울러 태극권의 주요 5대 유파로 칭한다.

1956년 중국 국가 체육위원회는 당시 가장 대중적이던 양가 대가식(양징보식)을 기초로 하여 누구나 쉽게 배울 수 있는 24식 간화 태극권을 만들어 보급했다. 이는 현재 전 세계에 가장 많이 보급된 태극권의 하나로, 태극권의 대중화에 중요한 역할을 했다. 태극권은 분명 무술에서 유래했지만, 현재는 중국인들에게 생활 체육으로 더 보편화 되어 있다.

팔괘장

팔괘장八卦掌은 이른바 장풍掌風이라 불리는 장법의 변환과 보법의 전환을 통해 원을 그리며 운용하는 무술로, 그 이름에서 알 수 있듯이 장(주먹을 쥐지 않고 편 상태)을 많이 사용한다. 팔괘장은 여덟 가지의 장법으로 이루어져 있으며, 팔괘의 이론에 기초하여 한번 원을 그리는데 여덟 걸음과 여덟 개의 자세를 취한다. 원을 그리며 사방을 도는 것이 특징인데, 상대방을 정면으로 보지 않고 비스듬한 자세로 서서 틈을 이용해 공격한다. 팔괘장의 창시자는 청나라 말기의 동해천董海川으로 알려져 있으며, 이로부터 다시 양대 유파로 나뉘어 용조장龍爪掌을 대표로 하는 정정화程廷華의 정파程派와 우설장牛舌掌을 대표로 하는 윤복尹福의 윤파尹派로 크게 나뉜다.

소림 무술

허난성河南省 쑹산嵩山에 있는 소림사少林寺는 불교와 깊은 관련이 있다. 북위北魏 효문제孝文帝는 인도 고승 발타跋陀를 존경하여 태화太和 19년(495) 쑹산에 소림사를 건립하였다. 한편, 소림 무술의 시조로 달마達磨를 삼기도 하나 이와 관련된 문헌을 찾아보기는 어렵다. 다만, 여러 설을 종합해 보면 소림사의 창건과 더불어 무술이 성행한 것은 사실인 듯하다.

이후 당나라 초기 소림사의 승려들이 이세민李世民(이후 당 태종太宗이 됨)을 도와 왕세충王世充을 토벌하는데 혁혁한 공을 세우면서 특별히 절의 승려들을 승병僧兵으로 양성할 수 있게 허락하였고, 이로써 소림 무술의 명성은 세상에 널리 퍼지게 되었다. 명나라 때에도 당시 우타이산五臺山, 푸니우산伏牛山, 쑹산 소림사의 무술 승려들을 정부의 '향병鄕兵'[2]에 정식으로 편제하였다. 따라서 무술 승려들은 국가의 소집에 따라 전쟁에 참가하게 되었는데, 소림사의 무승들도 여러 차례 전쟁에 참가했다. 그리고 국가의 보호 아래 독자적인 무술 양식을 정립함으로써 소림 무술의 전통을 이어나갈 수 있었다.

소림 무술이 오늘날 이처럼 유명세를 얻으며 흥성하고 있는 까닭은 무엇보다 소림 무술이 빠르고 공격적인 권법을 일컫는 대표적인 외가권外家拳에 속해 화려한 무술 동작으로 사람들의 이목을 끌기 때문이다. 현재 중국에는 소림 무술을 가르치는 학교가 전국 각지에 세워져 있으며, 이곳에서 배출된 학생들은 소림 무술을 전 세계에 소개하고 전파하는 데 앞장서고 있다.

(3) 무술의 현대화

1949년 이후 중국 무술의 발전 과정은 각종 무술 문파의 통일 및 운동 경기의 종목화로 요약할 수 있다. 이는 무술을 일정한 체계로 통일화하여 수련의 혼선을 막고 무술이 악의적으로 이용되는 것을 차단하려는 목적에서 정책

---

2 각 지방에서 그 지방 사람으로 조직하여 훈련시킨 병정

소림 무술

적으로 추진되었다. 그리하여 일반인에게는 무술이 심신 단련의 보조 수단이라는 인식을 확대하고, 기존의 무술은 경기력을 배양하는 운동 종목으로 전환했다.

중국 정부는 1957년에 무술을 국가 경기 종목으로 선정하였고, 베이징 체육대학과 상하이 체육대학에 무술학과를 개설하여 학원 스포츠로 정착시켰다. 그리고 운동 종목의 특성화를 위해 무술 경기 규칙과 국가규정 투로를 제정하는 한편, 무술 본연의 겨루기 종목을 재연하는 방안을 추진했다. 그리고 겨루기에 해당하는 '산다散打'의 부활은 전통 무술의 격투술을 회복한다는 의미 외에도 경기로서의 흥행적 측면과 무술의 국제화를 시도하고자 하는 의지로 볼 수 있다. 그 결과 1990년 베이징아시안게임에서 무술 투로 종목이 정식 종목으로 채택되었고, 2008년 베이징올림픽에서는 처음으로 시범 종목으로 채택되어 투로는 남녀 각각 5종목(남자 : 장권, 도술·곤술, 검술·창술, 남권, 태극권·태극검, 여자 : 장권, 검술·창술, 남도·곤, 태극권·태극검, 남권), 산다散打는 남자 3체급(56kg, 70kg, 85kg), 여자 2체급(52kg, 60kg)으로 나누어 경기를 치렀다.

무술을 연마하는 아이들

4. 오락

(1) 고대의 오락문화

중국의 오락문화는 고대에서부터 매우 활성화되어 있던 것으로 알려져 있다. 유가 경전인 『논어論語』에서는 "배불리 먹고 할 일 없이 종일을 보내는 것보다 장기와 바둑 같은 놀이를 하는 것이 현명하다(飽食終日, 無所用心, 難矣哉, 不有博奕者乎, 爲之猶賢乎已)."라고 하며 놀이와 여가 활동이 갖는 의의를 심도 있게 규정하고 있다. 실제로 공자 자신 또한 '하찮은 일(鄙事)'로 표현된 잡기와 같은 기예에 뛰어났던 사실을 밝히고 있는 점으로 미루어, 당시 오락문화가 이미 상당한 수준에 이르렀음을 짐작할 수 있다. 좀 더 시간이 흘러 한대 이르면 오락의 천국이라 할 수 있을 만큼 풍성한 오락문화가 형성된다. 이른바 한대의 민간기예를 총칭하는 백희百戲만 봐도 당시에 곡예, 마술, 게임 등 온갖 다양한 놀이가 성행하고 있었음을 알 수 있고, 한대 이후에도 이러한 오락문화의 전통은 지속되었다.

이처럼 놀이는 인간 생활에서 빼놓을 수 없는 일상의 한 단면이며, 그 시대상을 표현한다고 할 수 있다. 중국에서는 시대마다 특징적이고 다양한 형태의 오락 활동이 있었으며, 그것은 오늘날 중국 고유의 오락 문화가 지닌 특징을 반영하고 있다.

전통적인 오락 활동 중에서 양식화되어 발전하여 오늘날까지 이어져 오고 있는 것이 많다. 바둑과 장기는 한국과 일본을 비롯한 동아시아에 전파되어 수많은 사람들의 취미생활로 애용되고 있다. 그 중에서도 중국적인 특색이 가장 강한 놀이는 바로 마작麻雀(마장麻將이라고도 함)이다. 중국 오락문화의 상징으로 여겨질 만큼 중국인들의 마작에 대한 애정은 각별하다. 마작의 유래는 확실치 않지만 놀음(博戱)의 기원과 함께 한다. 명나라 때 만병조萬餠條라는 사람이 당나라 때부터 유행하던 놀음인 '엽자격희葉子格戱'를 기초로 마작을 만들었으며, 청나라 중엽에 이르러 오늘날과 같은 기본적인 놀이 형태가 완비되었다고 한다. 마작은 보통 네 사람이 패를 갈라 노는 놀이로, 지역에 따라 규칙과 방법이 조금씩 달라지기도 한다. 상아나 골재에 대나무를 붙인 패牌는 원래 136개가 기본인데, 후에 조커 기능을 하는 8개가 더해져 144장으로 놀기도 한다. 마작이 갖는 특별한 정취는 종종 다양한 예술 장르에서 중국인의 기질과 관습을 표현하는 도구로 이용되기도 한다.

이밖에 중국에서는 단체로 즐기는 오락 활동도 일찍부터 다양하게 발전했다. 오늘날의 축구와 비슷한 운동인 축국蹴鞠은 일본에까지 전해졌으며, 상하이 박물관에 『송태종축국도宋太宗蹴鞠圖』가 전해질 정도로 놀이가 성행하였다. 그리고 오늘날 폴로 경기와 비슷한 격구擊鞠도 유행하여 위魏나라 조식曹植의 시에도 그 명칭이 등장한다. 추환捶丸은 현재의 골프와 유사한 운동이었으며, 용선龍船 경기는 원래 전국시대 초楚나라의 충신 굴원屈原을 기리며 시작된 것인데, 최근에는 국제 스포츠로 발전하여 2010년에 아시안게임 종목에 포함되었다.

(2) 현대인의 여가 활동

경제 성장과 생활 여건의 개선에 따라 중국인의 오락 및 여가 활동에도 많은 변화가 나타나고 있다. 대도시를 중심으로 기본적인 의

●『송태종축국도』

●●추환

식주 생활 외에 취미와 오락을 겸한 레저와 스포츠 활동에 대한 관심이 폭발적으로 증가하고 있으며, 건강 관리와 미용을 위한 스포츠 센터와 위락시설의 급증이 이를 잘 반영해 준다. 사회주의 국가에 속하는 중국은 대중의 건전한 오락을 유도하기 위해 비용이 많이 들지 않으며 쉽게 즐길 수 있는 스포츠와 놀이를 국가적 차원에서 적극 권장하였다. 중국에서 태극권이나 사교춤, 탁구와 배드민턴 같은 활동이 활성화되었던 것도 그러한 원인 중의 하나이다. 지금도 공원이나 광장에서 스스럼없이 춤추고 노래하며 여가 활동을 즐기는 사람들을 쉽게 목격할 수 있다.

중국인의 오락문화를 세대별로 구분해 살펴보자면, 기성세대는 주로 전통적인 오락 활동을 선호한다고 할 수 있다. 바둑, 장기, 서예를 비롯하여 태극권과 기공을 즐기고, 때로는 마작과 카드놀이를 하거나 분재와 새를 키우는 등의 활동을 통해 여가 생활을 영위한다.

여가 활동을 즐기는 사람들

반면 젊은 세대들의 취미와 오락문화는 급격하게 변하고 있다. 우리나라와 마찬가지로 중국의 젊은 세대 역시 전통적인 놀이보다 새로운 놀이에 더욱 몰두한다. 따라서 그들의 오락문화는 자연히 서구화되고 현대 문명에 이끌리는 경향이 있다. 당구와 볼링 등 개방의 붐을 타고 외국에서 들어온 스포츠는 이미 대중화를 이루었고, 산악자전거, 스키, 골프 등 전문적이고 고급화된 스포츠로 그 방향이 확산되고 있다. 근래에는 프로 스포츠의 확대로 '치우미球迷'와 같은 스포터즈 문화가 정착되고 있으며, 이와 더불어 체육 복권에 열중하기도 한다. 그러나 중국에서도 젊은 세대들이 가장 열광하는 오락문화는 바로 인터넷 게임으로, '왕바網吧'라 칭하는 무수한 PC방의 성업이 이를 반증하고 있다. 중국의 인터넷 게임 시장 규모는 2017년 2,031억 위안에 달해 소설, 영화, 음반 매체를 추월한 것으로 조사되었다.

　　그러나 청년문화가 유행에 민감한 특징으로 미루어 볼 때, 중국 젊은이들의 오락문화를 도식적으로 판단해서는 안 된다. 그들 중에는 여전히 전통적 오락문화에 관심을 갖거나, 개성적인 취미활동을 통해 자신들의 놀이문화를 개척하려는 노력을 기울이고 있는 이들도 많기 때문이다.

참고 문헌

『황제내경』, 이창일 역, 책세상, 2004

『진씨태극권도설』, 천신 저, 김종석 역, 밝은 빛, 2003

『무협소설의 문화적 의미』, 전형준 저, 서울대출판부, 2003

더 읽어야 할 자료

『중국의학사』, 김기욱 저, 대성의학사, 2006

『산해경』, 예태일, 전발평 편저, 서경호 외 역, 안티쿠스, 2008

『무술, 중국을 보는 또 하나의 窓』, 심승구 외 저, 국립민속박물관, 2005

뉴양거 扭秧歌

중국에서는 도시나 농촌을 막론하고 새벽이나 해질 무렵 마을 어귀 또는 마을 중앙에 있는 광장마다 남녀 노인들의 한바탕 춤판을 쉽사리 목격할 수 있다. 이른 새벽이나 해거름에 베이징北京의 차오양朝陽공원, 쯔주위안紫竹苑, 톈탄天壇공원 등 규모 있는 공원을 일부러 찾아가 감상해 볼 만한 것도 바로 이런 중노년층의 집단 춤이다. 적게는 대여섯 명에서 많게는 수십 명이 무리를 이루어, 손에는 부채나 형형색색의 손수건을 들고 제법 그럴듯한 통일된 복장을 갖춰 입고 그리 민첩해 보이지 않는 둔중한 몸을 좌우로 흔들며 허리를 굽혔다 폈다 하며 전진과 후퇴를 반복하는 몸짓을 볼 수 있다.

뉴양거扭秧歌는 원래 주로 중국 북방에서 유행했던 춤이다. '모'를 뜻하는 '양秧' 자의 의미 그대로 농민들이 모심기 때 부르는 노동요의 일종으로, 농사일로부터 탄생했다고 알려져 있다. 그것이 오늘날 변형되어 도시와 농촌 할 것 없이 민간에서 즐겨 추는 춤이 되었다. 뉴양거의 특징은 몇 가지로 살펴볼 수 있다. 첫째는 흔들기. 손에 부채, 손수건, 주단 등 소품을 들고 북소리 장단에 맞춰 현지에서 유행하는 모심기 노래를 부르며 가벼운 발걸음으로 흔들면서 춤을 춘다. 두 번째는 장場 나누기. 시작과 끝을 큰 장이라 하고 중간에

삽입되는 것을 작은 장이라 한다. 큰 장은 걸어가며 춤을 추면서 각종 대오가 조합된 대형 집체무로 '용 꼬리 펼치기', '두 갈래로 행진하기', '아홉 고리' 등 각종 이미지를 묘사하는 춤이다. 작은 장은 '류하이잉(劉海英)이 금두꺼비를 가지고 놀다', '차씨집 막내 여동생', '배 모양 누각에서 달리기', '신부를 맞이하는 바보' 등 두 세 사람에 의해 연기되는 간

단한 스토리를 담는다. 세 번째는 연기. 연기자는 문무공자文武公子, 어린 신부, 할머니, 짐꾼, 어부, 어린아이 등 민간전설이나 역사고사 중의 각종 인물 유형을 연기한다. 네 번째는 노래. 징이나 북, 나팔 등의 소리에 맞춰 노래꾼이 현지 민간 가요를 노래한다. '우산 대가리(傘頭)'라 불리는 양거 팀의 총 지휘자는 손에 우산을 들고 춤을 추며 노래를 부르는데, 이 때 우산은 '순조로운 바람과 때맞춰 내리는 비'를 상징한다. 그가 부르는 노래는 그때 그때 즉흥적으로 지어낸 것이 대부분이나 때로 현지 민요 구절일 경우도 있다. 그의 바로 뒤를 남녀노소와 가축으로 분장한 각종 인물 유형이 따르면서 다양한 대오를 형성한다. 징과 나팔 등 악기의 반주에 맞춰 몸을 흔들거리며 춤을 추는 모습은 매우 소박하면서도 한편 우스꽝스러운데, 이것이 바로 중국인들에게 무한한 사랑을 받는 민중성의 근원이 아닐까 싶다.

부록

중국사 연표

중국사 연표

156 경제景帝 즉위
154 오초칠국吳楚七國의 난 발생, 진압
141 무제武帝 즉위
139 장건張騫, 서역西域 원정(~126)
136 오경박사五經博士 설치
110 한무제漢武帝, 태산泰山에서 봉선封禪 거행
91 사마천 『사기史記』 완성
10 한사군漢四郡 설치

기원후

5 왕망, 평제平帝를 독살함
8 한, 멸망. 왕망, 신新 건국
18 적미赤眉의 난 발생
22 왕망군 각지에서 패퇴, 유수劉秀 등이 거병

한漢(후한後漢 : 23~220)

23 신 멸망, 후한 왕조 성립
25 유수, 후한 건국. 광무제로 즉위
36 광무제, 천하 통일
48 흉노, 남·북으로 분열
105 채륜蔡倫, 종이를 만듦
121 허신許愼의 『설문해자說文解字』 완성
184 황건黃巾의 난 발생, 대규모 전국 농민봉기 시작
189 헌제獻帝 즉위
190 동탁, 수도를 장안으로 옮김
192 동탁 암살
196 조조曹操, 둔전屯田 실시
200 조조, 관도대전官渡大戰에서 원소를 격파함
208 유비劉備·손권孫權 연합군, 적벽대전赤壁大戰에서 조조를 격파함
220 조조 사망. 아들 조비曹丕가 헌제를 폐위하고, 위魏 건국. 후한 멸망

위진남북조魏晉南北朝(220~589)

221 유비, 촉蜀 건국
222 손권, 오吳 건국. 위魏·오吳·촉蜀 삼국시대 시작
227 촉의 제갈공명諸葛孔明, 위魏 공격
249 사마의司馬懿, 위魏의 실권을 장악함
263 위, 촉을 멸망시킴
265 사마염司馬炎, 위를 멸망시키고, 진晉 건국(서진: 265~316)
280 진, 오를 멸망시키고 천하 통일
300 팔왕八王의 난亂(~306)

304	흉노匈奴의 유연劉淵, 한왕漢王을 자칭
311	한漢의 유요劉曜, 뤄양洛陽을 함락
316	유요, 장안長安을 함락하고 진을 멸망시킴
317	사마예司馬睿, 동진東晉 건국(동진: 31~420)
384	선비鮮卑족 모용수慕容垂, 연왕燕王을 자칭
386	선비족 탁발규拓跋珪, 북위北魏 건국
420	유유劉裕, 동진을 멸망시키고, 송宋 건국
439	북위 태무제太武帝, 화북華北을 통일
479	소도성蕭道成, 송宋을 멸망시키고 제齊를 건국
502	소연蕭衍, 제를 멸망시키고, 량梁을 건국
557	우문각宇文覺, 서위西魏를 멸망시키고 북주北周를 건국
	진패선陳霸先, 양梁을 멸망시키고 진陳을 건국
577	북주, 북제北齊를 멸망시키고 화북華北을 통일
581	양견楊堅, 북주를 멸망시키고 수隋를 건국

수隋(589~618)

589	수, 천하 통일
604	양제煬帝 즉위
605	대운하 공사 시작
611	양제 고구려 침략, 대패. 이후 2차 원정(613~614)도 실패. 각지에서 반란 발생
617	이연李淵 거병

당唐(618~907)

618	수 멸망, 이연 당唐 건국
626	태종太宗 이세민李世民 즉위
646	현장玄奘, 「대당서역기大唐西域記」 완성
649	고종 이치李治 즉위
690	여황제 측천무후則天武后 즉위. 국호를 주周로 고침
705	중종中宗 복위. 국호를 당唐으로 회복
712	현종玄宗 즉위
755	안사安史의 난 발생
756	안녹산, 대연황제大燕皇帝를 칭함
757	안경서安慶緒, 부친 안녹산을 살해
759	사사명史思明, 안경서를 죽이고 대연황제를 칭함
761	사조의史朝義, 부친 사사명을 살해
763	안사의 난 종결
875	황소黃巢의 난(~884)
880	황소, 장안長安에 입성해 대제황제大齊皇帝라 칭함
883	이극용李克用, 황소를 격파하고 장안을 회복
907	당 멸망. 주전충朱全忠, 후량後梁 건국

오대십국五代十國(907~960)

916	야율아보기耶律阿保機, 거란(요遼) 건국
946	거란, 후진後晉을 멸망시키고 화북으로 진출
947	유지원劉知遠, 후한後漢 건국
951	곽위郭威, 후주後周 건국
	유숭劉崇, 북한北漢을 건국

송宋(북송北宋 : 960~1126)

960	조광윤趙匡胤, 송宋 건국
976	동생 광의光義가 태종太宗으로 즉위
979	송 태종 조광의趙匡義, 천하 통일
1004	요, 송을 침공하여 맹약을 맺음
1028	이원호李元昊, 감주甘州 점령
1038	이원호, 서하西夏 건국, 이후 송과의 항쟁 지속
1044	송과 서하 화의 성립
1069	왕안석王安石 신법 입안
1115	여진女眞의 완안아골타完顔阿骨打, 금金 건국
1120	방랍方臘의 난 발생
1121	방랍의 난 진압
1125	금, 요를 멸망시킴. 금, 남하하여 송 침공
1126	금, 송나라의 수도 변경汴京(지금의 카이펑開封) 함락
1127	금, 송을 멸망시킴

송宋(남송南宋 : 1127~1279)

1127	조구趙構(고종高宗), 남송 건국
1130	금, 남송 침공
1131	남송, 악비岳飛, 한세충韓世忠 등 금나라에 대항
1138	진회秦檜, 금과 화의和議 추진
1141	남송, 악비 처형
1142	금·송, 제1차 화의
1149	금, 해릉왕海陵王 즉위
1165	금·송, 제2차 화의
1206	테무친, 몽골제국 건국, 칭기즈칸에 오름
1208	금·송, 제3차 화의
1211	몽골, 금 침공
1214	몽골, 금의 수도 연경燕京 함락. 금, 변경으로 천도
1227	몽골 칭기즈칸, 서하를 멸망시킴
1234	몽골과 남송, 금 침공. 금 멸망
1235	몽골과 남송의 교전 시작

원元(1271~1368)

1271	몽골, 국호를 원元으로 바꿈. 세조 쿠빌라이 즉위
1279	원, 애산전투崖山戰鬪에서 남송의 군대를 섬멸함. 남송 멸망
1351	'홍건紅巾의 난' 발생
1356	주원장, 금릉金陵(지금의 난징南京)을 거점으로 오국공吳國公을 칭함
1364	주원장, 자립하여 오왕吳王을 칭함
1367	주원장, 북벌 시작

명明(1368~1662)

1368	주원장, 원을 멸망시키고 명明 건국
1399	연왕燕王, 북평北平에서 거병
1402	연왕, 난징을 공략해 영락제永樂帝로 즉위
1405	정화鄭和, 제1차 남해원정南海遠征(~1407)
1407	정화, 제1차 남해원정(~1411)
1409	정화, 제3차 남해원정(~1411)
1413	정화, 제4차 남해원정(~1415)
1417	정화, 제5차 남해원정(~1419)
1421	정화, 제6차 남해원정(~1422)
1431	정화, 제7차 남해원정(~1433)
1547	주환朱紈, 저장浙江·푸젠福建 지방의 왜구를 토벌함
1550	몽골의 알탄阿勒坦, 베이징을 포위
1567	해금海禁정책 중단
1570	알탄과의 화의 성립
1571	알탄을 순의왕順義王으로 봉하고 마시馬市를 개설
1588	여진(만주)족 누르하치奴爾哈齊, 건주建州에서 삼위三衛를 통일
1592	임진왜란 발발. 명, 조선에 군대 파견
1601	누르하치, 팔기제八旗制 창설
1616	누르하치, 후금後金 건국
1619	사르후 전투에서 후금이 명군에 대승을 거두고 요동遼東으로 진출
1626	누르하치 사망, 홍타이지皇太極 즉위
1627	각지에서 농민반란 발생
1629	이자성李自成, 반란에 가담
1636	후금, 국호를 청淸으로 바꿈

청淸(1644~1911)

1644	이자성, 시안西安을 수도로 국호를 대순大順으로 정함
	이자성, 베이징을 점령하고 명을 멸망시킴
	청, 오삼계吳三桂와 힘을 합쳐 이자성군 격파, 베이징 입성
	난징南京에 남명南明 건국
1645	청, 난징 공략, 복왕정권 멸망. 이자성 살해됨
1657	오삼계, 평서대장군平西大將軍으로서 윈난雲南 공격

1658	정성공鄭成功, 강남에 진격하여 일시 난징을 포위
1661	남명南明정권 소멸
	정성공, 타이완臺灣 웅거
1662	정성공 사망
1673	오삼계 거병, 삼번三藩의 난 발생
1681	삼번의 난 진압
1683	타이완 평정, 정씨 세력 소멸
1689	러시아와 네르친스크조약 체결
1723	천주교 포교 전면 금지
1727	러시아와 캬흐타조약 체결
1740	묘족苗族의 난 발생
1750	티베트의 난 평정
1759	회부回部를 평정하고 신강新疆을 설치
1772	『사고전서四庫全書』 편찬 개시
1782	『사고전서』 완성
1796	백련교白蓮敎의 난 발생
1825	아편밀수에 의해 은 유출 시작
1833	영국 동인도회사의 대중국무역 독점권 폐지
1839	임측서가 몰수한 아편을 폐기
1840	아편전쟁 발발(~1842)
1842	8월, 난징南京조약 조인
1850	태평천국太平天國 봉기
1853	태평천국군, 난징을 점령하고 천경天京으로 개칭
1856	애로호 사건 발생
1858	5월, 러시아와 아이훈조약 체결
	6월, 영국·미국·프랑스와 텐진天津조약 체결
1860	5월, 미국인 워드 등 태평천국군을 공격
	10월, 영불연합군 베이징 점령, 베이징조약 체결
	양무洋務운동 시작
1864	천경 함락, 태평천국 멸망
1882	조선으로 청·일 양국 출병
1884	청불전쟁 시작
1885	프랑스와 텐진天津조약 체결
1894	8월, 청일전쟁 개시
	11월, 쑨원孫文, 하와이에서 흥중회興中會 결성
1895	4월, 시모노세키조약 조인
	6월, 일본군이 타이베이臺北 점령, 타이완총독부 설치
1898	무술정변戊戌政變 발생, 서태후西太后 집권
1899	산둥성山東省에서 의화단義和團 활동
1900	6월, 의화단, 베이징 열강 공사관 포위. 청조, 열강에 선전포고
1904	러일전쟁 발발, 중국은 중립 선언
1905	도쿄東京에서 중국동맹회中國同盟會 결성
1911	신해혁명辛亥革命

	중화민국中華民國(1912~1949)
1912	1월, 중화민국 난징 임시정부 수립
	4월, 베이징에서 위안스카이袁世凱 임시대총통에 취임
1913	쑨원, 일본으로 망명
1914	쑨원, 동경에서 중화혁명당中華革命黨 결성
1915	일본이 중국에 대해 21개조 요구
1916	위안스카이 사망, 군벌정치시대로 진입
1917	쑨원 등 광동군정부廣東軍政府 수립
1919	5·4 운동 시작
1921	중국공산당中國共産黨 창당
1924	제1차 국공합작國共合作
1925	쑨원 베이징에서 병사, 5·30사건 발생
1926	북벌 개시
1927	장제스蔣介石, 상하이上海에서 반공 쿠데타 일으킴
1931	9·18 만주사변 발생
1934	대장정大長征 시작
1935	준의遵義회의 개최
1936	시안西安사건 발생
1937	7월, 루거우차오盧溝橋 사건 발생, 중일 中日전쟁 시작
	9월, 제2차 국공합작
	11월, 일본군 난징대학살
1940	마오쩌둥毛澤東, 「신민주주의론新民主主義論」 발표
1942	옌안延安 정풍운동 시작
1943	미국·영국·중국 카이로 회담
1945	일본 항복, 장제스와 마오쩌둥 충칭重慶회담
1947	2월, 타이완에서 반정부 시위 발생
	10월, 중국공산당 「토지법대강土地法大綱」 공포
1948	삼대三大전투에서 인민해방군 승리

	중화인민공화국中華人民共和國(1949~현재)
1949	10월, 중화인민공화국 성립
	12월, 국민당 타이완으로 패퇴
1951	인민해방군 티베트 라사拉薩에 주둔, 삼반三反운동 시작
1953	제1차 5개년계획 개시
1956	백화제방百花齊放, 백가쟁명百家爭鳴 제창
1957	반우파反右派 투쟁 전개
1958	대약진 운동 시작
1959	대규모의 기아飢餓 발생(~1960)
1960	다칭大慶유전 개발
1961	중공 중앙 경제조정정책 결정
1964	원폭실험

1965	야오원위안姚文元「해서파관海瑞罷官」비판, 문화대혁명文化大革命의 발단이 됨
1966	문화대혁명 본격화
	8월, 톈안먼天安門 광장에 홍위병紅衛兵 100만 명 운집
1969	우쑤리장烏蘇里江에서 중·소 양국 군 충돌
1970	최초의 인공위성 둥팡훙東方紅 1호 발사
1971	유엔대표권 획득
1972	중일 국교 수립
1975	장제스 사망
1976	1월, 저우언라이周恩來 사망
	7월, 탕산唐山 대지진
	9월, 마오쩌둥 사망
	10월, 문화대혁명 종결
1977	덩샤오핑鄧小平 복귀
1978	중국공산당 제11기 3중전회에서 경제개방 정책 결정
1979	2월, 중·베트남 전쟁 발발
	7월, 경제특구 설치
1980	2월, 중국공산당 제11기 5중전회에서 후야오방胡耀邦 총서기 선출
	9월, 산아제한 정책 시행
1984	중·영 홍콩 공동성명, 1997년 반환 결정
1985	인민공사 정식 해체
1987	후야오방 사임, 자오쯔양 취임
1989	6월, 톈안먼 사건 발생
	자오쯔양 사임, 장쩌민江澤民 취임
1990	증권거래소 개장
1991	베트남 관계 정상화
1992	덩샤오핑 '남순강화南巡講話'
	8월, 한중 수교
	9월, 베이징 아시안게임 개최
1997	1월, 덩샤오핑 사망
	7월, 홍콩 반환
1999	마카오 반환
2001	세계무역기구 가입
2002	사스 파동
2003	최초의 유인 우주선 선저우神舟 5호 발사
2006	칭짱青藏철도 개통
2007	최초의 달 탐사위성 창어嫦娥 1호 발사
2008	5월, 쓰촨四川 대지진
	8월, 베이징올림픽 개최
2010	상하이 세계박람회 개최
2013	시진핑 국가 주석 취임
2014	베이징 APEC 정상회담 개최
2015	일대일로 국가전략 공포
2016	항저우 G20 정상회의 개최
2017	중국산 항공모함 진수

쉽게 이해하는 **중국문화**

지은이 김태만, 김창경, 박노종, 안승웅
펴낸이 정규도
펴낸곳 (주)다락원

제1판 1쇄 발행 2011년 9월 7일
제2판 1쇄 발행 2018년 3월 1일
제2판 5쇄 발행 2024년 3월 13일

기획·편집 이상윤, 이원정, 한은혜
디자인 박나래, 김나경, 박선영

다락원 경기도 파주시 문발로 211
전화 (02)736-2031(내선 250~252/내선 430, 437)
팩스 (02)732-2037
출판등록 1977년 9월 16일 제406-2008-000007호

ISBN 978-89-277-2227-4 03720

www.darakwon.co.kr
다락원 홈페이지를 방문하시면 상세한 출판 정보와 함께 동영상 강좌, MP3 자료 등 다양한 어학 정보를 얻으실 수 있습니다.